管理会计理论与实务

李琳娜　姚天祎　郭文尧　主　编
苗若婷　金丽巍　谢　晗　姜　妍　副主编

清華大學出版社
北　京

内容简介

本书全面而深入地探讨了管理会计领域的核心知识与实务操作的工具方法，旨在帮助读者系统掌握管理会计的基本理论框架，提升其在企业实际运营中的决策支持与管理控制能力。

全书精心设计了九个项目，每个项目都紧紧围绕管理会计的关键领域展开，通过理论与实践的深度融合，促进知识的内化与应用，具体内容包括：管理会计认知、战略管理、预算管理、成本管理、营运管理——本量利分析、营运管理——预测分析、营运管理——短期经营决策、绩效管理、管理会计报告与管理会计信息系统。项目中设置了项目目标、项目任务、项目领航、思悟启迪、岗课赛证、复习思考、巩固练习、实训演练等模块。本书深度融合了近年来国内外管理会计领域的最新研究成果与实践经验，实现了理论与实践的有机统一，展现了体系完备、内容创新、重难点鲜明的特色。

本书可作为高等职业院校财经类专业开设的"管理会计"课程教材，也可作为在职财会人员学习和研究管理会计的参考用书，还可作为全国职业院校管理会计技能大赛参考用书。

图书在版编目（CTP）数据

管理会计理论与实务 / 李琳娜，姚天祎，郭文尧主编 . 北京 : 清华大学出版社，2025. 2. -- ISBN 978-7-302-68222-6

Ⅰ. F234.3

中国国家版本馆 CIP 数据核字第 2025J7W833 号

责任编辑：刘金喜
封面设计：周晓亮
版式设计：恒复文化
责任校对：成凤进
责任印制：曹婉颖

出版发行：清华大学出版社

网　　址：https://www.tup.com.cn，https://www.wqxuetang.com
地　　址：北京清华大学学研大厦A座　　邮　　编：100084
社 总 机：010-83470000　　邮　　购：010-62786544
投稿与读者服务：010-62776969，c-service@tup.tsinghua.edu.cn
质 量 反 馈：010-62772015，zhiliang@tup.tsinghua.edu.cn

印 装 者：三河市君旺印务有限公司
经　　销：全国新华书店
开　　本：185mm×260mm　　印　　张：18.5　　字　　数：486 千字
版　　次：2025 年 2 月第 1 版　　印　　次：2025 年 2 月第 1 次印刷
定　　价：58.00 元

产品编号：107154-01

前言

本书不仅是一部深入浅出的管理会计知识宝典，更是连接理论与实践、课堂与职场的“桥梁”。管理会计从最初的财务记录与报告功能，逐步发展成为现代企业战略决策不可或缺的重要支撑，并在推动企业管理现代化和精细化的过程中起到了关键作用。

筑基拓思管理精髓，智动实践领航财会

本书在结构设计上充分展现了知识的系统性与层次性，同时使理论与实践相结合，为学生提供了一条从基础到深入的学习路径。本书从管理会计的认知基础出发，逐步深入战略管理、预算管理、成本管理与营运管理等核心领域，每个项目都紧紧围绕管理会计的精髓展开，形成了清晰且重点突出的知识体系。目录的编排循序渐进，旨在帮助学生在掌握基础理论后，逐步提升实战能力。为增强便捷性和趣味性，本书引入了智能互动二维码学习平台，将丰富的学习资源(如案例分析、拓展阅读、练习题及答案等)与教材内容无缝融合。学生只需要扫描二维码，即可即时访问这些资源，从而促进对知识的深度理解和应用实践。

培根铸魂立德树人，强化思想教育领航

本书的思悟启迪模块中精心设计了各具特色的主题，旨在全方位培养学生的职业素养与社会责任感。从“格力集团员工持股与忠诚度的考验”中的登高望远、明辨是非，到“A公司战略管理案例与启示”中的运筹帷幄、决胜千里；从中国一汽全面预算管理的精打细算、量入为出，到大庆石化的开源节流与降本增效；从中国企业量体裁衣、因地制宜的坚守与创新，到蒙牛乳业见微知著、未雨绸缪的前瞻视野，再到娃哈哈集团跨界经营的当机立断、决策千里；等等。每个模块都紧紧围绕职业道德、决策能力、成本控制、战略规划等核心要素，引导学生在掌握专业知识的同时形成正确的价值观和职业观，落实立德树人的根本任务，培养德智体美劳全面发展的社会主义建设者和接班人。

理论筑基实践铸魂，全面深化技能精进

本书秉持“理实并进”的核心理念，紧密围绕战略管理、预算管理、成本管理、营运管理及绩效管理等项目推行，为读者精心构建了一个理论与实践紧密融合的学习体系。开篇即凸显管理会计在企业内部管理服务中的核心地位，通过全面介绍其定义、特点、产生与发展过程、指引体系及应用，为读者奠定了坚实的理论基础。

战略管理项目的理论部分介绍了战略分析方法，包括SWOT分析法、波特五力分析法、波士顿矩阵分析法等，实训环节则通过案例分析与实战演练，培养了学生从多维度进行战略分析的能力；预算管理项目的理论部分讲解了多种预算方法，实训环节则重点介绍了全面预算编制的实践操作方法，有助于提升学生的预算编制实战能力；成本管理项目的理论部分系统阐述了多种成本计算方法，实训环节则侧重于培养学生灵活选用适合企业特性的成本计算方式，增强实际应用能力；营运管理项目的理论部分深入剖析了本量利分析、预测分析及短期经营决策等核心内容，实训环节中则具体涵盖了生产、定价、存货管理、零部件自制或外购、特殊订单处理等多个方面的实际操作；绩效管理项目的理论部分构建了一套全面的绩效评估体系，通过实训引导读者学会如何运用这一体系有效激发员工的潜能，确保企业战略目标的顺利达成；管理会计报告与管理会计信息系统项目的理论部分解析了管理会计报告的内容、分类，以及管理会计信息系统的应用环境等，实训环节则指导学生编制报告，运用管理会计信息系统处理数据，保障信息安全，增强决策数据支撑力。通过对本书的学习，读者不仅能够掌握管理会计的核心理论，还能够将所学知识迅速应用于实际工作中，解决实际问题，提升专业能力。

岗赛课证一体化，融合创新促发展

本书的亮点在于创新性地融入了“岗赛课证”一体化模块。该模块紧密对接行业岗位需求，巧妙地将管理会计知识体系与职业资格证书标准相结合。通过模拟真实职场环境、引入技能大赛元素，优化课程体系设计。在教学过程中，应注重理论与实践的深度融合，采用案例教学、项目驱动等多元化教学方法，帮助学生提前适应职场环境，提升解决实际问题的能力。

具体而言，本书的项目三至项目八，即预算管理、成本管理、营运管理、绩效管理等核心内容，均与实际企业中的预算管理岗位、成本管理岗位、营运管理岗位及绩效管理岗位紧密对接。本书中通过技能竞赛模拟真实的工作场景，在课程设计中融合了案例分析、实操演练等多种教学手段，并融入了国家认可的职业资格证书要求。这一举措不仅可以全面提升学生的专业技能与职业素养，更为他们未来的职业生涯奠定了坚实的基础。

在编写本书过程中，我们参考了国内外众多管理会计领域的经典教材和研究成果，力求为读者提供一本高质量、高水准的教材。同时，我们也充分考虑了读者的学习需求和阅读习惯，采用了通俗易懂的语言和生动的案例，使本书更加易于理解和接受。在此，我们对所有给予我们帮助和支持的专家学者表示衷心的感谢。

本书配有教学课件、教学大纲、习题答案、全国职业院校会计技能大赛(高职组)会计实务赛项赛题等教学资料(可扫描右侧二维码获取)。通过扫描书中二维码，可即时获取案例分析、拓展阅读等学习资源。

教学资料

本书由吉林省职业教育一流核心课程负责人李琳娜、吉林省高等学校学历继续教育在线精品课程负责人姚天祎、长春金融高等专科学校郭文尧担任主编，由苗若婷、金丽巍、谢晗、姜妍担任副主编。具体分工如下：李琳娜编写项目四和项目五；姚天祎编写项目一和项目七；郭文尧、苗若婷编写项目二、项目八和项目九；谢晗、姜妍编写项目三和项目六；李琳娜负责全书定稿工作。另外，参与编写的还有金丽巍、古今、朱瑞琳、杨晓梅、陈恩泽。

本书得到了长春金融高等专科学校、长春职业技术大学、新道科技股份有限公司、清华大学出版社的大力支持。在此对所有关心本书的单位、专家和学者表示衷心的感谢。

希望本书能够帮助读者掌握管理会计的基本理论和实务技能，为未来的职业生涯奠定坚实的基础。同时，期待广大读者提出宝贵意见和建议，以便在今后的修订中不断完善本书。

服务邮箱：476371891@qq.com。

编　者

2024年10月

目录

项目一 管理会计认知

项目目标

【知识目标】

- 掌握管理会计的定义；
- 熟悉中西方管理会计的产生和发展历程，并充分认识到经济越发展会计越重要的含义；
- 熟悉我国管理会计体系建设的步骤；
- 掌握我国管理会计指引体系的内容。

【能力目标】

- 通过学习管理会计的产生与发展历程，充分认识到管理会计的重要性，积极宣传和推动管理会计工作；
- 理解经济发展对管理会计的影响。

【素养目标】

- 通过对我国管理会计指引体系的学习，构建管理会计概念体系，为以后从事管理会计工作提供理论保障；
- 通过对管理会计职业道德的学习，树立正确的职业道德观，为以后从事管理会计工作奠定素质基础。

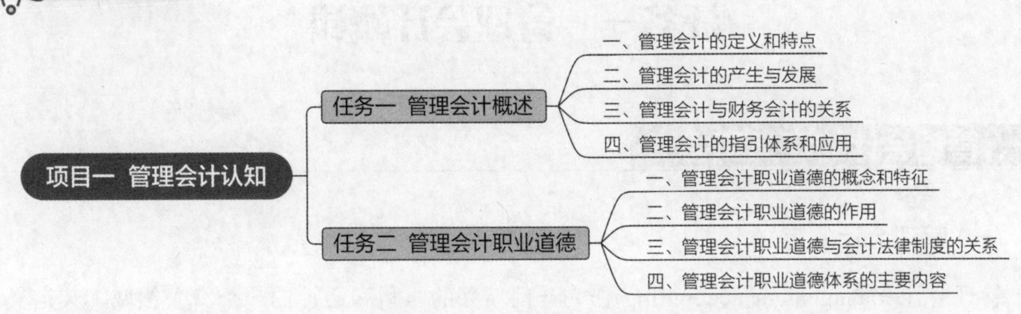

智能制造是新一轮产业革命的核心驱动力

案例背景：

机器人是集机械、电子、控制、传感、人工智能等多学科先进技术于一体的自动化装备。自20世纪60年代美国第一台工业机器人诞生以来，历经50余年，机器人产业经过初始阶段的低迷，在近些年开始迅速崛起并日趋完善。

工业机器人被广泛应用，它们准确地、不知疲倦地完成各种简单的重复性工作，有效提高了劳动生产率，降低了生产成本。有学者预言，随着机器人技术的日益成熟，工业机器人极有可能最终取代机床，成为新一代工业生产的基础。服务型机器人在近些年开始走进大众视野，并随着人工智能技术、先进制造技术和移动互联网的创新融合而飞速发展。越来越多的服务型机器人被研发出来，改变了人类的社会生活方式。

如今，机器人的使用范围已开始向国家安全、特殊环境服役、医疗辅助、科学考察等多个领域扩展。一旦步入智能化阶段，机器人产业的前景将被普遍看好。麦肯锡预计，到2025年，全球5%～15%的制造业将被工业机器人取代。英国牛津大学一项针对700多种职业的分析研究则表明，今后10～20年，美国有一半以上的职业或将由机器人承担。产业所构建的社会网络将渗透至社会生产与生活各个领域，奠定新一轮产业革命后智能社会形态的基础。

时代在进步，管理会计的未来决策也必须跟进。研发成本的投入和未来价值的研判，都离不开管理会计的强大功能。

提出问题：

1. 管理会计是如何产生和发展的？
2. 我国的管理会计概念框架体系涉及哪些内容？
3. 我国管理会计实践状况如何？

案例讨论：

管理会计人员应遵守哪些职业道德？

任务一　管理会计概述

一、管理会计的定义和特点

(一) 管理会计的定义

管理会计(management accounting)作为一门新兴的学科和会计的一个新兴领域，其定义目前尚未有定论。各家众说纷纭，不尽相同，通常将其分为广义的管理会计和狭义的管理会计两大类。

综合众家所言，现将管理会计的定义总结如下。

管理会计是会计的一个重要分支，它是以现代科学管理理论为依托，运用管理会计工具方法，对单位管理活动产生的资金运动进行预测、决策、计划、控制和考评，并为推动单位实现战略规划提供有用信息的管理活动。它是现代科学管理和会计相结合的产物，是为单位管理人员提供管理信息的会计，是单位管理信息系统的一个子系统，也是决策支持系统的重要组成部分。

(二) 管理会计的特点

管理会计是会计和科学管理相结合的产物，是从会计分离出来的一个重要会计信息系统，也是现代企业管理的重要组成部分。

管理会计一般有以下特点。

(1) 管理会计以现代科学管理理论为依托。从管理会计的产生和发展可以看出，管理会计是随着现代管理科学的产生而产生的，也必将随着现代管理科学的发展而不断向前发展，管理会计始终离不开现代管理科学。

(2) 管理会计以单位管理活动产生的资金运动为研究对象。管理会计研究的资金运动在时间上侧重于现在或未来；在空间上侧重于部分或专题，而不是单位整体的全部生产经营活动产生的资金运动。

(3) 管理会计以专门的技术分析方法为工具。管理会计主要运用的技术分析方法有成本性态分析、本量利分析、作业成本管理、贴现现金流法和平衡计分卡等。

(4) 管理会计以推动单位实现战略规划为目标。管理会计着重于对管理会计主体的管理活动实施标准管理、责任管理和目标管理，在强调经济效益的同时，更注重推动单位战略规划的实现。

二、管理会计的产生与发展

(一) 管理会计的产生

管理会计的萌芽可以追溯到20世纪初，被誉为“科学管理之父”的美国管理学家弗雷德里克•温斯洛•泰勒(Frederick Winslow Taylor)创立了科学管理学说，为管理会计的产生奠定了基础。泰勒根据自己多年来对劳动过程和作业成果的研究，于1911年发表了《科学管理原理》(*Principles of Scientific Management*)专著。借鉴泰勒的“科学管理”思想，会计领域提出了“标准成本”的概念，进而产生了“标准成本制度”“预算控制制度”和“差异分析制度”，这些内容后来都成为管理会计内容体系的重要组成部分。

1952年，国际会计师联合会(IFAC)正式通过了“管理会计”这个专用名词，这基本标志了管理会计的正式形成。可见，社会生产力的发展和企业管理的发展是管理会计产生的根本原因。

(二) 管理会计的发展

1. 国际管理会计的发展

国际管理会计的发展

随着社会经济、科学技术的飞速发展，现代数学、行为科学和管理科学也被广泛地应用于管理会计，传统的执行性管理会计也在不断发展，大致经历了决策性管理会计、变革性管理会计、战略性管理会计三个阶段。

2. 我国管理会计的发展

自20世纪50年代开始，管理会计在我国逐渐得到了应用和发展，先后经历了以经济责任为基础的执行性管理会计体系建设期、以市场为导向的计划决策性管理会计体系发展期和以价值创造为核心的战略管理会计体系建设发展期三个阶段。

我国管理会计的发展

三、管理会计与财务会计的关系

财务会计沿用传统的会计方法对企业的经营活动进行计量、记录、汇总，定期提供总括性的会计报告来服务于外部信息的使用者。虽然财务会计的信息也为企业内部管理所用，但信息的提供并不以内部使用者的意志为依据，受会计准则的约束，着重于对过去事件的如实反映，因此财务会计方法是描述性的。为了正确认识管理会计的职能特征，我们先了解一下管理会计与财务会计的联系和区别。管理会计与财务会计是现代会计的两大分支，两者关系密切，既有联系又有区别。

(一) 管理会计与财务会计的联系

1. 起源相同

管理会计与财务会计是在传统会计中形成、发展并逐渐分离出来的两大基本内容，它们源于同一个母体，共同构成了现代企业会计系统的有机整体。这两者既相互依存，又相互制约，同时还相互补充。

2. 最终目标相同

财务会计为企业外部的投资人、债权人等如实了解企业的财务状况和经营成果提供咨询服务，而管理会计则为企业内部的管理者、决策者有效组织经营提供咨询服务。可见，两者的目标不是对立的，而是相同的，都是为企业的有关方面提供参谋、咨询服务。管理会计与财务会计共同服务于企业经营管理，最终目标都是提高企业经济效益，实现企业价值最大化。

3. 基本信息相同

管理会计所需的许多资料来源于财务会计系统，其主要工作内容是对财务会计信息进行一系列特殊的深加工和再利用，因而受财务会计工作质量的约束；而财务会计的发展与改革，要充分考虑管理会计的要求，以扩大信息交换处理能力和兼容能力，避免不必要的重复和浪费。

4. 服务对象交叉

虽然管理会计侧重于为企业内部经营管理提供服务，但管理会计信息有时也为企业外部利益集团提供服务；同样，财务会计虽然侧重于对外提供信息服务，但财务会计信息对企业内部决策的影响也是至关重要的。财务会计提供的许多重要财务成本指标，如资金、成本、利润等，企业的管理者特别是高层管理者也是需要的；而管理会计提供的许多重要经济信息，企业外部的投资人、债权人也同样需要。财务会计有时把一些原属于管理会计的内部报表对外公开发表，而管理会计有时也把一些企业内部管理的资料数据(如实际成本与标准成本、实际利润与目标利润的对比数)作为财务报表的补充资料对外公开。

(二) 管理会计与财务会计的区别

管理会计与财务会计的区别如表1-1所示。

表1-1 管理会计与财务会计的区别

要点名称	管理会计	财务会计
核算对象	企业内部各层次的责任单位，侧重于内部管理服务，是“对内管理会计”	整个企业，侧重于对外服务，是“对外报告会计”
核算程序	没有固定的核算程序	必须执行固定的会计核算程序
核算方法	灵活多样，大量运用概率论、微积分等现代数学方法	简单数学计算
核算重点	预计将要发生或应当发生的经济活动	过去已经发生的经济活动
核算时间	不确定，按管理需要进行	按会计期间定期进行
核算行为影响	注重管理行为的结果，关注管理过程，设法调动人的主观能动性	注重财务状况和经营成果，一般不注重管理人员的行为
信息使用者	内部使用者：企业各级管理者	外部使用者：股东、债权人、监管机构等
信息属性	现时性、预测性	历史性
信息精确度	要求及时性和相关性，计算结果不要求绝对精确	要求及时性、相关性、真实性，计算结果要求绝对精确
会计报告的类型与频率	内部报告：根据需要随时提供	对外财务报表：年度、半年度、季度、月度
会计报告目的	特定决策、控制等具体目的	一般目的的财务报表
会计报告内容	反映企业内部机构、部门等详细的情况，与决策相关	反映企业整体的总括性情况
约束性	不受会计准则约束	应符合会计准则要求
验证程序	无须审计	需注册会计师审计

四、管理会计的指引体系和应用

(一) 管理会计的指引体系

目前，我国已经形成了以管理会计基本指引为统领、以管理会计应用指引为具体指导、以管理会计案例示范为补充的管理会计指引体系。管理会计指引体系包括基本指引、应用指引和案例库，用以指导单位管理会计实践。基本指引在管理会计指引体系中起统领作用，是制定应用指引和建设案例库的基础。应用指引是立足于管理会计实践、服务单位管理会计工作的具体指导，具有注重指导性、应用性、开放性、操作性等特点。案例库为应用指引的应用提供操作示范性案例。

(二) 管理会计的应用

管理会计的应用涉及应用主体、应用原则和应用要素。

1. 管理会计的应用主体

管理会计的应用主体视管理决策主体而定，可以是单位整体，也可以是单位内部的责任中心。

2. 管理会计的应用原则

单位应用管理会计应遵循下列原则。

(1) 战略导向原则。管理会计的应用应以战略规划为导向，以持续创造价值为核心，促进单位可持续发展。

(2) 融合性原则。管理会计应嵌入单位相关领域、层次、环节，以业务流程为基础，利用管理会计工具方法，将财务和业务等有机融合。

(3) 适应性原则。管理会计的应用应与单位应用环境和自身特征相适应。单位自身特征包括单位性质、规模、发展阶段、管理模式、治理水平等。

(4) 成本效益原则。管理会计的应用应权衡实施成本和预期效益，合理、有效地推进管理会计应用。

3. 管理会计的应用要素

单位应用管理会计应包括应用环境、管理会计活动、工具方法、信息与报告四大要素。

(1) 应用环境。单位应用管理会计应充分了解和分析其应用环境。管理会计应用环境是单位应用管理会计的基础，包括内部和外部环境。内部环境主要包括与管理会计建设和实施相关的价值创造模式、组织架构、管理模式、资源保障、信息系统等因素。外部环境主要包括国内外经济、市场、法律、行业等因素。

(2) 管理会计活动。管理会计活动是单位利用管理会计信息及管理会计工具方法，在规划、决策、控制、评价等方面服务于单位管理需要的相关活动。

(3) 工具方法。工具方法是单位应用管理会计时所采用的战略地图、滚动预算管理、作业成本管理、本量利分析、平衡计分卡等模型、技术、流程的统称。它是实现管理会计目标的具体手段，具有开放性，随着实践发展不断丰富、完善。管理会计工具方法主要应用于战略管理、预算管理、成本管理、营运管理、投融资管理、绩效管理、风险管理等领域。

(4) 信息与报告。管理会计信息包括管理会计应用过程中所使用和生成的财务信息和非财务信息。管理会计报告是管理会计活动成果的重要表现形式，旨在为报告使用者提供满足管理需要的信息。

任务二　管理会计职业道德

一、管理会计职业道德的概念和特征

(一) 管理会计职业道德的概念

管理会计职业道德是指在管理会计职业活动中应当遵守的，体现管理会计职业特征的，用以调整管理会计职业关系的职业行为准则和规范。

(二) 管理会计职业道德的特征

管理会计作为社会经济活动中的一种特殊职业，其职业道德具有以下特征。

1. 具有职业性和实践性的特征

管理会计的职业道德具有明显的职业性和实践性，与所处的行业密切相关。管理会计的目标是运用管理会计工具方法，参与单位规划、决策、控制、评价活动并为之提供有用的信息，推动单位战略规划的实现。管理会计的职业道德是在管理会计的执业过程中及其工作实践中体现出来的。

2. 具有公众利益的符合性特征

管理会计的职业道德根植于人类社会的道德体系。管理会计师作为管理会计目标的实践者，通常是单位管理活动的参与者，在这个过程中必然会涉及各种管理关系和利益关系。而管理会计的职业道德为从业者提供了思考和行为方向，确保管理会计师在参与管理活动时，不仅可以帮助所服务的机构达成目标，还可以保证这些活动符合国家利益和社会公众利益。

二、管理会计职业道德的作用

(一) 对管理会计师个体的作用

1. 对管理会计师的指导作用

管理会计职业道德是规范管理会计师行为的基础，是指导管理会计师行为的方向。在管理会计的工作中，职业道德为其行为(判断的行为)和思考方向提出了要求、指明了方向，以此帮助所服务的机构更好地达成管理会计职业的目标，是实现管理会计目标的重要保证。

2. 对管理会计师职业道德遵守的促进和评价作用

通过制定和推广管理会计职业道德，实施相关教育、监督和检查措施，可以有效地对管理会计师的行为进行客观评价，进而促进从业者遵守管理会计职业道德。

(二) 对实施管理会计的单位的作用

1. 单位实现管理会计目标的重要保障

管理会计体系的贯彻实施是单位实现战略目标的重要保障之一，而管理会计职业道德是管理会计体系实施者的从业要求，是他们能够做好本职工作的重要推手，认真学习和遵守管理会计职业道德，将促进管理会计体系的落实，进而促进管理会计目标的实现。

2. 单位总体道德价值观的重要组成部分

管理会计职业道德，通常属于道德规范在具体职业领域的表现，管理会计人员对职业道德的遵守，能够积极地影响单位的总体道德水平和价值观。

(三) 对职业规范体系的作用

管理会计职业道德是相关财会法律法规的重要补充。管理会计职业道德不属于法律法规，但是其体系与法律法规体系相互融合，共同构建了对职业规范的完整要求。

三、管理会计职业道德与会计法律制度的关系

(一) 管理会计职业道德与会计法律制度之间的协同关系

1. 两者的目标相同

会计法律制度体系和管理会计职业道德体系所要达到的目的是相同的。

2. 管理会计职业道德以会计法律制度为基础

管理会计职业道德是对会计法律制度体系无法或不宜覆盖的内容提出要求并进行归纳总结与推广教育，与法律制度相得益彰，共同构成管理会计职业人员的职业规范体系。

3. 管理会计职业道德是相关法律法规的重要补充

管理会计的主要工作大多涉及所服务机构的内部管理和决策支持。管理会计的职业道德要求，成为引导管理会计师做好工作的重要指引，是会计法律制度体系的重要补充。

4. 法律法规将成为管理会计职业道德工作的方向指引

《关于全面推进管理会计体系建设的指导意见》及其他会计法律制度，为中国管理会计职业道德的形成提供了重要指引和基础。

(二) 管理会计职业道德与会计相关法律制度的区别

1. 两者的性质不同

会计法律制度是国家法律体系的一部分，具有强制性，代表的是国家意志。当机构或个人违反了会计法律制度的相关规定和要求时，国家会依法进行制裁，以保证所有机构和个人都能够在法律制度所规范的环境中公平竞争。

而管理会计职业道德没有国家行政司法体系作为保障，更多地依赖于管理会计师的自律，代表的是会计行业及社会公众的要求或期待，其执行主要依靠自律性组织的管理和社会的监督。

2. 两者的作用范围不同

会计法律制度只对实际表现出来的行动和进而产生的实际结果进行约束。

管理会计职业道德则是从思想深处(包括行为的动机)出发，教育和约束从业者，使其在行动之前就受到职业道德的影响，从而选择职业道德所引导的方向，进而付诸正确的实际行动。

3. 两者的表现形式不同

会计法律制度由国家立法部门或行政管理部门制定和颁布，并负责解释，有明确的法律条款、实施细则。而管理会计职业道德可以形成文字，也可以不形成文字，是一种思想深处的自律意识。

四、管理会计职业道德体系的主要内容

(一) 职业认知和价值观念

一名优秀的管理会计从业者，首先要端正职业认知并树立正确的价值观，包

职业认知和价值观念

括爱岗敬业、诚信从业、客观公正、保守秘密和廉洁自律五个方面。

(二) 能力准备与自我提高

能力准备与自我提高

管理会计师作为管理的参与者，具备相应能力的同时更要不断提高自己的能力，包括专业能力、职业技能，以及对业务、行业和宏观政策的把握能力。只有具备了优秀的能力，才能在职业认知和价值观的引导下，真正为所服务的机构做出应有的贡献。

(三) 努力工作与恪尽职守

努力工作与恪尽职守

管理活动动员具有比较高的难度和挑战性。因此仅仅具备前两个方面还不够，必须做到恪尽职责、努力奋斗，应用管理会计的工具方法为科学管理做出自己应有的贡献，同时要敢于承担责任，敢于坚持正确的观点。要求管理会计师在本单位用恰当的方法和方式来推进管理会计工作，不可过于超前或拖后。有了正确的职业认知和价值观念，具备了相应的能力和技能，还要在工作中努力工作，恪尽职守，真正把管理会计工作落到实处。

思悟启迪　**登高望远，明辨是非**

格力集团员工持股与忠诚度的考验

格力集团是知名的家电制造巨头，长期以来坚持实施员工持股计划，旨在通过股权共享增强员工的归属感和责任感，促进公司的长远发展。然而，这一制度在实施过程中面临着员工职业道德的考验。在格力集团内部，大部分员工对持股计划持积极态度，认为这是与公司共同成长的机会。但也有部分员工对此不以为然，他们或出于短期利益考虑，认为持股并无实质性帮助；或对公司未来持悲观态度，担心持股会成为负担。更有甚者，在享受公司提供的各项福利和持股优惠的同时，却对公司的发展漠不关心，甚至表现出不忠诚的行为。

忠诚度与责任感是管理会计人员应具备的核心素质。持股计划本是增强忠诚度的有效手段，但部分员工的表现却反映出他们对公司缺乏足够的责任感和忠诚，这背离了管理会计的职业道德。同时，长远的眼光与决策能力也是管理会计人员不可或缺的品质。那些因短视而忽视持股长期价值的员工，实际上也违背了管理会计的决策原则。此外，诚信与透明度是管理会计人员在面对持股计划等敏感事项时必须坚持的原则。任何不诚信行为都将严重损害公司的声誉和利益。

格力集团的员工持股计划案例，为我们提供了一个审视管理会计职业道德的窗口。它告诉我们，即使在看似普通的财务制度安排中，也蕴含着对员工职业道德的深刻考验。因此，管理会计人员不仅要具备专业的知识和技能，更要坚守职业道德底线，以诚信、负责和忠诚的态度为公司和股东服务。同时，公司也应加强对员工的职业道德教育，引导他们树立正确的价值观和职业观，共同推动公司持续健康发展。

复习思考

1. 管理会计的发展分为几个阶段？
2. 如何理解管理会计这一概念？它有哪些特征？
3. 管理会计与财务会计有哪些联系与区别？
4. 管理会计的基本内容包括哪些？
5. 管理会计的职能有哪些？
6. 管理会计的职业化、专业化发展有何意义？会产生什么影响？

巩固练习

任务一　管理会计概述

一、判断题

1. 管理会计主要服务于单位内部，所以管理会计也称为内部会计。 (　　)

2. 管理会计只利用财务会计提供的相关信息进行事前分析和预测、事中控制及事后评价。 (　　)

3. 社会生产力的进步、市场经济的繁荣及其对经营管理的客观要求，是管理会计形成与发展的内在原因。 (　　)

4. 管理会计基本指引在管理会计指引体系中起统领作用，是制定应用指引和建设案例库的基础。 (　　)

5. 管理会计的应用主体视管理决策主体而定，可以是单位整体，也可以是单位内部的责任中心。 (　　)

6. 管理会计的应用环境是单位应用管理会计的核心。 (　　)

7. 管理会计的工具方法具有开放性，随着实践发展不断丰富、完善。 (　　)

8. 管理会计的工具方法是实现管理会计目标的具体手段。 (　　)

9. 管理会计只适用于应用环境良好的企业单位。 (　　)

10. 管理会计的服务功能是帮助单位实现向管理要效益。 (　　)

二、单项选择题

1. 管理会计的萌芽可以追溯到(　　)。

A. 19世纪初　　B. 19世纪中叶　　C. 20世纪初　　D. 20世纪中叶

2. “管理会计”这一名词被会计界认可是在(　　)年。

A. 1949　　B. 1952　　C. 1984　　D. 2008

3. 管理会计指引体系不包括(　　)。

A. 基本指引　　B. 应用指引　　C. 制度解释　　D. 案例库

4. 下列项目中属于管理会计外部环境的是(　　)。

A. 价值创造模式　B. 法律环境　C. 文化环境　D. 经济环境

5. 管理会计实施的基本条件是(　　)。

A. 管理会计工具和方法　B. 管理会计应用环境

C. 管理会计信息与报告　D. 管理会计活动

三、多项选择题

1. 管理会计属于(　　)。

A. 内部会计　B. 经营型会计

C. 外部会计　D. 报账型会计

2. 下列选项中，可以作为管理会计主体的有(　　)。

A. 企业整体　B. 个人

C. 车间　D. 班组

3. 管理会计的作用体现在(　　)。

A. 把传统会计从单纯的反映过去，扩展到规划未来

B. 把传统会计从日常记账、算账工作中解脱出来，演变为着重对经济活动进行日常控制与事前控制

C. 把传统会计从事后编制报表向外界提供信息，扩展到着重利用信息，帮助企业内部各级管理人员进行预测和决策

D. 把传统会计从孤立的指标核算，演变为实施与责、权、利紧密联系起来的责任会计制度

4. 下列选项中，关于管理会计的叙述正确的有(　　)。

A. 核算方法灵活　B. 可以提供未来信息

C. 以责任单位为主体　D. 必须严格遵守公认的会计准则

5. 单位应用管理会计应当遵守的原则包括(　　)。

A. 战略导向原则　B. 融合性原则

C. 适应性原则　D. 成本效益原则

6. 下列属于管理会计的应用要素有(　　)。

A. 应用环境　B. 管理会计活动

C. 工具方法　D. 信息与报告

7. 管理会计与财务会计的主要区别有(　　)。

A. 服务对象不同　B. 程序方法不同

C. 职能作用不同　D. 管理目标不同

8. 管理会计与财务会计的联系表现在(　　)。

A. 起源相同　B. 最终目标相同

C. 基本信息相同　D. 服务对象交叉

任务二 管理会计职业道德认知

一、判断题

1. 管理会计作为社会经济活动中的一种特殊职业，其职业道德同样具备独特的特征。( )
2. 管理会计具有职业性、实践性和公众利益的符合性特征。 ( )
3. 管理会计职业道德是会计法律法规的重要补充。 ( )
4. 会计法律制度体系和管理会计职业道德体系所要达到的目的是不同的。 ( )
5. 管理会计职业道德是国家法律体系的一部分，具有强制性，代表的是国家意志。 ( )
6. 管理会计职业道德可以形成文字，也可以不形成文字，是一种思想深处的自律意识。 ( )
7. 诚实守信是做人的基本准则，是人们在古往今来的交往中形成的最根本的道德规范，也是会计职业道德的精髓。 ( )
8. 客观公正要求管理会计人员端正态度，依法办事，实事求是，不偏不倚，保持应有的独立性。 ( )
9. 管理会计师应具备专业能力、规划能力和决策能力。 ( )
10. 管理会计师应最大程度利用管理会计的工具，提供深入有效的管理支持。 ( )

二、单项选择题

1. 下列不属于管理会计职业道德与会计法律制度的区别的是( )。

A. 两者的目的不同　　B. 两者的性质不同
C. 两者的作用范围不同　　D. 两者的表现形式不同

2. 下列表述中不正确的是( )。

A. 会计法律制度具有强制性，而管理会计职业道德具有自律性
B. 会计法律制度具有明确的法律条款，而管理会计职业道德是一种思想深处的自律意识
C. 管理会计职业道德是对管理会计人员的最低要求，而会计法律制度是最高要求
D. 管理会计职业道德以会计法律制度为基础

3. 下列关于管理会计职业道德的作用表述中不正确的是( )。

A. 管理会计职业道德是管理会计师所遵循的执业行为准则和规范
B. 管理会计职业道德是社会道德价值观的重要组成部分
C. 管理会计职业道德通常属于道德规范在会计职业领域的表现
D. 管理会计职业道德属于法律制度的范畴

4. 管理会计师应具备相应的能力并不断地提高自己的能力。这里的“能力”不包括( )。

A. 专业能力　　B. 职业技能
C. 对业务、行业和宏观政策的把握能力　　D. 团队创新能力

5. 管理会计职业道德是指在管理会计职业活动中应当遵守的，体现管理会计职业特征的，调整管理会计( )的职业行为准则和规范。

A. 职业标准　　B. 职业规范　　C. 职业关系　　D. 行为特征

三、多项选择题

1. 下列属于管理会计职业道德特征的有(　　)。

A. 具有职业性和实践性　　B. 具有公众利益的符合性

C. 具有多样性　　D. 具有超前性

2. 下列属于管理会计职业道德的有(　　)。

A. 诚信从业　　B. 客观公正　　C. 保守秘密　　D. 廉洁自律

3. 下列关于管理会计职业道德作用的表述中，正确的有(　　)。

A. 管理会计职业道德是规范管理会计师行为的基础

B. 管理会计职业道德是指导管理会计师行为的方向

C. 管理会计职业道德通常属于道德规范在具体职业领域的表现

D. 管理会计职业道德属于法律制度的范畴

四、案例分析

甲公司是一家上市公司，主要从事药品的生产和销售。为了贯彻落实《关于全面推进管理会计体系建设的指导意见》，甲公司对全体中层管理人员进行管理会计知识培训。培训完成后，为了加强管理会计职业道德建设，更好地落实管理会计各种工具和方法的应用，促进管理会计各项工作顺利开展，甲公司专门为会计人员举行了一次务虚会，请大家谈一谈对管理会计建设及管理会计职业道德的认识。现就主要观点摘录如下。

(1) 关于管理会计职业道德与会计职业道德关系的问题。A观点认为，国家已经颁布的会计职业道德既适用于会计人员，也适用于注册会计师，更适用于管理会计人员。也就是说，会计职业道德包括了管理会计职业道德，没有必要再另搞一套。

(2) 关于管理会计职业道德规范的问题。B观点认为，管理会计主要为企业、事业单位内部的管理服务，没有必要遵守诚实守信原则。

(3) 关于管理会计职业技能的问题。C观点认为，管理会计师要有观点，并且敢于坚持正确的观点，至少是自己认为正确的观点。

(4) 关于管理会计职业道德中廉洁自律的问题。D观点认为管理会计人员只要不行贿、不利用职务之便谋取私利就行了。

(5) 关于管理会计职业道德教育建设组织和实施的问题。E观点认为管理会计职业道德建设组织目前处于无人监管状态，因此实施非常难。

要求：从管理会计建设或管理会计职业道德建设的角度，分别判断这五种观点是否正确，并简要说明正确或错误的理由。

项目二 战略管理

项目目标

【知识目标】

- 掌握企业战略、战略管理的定义；
- 掌握企业战略的层次；
- 熟悉战略管理的原则；
- 熟悉战略管理的基本程序；
- 熟悉战略地图及其绘制方法。

【能力目标】

- 通过对企业战略管理定义的学习，树立战略管理宏观意识；
- 充分认识战略管理的重要性，构建大局观；
- 通过学习战略管理的基本程序，掌握独立编制战略流程的能力；
- 通过系统学习战略管理的应用程序和制定方法，培养战略管理的逻辑思维；
- 通过学习战略地图及其绘制方法，掌握独立绘制战略地图的能力。

【素养目标】

- 总结学习企业战略管理的重要性，明确战略地图的重要性；
- 掌握战略管理的基本程序，树立全局观念和动态发展观念，为企业未来发展提供战略思维和发展思路。

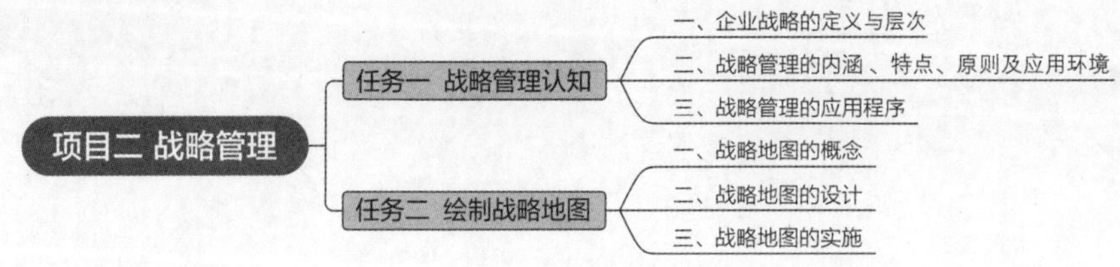

全球性跨国企业战略规划实例

案例背景：

某公司是一家全球性的跨国企业，主要从事电子产品制造和销售。在过去几年中，该公司一直面临着市场份额下降、竞争加剧和利润下滑的问题。为了解决这些问题，公司决定进行战略转型，以实现可持续发展。

公司进行了全面的市场调研和竞争分析，以了解市场需求和竞争对手的优势和劣势。此外，公司制定了新的市场定位和产品发展战略，以满足客户需求并提高产品竞争力。同时，公司还进行了组织架构调整和人员培训，以提高内部运营效率和员工素质。

在战略执行阶段，公司积极推进产品研发和市场推广，不断提高产品质量和品牌知名度。同时，公司还加大了对新兴市场的开拓力度，寻求新的增长点。这些举措使得公司逐渐扭转了局面，市场份额和利润开始逐步回升。

在战略管理的过程中，公司也面临着一些挑战。首先，公司需要克服资源配置不足、市场反应不及时等问题，以确保战略的有效实施。其次，公司还需要不断调整战略，以适应市场环境的变化和竞争对手的挑战。最后，公司还需要加强内部沟通和团队协作，以确保战略能够得到全员的支持和执行。

提出问题：

1. 在全球化竞争日益激烈的环境下，公司选择何种战略更有利于其长期发展？

2. 随着市场环境的变化，公司在产品创新和技术进步方面是否进行了足够的投入？

3. 对于目前业务覆盖范围较广的公司而言，如何优化其资源配置以确保各部门间的协调和整体运转？

案例讨论：

综上所述，企业战略管理是企业长期发展的重要保障。通过上述案例，我们看到了企业在战略管理过程中所面临的挑战和问题。只有不断总结经验教训，加强战略规划和执行，企业才能在竞争中立于不败之地。

任务一　战略管理认知

一、企业战略的定义与层次

(一) 战略的定义

在管理会计中，“战略”一词主要来源于组织对未来目标的规划和决策。它涉及组织如何利用资源来实现长期目标，并在激烈的市场竞争中取得优势。战略管理会计强调对组织整体战略的支持和促进，以确保资源的有效配置和利用。在这个过程中，管理会计的角色是提供有关战略选择的信息和分析，以帮助管理者做出明智的决策。因此，“战略”在管理会计中扮演着至关重要的角色，它不仅仅是一个词语，更是组织长期发展的关键因素。

战略是指在特定的环境下，为了实现长期目标而制订的一系列计划和行动。战略的制定需要进行全面分析和深入思考，以确保组织能够在竞争激烈的市场中占据优势地位。战略的制定需要考虑内外部环境的变化，包括市场趋势、竞争对手的动态、政治经济因素等。同时，战略的制定还需要考虑组织内部的资源和能力，以确定最佳的发展方向和行动计划。战略的实施需要全员参与和配合，需要有明确的目标并进行有效的沟通，以确保整个组织能够朝着共同的目标努力。战略的制定是企业取得成功的关键因素之一，它能够指导组织在激烈的竞争中取得长期发展。

(二) 企业战略的层次

企业战略的层次，指的是企业在制定和执行战略时所涉及的不同层次和范围。在传统的商业战略中，通常包括总体战略、竞争战略和职能战略三个层次。图2-1概括了企业各层次的战略所涉及的管理层次。

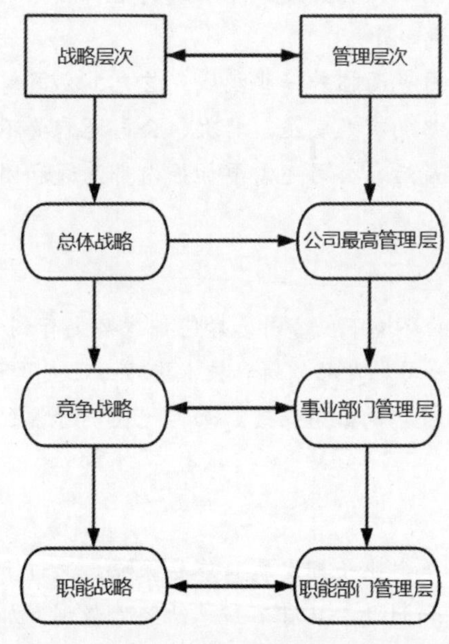

图 2-1　企业各层次的战略所涉及的管理层次

1. 总体战略

总体战略又称为企业层战略，是指企业在长期发展过程中制订的全面计划和目标，用来实现其使命和愿景。这一战略通常涉及市场定位、产品组合、竞争优势和资源分配等方面。企业总体战略的制定需要考虑内外部环境的变化和趋势，以及竞争对手的动态。在执行过程中，企业需要不断调整和优化总体战略，以适应市场的变化和挑战。因此，企业总体战略的制定和执行是企业取得长期发展的关键因素之一。

2. 竞争战略

竞争战略又称为企业的二级战略，属于业务单位战略，涉及各业务单位的主管及辅助人员，针对特定业务领域的市场份额、增长目标和风险控制进行规划。竞争战略是指企业在市场竞争中所采取的策略和方法，通常涉及企业在产品、价格、渠道、营销等方面的决策和规划，以获取市场份额和提高竞争力。竞争战略的制定既要对市场和竞争对手进行深入的分析和研究，又要考虑企业自身的资源和能力，还要考虑企业的长期和短期目标，并根据市场的变化不断调整和优化战略。制定科学、有效的竞争战略，企业可以更好地应对市场竞争，实现持续的增长和发展。对于经营单一业务的企业来说，其总体战略和竞争战略是合二为一的；只有对于业务多元化的企业来说，区分总体战略和竞争战略才具有实际意义。

3. 职能战略

职能战略又称为职能层战略，是专注于人力资源、财务管理和营销等方面的策略规划。职能战略的制定需要考虑组织的核心职能和竞争优势，以及如何通过这些职能来创造价值和实现战略目标。职能战略的重点在于如何最大化地利用组织内部的资源和能力，以支持整体战略的实施和落实。通过职能战略的明确制定和执行，组织可以更好地应对外部环境的变化和竞争压力，从而保持竞争优势并实现长期发展。

职能战略主要涉及企业内各职能部门(如营销、财务、生产、研发、人力资源、信息技术等)如何更好地配置企业内部资源，为各级战略服务，提高组织效率。例如，人力资源部门的主要任务是确保组织拥有高效的人力资源，以支持战略目标的实现；财务部门则负责确保资金的合理配置和利用，以支持组织战略的实施；营销部门则致力于推动产品和服务的销售，从而实现组织的市场目标。

各职能部门的合作和协调，对于整体战略的成功实施至关重要。因此，了解和理解各职能部门的主要任务和意义，对于制定和实施有效的职能战略具有重要意义。

上述三个层次的战略都是企业战略管理的重要组成部分，但侧重点和影响的范围有所不同。这些层次间的协调与衔接，对于企业整体战略的有效实施至关重要。

二、战略管理的内涵、特点、原则及应用环境

(一) 战略管理的内涵

战略管理是指组织为实现长期目标而进行的计划、资源配置和决策的全过程。在当今竞争激烈的商业环境中，战略管理变得尤为重要。自1972年伊戈尔•安索夫(Igor Ansoff)首次提出“战略管理”概念以来，这一概念便受到了广泛的探讨和阐释。安索夫在其著作《从战略规划到战略管理》中对战略管理进行了详细阐述，并在1979年出版了《战略管理论》一书。他将战略管理定义为企业日常业务决策与长期计划决策相结合的经营管理业务。此外，美国学者斯坦纳(Steiner G.A.)在其著作《企业政策与战略》中也对战略管理进行了阐释，他将战略管理理解为一个动态过程，即根据企业外部环境和内部条件确定企业目标，保证目标正确落实并最终实现企业使命的管理过程。不仅如此，众多学者和企业家也纷纷就战略管理提出各自见解。一些人认为，战略管理是企业在处理内外部关系过程中实现使命的管理过程；还有一些人提出，战略管理是包括制定、实施、评价和控制等在内的一系列决策与行动，决定着企业的长远发展。

从上述关于战略管理含义的种种表述和见解可以看出，战略管理是一种区别于传统职能管理的管理方式。这种管理方式的基本内涵是，企业战略指导着企业的一切活动，企业战略管理的重点是制定和实施企业战略，制定和实施企业战略的关键是对企业的外部环境和内部条件进行分析，并在此基础上确定企业的使命和战略目标，使它们之间保持动态平衡。

中华人民共和国财政部印发的《管理会计应用指引第100号—战略管理》指出，战略管理，

是指对企业全局的、长远的发展方向、目标、任务和政策，以及资源配置作出决策和管理的过程。

(二) 战略管理的特点

战略管理的特点如下。

(1) 长期性和全局性。在企业战略管理中，长期性和全局性意味着组织需要不断审视未来目标，并寻求在竞争激烈的市场中获得长期优势。例如，苹果公司在推出iPhone时采取了长远战略决策，凭借其全球化视野和对未来市场的洞察力，成功地改变了手机行业格局，成为行业领军者。

(2) 跨部门性和组织性。在当今复杂多变的商业环境中，跨部门性和组织性要求企业整合资源，协同合作，从而形成整体实力。例如，丰田汽车公司以其独特的生产方式——丰田生产系统，将战略决策贯穿于整个价值链，实现了跨部门协同，提高了生产效率和产品质量。

(3) 灵活性和动态性。灵活性和动态性显示了企业对环境变化的敏感程度和应变能力。例如，亚马逊公司始终保持着灵活的战略调整和动态的市场响应，不断开拓新的业务领域，适应不断变化的市场需求和竞争态势。

(4) 信息敏感性和创新性。企业战略管理需要密切关注外部环境和内部变化，善于利用信息优势寻求创新突破。例如，谷歌公司通过对海量数据的分析，不断推出新产品和服务，满足用户需求，保持了创新的竞争优势。

(三) 战略管理的原则

从战略管理的内涵和特点可以看出，战略管理是一个动态过程，包括方向选择、目标确定、战略规划，以及战略落实和最终战略评价，一般应遵循以下原则。

1. 目标可行原则

目标可行原则是指企业战略目标的设定，应具有一定的前瞻性和适当的挑战性，并能够使长期目标与短期目标进行有效衔接。目标可行原则要求制定的战略目标是切实可行的，能够在现有条件下实现，并与组织的资源和能力相匹配。

2. 资源匹配原则

资源匹配是指企业高层管理者应根据各业务部门与战略目标的匹配程度进行资源配置，且企业应有与战略目标相匹配的资源配置。资源匹配原则强调在制定战略时要合理配置和利用组织的资源，确保资源的充分利用和最大化的价值创造。

3. 责任落实原则

责任落实是指企业应将战略目标落实到具体的责任中心和责任人，构成不同层级彼此相连的战略目标责任圈。责任落实原则要求明确界定各项任务的责任人，并确保责任人能够承担起相应的责任和义务，从而推动战略目标的实现。

4. 协同管理原则

协同管理是指企业应以实现战略目标为核心，考虑不同责任中心业务目标之间的有效协同，加强各部门之间的协同管理，有效提高资源的使用效率和效果。协同管理原则强调组织内外各个部门和个体之间的协同合作，以实现整体战略目标。

这些原则为组织制定和实施战略提供了指导，有助于提高组织的战略管理水平，推动组织持续发展和成长。

(四) 战略管理的应用环境

1. 企业内外部环境分析

企业应关注宏观环境、产业环境、竞争环境等对其影响长远的外部环境因素，这包括对市场趋势、竞争对手、政府政策、经济状况等因素的全面了解。只有通过对环境的准确把握，企业才能制定出符合实际情况的战略。同时，企业应关注内部环境建设，如现行战略、资源、能力、核心竞争力等内部环境因素，确认企业具有的优势和劣势。

2. 设置专门机构或部门硬环境

为了更好地实施战略管理，企业应设置专门机构或部门负责战略管理工作，以确保战略管理工作得到专业化、系统化的管理。此外，应与其他业务部门、职能部门协同制定战略目标，做好战略实施的部门协调，保障战略目标得以实现。

3. 建立健全战略管理相关制度环境

这包括战略目标的设定、绩效评估体系的建立、战略执行过程的监督等方面。通过建立完善的制度，企业可以更好地指导和监督战略管理的实施，确保战略的顺利执行和预期目标的最终实现。

因此，对企业而言，深入分析环境、设立专门机构、建立健全制度是成功应用战略管理的关键步骤。

三、战略管理的应用程序

根据《管理会计应用指引第100号——战略管理》的内容，企业战略管理一般按照战略分析、战略制定、战略实施、战略评价和控制、战略调整等程序进行，如图2-2所示。

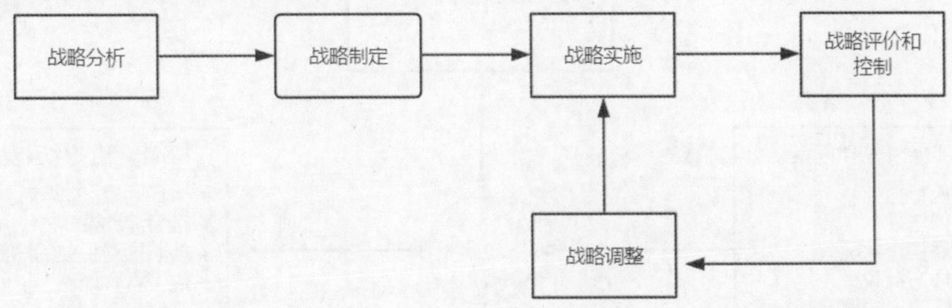

图 2-2 战略管理的应用程序

(一) 战略分析

企业应用战略管理分析方法的目的在于帮助企业制定和实施有效的战略，以应对市场竞争和变化。通过分析方法，企业可以深入了解自身的优势和劣势，把握市场机遇和挑战，从而制定出符合实际情况的战略目标和计划。此外，战略管理分析方法还可以帮助企业进行资源配置和风险评估，提高决策的科学性和准确性。通过科学的分析方法，企业可以更好地把握市场趋势和客户需求，提高市场竞争力和盈利能力。因此，企业应用战略管理分析方法具有重要的意义，可以帮助企业实现长期发展、占据竞争优势。

企业战略分析包括外部环境分析和内部环境分析，具体层次如图2-3所示。

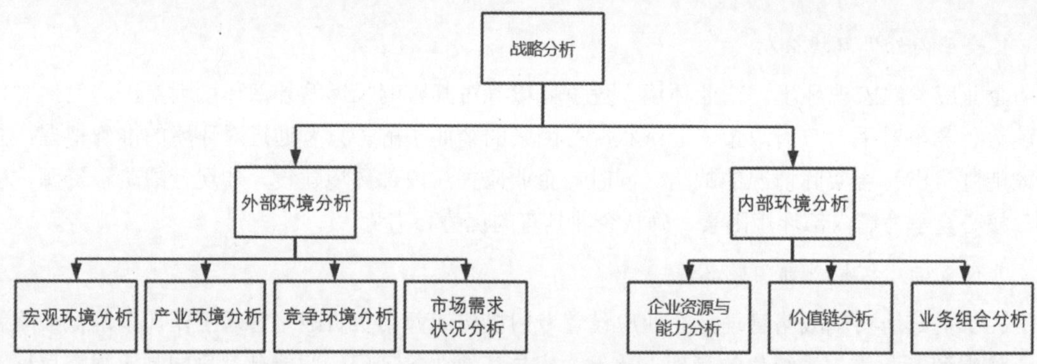

图 2-3　战略分析的层次

1. 企业外部环境分析

企业外部环境分析，可以从企业所面对的宏观环境、产业环境、竞争环境和市场需求状况等方面展开。外部环境分析可以帮助企业识别机会和挑战，从而更好地应对市场变化，提高竞争力。

1) 宏观环境分析

企业宏观环境因素一般包括政治和法律因素、经济因素、社会和文化因素、技术因素四大类，如图2-4所示。

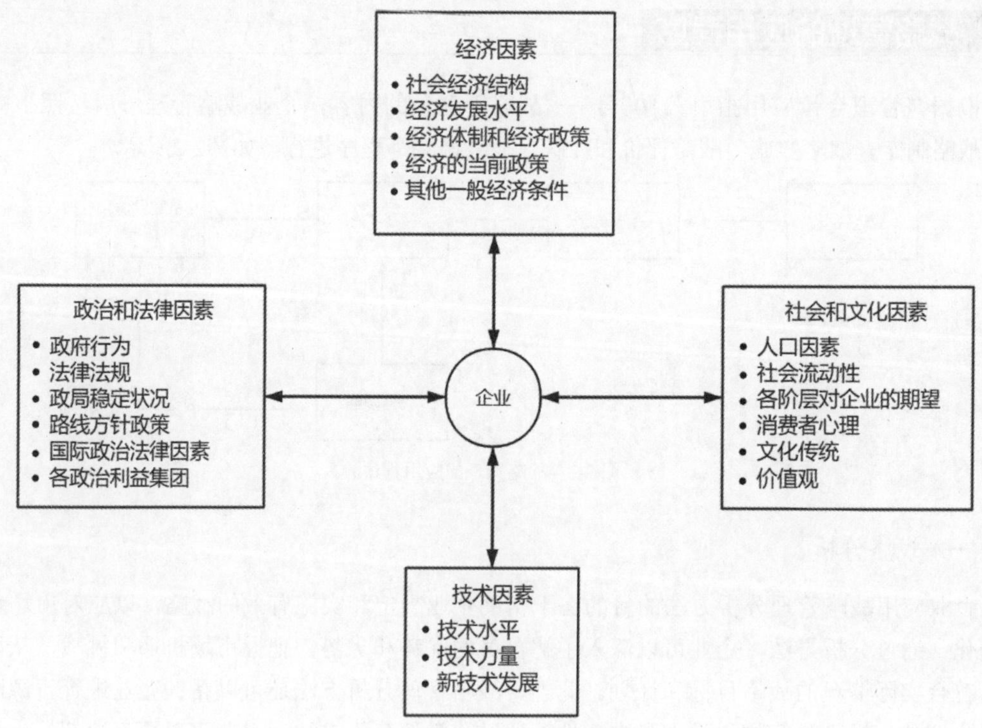

图 2-4　宏观环境因素的构成

2) 产业环境分析

企业产业环境分析一般包括产品生命周期分析、波特五力分析和成功关键因素分析。

(1) 产品生命周期分析。产品生命周期分为导入期、成长期、成熟期和衰退期四个阶段。在这四个阶段中，产品在不同阶段会呈现不同的特点。在不同阶段企业需要采取相应策略，以实现可持续发展。了解产品生命周期，有助于企业把握市场动态，优化资源配置，最终实现盈利目标。

(2) 波特五力分析。波特五力分析是一种常用的商业战略分析方法，旨在帮助企业了解自身所处的行业环境，识别潜在的竞争威胁和机遇。该分析方法由美国管理学家迈克尔•波特(Michael Porter)首次提出，主要包括五个方面：供应商的讨价还价能力、购买者的讨价还价能力、潜在竞争者进入的能力、替代品的替代能力和行业内竞争者现在的竞争能力。通过评估这五个方面，企业可以更好地制定战略，应对市场竞争。

(3) 成功关键因素分析。成功关键因素分析是指在特定领域或项目中，识别和确定那些对实现目标具有决定性影响的因素。这些因素可能是技术、人员、资源、市场环境等，它们相互交织，共同影响着项目的顺利推进。例如，我国在5G技术领域的突破，不仅为国内通信产业带来了巨大的市场机遇，还提升了我国在全球科技竞争中的地位。这就是成功关键因素中的技术创新因素。

3) 竞争环境分析

竞争环境分析包括两个方面：一是个别企业视角，二是产业竞争结构视角。对竞争对手进行分析有四个方面的主要内容，即竞争对手的未来目标、假设、现行战略和潜在能力。

未来目标是指竞争对手未来的发展方向和期望取得的成果；假设是在市场环境变化中对竞争对手所做的预测和反应；现行战略是竞争对手在当前所采取的商业模式、占有的市场份额和所处的市场地位等；潜在能力则是指竞争对手在未来可能发挥出的潜在实力和潜力。

(1) 未来目标。分析竞争对手的未来目标有助于企业了解其在市场竞争中的长远发展规划。例如，在我国智能手机市场，分析苹果和华为的未来目标可以发现，苹果致力于不断创新，提供高品质的产品和服务，以巩固其在全球市场的领导地位；而华为则着重于拓展海外市场，提升品牌的国际影响力。

(2) 假设。通过对竞争对手假设的分析，可以预测其在市场环境变化时的应对策略。以特斯拉和比亚迪为例，特斯拉假设未来新能源汽车市场将迅速增长，因此加大研发投入，推出更多创新产品；而比亚迪则假设未来市场竞争将更加激烈，积极布局产业链上下游，提高成本控制能力。

(3) 现行战略。分析竞争对手的现行战略，可以了解其在市场竞争中的优势和劣势。例如，在电商领域，阿里巴巴通过构建生态圈，实现了平台、物流、金融等多个领域的协同发展，从而巩固了其市场地位；而京东则侧重于自营物流和供应链管理，提升用户体验。

(4) 潜在能力。挖掘竞争对手的潜在能力，有助于评估其在未来的竞争实力。例如，在人工智能领域，谷歌通过持续投资研发，拥有了世界领先的算法和技术，其潜在能力不容小觑；而我国的企业如百度、腾讯也在加大资金投入，力争在未来的市场竞争中占据有利地位。

从产业竞争结构视角进行竞争环境分析，主要是研究整个行业的市场规模、市场集中度、行业生命周期、行业竞争格局等要素。这一层面的分析有助于企业了解产业发展趋势，找准市场机会，制定长远发展战略。例如，在智能手机行业中，苹果、华为、小米等企业都需要密切关注行业发展动态，以便在竞争激烈的市场中脱颖而出。

4) 市场需求状况分析

市场需求状况分析是一个至关重要的环节。一般可以从市场需求的决定因素和消费者两个方面进行分析，主要包括市场规模估算、市场趋势分析、竞争对手分析，以及消费者需求分析。

(1) 市场规模估算。市场规模估算是指企业对所处行业市场的潜在容量进行预测。这一环节对企业制定战略目标、规划资源投入具有重要意义。例如，一家新兴的智能手机企业在制定战略时需要了解全球智能手机市场的规模，以便确定自身的发展目标和市场定位。市场规模估算的方法有很多种，如市场调查、行业报告等。

(2) 市场趋势分析。市场趋势分析有助于企业捕捉市场变化，提前制定应对策略。市场趋势包括市场增长趋势、市场需求结构变化、消费者偏好变化等。企业应对市场趋势保持敏感，及时调整产品策略、营销策略以适应市场变化。

经济学理论认为，决定一个消费者对一种产品的需求数量的主要因素有该产品的价格、消费者的收入水平、相关产品的价格、消费者的偏好、消费者对产品的价格预期等。

(3) 竞争对手分析。竞争对手分析是企业了解市场需求状况的重要手段。通过分析竞争对手的产品、价格、市场份额、营销策略等，企业可以找出自身的竞争优势和劣势，制定有针对性的战略。竞争对手分析的方法包括竞争情报、市场调研等。

(4) 消费者需求分析。消费者需求分析是市场需求状况分析的核心。消费者需求包括消费者对产品的功能需求、品质需求、价格需求等。企业应充分了解消费者需求，提供符合市场需求的产品和服务。消费者需求分析的方法包括市场调查、消费者访谈、网络舆情监测等。

2. 企业内部环境分析

内部环境分析，可以从企业的资源与能力分析、价值链分析和业务组合分析等方面展开。

1) 企业资源与能力分析

若要进行企业的资源和能力分析，则需要关注企业资源的丰富程度，即企业拥有哪些资源，以及这些资源的数量和质量如何；同时，还需考虑资源的匹配性，即企业的资源是否与其战略目标和市场环境相匹配。此外，还应聚焦于企业能力的独特性和可持续性，评估企业的能力是否独特、能否形成竞争优势，以及这些能力是否容易被复制或模仿，竞争优势是否持久。进行全面的资源和能力分析，企业可以明确自身的优势和劣势，进而制定与自身条件相匹配的发展战略。

2) 价值链分析

波特认为，企业每项生产经营活动都是其创造价值的经济活动，企业所有的互不相同但又相互关联的生产经营活动，便构成了创造价值的一个动态过程，即价值链。

价值链是企业创造价值的一系列活动的集合，包括从原材料采购到产品销售和售后服务的全过程。价值链分析就是对这一系列活动进行细致的分析，以识别出增值环节和潜在的成本削减点。

价值链可以分为基本活动和辅助活动两大类。基本活动包括进货物流、生产作业、发货物流、市场营销和销售、服务等，这些活动直接关系到产品的创造和交付。辅助活动则包括采购、技术开发、人力资源管理、企业基础设施等，这些活动用来支持基本活动的进行。

价值链分析的关键在于识别出价值链中的关键增值环节，即那些能够为客户创造更多价值且成本相对较低的活动。通过对这些环节的重点投入和优化，企业可以提高整体的价值创造能力，增强竞争力。

3) 业务组合分析

业务组合分析是指对企业所拥有的各项业务或产品线进行深入研究和评估，以了解各项业务对企业整体战略目标和盈利能力的贡献。波士顿矩阵分析法与通用矩阵分析法就是业务组合分析方法。

业务组合分析的核心在于评估企业各项业务的市场吸引力与企业的竞争地位。市场吸引力主要取决于市场规模、增长潜力、竞争强度和行业利润率等因素。而企业的竞争地位则取决于其在该业务领域的市场份额、品牌知名度、技术实力、分销渠道等因素。在进行业务组合分析时，企业还需要考虑资源的分配问题。通过业务组合分析，企业可以更清晰地了解各项业务的特点和潜力，为制定更加精准的战略和资源配置提供决策依据。

3. 战略分析方法

企业在进行战略分析时，可应用态势分析法、波特五力分析法、波士顿矩阵分析法和运营矩阵分析法等，分析企业的发展机会和竞争力，以及各业务流程在价值创造中的优势和劣势，并将业务流程按照其优势强弱划分等级，为制定战略目标奠定基础。

(1) 态势分析法。态势分析法又称为SWOT分析法，是一种常用的战略分析方法，它通过对企业内部环境和外部环境进行系统性的分析，帮助企业识别自身的优势、劣势、机会和威胁。首先通过调查将影响因素列举出来并依照矩阵形式排列，其次用系统分析的思想把各种因素相互匹配起来加以分析，最后即可得出相应结论，而结论通常带有一定的决策性，对制定相应的发展战略、计划和对策可以起到支撑作用。SWOT分析包括四个方面：优势(strengths)、劣势(weaknesses)、机会(opportunities)和威胁(threats)。按照态势分析法，战略目标应是企业“能够做的”(即企业的优势和劣势)和“可能做的”(即环境的机会和威胁)之间的有机结合。

(2) 波特五力分析法。波特五力分析法是一种用于评估行业竞争力和企业战略制定的分析方法。五力分析模型主要用于进行竞争战略的分析，有助于企业深入了解客户的竞争环境，从而制定更具竞争力的战略。有关内容在前文中已有所介绍。

(3) 波士顿矩阵分析法。波士顿矩阵分析法将企业所有产品从销售增长率和市场占有率角度进行再组合。在坐标图上，以纵轴表示企业销售增长率，横轴表示市场占有率，将坐标图划分为四个象限，依次为明星业务、金牛业务、问题业务和瘦狗业务。

- 明星业务。市场吸引力高且企业竞争地位强的业务，通常是企业未来的增长点。
- 金牛业务。市场吸引力低但企业竞争地位强的业务，这些业务通常为企业贡献稳定的现金流。
- 问题业务。市场吸引力高但企业竞争地位弱的业务，需要企业投入大量资源进行培育。
- 瘦狗业务。市场吸引力低且企业竞争地位弱的业务，这些业务可能会影响企业的整体发展，通常需要企业进行战略调整或退出。

进行波士顿矩阵分析的目的在于通过产品所处不同象限的划分，使企业采取不同策略，以保证其不断地淘汰没有发展前景的产品，保持“明星”“金牛”产品的合理组合，实现产品及资源分配结构的良性循环。

(4) 运营矩阵分析法。运营矩阵分析法是一种基于矩阵理论的方法，被广泛应用于企业运营管理的各个领域。矩阵分析作为一种数学工具，可以帮助企业更好地理解并优化其运营过程中的各种问题。通过矩阵运算，可以求解企业运营中的线性方程组、线性规划等问题，从而为企业决策提供有力支持。

(二) 战略制定

战略制定是指企业根据确定的愿景、使命和环境分析情况，选择和设定战略目标的过程。

1. 战略目标的选择

在公司战略的三个层次上存在着各种不同的战略类型，分别是业务目标、区域目标和公司总体目标，如图2-5所示。

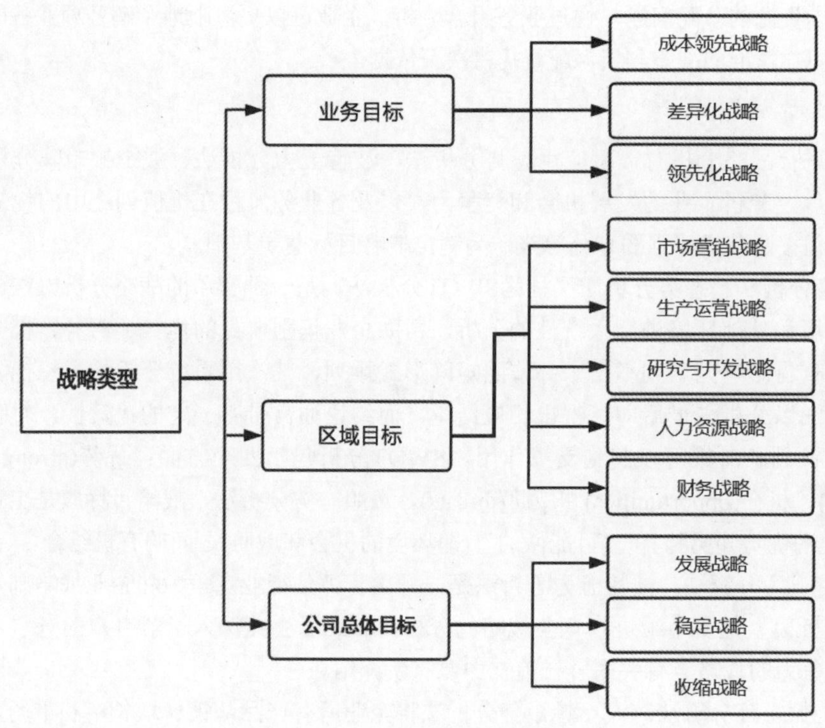

图 2-5　公司战略类型

业务目标主要关注公司的核心业务和产品。区域目标是公司在特定地域内实现的业务目标。公司总体目标是公司在所有业务领域和地域内追求的最终目标。

公司战略目标的三个层次相互关联，业务目标是区域目标和公司总体目标的基础，区域目标则是公司总体目标的组成部分。通过设定明确的战略目标，公司可以更好地规划资源投入、制定执行策略，并确保全体员工朝着共同的方向努力。

为了实现这些目标，公司需要寻找自身优势，分析市场形势，密切关注竞争对手的动态。在实际操作中，公司可以通过产品创新、提升品质、加强品牌宣传等手段，不断优化业务结构，以实现业务目标、区域目标和公司总体目标。

2. 战略目标的制定

战略目标是企业为了实现其愿景和使命，在一定时期内要达到的目标状态。实施路径则是实现战略目标的具体措施，包括组织架构调整、资源配置、创新能力提升等。根据不同层次的管理人员介入战略分析和战略选择工作的程度，可以将制定战略的方法分为自上而下的方法、自下而上的方法和上下结合的方法三种。这三种方法各具特点，适用于不同的企业和组织。

1) 自上而下的方法

自上而下的战略规划是以顶层设计为主导的战略制定方法。这种方法的特点是从宏观层面进行战略规划，再逐步向下分解和落实。例如，我国政府提出的五年规划，首先确定国家发展的总体目标和重点领域，然后各级政府和相关部门根据五年规划的目标制订各自的实施计划，最后分解为具体的项目和任务。这种战略制定方法有利于实现国家战略目标，但在实施过程中可能存在一定的官僚主义和形式主义问题。

2) 自下而上的方法

自下而上的战略发展是以市场需求和微观主体为主导的战略制定方法。这种方法的特点是从基层开始，根据市场需求和微观主体的实际情况，逐步向上反馈和整合。例如，企业在市场竞争中，通过了解客户需求、研究行业趋势，形成自身的战略规划。这种战略制定方法有利于激发市场活力，提高企业的适应能力，但可能存在战略方向不明确、资源配置不合理等问题。

3) 上下结合的方法

上下结合的战略制定方法是将自上而下的规划和自下而上的发展相结合，形成一种协同的战略决策过程。这种方法综合了前两种方法的优点，既能确保国家战略目标的实现，又能充分调动基层的积极性。例如，我国近年来推行的公共私营合作制(public private partnership，PPP)项目，政府和企业共同参与项目决策和实施，实现了国家战略目标与市场需求的有机结合。

不同组织和企业可以根据自身特点和所处环境，选择合适的方法进行战略规划，以实现自身的发展目标。在实际操作中，往往需要根据实际情况灵活运用和调整战略制定方法。

企业设定战略目标后，各部门需要结合企业战略目标设定本部门战略目标，并将其具体化为一套关键财务及非财务指标的预测值。为各关键指标设定的目标(预测)值，应与本企业的可利用资源相匹配，并有利于执行人积极有效地实现既定目标。

(三) 战略实施

企业战略实施是企业为实现长期发展目标所采取的一系列行动计划，涉及资源配置、组织结构调整及经营管理变革等多个方面。在当前激烈的市场竞争环境下，企业战略实施对企业的成功至关重要。

1. 资源配置

资源配置是企业战略实施的核心环节。企业需要根据战略目标，合理配置人力、财力、物力等资源，以确保战略目标的顺利实现。例如，阿里巴巴集团在实施其新零售战略时，大量投入资源用于技术研发、物流配送、市场营销等方面，以打造线上线下融合的购物体验，从而巩固其市场地位。

2. 组织结构调整

组织结构调整是企业战略实施的重要保障。企业需要根据战略需求，优化组织架构，提高组织运行效率。例如，华为公司在面对美国制裁的压力时，通过调整组织结构，将研发部门独立，以保证公司的研发能力不受影响，继续推进其全球化战略。

3. 经营管理变革

经营管理变革是企业战略实施的有效手段。企业应不断改进管理模式、优化业务流程，以提高企业竞争力。例如，特斯拉公司在实施Model 3量产计划时，对生产流程进行了全面优化，通过引入自动化生产线、提高零部件自制率等措施，降低成本，实现大规模量产。

总之，企业战略实施是企业长期发展的关键所在。只有进行科学合理的资源配置、组织结构调整和经营管理变革，企业才能应对市场竞争，实现战略目标。在我国经济发展的新阶段，企业应更加注重战略实施，为国家经济的繁荣贡献力量。

(四) 战略评价和控制

战略评价和控制是一个企业在实现长期目标和使命的过程中对战略执行情况进行评估和调整的环节，它涉及对企业内部和外部环境的全面分析，以确保企业能够在不断变化的市场环境中保持竞争优势。评价和控制战略的过程并非一蹴而就，而是需要企业持续关注市场动态、搜集相关信息，以便对战略进行适时调整。

战略评价与控制

公司战略评价主要评估战略实施过程中的市场份额、盈利能力、核心竞争力等成果，分为事前、事中和事后三个层次的评估。战略控制则是指企业在战略实施过程中对执行情况进行监控和调整，以确保战略目标的实现。战略评价和控制的重要性体现在提升企业竞争力、优化资源配置、降低风险、提高战略执行力和促进企业持续发展等方面。通过评价和控制，有助于企业在市场竞争中立于不败之地，合理配置资源，降低不确定因素的影响，提高执行力，并为长远发展提供支持。

(五) 战略调整

战略调整是指企业在面临市场变化、竞争压力、内部资源配置等因素变化时，对原有的战略目标和规划进行修正、优化和升级，以适应新的发展环境和挑战。战略调整旨在提高企业的核心竞争力，确保企业可持续发展，并实现企业的长期发展目标。

企业在进行战略调整时，需要充分了解行业发展趋势、竞争对手动态、政策法规变化等方面的信息。此外，还要对企业自身的优势、劣势、机会和威胁进行全面分析，以便找出需要改进和加强的地方。

任务二　绘制战略地图

一、战略地图的概念

战略地图是企业的一种可视化工具，用于明确其在市场、行业和业务领域中的定位，以实现长期目标和愿景。它包含四个核心要素：市场定位、核心竞争力、盈利模式和成长策略。市场定位决定了企业在市场中的角色，核心竞争力是企业与竞争对手较量中的优势，盈利模式关注利润最大化，成长策略则关注企业的可持续发展。这四个要素共同为企业提供了明确的发展方向，帮助企业在市场竞争中立于不败之地。在不断变化的市场环境中，企业应不断调整和优化其战略地图，以实现持续发展和长远繁荣。

战略地图的概念

二、战略地图的设计

(一) 设计战略地图的基本程序

设计战略地图的基本程序

企业在设计战略地图时通常遵循以下程序：①设定具有可衡量性、可实现性和挑战性的长期战略目标，明确未来发展方向和重点；②分析当前业务状况，确定业务改善路径，以实现目标；③深入了解客户需求和市场趋势，定位客户价值，调整产品或服务策略；④确定内部业务流程优化主题，提高效率，降低成本，促进业务发展和目标实现；⑤关注员工学习和成长，提升员工能力和素质，保持竞争力和持续发展；⑥根据前几个步骤合理配置资源，以促进业务发展和目标实现；⑦绘制战略地图，清晰展示各要素之间的关系，指导未来战略的实施，确保长期目标的实现并持续提升竞争力。

(二) 部门战略地图的设计

在设计部门战略地图时需要从企业战略地图承接分解关联的战略目标并兼顾部门业务的特点。

1. 财务维度战略目标

财务维度战略目标包括：确部门的财务目标，如提升利润率、降低成本、增加收入等；设定财务指标，如净利润率、资产回报率、现金流量等，确保财务目标与组织的整体战略目标保持一致。

2. 客户维度战略目标

客户维度战略目标包括：明确定部门的客户群体和客户需求，以提高客户满意度和忠诚度；设定客户指标，如客户维护率、客户投诉率、市场份额等，确保部门的产品或服务能够满足客户需求并持续改进，以提升客户体验。

3. 内部业务流程维度战略目标

内部业务流程维度战略目标包括：优化部门内部的业务流程，提高效率和质量；设定业务流程指标，如生产周期、错误率、服务交付时间等，确保各项业务流程能够有效地促进财务和客户目标的实现。

4. 学习与成长维度战略目标

学习与成长维度战略目标包括：确保部门员工具备必要的技能和知识，以适应不断变化的市场和技术环境；制订员工培训和发展计划，提高员工满意度和绩效，确保组织有足够的学习和创新机制，以持续改进和创新。

根据以上分析，在设计部门战略地图时，应将四个维度的战略目标与具体的业务活动和措施相关联。例如，对于财务维度，可以设定降低成本的具体措施，如采购优化、减少浪费等；对于客户维度，可以设定提高客户满意度的具体措施，如改进客户服务、增强产品功能等。

(三) 企业战略地图的设计

战略地图设计

通常，企业运用平衡计分卡原理来确定战略和规划，以取得较好的管理效果。这一方法主要从企业、部门、班组和岗位四个层级出发，按照战略制定、战略地图、计分卡、KPI(key performance index，关键绩效指标)和行动计划五个业务线来编制平衡计分卡。

战略地图是平衡计分卡的起点，它从财务、客户、内部流程、学习与成长四个维度，将战略目标在一张纸上清晰地呈现出来。这种呈现方式反映了战略目标之间自下而上的逻辑关系，明确展示了企业或部门未来几年“做什么”“怎么做”，以及“做到什么程度”。

企业明确了成为行业领导者、持续创新、为客户创造价值、提供优质产品和服务、推动行业发展、为社会做出贡献的愿景与使命。为实现这一目标，企业设定了清晰的长期、中期和短期目标，并规划了市场拓展与品牌建设、内部流程优化与运营效率提升、客户关系管理与满意度提升三条战略路径。为直观地展示战略目标，企业设计了从财务、客户、内部流程、学习与成长四个维度呈现的战略地图。为将地图中的目标转化为具体衡量指标，企业设计了包括各维度指标的计分卡，并进一步制定了KPI。企业根据计分卡和KPI，制订具体的行动计划，包括财务、客户、内部流程和学习与成长四个维度，以支持企业愿景与使命的实现，推动企业在四个维度上取得长远发展。

三、战略地图的实施

战略地图的实施，是指企业利用管理会计工具方法，确保企业实现既定战略目标的过程。战略地图的实施一般按照战略KPI设计、战略KPI责任落实、战略执行、编制报告、战略纠正、战略评价等程序进行。

(一) 战略KPI设计

在战略地图实施过程中，设计战略KPI是非常重要的一步。战略KPI是用来衡量组织或项目是否达成战略目标的关键数据指标。企业应设计一套可以使各部门主管明确自身责任与战略目标相联系的考核指标。

(二) 战略KPI责任落实

企业应对战略KPI进行分解，落实责任并签订责任书。具体可按以下程序进行。

(1) 将战略KPI分解为责任部门的KPI。企业应从最高层开始，将战略KPI分解到各责任部门，再分解到责任团队，每个责任部门、责任团队或责任人都有对应的KPI，且每个KPI都能找到对应的具体战略举措。企业可编制责任表，描述KPI中的权、责、利和战略举措的对应关系，以便实施战略管控和形成相应的报告，每个责任部门的负责人可根据上述责任表，将KPI在本部门进行进一步分解和责任落实，层层建立战略实施责任制度。

(2) 签订责任书。企业应在明确分解各责任部门KPI的基础上签订责任书，以督促各执行部门落实责任。责任书一般由企业领导班子(或董事会)与执行层的各部门签订。责任书应明确规定一定时期内(一般为一个年度)要实现的KPI任务、相应的战略举措及相应的奖惩机制。

(三) 战略执行

企业应以责任书中所签任务为基础，将战略目标和KPI转化为具体的行动计划和项目，分配资源、制定时间表并落实责任人，确保各项行动计划与整体战略一致，协调各部门和团队的合作。另外，企业应持续监控和调整执行进展，及时解决问题和调整资源分配，确定不同的执行指引表，采取有效战略举措，确保KPI实现。

(四) 编制报告

企业应定期编制战略执行报告，汇总各项KPI的实际表现和达成情况。报告内容应该包括KPI的趋势分析、关键问题和挑战、行动计划的执行情况等，以清晰、简洁地反映战略执行的进展和问题，为决策提供依据。

因此，每一层级责任部门应向上一层级责任部门提交战略执行报告，以反映战略执行情况，制定下一步战略实施举措。

战略执行报告一般可分为以下三个层级：①战略层(如董事会)报告，包括战略总体目标的完成情况和原因分析；②经营层报告，包括责任人的战略执行方案中相关指标的执行情况和原因分析；③业务层报告，包括战略执行方案下具体任务的完成情况和原因分析。

企业可根据战略执行报告，分析责任人战略执行情况与既定目标是否存在偏差，并对偏差进行原因分析，形成纠偏建议，将其作为责任人绩效评价的重要依据。

(五) 战略纠正

企业根据报告的分析结果，可及时发现战略执行中的偏差和问题，并采取纠正措施，如调整行动计划、重新分配资源、修正目标设定等，以确保整体战略的有效实施。

战略纠正是持续的过程，创业需要不断学习和改进，以适应外部环境和内部变化。

(六) 战略评价

企业应按照《管理会计应用指引第100号—战略管理》中战略评价的有关要求，对战略实施情况进行评价，并按照《管理会计应用指引第600号—绩效管理》的有关要求，对战略执行的效果和绩效进行评价，分析战略目标的实现情况和绩效表现。总结经验和教训，为未来的战略规划和执行提供参考。一般，评价结果应反馈到战略地图的设计和执行过程中，以促进企业绩效水平的提升。

思悟启迪 **运筹帷幄，决胜千里**

A公司战略管理案例与启示

现今，医药行业正经历着创新与国际化的深刻变革，A公司作为该行业的佼佼者，凭借精准的战略管理，实现了跨越式发展，成为了行业内的领军者。这一成功案例不仅展示了战略管理对企业长远发展的重要性，也为学生培养长远视角、战略思维及创新精神提供了宝贵启示。

A公司初创期便明确了企业愿景和使命，为后续战略制定提供了方向。在发展过程中，公司运用SWOT分析、PEST分析等工具进行市场研究，明确自身优势、劣势、机会、威胁，以及外部环境因素。同时，通过五力模型分析行业竞争态势，确定市场定位和战略方向。在技术创新方面，A公司注重研发投入，推出新产品和新技术以满足市场需求。在国际化拓展方面，公司积极寻求海外市场机会，提升国际竞争力。

A公司通过精准的战略管理实现了跨越式发展，其成功在于对市场的敏锐洞察和灵活应对，以及长远和全局的战略思维。这种思维方式使A公司在复杂多变的市场环境中保持清晰的方向感，推动企业创新发展。战略管理对企业长远发展至关重要，只有具备长远和全局视角的企业才能在市场竞争中立于不败之地；同时，战略思维和创新精神也是学生在未来职业生涯中不可或缺的素质。

A公司的成功案例为我们提供了重要启示。我们应继续关注战略管理领域的最新理论和实践动态，不断创新和完善战略管理方法和工具。同时，将战略管理的理念和方法融入学生日常学习和实践中，帮助他们更好地适应未来职业发展的需求。通过培养学生的长远视角、战略思维及创新精神，可以为医药行业的发展注入新活力，推动其实现更高水平的创新发展。

岗课赛证

黄山旅游案例

(一) 案例介绍

黄山旅游发展股份有限公司是依托黄山风景区优势自然风光型旅游资源的大型综合类旅游上市公司，前身系安徽省黄山旅游开发公司，1996年上市，既发行A股又发行B股，经营业态丰富、产业要素完善，被誉为“第一支完整意义的旅游概念股”，经过多年的发展，黄山旅游发展股份有限公司已然成长为业务覆盖旅游业全链条的大型旅游企业。

如今，黄山旅游发展股份有限公司旗下已有36家公司，可分为景区管理、酒店、索道、旅行社、徽菜餐饮和旅游+六大方面，并且在旅游+等新业态的发展中起到了行业领头的作用。总的来说，黄山旅游发展股份有限公司的整个结构看起来十分完备与健康。

(二) 运营评价

以下为黄山旅游发展股份有限公司的运营评价(SWOT分析)。

A. 黄山旅游发展股份有限公司依托的黄山风景区是世界文化与自然双遗产、世界地质公园、国家首批5A级旅游风景区，是极其具有吸引力和不可替代性的旅游自然资源。此外，黄山风景区周边的自然资源和以徽文化为代表的旅游资源丰富，战略纵深空间广阔。

B. 旅游产品往往具有季节性与脆弱性的特征，黄山旅游具有比较明显的淡、旺季特征，导致企业的收入并不是十分的稳定。旅游往往容易受到外部因素的干扰，为该公司的经营带来不可预估的风险。此外，前期需要大量的资金与人力投入，回收期很长。

C. 黄山旅游发展股份有限公司除了传统的旅游业务，还涉及众多“旅游+”业务，包括新零售、乡村振兴、智慧旅游、旅游电商、旅游文创等方面，甚至涉及房地产业务。覆盖面如此广泛的业务板块为其带来了一定的管理风险，从其收入构成来看，依旧是传统的旅游业务(如酒店、索道、旅行社、餐饮、景区、旅游服务等方面)构成了收入的主体，而新开发的业务板块目前起色并不明显，房地产、乡村振兴等大型建设开发业务的前期投资成本非常高，为企业未来的发展埋下了隐患。

D. 疫情结束后，旅游消费有了明显的复苏态势。首先，2023年春节，大理迎来很高的旅游热度；其次，淄博等旅游目的地在“五一”假期的表现都十分不错。行业迎来了明显的复苏态势。

E. 很多专家与业内人士所预期的疫情后“报复性消费”并未出现，淄博这一低消费类型的旅游目的地爆红体现了疫情后旅游消费降级、但旅游需求庞大的发展趋势。后疫情时代可能会出现居民消费疲弱，消费者收入预期降低或消费者信心不足，在此基础上可能会出现消费者出行意愿降低、客流量恢复及旅游行业整体复苏不及预期的情况。

F. 在旅游行业的不断发展中，出现了许多后起之秀，2006年上市的云南旅游与2015年上市的九华旅游呈现强劲的发展态势，激烈的市场竞争为公司带来了一定的风险。

G. 黄山风景区的门票是消费者广为诟病的一点。之前定价为230元，虽然现在因为国家相关部门下令调整为190元，但依然是目前国内景区中门票价格非常高的一档。而景区中索道的毛利率高达60%以上，甚至有的年份超过70%，可见其中存在的问题。虽然其中也包含成本投入、景区承载力、自然资源保护的考虑，但是近年来关于黄山风景区开发“商业化严重”的评价也越来越多，该公司对于黄山风景区的管理与经营存在一定的问题。

H. 公司经过20多年的发展和积累，已拥有一支专门从事景区开发、索道运营、酒店管理、餐饮经营及旅游服务的专业人才队伍，为公司经营管理提供了强大的人力资源保障。

I. 该公司的最大股东为黄山旅游集团，持股占比达40.66%，背后实际控制人为黄山市国资委，持有黄山旅游集团100%的股份，国家资本的背景为该公司提供了很强的抗风险能力。

J. 该公司作为黄山市内国有控股上市公司，一方面其拥有充裕的自由现金流，财务状况良好，融资渠道畅通；另一方面，可以利用资本市场平台，通过资本运作等方式，整合黄山市及皖南地区的优质旅游资源和企业，发挥上市公司在区域经济合作和地方经济发展中的领头作用，促进公司持续、稳定、健康发展。

K. 黄山旅游发展股份有限公司于2016年提出了“走下山、走出去”战略后，积极进行了业务转型并在全国范围进行业务拓展，但是旅游市场的激烈竞争使得拓展与转型仍然存在困难，进度缓慢。

L. 疫情期间旅游电商直播、旅游+VR等新业态出现并发展壮大，而黄山旅游早早就布局了旅游+业务板块，其中智慧旅游、新零售、旅游文创等方面处于行业领先地位，紧跟未来旅游行业的发展方向。

M. 国务院印发的《关于加快发展旅游业的意见》指出，把旅游业培育成国民经济的战略性支柱产业。国家对于旅游业的重视程度不断提高，并且在全域旅游的理念下，国务院也先后出台了《关于促进全域旅游发展的指导意见》等文件，可见旅游行业目前正得到国家的重视与扶持，行业发展也越来越规范，而且安徽省未来的发展中也明确要建设成旅游强省。黄山旅游发展股份有限公司在这样的政策大背景下一定会获得更多的机会。

(三) 总结及运营建议

根据以上介绍及分析不难看出，目前黄山旅游发展股份有限公司正处于外部市场竞争激烈、行业复苏不确定的威胁中，并且内部存在转型缓慢的主要问题。但是，国资背景的加持、多年发展积累的雄厚基础，以及长期建立的良好口碑使其相比于同行依然拥有很强的抗风险能力，对于该公司渡过疫情后发展的难关持有积极的态度。目前，旅游业转型已然是大势所趋，该公司在主营业务稳步发展的同时精准把握了时代脉搏，早早建立了自己的旅游电商平台，开发了众多旅游+业务，旅游电商直播、文旅融合、乡村振兴等方面也稳稳把握住了时代机遇，但是目前国资背景与庞大的规模使得企业依旧存在产业转型困难等情况，门票、索道及缆车这样的垄断性业务长期占据企业收入的重要部分。

任务：完成黄山旅游SWOT分析，在表2-1中以大写字母作答。

表2-1 黄山旅游SWOT分析

项目	观点代号
优势(S)	
劣势(W)	
机会(O)	
威胁(T)	

复习思考

1. 请简述企业战略与战略管理的定义，并举例说明两者在企业运营中的实际应用。

2. 企业战略通常分为哪些层次？请分析每个层次在战略管理中的作用，并讨论如何在实际工作中协调各层次战略的实施。

3. 描述战略管理的基本程序，并阐述每个步骤的关键要素。结合具体案例，分析战略管理程序如何帮助企业制定有效的战略。

4. 战略地图在战略管理中扮演什么角色？请说明战略地图的绘制方法，并讨论如何通过战略地图来把握企业的战略意图和发展方向。

5. 请结合企业实际情况，论述全局观念和动态发展观念在战略管理中的重要性。并探讨如何在实际工作中运用这些观念，为企业未来发展提供战略思维和发展思路。

任务一　战略管理认知

一、判断题

1. 战略是企业从全局考虑而做出的长远性的谋划。（　）

2. 企业战略一般分为三个层次，包括总体战略、竞争战略和职能战略。（　）

3. 公司战略常常涉及整个企业的财务结构、管理结构和组织结构方面的问题。（　）

4. 目标可行原则只要求长期目标与短期目标的有效衔接即可。（　）

5. 在协同管理原则下，需要管理者在考虑不同责任者具体目标之间的有效协同的基础上，加强各部门之间的协同管理，有效提高资源的使用效率和效果。（　）

6. 分析环境的目的在于发现机会与威胁。（　）

7. 宏观环境、产业环境、竞争环境和市场需求状况等属于企业内部环境。（　）

8. 企业宏观环境因素可以概括为政治和法律因素、经济因素、社会和文化因素、技术因素、业务组合等。（　）

9. 战略实施是指将企业的战略目标变成现实的管理过程。（　）

10. 只有对于业务多元化的企业来说，区分总体战略和竞争战略才具有实际意义。（　）

11. 战略管理是指对企业全局的、长远的发展方向、目标、任务和政策，以及资源配置做出决策和管理的过程。（　）

12. 企业战略管理一般按照战略制定、战略分析、战略实施、战略评价和控制、战略调整等程序进行。（　）

13. 企业资源主要包括有形资源和无形资源。（　）

14. 战略制定是指企业根据确定的愿景、使命和环境分析情况，选择和设定战略目标的过程。（　）

15. 战略调整是一种特殊的决策，是对企业过去战略决策的追踪。 ( )

二、单项选择题

1. 战略一词源于( )。

A. 军事　　B. 企业管理　　C. 政治　　D. 外交

2. 下列关于战略管理全局性特点的说法中正确的是( )

A. 管理对象和效果的全局性　　B. 管理主体的全局性

C. 管理环境的全局性　　D. 管理效果的全局性

3. 关于战略资源匹配性的说法正确的是( )。

A. 有充足的资源　　B. 统一筹划

C. 与各业务匹配　　D. ABC均正确

4. 通过分析企业的内部因素可以确定( )。

A. 机会与优势　　B. 优势与劣势　　C. 机会与威胁　　D. 威胁与劣势

5. 下列项目中，属于价值链分析的基本活动的是( )。

A. 市场销售和服务　　B. 技术开发

C. 人力资源管理　　D. 企业基础设施

6. 关于重新评估战略的说法错误的是( )。

A. 战略是否适应企业的内外部环境　　B. 战略是否达到有效的资源配置

C. 战略涉及的难易程度是否可以接受　　D. 战略实施的时间和进度是否恰当

7. 制定战略的方法是( )。

A. 自上而下　　B. 自下而上　　C. 上下结合　　D. ABC都正确

8. 下列属于战略实施环节的是( )。

A. 战略目标变成现实的管理过程　　B. 实施效果与目标比较

C. 纠正偏差　　D. 设定新目标

9. 下列项目中，不属于企业产业环境因素的是( )。

A. 产品生命周期　　B. 产业五种竞争力

C. 成功关键因素分析　　D. 研究与开发

10. 下列关于战略管理的说法错误的是( )。

A. 战略管理是企业的综合性管理

B. 战略管理必须由企业的高层领导来推动和实施

C. 战略管理是企业的一种动态性管理

D. 战略管理重在提高效率

三、多项选择题

1. 企业战略一般分为三个层次，包括( )。

A. 总体战略　　B. 竞争战略　　C. 职能战略　　D. 部门战略

2. 下列属于战略管理特点的有( )。

A. 综合性管理　　B. 高层次管理　　C. 动态性管理　　D. 效能性管理

3. 下列属于战略管理原则的有( )。

A. 目标可行原则　　B. 资源匹配原则　　C. 责任落实原则　　D. 协同管理原则

4. 下列属于制定战略的方法有(　　)。

A. 自上而下　　B. 自下而上　　C. 上下结合　　D. 高层管理者直接制定

5. 战略管理是包括(　　)等内在的一个动态过程。

A. 方向选择　　B. 目标确定

C. 战略规划　　D. 战略落实和最终战略评价

6. 下列项目中，属于战略管理的应用环境的有(　　)。

A. 根据确定的愿景和使命进行分析　　B. 企业内外部环境分析

C. 设置专门机构或部门　　D. 建立健全战略管理相关制度

7. 下列项目中，属于企业外部环境的有(　　)。

A. 宏观环境　　B. 产业环境　　C. 竞争环境　　D. 市场需求状况

8. 内部环境分析，可以从企业的(　　)等方面展开。

A. 资源与能力分析　　B. 价值链分析

C. 作业成本分析　　D. 业务组合分析

9. 企业在进行环境分析时，可以采用的方法有(　　)。

A. SWOT分析法　　B. 波特五力分析法

C. 波士顿矩阵分析法　　D. 趋势分析法

10. 下列项目中，属于战略调整的有(　　)。

A. 调整企业的愿景　　B. 调整长期发展方向

C. 调整战略目标　　D. 调整战略举措

任务二　绘制战略地图

一、判断题

1. 战略地图是指为描述企业各维度战略目标之间的因果关系而绘制的可视化的战略因果关系图。(　　)

2. 战略地图通常以会计、客户、内部业务流程、学习与成长四个维度为主要内容，通过分析各维度的相互关系，绘制战略因果关系图。(　　)

3. 企业战略管理部门根据确定的愿景、使命和环境分析情况，采取自上而下、自下而上或上下结合的方法，制定企业层的战略目标。(　　)

4. 企业层的战略目标既包括财务关键指标，也包括遵守法规和社会责任等在内的非财务关键指标。(　　)

5. 战略地图的主要缺点是，需要多维度、多部门的协调，实施成本高。(　　)

6. 企业应编制战略执行报告，查看各责任部门的战略执行情况，分析偏差原因，提出具体管控措施。(　　)

7. 企业应在明确分解各责任部门KPI的基础上签订责任书，以督促各执行部门落实责任。

8. 企业应从最高层开始，将战略KPI分解到各责任部门，再分解到责任团队。(　　)

9. 战略地图的实施是指企业利用平衡计分卡，确保企业实现既定战略目标的过程。(　　)

10. 战略地图是平衡计分卡的起点。(　　)

二、单项选择题

1. 下列属于战略地图顶层的是(　　)。

A. 财务视角　　B. 客户视角　　C. 业务流程视角　　D. 学习与成长视角

2. 下列属于战略地图设计首要环节的是(　　)。

A. 确定业务改进路径　　B. 确定客户价值

C. 设定战略目标　　D. 确定内部业务流程

3. 企业可应用(　　)的四个维度划分绘制战略地图，以图形方式展示企业的战略目标及实现战略目标的关键路径。

A. 平衡计分卡　　B. 杜邦分析法　　C. SWOT分析法　　D. 经济增加值

4. 战略地图实施的首要环节是(　　)。

A. 设计战略KPI　　B. 战略KPI责任落实

C. 战略执行　　D. 编制报告

5. 下列项目中，不属于战略地图缺点的是(　　)。

A. 需要多维度、多部门的协调　　B. 实施成本高

C. 需要与战略管控相融合　　D. 能够将企业的战略目标模糊

三、多项选择题

1. 下列属于战略地图层面的有(　　)。

A. 财务　　B. 客户　　C. 内部业务流程　　D. 学习与成长

2. 下列可以作为业务维度的战略主题的有(　　)。

A. 提升客户体验　　B. 改善营销关系　　C. 提升品牌形象　　D. 提高资本回报率

3. 下列属于财务维度的战略主题的有(　　)。

A. 生产率提升　　B. 营业收入增长和打造成本优势

C. 提高现有资产利用率　　D. 增加顾客机会和提高顾客价值

4. 下列属于客户价值定位维度的战略主题的有(　　)。

A. 提升客户体验　　B. 改善双赢营销关系

C. 提升品牌形象　　D. 增加顾客机会和提高顾客价值

5. 在资源配置环节，应关注(　　)。

A. 人、财、物资源　　B. 服务定位

C. 客户定位　　D. 价值创造的作用

6. 在绘制企业战略地图时，可以作为客户层面的战略考核指标的有(　　)。

A. 提高研发质量　　B. 提高制造质量　　C. 提升技术服务　　D. 提高客户盈利能力

7. 下列属于学习与成长维度的战略主题的有(　　)。

A. 能力　　B. 文化　　C. 组织　　D. 态度

8. 企业在设计战略地图时，一般按照设定战略目标、(　　)、进行资源配置、绘制战略地图等程序进行。

A. 确定业务改善路径　　B. 定位客户价值

C. 确定内部业务流程优化主题　　D. 确定学习与成长主题

9. 对于财务维度战略目标最直观的理解就是(　　)。

A. 做什么赚钱　　B. 怎么赚钱　　C. 赚多少钱　　D. 向谁赚钱

10. 战略地图的主要优点包括(　　)。

A. 能够将企业的战略目标清晰化　　B. 能够将企业的战略目标可视化

C. 与战略KPI和战略举措建立明确联系　　D. 为企业战略实施提供了有力的可视化工具

实训演练

请选取一家你感兴趣的公司，对其进行战略分析，并基于分析结果，为其制定一份简明战略规划表(见表2-2)，明确各项战略要素、战略规划、行动计划及责任人。

表2-2　战略规划表

年份：

序号	战略要素	战略规划	行动计划	责任人
1	战略目标			
2	发展战略			
3	商业模式			
4	投融资规划			
5	市场规划			
6	产品规划			
7	运营规划			
8	人才规划			
9	薪酬规划			
10	利润分配			

项目三 预算管理

项目目标

【知识目标】

- 熟悉预算管理的概念、内容、原则和应用环境；
- 了解《管理会计应用指引第200号—预算管理》的内容；
- 熟悉预算编制、执行与考核的有关内容；
- 熟悉固定预算方法、弹性预算方法、增量预算方法、零基预算方法、定期预算方法、滚动预算方法的有关内容；
- 掌握经营预算、专门决策预算、财务预算的编制方法。

【能力目标】

- 通过学习预算管理的基本知识，能够熟悉预算管理环境并加以改善和创新；
- 通过学习滚动预算方法，能够正确编制滚动预算；
- 通过学习经营预算方法，能够正确编制经营预算；
- 通过学习财务预算方法，能够正确编制财务预算。

【素养目标】

- 充分认识预算管理的重要性；
- 树立“凡事预则立，不预则废”的思想；
- 培养良好的职业习惯；
- 运用正确的预算管理方法，为企业战略的实施保驾护航。

项目任务

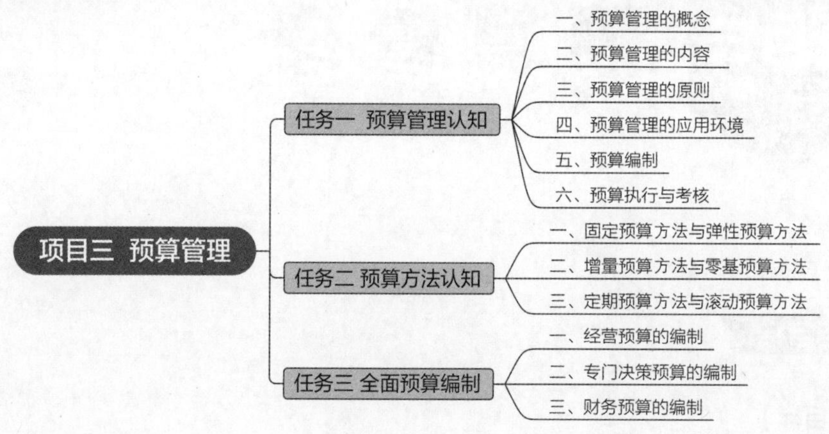

项目领航

预算管理优化实践项目

案例背景：

某集团公司是一家具有多年历史的综合性企业，主营业务覆盖多个领域，近年来面临着市场竞争加剧、成本压力增大等挑战。为了应对这些挑战，企业决定加强预算管理，提升管理效率。

企业采用滚动预算编制方法，每年制定年度预算，并根据市场变化和实际情况进行滚动调整。在编制预算的过程中，各部门根据业务计划和目标提出预算需求，经过多次协商和修改，最终形成年度预算方案，并建立一套完善的预算执行体系，包括预算分解、责任落实、监控预警和纠偏调整等环节。各部门按照预算计划执行工作，定期报告预算执行情况，确保预算目标的实现。为此，创业设立了预算管理部门和委员会，对预算执行情况进行实时监控和评估。利用信息化手段，企业能够实现预算数据的实时采集和分析，及时发现和解决预算执行中出现的问题。最终，将预算执行情况纳入部门和个人的绩效考核体系中，以确保预算目标的落实。对预算执行良好的部门和个人给予奖励，对预算执行不力的部门和个人进行问责和处罚。

提出问题：

1. 预算管理决策过程中如何确保数据的准确性？
2. 预算执行过程中可能遇到哪些挑战？如何应对这些挑战？
3. 如何评估预算管理的效果？有哪些评估指标和方法？

案例讨论：

通过这个案例，我们可以看到预算管理在企业经营实践中的重要作用。通过实施预算管理，进行明确的目标设定、科学的预算编制、严格的预算执行和有效的评估反馈，企业可以优化资源配置，提高管理效率，降低经营风险，确保资源的高效利用，支持企业的战略发展。在预算管理过程中，可以认识到预算管理的重要性和复杂性。为了更好地发挥预算管理的作用，企业需要建立健全预算管理制度和体系，加强预算管理的培训和宣传，增强员工的预算管理意识和能力，从而加强部门间的沟通与协作，提高企业的整体运营效率。同时，企业还需要不断总结经验和教训，不断改进和完善预算管理工作。

任务一 预算管理认知

一、预算管理的概念

预算是以货币作为计量手段，将决策的目标具体、系统地反映出来的过程。预算管理是指企业以战略目标为导向，通过对未来一定期间内的经营活动和相应的财务结果进行全面预测和筹划，科学、合理地配置企业的各项财务和非财务资源，并对执行过程进行监督和分析，对执行结果进行评价和反馈，指导经营活动的改善和调整，进而推动实现企业战略目标的管理活动。

预算管理是一种“全面预算”管理，具有全面控制的能力。企业预算既是由企业销售、采购、生产、盈利、现金流量等单项预算组成的责任指标体系，又是企业的整体“作战方案”，还是到期(年终)奖惩的标准，激励和约束制度的核心。它通常以企业目标利润为预算目标，以销售前景为预算的编制基础，综合考虑市场和企业生产经营等因素，按照目标明确的原则，由企业最高权力机构讨论通过的企业未来一定时期经营思想、经营目标、经营决策的财务数量和经济责任约束依据，这种依据用于企业的一切生产经营领域，并将各个预算统一于总预算体系，因此是“全面预算”。它不只是财务部门的事情，还是对企业进行综合、全面的管理，具有全面控制约束力的一种机制。

换句话说，预算管理就是指企业内部通过预算编制、预算执行、预算差异分析和预算考核来管理企业的经济活动，反映企业管理的成绩，保证管理政策的落实和目标的实现，促使企业不断提高效率和效益。

预算管理旨在优化资源配置，提高营运绩效，强化风险控制，推动企业战略规划的实现。

二、预算管理的内容

预算管理的内容主要包括经营预算、专门决策预算和财务预算。

1. 经营预算

经营预算，也称为业务预算，是指与企业日常业务直接相关的一系列预算。这类预算通常与企业利润表的计算有关。经营预算主要包括销售预算、生产预算、采购预算、费用预算、人力资源预算等。这些预算大多以实物量指标和价值量指标分别反映企业收入与支出的构成情况。

2. 专门决策预算

专门决策预算，是指企业重大的或不经常发生的、需要根据特定决策编制的预算，包括投融资决策预算等。

3. 财务预算

财务预算，是指与企业资金收支、财务状况或经营成果等有关的预算，包括资金预算、预计资产负债表、预计利润表等。这些预算以价值量指标综合反映经营预算和专门决策预算的结果。

三、预算管理的原则

企业进行预算管理，一般应遵循以下原则。

(1) 战略导向原则。预算管理应围绕企业的战略目标和业务计划有序开展，引导各预算责任主体聚焦战略、专注执行、达成绩效。

(2) 过程控制原则。预算管理应通过及时监控、分析等把握预算目标的实现进度并实施有效评价，对企业经营决策提供有效支撑。

(3) 融合性原则。预算管理应以业务为先导、以财务为协同，将预算管理嵌入企业经营管理活动的各个领域、层次、环节。

(4) 平衡管理原则。预算管理应平衡长期目标与短期目标、整体利益与局部利益、收入与支出、结果与动因等关系，促进企业可持续发展。

(5) 权变性原则。预算管理应将刚性与柔性相结合，强调预算对经营管理的刚性约束，又可根据内外环境的重大变化调整预算，并针对例外事项进行特殊处理。

四、预算管理的应用环境

企业实施预算管理的基础环境包括战略目标、业务计划、组织架构、内部管理制度、信息系统等。企业应按照战略目标确立预算管理的方向、重点和目标，并将战略目标和业务计划具体化、数量化作为预算目标，促进战略目标落地。业务计划，是指按照战略目标对业务活动进行具体描述和详细计划。预算管理的机构设置、职责权限和工作程序应与企业的组织架构和管理体制相协调，保障预算管理各环节的职能相衔接，流程顺畅。企业可设置预算管理委员会等专门机构组织、监督预算管理工作。

企业设置预算管理体制，应遵循合法科学、高效有力、经济适度、全面系统、权责明确等基本原则，一般要具备预算管理决策机构、预算管理工作机构和预算执行单位三个层次的基本架构，承担预算编制、审批、执行、控制、调整、监督、核算、分析、考评及奖惩等一系列预算管理活动。

(一) 预算管理决策机构

企业应当设立预算管理委员会，将其作为专门履行预算管理职责的决策机构。对预算管理来说，预算管理委员会是最高管理机构。预算管理委员会是董事会下属的一个专门委员会，它作为预算管理决策机构，负责组织领导公司的预算管理工作，是公司预算管理的最高权力组织。预算管理委员会的人员组成应坚持权威性、全面代表性，以及效率性原则。

预算管理委员会的主要职责

预算管理委员会成员由企业负责人及内部相关部门负责人组成，总会计师或分管会计工作的负责人应当协助企业负责人负责企业全面预算管理工作的组织领导。具体而言，预算管理委员会一般由企业负责人(董事长或总经理)任主任，总会计师(财务总监、分管财会工作的副总经理)任副主任，其成员一般还包括各副总经理、主要职能部门(财务、战略发展、生产、销售、投资、人力资源等部门)的负责人、分(子)公司的负责人等。

预算管理委员会一般为非常设机构，主要通过定期或不定期召开预算工作会议开展工作。预算管理委员会制定、审议的有关全面预算管理的重大事项，如年度预算草案、预算考评与奖惩方案等，应当报董事会审核，并按照相关法律法规及企业章程的规定报企业最高权力机构(如股东大会)或企业决策机构(如董事会)审议批准。

(二) 预算管理工作机构

由于预算管理委员会一般为非常设机构，企业应当在该委员会下设立预算管理工作机构，由其履行预算管理委员会的日常管理职责。预算管理工作机构一般设在财会部门，其主任一般由总会计师(财务总监、分管财会工作的副总经理)兼任，其成员除了财务部门的人员，还应包括计划、人力资源、生产、销售、研发等业务部门的人员。

预算管理工作机构的主要职责

(三) 预算执行单位

预算执行单位是指根据其在企业预算总目标实现过程中的作用和职责划分的，承担一定经济责任并享有相应权力和利益的企业内部单位，包括企业内部各职能部门、所属分(子)公司等。企业内部预算责任中心的划分应当遵循分级分层、权责利相结合、责任可控、目标一致的原则，并与企业的组织机构设置相适应。根据权责范围，企业内部预算责任中心可以分为投资中心、利润中心、成本中心、费用中心和收入中心。预算执行单位在预算管理部门(指预算管理委员会及其工作机构，下同)的指导下，组织开展本部门或本企业全面预算的编制工作，严格执行批准下达的预算。

预算执行单位的主要职责

各预算执行单位的负责人应当对本单位预算的执行结果负责。企业预算管理组织体系基本架构如图3-1所示。

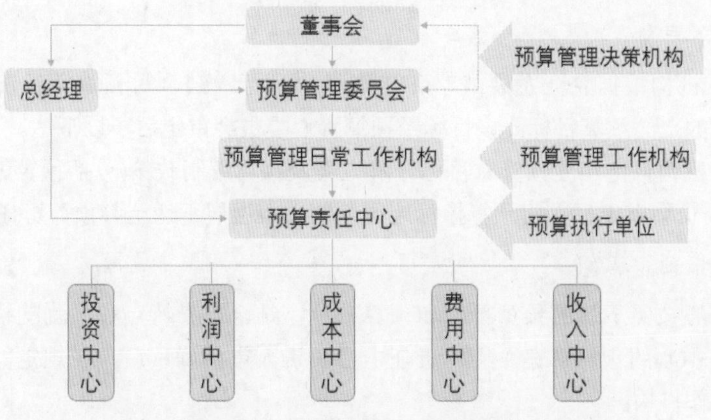

图 3-1　企业预算管理组织体系基本架构

除此之外，企业应建立健全预算管理制度、会计核算制度、定额标准制度、内部控制制度、内部审计制度、绩效考核和激励制度等内部管理制度，夯实预算管理的制度基础。同时，企业应充分利用现代信息技术，规范预算管理流程，提高预算管理效率。

五、预算编制

企业应建立和完善预算编制的工作制度，明确预算编制依据、编制内容、编制程序和编制方法，确保预算编制依据合理、内容全面、程序规范、方法科学，确保达成各层级广泛接受的、符合业务假设的、可实现的预算控制目标。

(一) 预算编制期

不同种类的预算，其编制期往往各不相同。一般来说，编制经营预算和财务预算通常以1年为期，这样可使预算期间与会计年度相一致，便于对预算执行结果进行分析、评价和考核。在此基础上，有些年度预算根据企业实际需要按月、旬、周，甚至按天编制。投资预算由于具有不经常性，并且投资项目涉及时间跨度较长，其编制期应根据长期投资决策的要求具体制定。

在预算编制的具体时间上，可以由企业根据自身实际需要来确定。例如，企业选择编制业务滚动预算、资本滚动预算和财务滚动预算，则应研究外部环境变化，分析行业特质、战略规划和业务性质对前瞻性的要求，结合企业自身的管理基础和信息化水平，确定预算编制的周期和预算滚动的频率。通常，企业应当在预算年度开始前完成全面预算草案的编制工作。

(二) 预算编制原则

预算编制原则如下。

(1) 要以明确的经营目标作为预算编制的前提。

(2) 在编制预算时，要合理、有效地利用有限的资源。

(3) 预算的编制要做到全面和完整。

(4) 要调动全体职工的积极性，使其参与预算的编制。

(三) 预算编制流程

企业一般按照分级编制、逐级汇总的方式，采用自上而下、自下而上、上下结合或多维度相协调的流程编制预算。预算编制流程与编制方法的选择应与企业现有管理模式相适应。

1. 分解下达预算目标

预算管理工作机构根据企业发展战略和年度经营目标，结合对预算期经济形势的初步预测，制定下一年度的全面预算目标，该目标经预算管理委员会审定后予以下达。

预算管理工作机构拟定年度预算总目标分解方案及预算编制政策(包括预算编制程序、方法等)，经预算管理委员会审定后，将预算指标连同编制政策层层下达至各预算责任中心。

2. 分级编制上报预算草案

各预算责任中心按照下达的预算目标和预算政策，结合自身特点和预测的执行条件，认真测算并提出本责任中心的预算草案，经本责任中心负责人审核确认后，在规定的时间内逐级汇总上报预算管理工作机构。

预算草案包括预算报表和预算编制说明，预算编制说明需对预算报表的内容进行详细解释说明，并附相关附件依据、业绩报表。

3. 审查平衡预算草案

预算管理工作机构对各责任中心上报的预算草案进行审查、汇总，提出综合平衡的建议。在审查、平衡过程中，预算管理工作机构应当进行充分协调、沟通，对发现的问题和偏差提出初步调整的意见，并反馈给有关责任中心予以修正。这个过程可能要反复多次。对于经多次协调仍无法达成一致的内容，应向预算管理委员会汇报，以确定是否调整有关责任中心的预算目标，并最终达成综合平衡。

4. 汇总编制全面预算草案

预算管理工作机构根据各责任中心经修正调整后逐级汇总上报的预算草案，汇总编制整个企业的全面预算方案，上报预算管理委员会审议并形成企业年度全面预算草案，提交董事会。

预算管理工作机构在汇总编制企业年度全面预算方案时，一般应按“先经营预算、投资预算、筹资预算，后财务预算”的流程进行。在编制过程中，若未能实现预算平衡，预算管理工作机构则可以要求有关责任中心修订预算草案，直至企业总预算达到平衡为止。

预算管理委员会应当对预算管理工作机构在综合平衡基础上提交的预算方案进行研究论证，从企业发展全局角度提出进一步调整、修改的建议，责成预算管理工作机构完善后形成企业年度全面预算草案。

5. 董事会审核全面预算草案

预算编制完成后，应按照相关法律法规及企业章程的规定报经企业预算管理决策机构审议，并报董事会审批。企业董事会在审核全面预算草案时，应当重点关注预算的科学性和可行性，确保全面预算与企业发展战略、年度生产经营计划相协调。

预算审批包括预算内审批、超预算审批、预算外审批等。预算内审批事项，应简化流程，提高效率；超预算审批事项，应执行额外的审批流程；预算外审批事项，应严格控制，防范风险。

需要强调的是，在全面预算最终审批执行之前，其从编制到报批一般要经自上而下和自下而上的多次反复。只有这样，才能实现各层预算组织之间的充分沟通和协调，才能提高预算编制的合理性和准确性，才能使最终付诸实施的预算既符合企业的发展目标，又切合企业内部各部门、各环节的具体情况。

六、预算执行与考核

(一) 预算执行

企业预算一经批复下达，各预算执行单位就必须认真组织实施，企业应将预算目标层层分解至各预算责任中心。预算分解应按各责任中心权、责、利相匹配的原则进行，既公平合理，又有利于企业实现预算目标。

预算执行

预算执行一般按照预算控制、预算调整等程序进行。

1. 预算控制

预算控制，是指企业以预算为标准，通过预算分解、过程监督、差异分析等促使日常经营不偏离预算标准的管理活动。

2. 调整预算

企业调整预算，应当由预算执行单位逐级向企业预算委员会提出书面报告，阐述预算执行的具体情况、客观因素变化情况及其对预算执行造成的影响程度，提出预算指标的调整幅度。

企业财务管理部门应当对预算执行单位的预算调整报告进行审核分析，集中编制企业年度预算调整方案，提交预算管理委员会以及企业董事会或经理办公会审议批准后下达执行。企业在对预算执行单位提出的预算调整事项进行决策时，一般应遵循以下原则。

(1) 预算调整事项不能偏离企业发展战略。

(2) 预算调整方案应在经济方面实现最优化。

(3) 预算调整重点应放在预算执行中出现的重要的、非正常的、不符合常规的关键性差异方面。

(二) 预算考核

预算考核主要针对定量指标进行，是企业绩效考核的重要组成部分。

预算考核程序

预算考核是发挥预算约束与激励作用的必要措施，通过预算目标的细化分解与激励措施的付诸实施，达到引导企业每一位员工向企业战略目标方向努力的效果。

预算考核的目的是对上一考核周期各部门的预算目标完成情况进行考核，及时发现和解决经营中的潜在问题，确保预算的完成，或者必要时修正预算，以适应外部环境的变化。

企业应按照公开、公平、公正的原则实施预算考核，建立健全预算考核制度，并将预算考核结果纳入绩效考核体系，切实做到有奖有惩、奖惩分明。预算考核主体和考核对象的界定应坚持上级考核下级、逐级考核、预算执行与预算考核职务相分离的原则。

任务二　预算方法认知

预算管理的内容共同构成了全面预算。全面预算是企业对一定期间经营活动、投资活动、财务活动等所做的预算安排，是企业利用与战略相匹配的计划对财务资源及非财务资源进行分配、控制和利用效果考核的过程，以便有效地组织和协调企业的生产经营活动，完成既定的战略目标。全面预算作为一种全方位、全过程、全员参与编制实施的预算管理模式，是企业内部管理控制的一种主要方法。全面预算主要包括经营预算、投资预算、筹资预算和财务预算等，构成内容比较复杂。编制预算需要采用适当的方法，预算管理领域应用的管理会计工具方法一般包括固定预算方法、弹性预算方法、增量预算方法、零基预算方法、定期预算方法、滚动预算方法等。

一、固定预算方法与弹性预算方法

按照业务量的数量特征划分，编制预算的方法可分为固定预算方法和弹性预算方法两大类。

(一) 固定预算方法

1. 固定预算方法的含义

固定预算方法又称为静态预算方法，是指将预算期内正常的、最可能实现的某一业务量(如生产量、销售量)水平作为固定的基础，不考虑可能发生的变动的预算编制方法。这是最传统的，也是最基本的预算编制方法。

2. 固定预算方法的缺点

(1) 过于机械呆板。在此法下，不论未来预算期内实际业务量水平是否发生波动，都只以事先预计的某一个确定的业务量水平作为编制预算的基础。

(2) 可比性差。这也是固定预算方法的致命弱点。当实际业务量与编制预算所依据的预计业务量存在较大差异时，有关预算指标的实际数与预算数之间就会因业务量基础不同而失去可比性。因此，按照固定预算方法编制的预算不利于正确地控制、考核和评价企业预算的执行情况。对那些未来业务量不稳定、其水平经常发生波动的企业来说，如果采用固定预算方法，就可能会对企业预算的业绩考核和评价产生扭曲甚至误导作用。这种现象在采用完全成本法的企业中表现得尤为突出。

【例3-1】某公司只生产一种产品，销售单价为200元，预算年度内4个季度的销售量分别为300件、600件、400件和450件。根据以往经验，在当季可收到70%销货款，其余部分在下季度收到。预计预算年度第一季度可收回上一年第四季度的应收账款18 000元。

要求：根据以上资料编制销售预算表和预计现金收入计算表。

解析：2022年度销售预算表如表3-1所示。

表3-1　2022年度销售预算表

项目	第一季度	第二季度	第三季度	第四季度	全年
预计销售量/件	300	600	400	450	1 750
销售单价/元	200	200	200	200	200
预计销售额/元	60 000	120 000	80 000	90 000	350 000

根据销售预算、前期应收账款的收回及预计收到当期销货款的情况，编制出的预计现金收入计算表如表3-2所示。

表3-2　2022年度预计现金收入计算表

单位：元

项目	第一季度	第二季度	第三季度	第四季度	全年
预计销售额	60 000	120 000	80 000	90 000	350 000
收到上季应收账款	18 000	18 000	36 000	24 000	96 000
收到本季应收账款	42 000	84 000	56 000	63 000	245 000
现金收入小计	60 00	102 000	92 000	87 000	341 000

(二) 弹性预算方法

1. 弹性预算方法的含义

弹性预算方法，是指企业在分析业务量与预算项目之间数量依存关系的基础上，分别确定不同业务量及相对应的预算项目所耗资源的预算编制方法。

编制弹性预算所依据的业务量是指企业销量、产量等与预算项目相关的弹性变量。

2. 弹性预算方法的适用范围

弹性预算方法适用于企业多项预算的编制，特别是市场、产能等存在较大不确定性，且其预算项目与业务量之间存在明显的数量依存关系的预算项目。

3. 弹性预算方法的应用环境

企业应用弹性预算方法，除应遵循《管理会计应用指引第200号—预算管理》中对应用环境的一般要求外，还应遵循以下要求。

(1) 企业编制弹性预算，应合理识别与预算项目相关的业务量，长期跟踪、完整记录预算项目与业务量的变化情况，并对两者的相关性进行深入分析。

(2) 企业编制弹性预算，应成立由财务、战略和有关业务部门组成的跨部门团队。

(3) 企业应借助信息系统或其他编制工具，合理预测预算期间的可能业务量，科学并及时修订弹性定额，完成弹性预算的编制。

4. 弹性预算方法的应用程序

企业应用弹性预算方法，一般按照以下程序进行。

(1) 确定弹性预算适用项目，识别相关的业务量并预测业务量在预算期内可能存在的不同水平和弹性幅度；分析预算项目与业务量之间的数量依存关系，确定弹性定额；构建弹性预算模型，形成预算方案；审定预算方案。

(2) 企业选择的弹性预算适用项目一般应与业务量有明显的数量依存关系，且企业能够分析该数量依存关系，并积累了一定的分析数据。企业在选择成本费用类弹性预算适用项目时，还要考虑该预算项目是否具备较好的成本性态分析基础。

(3) 企业应分析、确定与预算项目变动直接相关的业务量指标，确定其计量标准和方法，将其作为预算编制的起点。

(4) 企业应深入分析市场需求、价格走势、企业产能等内外因素的变化，预测预算期可能存在的不同业务量水平，编制销售计划、生产计划等各项业务计划。

(5) 企业应逐项分析、认定预算项目和业务量之间的数量依存关系、依存关系的合理范围及变化趋势，确定弹性定额。确定弹性定额后，企业应不断强化弹性差异分析，修正和完善预算项目和业务量之间的数量依存关系，并根据企业管理需要增补新的弹性预算定额，形成企业弹性定额库。

(6) 企业预算管理责任部门应审核、评价和修正各预算方案，根据预算期最有可能实现的业务量水平确定预算控制标准，并上报企业预算管理委员会等专门机构审议后报董事会等机构审批。

5. 弹性预算的编制

编制弹性预算，关键是进行成本性态分析，将全部成本最终区分为变动成本和固定成本两大类。变动成本主要根据单位业务量来控制，固定成本则按总额来控制。

编制弹性预算首先要选择适当的业务量。选择业务量包括选择业务量计量单位和选择业务量变动范围两部分。业务量计量单位应根据企业的具体情况进行选择。例如，生产单一产品的部门，可以选用产品实物量；生产多品种产品的部门，可以选用人工工时、机器工时等；修理部门可以选用修理工时等；以手工操作为主的企业可以选用人工工时等。

业务量变动范围是指弹性预算所适用的业务量变动区间。业务量变动范围的选择应根据企业的具体情况而定。一般来说，可定为正常生产能力的70%～120%，或者以历史上最高业务量或最低业务量为其上下限。

企业通常采用公式法或列表法构建弹性预算编制模型，形成基于不同业务量的多套预算方案。

(1) 公式法。公式法是运用成本性态模型测算预算期的成本费用数额，并编制弹性预算的方法。根据成本性态，成本与业务量之间的数量关系可以用公式表示为

$$y=a+bx$$

其中，y表示某项预算成本总额，a表示该项成本中的预算固定成本额，b表示该项成本中的预算单位变动成本额，x表示预计业务量。

公式法下弹性预算的基本公式如下。

预算项目的弹性预算＝固定基数＋Σ(与业务量相关的弹性定额×预计业务量)

运用公式法编制弹性预算时，相关弹性定额可能仅在一定业务量范围内准确。当业务量变动超出该适用范围时，应及时修正、更新上述弹性定额，或者改为列表法编制。

【例3-2】某公司按公式法编制的预算期制造费用弹性预算如表3-3所示。

表3-3 某公司按公式法编制的预算期制造费用弹性预算

直接人工工时变动范围：70 000～120 000小时　　单位：元

项目	a	b
管理员工资	10 000	—
保险费	5 000	—
设备租金	6 000	—
维修费	5 000	0.2
水电费	300	0.1
辅助材料	2 000	0.3
辅助工人工资	—	0.4
检验员工资	—	0.3
合计	28 300	1.3

根据表3-3，利用$y=28\ 300+1.3x$，可计算出人工工时在70 000～120 000小时范围内的任一业务量基础上的制造费用预算总额，也可计算出该人工工时变动范围内任一业务量的制造费用中某一费用项目的预算额，如维修费$y=5\ 000+0.2x$、检验员工资$y=0.3x$等。

公式法的优点是在一定范围内不受业务量波动的影响，编制预算的工作量较小；缺点是在进行预算控制和考核时，不能直接查出特定业务量下的总成本预算额，而且按细目分解成本比较麻烦，可能存在一定误差。

(2) 列表法。列表法是指企业通过列表的方式，在业务量范围内依据已划分出的若干不同等级，分别计算并列示该预算项目与业务量相关的不同可能性下的预算方案。

此法可以在一定程度上弥补公式法的不足。

【例3-3】某公司按列表法编制的预算期制造费用弹性预算如表3-4所示。

表3-4 某公司按列表编制的预算期制造费用弹性预算

项目	金额					
直接人工/小时	70 000	80 000	90 000	100 000	110 000	120 000
生产能力利用/%	70	80	90	100	110	120
1. 变动成本项目	49 000	56 000	63 000	70 000	77 000	84 000
辅助工人工资/元	28 000	32 000	36 000	40 000	44 000	48 000
检验员工资/元	21 000	24 000	27 000	30 000	33 000	36 000
2. 混合成本项目	49 300	55 300	61 300	67 300	73 300	79 300
维修费/元	19 000	21 000	23 000	25 000	27 000	29 000
水电费/元	7 300	8 300	9 300	10 300	11 300	12 300
辅助材料/元	23 000	26 000	29 000	32 000	35 000	38 000
3. 固定成本项目	21 000	21 000	21 000	21 000	21 000	21 000
管理人员工资/元	10 000	10 000	10 000	10 000	10 000	10 000
保险费/元	5 000	5 000	5 000	5 000	5 000	5 000
设备租金/元	6 000	6 000	6 000	6 000	6 000	6 000
制造费用预算/元	119 300	132 300	145 300	158 300	171 300	184 300

表3-4中的业务量间距为10%，在实际工作中可选择更小的间距(如5%)。显然，业务量的间距越小，实际业务量水平出现在预算表中的可能性就越大，工作量也就越大。

列表法的主要优点是可以直接从表中查得各种业务量下的成本预算，便于预算的控制和考核，但这种方法工作量较大，且不能包括所有业务量条件下的费用预算，故适用面较窄。

6. 弹性预算方法的应用评价

(1) 弹性预算方法的主要优点。考虑了预算期可能存在的不同业务量水平，更贴近企业经营管理的实际情况，从而扩展了预算管理的适用范围，有利于企业进行经营管理。

(2) 弹性预算方法的主要缺点。①编制工作量大；②企业很难对市场及其变动趋势做出准确预测，对预算项目与业务量之间依存关系的判断受数据积累、分析深度等因素的制约，这些因素都会影响弹性预算的合理性。

二、增量预算方法与零基预算方法

按照出发点的特征划分，编制预算的方法可分为增量预算方法和零基预算方法两大类。

(一) 增量预算方法

1. 增量预算方法的含义

增量预算方法又称为调整预算方法，是指以基期成本费用水平为基础，结合预算期业务量水平及有关影响成本因素的未来变动情况，通过调整有关原有费用项目而编制预算的一种方法。

增量预算的优缺点

传统的预算编制方法基本上采用的都是增量预算方法，即以基期的实际预算为基础，对预算值进行增减调整。这种预算编制方法比较简便。

2. 增量预算方法的假定

增量预算方法源于以下假定。

(1) 现有的业务活动是企业所必需的。只有保留企业现有的每项业务活动，才能使企业的经营过程得到正常发展。

(2) 原有的各项开支都是合理的。既然现有的业务活动是必需的，那么原有的各项费用开支就一定是合理的，必须予以保留。

(3) 未来预算期的费用变动是在现有费用的基础上调整的结果。

(二) 零基预算方法

1. 零基预算方法的含义

零基预算方法，是指企业不以历史期经济活动及其预算为基础，以零为起点，从实际需要出发分析预算期经济活动的合理性，经综合平衡，形成预算的预算编制方法。

2. 零基预算方法的适用范围

零基预算方法适用于所有企业各类预算的编制，特别是不经常发生的预算项目或编制基础变化较大的预算项目。

3. 零基预算方法的应用环境

企业应用零基预算方法，除应遵循《管理会计应用指引第200号—预算管理》中对应用环境的一般要求外，还应遵循以下要求。

(1) 企业应结合预算项目的实际情况、预算管理的要求和应用成本的选择使用零基预算方法。

零基预算的应用程序

(2) 企业应用零基预算方法，应明确预算管理责任部门和预算编制责任部门。预算管理责任部门负责组织各部门确定和维护各预算项目的编制标准，组织各具体预算项目的编制。预算编制责任部门具体负责本部门业务计划和预算的编制。

零基预算的具体步骤

4. 零基预算的编制

零基预算打破了传统的编制预算观念，不再以历史资料为基础进行调整，而是一切以零为基础。在编制预算时，首先要确定各个项目是否应该存在，然后按项目的轻重缓急，安排企业的费用预算。

【例3-4】某公司为降低费用开支水平，拟对历年来超支严重的业务招待费、劳动保护费、办公费、广告费、保险费等间接费用按照零基预算方法编制预算。经过讨论研究，预算编制人员确定上述费用在预算年度的开支水平如表3-5所示。

表3-5　预计费用项目及开支金额

单位：元

费用项目	开支金额
业务招待费	150 000
劳动保护费	120 000
办公费	100 000
广告费	250 000
保险费	110 000
合计	730 000

经过充分论证，得出以下结论：上述费用中除业务招待费和广告费以外都不能压缩了，必须全额得到保证。根据历史资料对业务招待费和广告费进行成本—效益分析，得到如表3-6所示的比例。

表3-6　成本—效益分析表

成本项目	成本金额	收益金额
业务招待费	1	3
广告费	1	6

权衡上述各项费用开支的轻重缓急，排出层次和顺序。

(1) 第一层次，劳动保护费、办公费和保险费在预算期必不可少，需要全额得到保证，属于不可避免的约束性固定成本。

(2) 第二层次，业务招待费和广告费可根据预算期间的企业财力情况酌情增减，属于可避免项目；其中广告费的成本—效益较大，应列为第二层次。

(3) 第三层次，业务招待费的成本—效益相对较小，应列为第三层次。

假定该公司预算年度对上述各项费用可动用的资金只有600 000元，根据以上层次和顺序分配资源，最终落实的预算金额如下。

(1) 第一层次的费用项目所需资金需要全额得到保证：

120 000+100 000+110 000=330 000(元)

(2) 确定可分配的资金数额：

600 000−330 000=270 000(元)

(3) 按成本—效益比重将可分配的资金数额在业务招待费和广告费之间进行分配：

业务招待费可分配金额=270 000×3÷9=90 000(元)

广告费可分配金额=270 000×6÷9=180 000(元)

在实际工作中，某些成本项目的成本—效益关系不容易确定，按零基预算方法编制预算时，不能机械地平均分配资金，而应根据企业的实际情况，有重点、有选择地确定预算项目，保证重点项目的资金需要。

5. 零基预算方法的应用评价

(1) 零基预算方法的主要优点如下。

① 以零为起点编制预算，可以剔除历史期经济活动中的不合理因素，科学分析预算期经济活动的合理性，更贴近预算期企业经济活动的需要。

② 有助于增加预算编制透明度，有利于进行预算控制。

(2) 零基预算方法的主要缺点如下。

① 预算编制的工作量较大，成本较高。

② 预算编制的准确性受企业管理水平和相关数据标准准确性的影响较大。

为了克服零基预算方法的缺点，减少预算编制的工作量，在实务中，企业并不需要每年都按零基预算方法来编制预算，而是每隔几年才按此方法编制一次预算。

三、定期预算方法与滚动预算方法

按照预算期的时间特征划分，编制预算的方法可分为定期预算方法与滚动预算方法两大类。

(一) 定期预算方法

1. 定期预算方法的含义

定期预算方法，是指在编制预算时以不变的会计期间(如日历年度)作为预算期的一种编制预算的方法。

2. 定期预算方法的优缺点

1) 定期预算方法的优点

定期预算方法的主要优点是能够使预算期间与会计年度相配合，便于考核和评价预算的执行结果。

2) 定期预算方法的缺点

(1) 盲目性。由于定期预算往往是在年初甚至提前两三个月编制的，因此对于整个预算年度的生产经营活动很难做出准确的预算，特别是在后期，只能进行大致的估算，数据显得笼统且含糊，缺乏远期指导性，给预算的执行带来很多困难，不利于对生产经营活动进行考核与评价。

(2) 滞后性。由于定期预算不能随情况的变化及时调整，当预算中所规划的各种经营活动在预算期内发生重大变化时(如预算期临时中途转产)，就会造成预算滞后过时，使之成为虚假预算。

(3) 间断性。受预算期间的限制，经营管理者的决策视野往往局限于本期规划的经营活动，通常不考虑下期。例如，一些企业提前完成本期预算后，以为可以松一口气，其他事等明年再说，形成了人为的预算间断。因此，按定期预算方法编制的预算不能适应连续不断的经营过程，不利于企业的长远发展。

(二) 滚动预算方法

1. 滚动预算方法的含义

滚动预算方法，是指企业根据上一期预算执行情况和新的预测结果，按既定的预算编制周期和滚动频率，对原有的预算方案进行调整和补充，逐期滚动，持续推进的预算编制方法。其中，预算编制周期是指每次预算编制所涵盖的时间跨度。滚动频率是指调整和补充预算的时间间隔，一般以月度、季度、年度等为滚动频率。在编制预算时，将预算期与会计年度脱离，随着预算的执行不断延伸补充预算，逐期向后滚动，使预算期永远保持为一个固定的期间。

修订2023年第三季度至2024年第一季度的预算，同时补充2024年第二季度的预算，以此类推。逐季滚动预算示意图如图3-2所示。

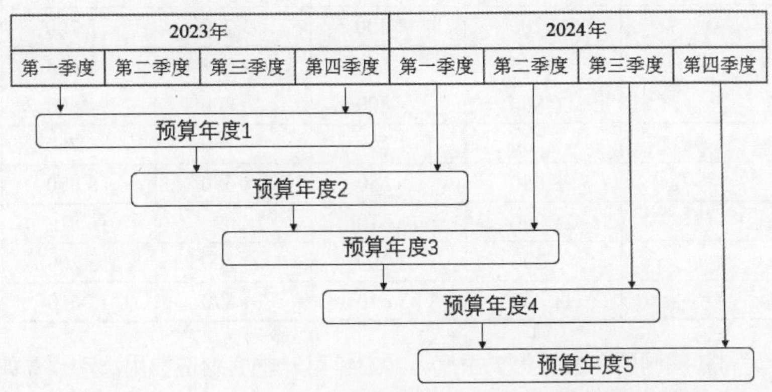

图 3-2 逐季滚动预算示意图

例如，对2023年1—3月逐月编制详细预算，4—12月分别按季度编制粗略预算；3月末根据第一季度预算的执行情况，编制4—6月的详细预算，并修订第三季度和第四季度的预算，同时补充2024年第一季度的预算，以此类推。

【例3-5】材料一：某公司2022年度在编制制造费用预算时，变动制造费用预算数按预计直接人工工时和预计变动制造费用分配率计算。变动制造费用标准分配率分别为材料费1元/小时、人工费1元/小时、修理费0.5元/小时、水电费1元/小时、其他费用0.5元/小时。固定制造费用与产量无关，管理人员工资为9 100元，折旧费为12 800元、办公费为6 500元、保险费为3 200元、租赁费为3 000元，每季度费用相等。以现金支付的各项制造费用均于当季付款。

材料二：2022年3月31日，某公司在编制2022年第二季度至2023年第一季度滚动预算时，发现未来的四个季度中将出现以下情况。

① 间接人工费用预算工时分配率将上涨30%。

② 原设备租赁合同到期，公司新签订的租赁合同中设备年租金将降低20%。

③ 2022年第二季度至2023年第一季度中各季度的直接人工预算总工时分别为2040小时、2360小时、2040小时和2020小时，假定车间水电费、维修费预算工时分配率等其他条件保持不变。

要求：(1) 编制2022年该公司制造费用预算表。(2) 编制2022年第二季度至2023年第一季度制造费用滚动预算。

解析：(1) 根据上述材料编制的2022年度该公司制造费用预算如表3-7所示。

表3-7　2022年度该公司制造费用预算

项目	第一季度	第二季度	第三季度	第四季度	全年
直接人工预算总工时/小时	1 600	2 040	2 360	2 040	8 040
变动制造费用：					
间接材料/元	1 600	2 040	2 360	2 040	8 040
间接人工/元	1 600	2 040	2 360	2 040	8 040
水电费/元	1 600	2 040	2 360	2 040	8 040
修理费/元	800	1 020	1 180	1 020	4 020
其他/元	800	1 020	1 180	1 020	4 020
小计/元	6 400	8 160	9 440	8 160	32 160
固定制造费用：					
管理人员工资/元	2 275	2 275	2 275	2 275	9 100
折旧费/元	3 200	3 200	3 200	3 200	12 800
办公费/元	1 625	1 625	1 625	1 625	6 500
保险费/元	800	800	800	800	3 200
租赁费/元	750	750	750	750	3 000
小计/元	8 650	8 650	8 650	8 650	34 600
制造费用合计/元	15 050	16 810	18 090	16 810	66 760
减：折旧费/元	3 200	3 200	3 200	3 200	12 800
现金支出费用/元	11 850	13 610	14 890	13 610	53 960

(2) 根据上述材料编制的2022年第二季度至2023年第一季度制造费用滚动预算如表3-8所示。

表3-8　2022年第二季度至2023年第一季度制造费用滚动预算

项目	2022年度			2023年度	全年
	第二季度	第三季度	第四季度	第一季度	
直接人工预算总工时/小时	2 040	2 360	2 040	2 020	8 460
变动制造费用：					
间接材料/元	2 040	2 360	2 040	2 020	8 460
间接人工/元	2 652	3 068	2 652	2 626	10 998
水电费/元	2 040	2 360	2 040	2 020	8 460
修理费/元	1 020	1 180	1 020	1 010	4 230
其他/元	1 020	1 180	1 020	1 010	4 230
小计/元	8 772	10 148	8 772	8 686	36 378
固定制造费用：					
管理人员工资/元	2 275	2 275	2 275	2 275	9 100
折旧费/元	3 200	3 200	3 200	3 200	12 800
办公费/元	1 625	1 625	1 625	1 625	6 500

(续表)

项目	2022年度			2023年度	全年
	第二季度	第三季度	第四季度	第一季度	
保险费/元	800	800	800	800	3 200
租赁费/元	600	600	600	600	2 400
小计/元	8 500	8 500	8 500	8 500	34 000
制造费用合计/元	17 272	18 648	17 272	17 186	70 378
减：折旧费/元	3 200	3 200	3 200	3 200	12 800
现金支出费用/元	14 072	15 448	14 072	13 986	57 578

在实际工作中，采用哪一种滚动预算方式应视企业的实际需要而定。

2. 滚动预算方法的应用环境

企业应用滚动预算方法，除应遵循《管理会计应用指引第200号—预算管理》中对应用环境的一般要求外，还应遵循以下要求。

(1) 企业应用滚动预算方法，应具备丰富的预算管理经验和能力。

(2) 企业应建立先进、科学的信息系统，及时获取充足、可靠的外部市场数据和企业内部数据，以满足编制滚动预算的需要。

滚动预算的应用程序

(3) 企业应重视预算编制基础数据，统一财务和非财务信息标准，确保预算编制以可靠、翔实、完整的基础数据为依据。

3. 滚动预算方法的应用评价

(1) 滚动预算方法的主要优点：通过持续滚动预算编制、逐期滚动管理，实现动态反映市场、建立跨期综合平衡，从而有效指导企业营运，强化预算的决策与控制职能。

(2) 滚动预算方法的主要缺点：①预算滚动的频率越高，对预算沟通的要求越高，预算编制的工作量越大；②过高的滚动频率容易增加管理层的不稳定感，导致预算执行者无所适从。

任务三　全面预算编制

全面预算的编制包括经营预算、专门决策预算和财务预算的编制。

一、经营预算的编制

(一) 销售预算

销售预算是指为规划一定预算期内因组织销售活动而引起的预计销售收入而编制的一种经营预算。由于其他预算都需要在销售预算的基础上编制，或者大都与销售预算数据有关，因此，可以说销售预算是编制全面预算的关键和起点。

本预算需要在销售预测的基础上，根据企业年度目标利润确定的预计销售量和销售价格等参数进行编制。为了便于编制财务预算，还应在编制销售预算的同时，编制与销售收入有关的经营现金收入预算表，以反映全年各季销售所得的现销含税收入和回收以前期应收账款的现金收入。

销售预算在实际工作中通常要分品种、月份、销售区域来编制，由销售部门负责编制。

预计销售收入=预计销售单价×预计销售量

预计经营现金收入=该期现销含税收入×该期收回以前期的应收账款

某期现销含税收入=该期含税销售收入×该期预计现销率

某期收回以前期的应收账款=本期期初应收账款×该期的预计应收账款回收率

【例3-6】假设某公司生产经营甲、乙两种产品，甲产品预计单位售价为20元/件，乙产品预计单位售价为25元/件，该公司2023年度产品销售数量如表3-9所示。

表3-9　某公司2023年度产品销售数量表

单位：件

产品名称	第一季度	第二季度	第三季度	第四季度	合计
甲产品	700	800	900	1 000	3 400
乙产品	1 200	1 300	1 400	1 500	5 400

要求：计算该公司2024年度各季度的预计收入。

解析：根据上述资料编制的某公司2024年度销售预算表如表3-10所示。

表3-10　某公司2024年度销售预算表

季度	产品名称	预计销售量/件	预计单价/元	预计销售收入/元
第一季度	甲产品	700	20	14 000
	乙产品	1 200	25	30 000
	小计	—	—	44 000
第二季度	甲产品	800	20	16 000
	乙产品	1 300	25	32 500
	小计	—	—	48 500
第三季度	甲产品	900	20	18 000
	乙产品	1 400	25	35 000
	小计	—	—	53 000
第四季度	甲产品	1 000	20	20 000
	乙产品	1 500	25	37 500
	小计	—	—	57 500
全年合计	甲产品	3 400	20	68 000
	乙产品	5 400	25	135 000
	小计	—	—	203 000

(二) 生产预算

生产预算是指为规划一定预算期内预计生产量水平而编制的一种经营预算。该预算是所有经营预算中唯一使用实物量计量单位的预算，是在销售预算的基础上编制的。

生产预算需要根据预计的销售量按品种分别编制。由于企业的生产和销售不能做到“同步同量”，必须设置一定的存货，以保证均衡生产。因此，预算期间除必须备有充足的产品以供销售外，还应考虑预计期初存货和预计期末存货等因素。有关计算公式如下。

某种产品预计生产量=预计销售量+预计期末存货量−预计期初存货量

“预计销售量”可在销售预算中找到；“预计期初存货量”等于上季期末存货量；“预计期末存货量”应根据长期销售趋势来确定，在实践中，一般是按事先估计的期末存货量占下期销售量的比例进行估算。

在编制生产预算时，应注意保持生产量、销售量、存货量之间合理的比例关系，避免储备不足、产销脱节或超储积压等。生产预算主要由生产部门负责编制，编制期间一般为一年，年内按产品品种进行分季或分月安排。

【例3-7】假设某公司各季度的期末存货按下一季度销售量的20%计算，各季度预计期初存货与上季度期末存货相等，年初甲产品存货110件，单位成本为14.5元/件，乙产品存货250件，单位成本为16.5元/件，年末甲产品存货230件，乙产品存货320件。

要求：编制该公司2023年度生产预算。

解析：根据上述资料编制的该公司2023年度生产预算如表3-11所示。

表3-11 某公司2023年度生产预算

单位：件

产品	项目	第一季度	第二季度	第三季度	第四季度	全年合计
甲产品	预计销售量	700	800	900	1 000	3 400
	加：预计期末存货	160	180	200	230	230
	减：期初存货	110	160	180	230	110
	预计生产量	750	820	920	1 030	3 520
乙产品	预计销售量	1 200	1 300	1 400	1 500	5 400
	加：预计期末存货	260	280	300	320	320
	减：期初存货	250	280	280	300	250
	预计生产量	1 210	1 320	1 420	1 520	5 470

(三) 直接材料预算

直接材料预算即直接材料采购预算，是指在预算期内，根据生产预算所确定的材料采购数量和材料采购金额的计划。直接材料采购预算是以生产预算为基础，根据生产预算的每季预计生产量、单位产品材料耗用量、期初和期末材料库存量、材料的计划单价，以及采购材料的付款条件等编制的预算期直接材料采购计划。“预计生产量”的数据来自生产预算，“单位产品材料耗用量”的数据来自标准成本资料或消耗定额资料，“生产需用量”是上述两项的乘积。期初和期末材料库存量是根据当前情况和销售预测估计得到的。实践中，各季度“期末材料库存量”一般根据下季度需用量的百分比确定。在实际工作中，直接材料采购预算往往还附有“预计现金支出计算表”，用以计算预算期内为采购直接材料而支付的现金数额，以便编制现金预算。有关计算公式如下。

预计生产需用量=预计生产量×单位产品材料耗用量

预计采购量=生产需用量+预计期末库存量−预计期初库存量

预计采购成本=预计材料采购量×预计材料单价

预算期采购金额=该期预计采购总成本+该期预计增值税进项税额

预算期采购现金支出=该期现购材料现金支出+该期支付前期的应付账款

【例3-8】假设某公司生产甲、乙两种产品需要用同一种材料，甲单位产品材料耗用量为6千克，乙单位产品材料耗用量为8千克，该材料的成本为每千克1元，上年年末该种材料的库存量为4 500千克。各季度的期末材料库存量按下一季度生产需用量的30%计算，各季度预计的期初材料库存量与上季度期末材料库存量相等，年末预计材料库存量为5 600千克。

要求：编制该公司2023年度直接材料预算。

解析：根据预计生产量和上述单位产品的材料消耗定额，以及期初、期末的材料库存量等相关资料，编制的该公司2023年度直接材料预算如表3-12所示。

表3-12　某公司2023年度直接材料预算

产品	项目	第一季度	第二季度	第三季度	第四季度	全年合计
甲产品	预计生产量/件	750	820	920	1 030	3 520
	单位耗用量/千克	6	6	6	6	6
	材料耗用总量/千克	4 500	4 920	5 520	6 180	21 120
乙产品	预计生产量/件	1 210	1 320	1 420	1 520	5 470
	单位耗用量/千克	8	8	8	8	8
	材料耗用总量/千克	9 680	10 560	11 360	12 160	43 760
合计	生产需用总量/千克	14 180	15 480	16 880	18 340	64 880
	加：预计期末材料库存量/千克	4 644	5 064	5 502	5 600	20 810
	减：预计期初材料库存量/千克	4 500	4 644	5 064	5 502	19 710
	预计采购量/千克	14 324	15 900	17 318	18 438	65 980
	材料单位成本/元	1	1	1	1	1
	采购总额/元	14 324	15 900	17 318	18 438	65 980

同时假定该公司各季度采购货款中，有60%为本期付现，40%的赊购在下季度付清，上年年末的应付账款余额为7 800元，则该公司2023年度现金支出预算如表3-13所示。

表3-13　某公司2023年度现金支出预算

单位：元

项目	本期发生额	现金支出			
		第一季度	第二季度	第三季度	第四季度
期初数	7 800	7 800			
第一季度	14 324	8 594.4	5 729.6		
第二季度	15 900		9 540	6 360	
第三季度	17 318			10 390.8	6 927.2
第四季度	18 438				11 062.8
期末数	−7 375.2				
合计	66 404.8	16 394.4	15 269.6	16 750.8	17 990

(四) 直接人工预算

直接人工预算是以生产预算为基础，对直接生产产品的人工耗费的计划，用来规划预算期内各产品、各工种的人工消耗水平和人工成本。在编制过程中主要涉及预计生产量、单位产品工时、人工总工时、单位工时工资率和人工总成本。“单位产品工时”和“单位工时工资率”的数据来自标准成本资料。“人工总工时”和“人工总成本”是在直接人工预算中计算出来的。直接人工预算可以反映预算期内人工工时的消耗水平和人工成本。有关计算公式如下。

预计直接人工总工时=单位产品工时定额×预计生产量

预计直接人工总成本=单位工时工资率×预计直接人工总工时

由于人工工资一般由现金支付，通常不单独编制列示与此相关的预计现金支出开支，可直接参加现金预算的汇总。直接人工预算主要由生产部门或劳动人事部门编制，编制时可按不同工种分别计算直接人工成本，然后予以汇总。

【例3-9】假设某公司只有一个工种，生产甲、乙两种产品所需的单位产品直接人工工时都是1小时，每工时直接人工成本(单位工时工资率)均为7元。

要求：编制该公司2023年直接人工预算。

解析：根据单位产品工时定额、单位工时工资率和预计生产量，编制的该公司2023年直接人工预算如表3-14所示。

表3-14 某公司2023年直接人工预算

产品	项目	第一季度	第二季度	第三季度	第四季度	合计
甲产品	预计生产量/件	750	820	920	1 030	3 520
	单位产品工时/小时	1	1	1	1	1
	直接人工工时合计/小时	750	820	920	1 030	3 520
乙产品	预计生产量/件	1 210	1 320	1 420	1 520	5 470
	单位产品工时/小时	1	1	1	1	1
	直接人工工时合计/小时	1 210	1 320	1 420	1 520	5 470
合计	总工时/小时	1 960	2 140	2 340	2 550	8 990
	单位工时工资率/元	7	7	7	7	7
	直接人工总成本/元	13 720	14 980	16 380	17 850	62 930

(五) 制造费用预算

制造费用预算是指应列入产品成本的各项间接费用的预算，是反映除直接材料和直接人工预算以外的其他一切生产成本的预算。制造费用按其成本性态划分为变动制造费用和固定制造费用两部分，其预算通常要分变动制造费用预算和固定制造费用预算两部分内容编制。

变动制造费用是以生产预算为基础编制的，即根据预计的生产量或预计的直接人工工时总数和预计的变动制造费用分配率来计算。有关计算公式如下。

预计变动制造费用=预计变动制造费用分配率×预计生产量或预计直接人工工时

固定制造费用因与生产量无关，其预算通常是根据上年的实际水平，经过适当的调整而取得的，各季度固定制造费用应等于年度固定制造费用总额除以4。由于制造费用中除折旧费属于非付现成本外，一般都需要支付现金，因此，编制制造费用预算表时应包括预计的现金支出计算，以便为编制现金预算提供必要的资料。制造费用的编制主要由生产部门负责。

【例3-10】沿用前述资料，某公司预计直接人工工时资料如表3-14所示，则该公司2023年度制造费用预算如表3-15所示。

表3-15 某公司2023年度制造费用预算

单位：元

项目	第一季度	第二季度	第三季度	第四季度	全年
间接材料	800	900	800	890	3 390
间接人工	800	900	800	900	3 400

(续表)

项目	第一季度	第二季度	第三季度	第四季度	全年
修理费	600	500	600	500	2 200
变动制造费用合计	2 200	2 300	2 200	2 290	8 990
固定制造费用	2 300	2 300	2 300	2 300	9 200
折旧费	1 000	1 000	1 000	1 000	4 000
保险费	1 200	1 200	1 200	1 200	4 800
其他	300	300	300	300	1 200
固定制造费用合计	4 800	4 800	4 800	4 800	19 200
制造费用合计	7 000	7 100	7 000	7 090	28 190
减：折旧	1 000	1 000	1 000	1 000	4 000
现金支付额	6 000	6 100	6 000	6 090	24 190

(六) 产品成本预算

产品成本预算是指为规划一定预算期内每种产品的单位产品成本、生产成本、销售成本等内容而编制的一种经营预算。

本预算需要在生产预算、直接材料预算、直接人工预算和制造费用预算的基础上编制，其为编制预计利润表和预计资产负债表提供了数据。

该预算必须按照各种产品进行编制，其程序与存货的计价方法密切相关；不同的存货计价方法，需要采取不同的预算编制方法。

在变动成本法下，如果产品存货采用先进先出法计价，则产品成本预算的有关计算公式如下。

单位产品直接材料预算成本＝单位产品直接材料预计耗用量×计划单价

单位产品直接人工预算成本＝单位产品工时标准×预计工资率

单位产品变动制造费用预算成本＝单位产品工时标准×预计变动制造费用分配率

生产(销货、存货)总成本＝生产(销货、存货)数量×单位成本

预计产品生产成本＝预计发生产品生产成本＋在产品成本期初余额－在产品成本期末余额

预计产品销售成本＝本期预计产品生产成本＋产成品期初余额－产成品期末余额

此外，为简化程序，假定企业只编制全年的产品成本预算，不编制分季度预算。产品成本预算一般由生产部门负责，也可以汇总到财务部门编制。

【例3-11】要求：根据上述有关资料，编制该公司2023年度产品成本预算。

解析：2023年度该公司甲产品成本预算如表3-16所示。

表3-16　2023年度某公司甲产品成本预算

产品	甲产品	乙产品
直接材料/元	6	8
直接人工/元	7	7
单位产品变动制造费用/元	1	1
单位产品变动生产成本/元	14	16
期末存货/件	230	320
存货变动生产成本/元	3 220	5 120

由此可知：

甲产品生产成本总额＝甲产品产量×甲产品单位变动生产成本

＝3 520×14＝49 280(元)

乙产品生产成本总额＝乙产品产量×乙产品单位变动生产成本

＝5 470×16＝87 520(元)

甲产品销售成本＝期初产品成本＋本期生产成本－期末存货成本

＝110×14.5＋49 280－3 220＝47 655(元)

乙产品销售成本＝期初产品成本＋本期生产成本－期末存货成本

＝250×16.5＋87 520－5 120＝86 525(元)

(七) 销售费用预算

销售费用预算是指为了实现销售预算所需支付的费用预算。它以销售预算为基础，对销售收入、销售利润和销售费用的关系进行分析，力求实现销售费用的最有效使用。销售费用预算的编制方法与制造费用预算的编制方法非常接近，也可将其划分为变动性和固定性两部分费用。有关计算公式如下。

预计变动性销售费用＝单位产品变动性销售费用×预计销售量

或者：

预计变动性销售费用＝变动销售费用率×预计销售收入

销售费用预算也要编制相应的现金支出预算。销售费用预算一般由销售部门负责编制。

【例3-12】某公司2023年度分别按变动性销售费用和固定性销售费用两部分内容编制销售费用预算。单位产品变动性销售费用的分配额为销售佣金2.5元、销售运杂费1元、其他0.5元，除折旧以外的其他销售费用均以现金于当季支付。

要求：编制2023年度该公司的销售费用预算。

解析：根据上述资料编制的该公司2023年度销售费用预算如表3-17所示。

表3-17 某公司2023年度销售费用预算

单位：元

项目	第一季度	第二季度	第三季度	第四季度	全年
预计销售量	800	1 000	1 200	1 000	4 000
变动性销售费用：					
销售佣金	2 000	2 500	3 000	2 500	10 000
销售运杂费	800	1 000	1 200	1 000	4 000
其他	400	500	600	500	2 000

(八) 管理费用预算

管理费用预算是指为规划一定预算期内因管理企业预计发生的各项费用水平而编制的一种经营预算。本预算的编制可采取以下两种方法：第一种方法是按项目反映全年预计水平，这是因为管理费用大多为固定成本。第二种方法类似于制造费用预算或销售费用预算的编制方法。

在编制管理费用总预算的同时，还需要分季度编制管理费用现金支出预算。管理费用预算一般由企业行政管理部门负责编制。

【例3-13】某公司2023年度预计管理费用中，除折旧和无形资产摊销以外的各种管理费用均以现金支付，并于单季度支付。假设管理费用均为固定费用。

要求：编制2023年度该公司的管理费用预算。

解析：根据上述资料编制的该公司2023年度管理费用预算如表3-18所示。

表3-18　某公司2023年度管理费用预算

单位：元

项目	第一季度	第二季度	第三季度	第四季度	全年
公司经费	1 000	1 000	1 000	1 000	4 000
工会经费	300	300	300	300	1 200
办公费	400	400	400	400	1 600
董事会费	100	100	100	100	400
折旧费	250	250	250	250	1 000
无形资产摊销	150	150	150	150	600
职工培训费	200	200	200	200	800
其他	250	250	250	250	1 000
合计	2 650	2 650	2 650	2 650	10 600
减：折旧费	250	250	250	250	1 000
无形资产摊销	150	150	150	150	600
现金支出	2 250	2 250	2 250	2 250	9 000

二、专门决策预算的编制

(一) 经营决策预算

经营决策预算是指与短期经营决策密切相关的专门决策预算。编制该类预算的主要目的是通过制定最优生产经营决策和存货控制决策来合理地利用或调配企业经营活动所需要的各种资源。

此类预算通常是根据短期经营决策确定的最优方案编制的，因而需要直接纳入经营预算体系，同时也将影响现金预算等财务预算。例如，企业耗用的某种零件的取得方式决策方案一旦确定，就要相应调整材料采购预算、生产预算、产品成本预算。

【例3-14】某公司为提高甲产品的质量，拟于2022年度增设一台专用检测设备，有以下三个取得方案。

方案一：用50 000元从市场上购置，预计可用5年。

方案二：用半年时间自行研制，预计研制成本为30 000元。

方案三：采用经营租赁形式，以全年3 000元的租金向信托投资公司租借，每季支付750元。

经公司决策，决定采取第三个方案。于是该项决策预算被纳入当期的制造费用预算(见表3-7制造费用预算中的租赁费项目)。

(二) 投资决策预算

投资决策预算是指与项目投资决策密切相关的专门决策预算，又称为资本支出预算。由于这类预算涉及长期建设项目投资资金的投放与筹措等，并经常跨年度，因此，除个别项目外一般不纳入经营预算，但应计入与此有关的现金预算与预计资产负债表。

【例3-15】某公司为了开发新产品，决定于2023年度安装一条新的生产线，预计在第一季度购置60 000元的设备，年内安装调试完毕，年末交付使用。为筹措该项投资资金，该公司年初向银行借入3年期借款60 000元，年利率为10%，每季末支付利息(建设期计入固定资产原值)。

根据上述资料编制的该公司2023年度新产品生产线投资项目预算如表3-19所示。

表3-19 2023年度某公司新产品生产线投资项目预算

单位：元

项目	第一季度	第二季度	第三季度	第四季度	全年
设备购置	60 000				60 000
投资支出合计	60 000				60 000
投资资金筹措：					
向银行借款	60 000				60 000
合计	60 000				60 000

三、财务预算的编制

(一) 现金预算

现金预算是现金收支预算的简称，是指为规划一定预算期内由于经营活动和资本投资活动引起的预计现金收入、预计现金支出、现金余缺、现金筹措使用情况和期初期末现金余额水平而编制的一种财务预算。

现金预算的编制程序

编制现金预算的目的在于合理地处理现金收支业务，正确地调度资金，保证企业资金的正常流转。

现金预算一般由财务部门负责编制。

【例3-16】根据前述现金收入与现金支出的资料，另外假设第一季度取得短期银行贷款8 000元，第二季度和第三季度分别偿还借款利息3 000元和5 200元，第四季度用现金购买短期债券8 000元。

要求：编制2023年度该公司现金预算。

解析：2023年度某公司的现金预算如表3-20所示。

表3-20 2023年度某公司的现金预算

单位：元

项目	第一季度	第二季度	第三季度	第四季度	全年
期初现金余额	1 200	300	120	1 000	2 620
加：销售现金收入	32 600	45 800	50 300	54 800	183 500
可运用现金合计	33 800	46 100	50 420	55 800	186 120
减：经营现金支出					
直接材料	16 394.4	15 269.6	16 750.8	17 990	66 404.8
直接人工	13 720	14 980	16 380	17 850	62 930
制造费用	6 000	6 100	6 000	6 090	24 190
销售费用及管理费用	5 445	5 512.5	5 580	5 647.5	22 185
现金支出合计	41 559.5	41 862.1	44 710.8	47 577.5	175 709.8
现金余缺	−7 759.4	4 237.9	5 709.2	8 222.5	10 410.2

(续表)

项目	第一季度	第二季度	第三季度	第四季度	全年
资金筹措及运用	8 000	−3 000	−5 200	−8 000	−8 200
加：短期借款	8 000				8 000
减：支付利息		3 000	5 200		8 200
购买有价证券				8 000	8 000
期末现金余额	240.6	1 237.9	509.2	222.5	2 210.2

(二) 预计利润表

预计利润表是指以货币形式综合反映预算期内企业经营活动成果(包括利润总额、净利润)计划水平的一种财务预算。

该预算需要在销售预算、产品成本预算、应交税费预算、制造费用预算、销售费用预算、管理费用预算和财务费用预算等经营预算的基础上编制。预计利润表一般由财务部门负责编制。

【例3-17】根据前述的各种预算编制的某公司2023年度预计利润表如表3-21所示。

表3-21　2023年度某公司预计利润表

单位：元

项目	金额
销售收入	203 000
减：变动生产成本	134 180
贡献边际(生产)	68 820
减：变动性销售费用	3 045
贡献边际(销售)	65 775
固定成本	
制造费用	19 200
销售管理费用	19 140
利润总额	27 435
减：所得税费用(30%)	8 230.5
净利润	19 204.5

(三) 预计资产负债表

预计资产负债表是指用于综合反映企业预算期末财务状况的一种财务预算。

预计资产负债表中除上年期末数已知外，其余项目均应在前述各项经营预算和专门决策预算的基础上分析填列。预计资产负债表一般由财务部门负责编制。

【例3-18】根据前述某公司2023年度相关预算的计算结果编制的2023年度该公司的预计资产负债表如表3-22所示。

表3-22　2023年度某公司的预计资产负债表

2023年12月31日　　单位：元

资产	期初数	期末数	负债及所有者权益	期初数	期末数
流动资产：			流动负债：		
库存现金	1 200	790.2	应付账款	7 800	7 375.2
应收账款	15 000	34 500	应付利息		8 200

（续表）

资产	期初数	期末数	负债及所有者权益	期初数	期末数
原材料	4 500	5 600	应交税费		8 230.5
库存商品	5 720	8 340	流动负债合计	7 800	23 805.7
流动资产合计	26 420	49 230.2	所有者权益：		
固定资产	560 000	560 000	股本	500 000	500 000
减：折旧	32 000	36 000	留存收益	46 620	49 424.5
固定资产净值	528 000	524 000	所有者权益合计	546 620	549 424.5
资产合计	554 420	573 230.2	负债及所有者权益总计	554 420	573 230.2

思悟启迪 精打细算，量入为出

四横六纵引领未来——中国一汽全面预算管理体系创新实践

随着中国汽车市场的快速发展，竞争日益激烈，企业如何有效管理资源、提升运营效率成为了关键。中国一汽作为中国汽车行业的领军企业，深刻认识到全面预算管理的重要性，并着手建立了一套科学、系统的全面预算管理体系。

一、全面预算管理总体原则及框架体系

中国一汽在建立全面预算管理体系时，明确了四大总体原则：战略引领、价值导向、业财融合和稳健发展。这些原则贯穿于整个预算管理的始终，确保了预算与企业战略的高度契合。

在框架体系方面，中国一汽构建了“四横六纵”的结构。其中，“四横”包括有效的预算管理组织、健全的预算管理制度规范、信息标准化及对标准的统一理解、预算全面数字化及高效的智能决策支撑；“六纵”则涵盖了预算目标制定、预算编制、预算监控、预算分析、预算调整和预算考评六个关键环节。

二、全面预算管理理念与方法创新

为了提升预算管理的效果，中国一汽在理念和方法上进行了创新，提出了“十一大思维”，包括归零思维、拆分思维、聚类思维等，这些思维为预算管理工作提供了全新的视角和方法。

在方法创新方面，中国一汽建立了一套包括FAW-CL12571框架、降本“十二法”、费用控制“五有”等在内的完整的创新体系。这些方法不仅有效降低了成本，还提升了企业的运营效率和市场竞争力。

三、全面预算管理机制创新

中国一汽在预算管理机制上也进行了创新。他们建立了“锁目标、优资源、控节奏、强预测、细分析、精考核”的全过程闭环管理机制，确保了预算管理的全面性和有效性。

在费用管理方面，中国一汽通过创建费用控制委员会工作机制、搭建“五有”管理框架、打造费用项目管控平台等措施，实现了对费用的精细化管理，确保了投入产出的最优化。

通过全面实施这一预算管理体系，中国一汽在资源管理、运营效率提升等方面取得了显著成效。他们的成功经验为其他企业提供了宝贵的经验。在未来的发展中，中国一汽将继续优化和完善全面预算管理体系，为企业的持续健康发展提供有力保障。

岗赛课证

一、预算管理岗位核心能力

(1) 预算编制能力：编制销售预算、生产预算、成本预算、期间费用预算、应交税费预算、现金预算；编制预计资产负债表及预计利润表。

(2) 预算执行情况分析能力：收入预算执行情况分析、成本预算执行情况分析、期间费用预算执行情况分析、利润预算执行情况分析。

二、预算管理岗位任务

(1) 销售预算编制：销售预算。

(2) 费用预算编制：销售费用预算、管理费用预算、财务费用预算、应交税费预算。

(3) 成本预算编制：生产预算、直接材料预算、直接人工预算、制造费用预算、成本预算。

(4) 财务预算编制：现金预算，编制预计资产负债表、预计利润表。

(5) 预算执行情况分析：收入预算执行情况分析、成本预算执行情况分析、期间费用预算执行情况分析、利润预算执行情况分析。

三、预算管理岗位实践案例

甲公司是一家专业的旅游公司。截至2022年末，甲公司开设并经营的旅游线路有内蒙古旅游线路、张家界旅游线路、江苏旅游线路和杭州旅游线路。甲公司通过线下旅行社和线上公众号两种方式进行业务宣传与运营，采用增量预算方法对未来一年的经营情况进行预测。2022年末解除出行限制后，预计从2023年开始，旅游热将重新回归。基于上述情况，公司管理层拟在2023年下半年新开设西安旅游线路。

(一) 旅游人数预测

1. 原有旅游线路人数预测

预计2023年内蒙古旅游线路、张家界旅游线路、江苏旅游线路和杭州旅游线路旅游人数均在2022年人数的基础上增加50%。

2. 新开设旅游线路人数预测

预计2023年下半年，西安旅游线路旅游人数为10 000人。

(二) 旅游产品价格预测

1. 原有旅游线路产品价格预测

各线路2023年产品均价均在2022年实际价格的基础上进行调整得出，各线路产品均价的上涨比例如表3-23所示。

表3-23　2023年各线路产品均价上涨比例

线路	上涨比例
内蒙古旅游线路	5%
张家界旅游线路	1%
江苏旅游线路	2%
杭州旅游线路	2%

2. 新开设旅游线路产品价格预测

西安三日游线路的产品价格根据公司设定的旅游线路、食宿条件，结合各大知名旅行社及平台的报价进行预测，各旅行社及平台的平均报价统计表如表3-24所示。

表3-24 各旅行社及平台的平均报价统计表

旅行社/平台	平均报价/(元/人)
欣欣旅游	1 500
去哪儿网	2 000
携程	1 650
同程旅行	1 200
美团	1 400

以上述旅行社及平台报价的平均数作为公司2023年西安三日游产品的平均价格。

说明：公司旅游产品报价包含票务费、食宿费及游客在当地统一出行的交通费，不含大交通费(机票、火车票)及景区自愿消费项目费用。

(三) 各季度销售收入预测

根据旅游淡旺季预测的2023年各线路各季度的旅游人数占比如表3-25所示。

表3-25 2023年各线路各季度的旅游人数占比

线路	第一季度	第二季度	第三季度	第四季度
内蒙古旅游线路	10%	20%	40%	30%
张家界旅游线路	20%	25%	35%	20%
江苏旅游线路	20%	25%	30%	25%
杭州旅游线路	25%	20%	30%	25%
西安旅游线路	—	—	60%	40%

各季度的销售收入以“各季度旅游人数×平均价格”计算得出。

任务一：销售收入预算

根据案例资料，编辑甲公司2023年销售收入预算(见表3-26)，旅游人数以四舍五入保留至百位的整数形式填列，平均价格以四舍五入保留至十位的整数形式填列，旅游人数和平均价格均以填制结果进行后续计算，预测收入四舍五入保留两位小数填列。

表3-26 甲公司2023年销售收入预算

线路	旅游人数/人	平均价格/(元/人)	预计收入/元
内蒙古旅游线路			
张家界旅游线路			
江苏旅游线路			
杭州旅游线路			
西安旅游线路			
合计			

任务二：各季度收入预算

根据案例资料及任务一的计算结果，编辑甲公司2023年各季度收入预算(见表3-27)，各季度旅游人数以四舍五入保留至十位的整数形式填列，差额计入第四季度，并以填制结果进行后续计算，其余数据以完整小数位引用计算，结果四舍五入保留两位小数填列。

表3-27　甲公司2023年各季度收入预算

项目	线路	第一季度	第二季度	第三季度	第四季度	合计
旅游人数/人	内蒙古旅游线路					
	张家界旅游线路					
	江苏旅游线路					
	杭州旅游线路					
	西安旅游线路					
	合计					
营业收入/元	内蒙古旅游线路					
	张家界旅游线路					
	江苏旅游线路					
	杭州旅游线路					
	西安旅游线路					
	合计					

复习思考

1. 全面预算的作用是什么？
2. 简述全面预算体系的构成及各组成部分之间的关系。
3. 什么是现金预算？其组成内容是什么？
4. 在运用弹性预算方法时，业务量范围应如何选择？
5. 零基预算方法的优点有哪些？
6. 编制预算的步骤有哪些？
7. 预算控制的重要性是什么？
8. 预算管理在现代企业中的挑战与机遇是什么？
9. 预算管理中可能存在的风险有哪些？
10. 预算管理在企业战略规划中的作用是什么？

任务一　预算管理认知

一、判断题

1. 财务预算也就是全面预算中的综合价值预算。 (　　)
2. 无论什么样的预算管理模式都需要编制现金预算。 (　　)
3. 预计生产量=预计销售量+预计期期初存货量-预计期期末存货量。 (　　)
4. 预计资产负债表和预计利润表构成了整个财务预算。 (　　)

5. 在实务中，企业并不需要每年都按零基预算方法来编制预算。 ( )

6. 预算管理应围绕企业的战略目标和业务计划有序开展。 ( )

7. 预算管理委员会是专门履行预算管理职责的执行机构。 ( )

8. 预算控制目标应在可实现的基础上略有拔高。 ( )

9. 预算是对经营管理的刚性约束，不得调整。 ( )

10. 企业预算管理与经营过程、绩效考评等无关。 ( )

二、单项选择题

1. 与企业资金收支、财务状况或经营成果等有关的预算称为( )。

A. 全面预算　B. 经营预算　C. 财务预算　D. 资本预算

2. 预算管理应通过及时监控、分析等把握预算目标的实现进度并实施有效评价，对企业经营决策提供有效支撑，遵循的原则是( )原则。

A. 过程控制　B. 融合性　C. 平衡管理　D. 战略导向

3. 下列各项中，专门履行预算管理职责的决策机构是( )。

A. 预算管理委员会　B. 预算管理工作机构

C. 预算执行机构　D. 董事会

4. 调整和补充预算的时间间隔称为( )。

A. 预算编制周期　B. 预算频率　C. 预算周期　D. 滚动频率

5. 下列选项中，不属于预算控制的关键环节的是( )。

A. 设定预算目标　B. 监控预算执行情况

C. 预测未来市场趋势　D. 分析预算差异并采取行动

6. 预算管理工作机构一般设在( )。

A. 董事会办公室　B. 总经理办公室　C. 财会部门　D. 销售部门

7. 企业预算管理的非常设机构是( )。

A. 预算管理委员会　B. 预算管理工作机构

C. 预算执行单位　D. 其他预算机构

8. 企业编制全面预算时，各个预算都是由( )细化和分解而来的。

A. 资本预算　B. 现金预算　C. 生产预算　D. 企业战略

9. 将预算管理嵌入企业经营管理活动的各个领域、层次、环节是遵循了( )原则。

A. 过程控制　B. 融合性　C. 平衡管理　D. 战略导向

三、多项选择题

1. 下列项目中，属于财务预算的有( )。

A. 预计资产负债表　B. 预计利润表　C. 资金预算　D. 销售收入预算表

2. 下列项目中，属于经营预算的有( )。

A. 销售预算　B. 生产预算　C. 采购预算　D. 费用预算

3. 企业进行预算管理一般应遵循的原则包括( )。

A. 过程控制原则　B. 融合性原则　C. 平衡管理原则　D. 权变性原则

4. 企业实施预算管理的基础环境包括战略目标和( )。

A. 信息系统　B. 业务计划　C. 组织架构　D. 内部管理制度

5. 预算管理机构一般包括(　　)。

A. 预算管理决策机构　　B. 预算管理工作机构

C. 预算管理执行单位　　D. 预算编制机构

6. 全面预算的内容包括(　　)。

A. 业务预算　　B. 财务预算　　C. 专门决策预算　　D. 综合预算

7. 下列关于全面预算管理的说法中，正确的有(　　)。

A. 全面预算管理应该覆盖整个企业

B. 全面预算管理涉及生产经营的所有活动

C. 全面预算不局限于事前控制和事后控制，也不局限于财务部门

D. 全面预算是一种管理制度和控制方略

8. 企业进行预算管理一般应遵循的原则包括(　　)原则。

A. 过程控制　　B. 融合性　　C. 平衡管理　　D. 权变性

9. 预算管理委员会的主要职责一般包括(　　)。

A. 制定、颁布企业全面预算管理制度

B. 定期汇总、分析各预算单位预算执行情况

C. 拟定预算目标

D. 提供编制预算的各项基础资料

任务二　预算方法认知

一、判断题

1. 连续预算法能够使预算期间与会计年度相配合，便于考核预算的执行结果。(　　)

2. 采用弹性预算法编制成本费用预算时，业务量计量单位的选择非常关键，自动化生产车间适合将机器工时作为业务量的计量单位。(　　)

3. 增量预算法以过去为基础，需要在预算期进行较大的调整。(　　)

4. 滚动预算要根据上期预算和实际情况修订调整，因此编制工作量大。(　　)

5. 成本预算和利润预算不宜采用弹性预算法编制。(　　)

6. 企业可采用自上而下、自下而上、上下结合或多维度相协调的流程编制预算。(　　)

二、单项选择题

1. 编制成本费用预算时，不考虑以往会计期间所发生的费用项目、数额的方法是(　　)。

A. 固定预算方法　　B. 弹性预算方法　　C. 滚动预算方法　　D. 零基预算方法

2. 零基预算是相对于(　　)的一种预算编制方法。

A. 定期预算　　B. 增量预算　　C. 滚动预算　　D. 弹性预算

3. 弹性预算方法，是指企业在分析业务量与(　　)之间数量依存关系的基础上，分别确定不同业务量及其相应预算项目所消耗资源的预算编制方法。

A. 预算项目　　B. 目标利润　　C. 经济效益　　D. 经营成本

4. 需按成本性态分析的方法将企业成本划分为固定成本和变动成本的预算编制方法是(　　)。

A. 固定预算方法　　B. 零基预算方法　　C. 滚动预算方法　　D. 弹性预算方法

5. 有利于发挥各个编制部门主观能动性的预算编制程序是(　　)。

A. 自上而下式　　B. 自下而上式　　C. 上下结合式　　D. 上下并行式

6. 在基期成本费用水平基础上，结合预算期业务量及有关影响因素，通过调整有关原有成本费用项目而编制的预算是(　　)。

A. 固定预算　　B. 弹性预算　　C. 增量预算　　D. 零基预算

7. 按照规定，预算编制完成后经审议批准，应以(　　)形式下达执行。

A. 通知　　B. 告示　　C. 通告　　D. 正式文件

三、多项选择题

1. 预算管理领域应用的管理会计工具方法一般包括(　　)。

A. 弹性预算方法　　B. 零基预算方法　　C. 作业预算方法　　D. 滚动预算方法

2. 企业应用零基预算方法编制预算，一般按照(　　)等程序进行。

A. 明确预算编制标准　　B. 制订业务计划

C. 编制预算草案　　D. 审定预算方案

3. 在弹性预算中，“业务量”一般是指企业(　　)等与预算项目相关的弹性变量。

A. 销售量　　B. 产量　　C. 作业量　　D. 工作量

4. 下列预算中，编制工作量大的有(　　)。

A. 弹性预算　　B. 零基预算　　C. 作业预算　　D. 滚动预算

5. 固定预算方法的主要缺点有(　　)。

A. 可比性较差　　B. 机械呆板　　C. 计算量大　　D. 灵活性差

6. 预算编制方法包括(　　)。

A. 固定预算方法与弹性预算方法　　B. 零基预算方法与增量预算方法

C. 财务预算方法与资本预算方法　　D. 滚动预算方法与定期预算方法

任务三　全面预算编制

一、判断题

1. 企业正式下达执行的财务预算，绝对不可以调整。(　　)

2. 企业财务管理部门负责企业预算的编制、执行、分析和考核等工作，并对预算执行结果承担直接责任。(　　)

3. 编制现金预算时，制造费用产生的现金流出就是发生的制造费用数额。(　　)

4. 专门决策预算的内容既包括资金投资计划，也包括相应的筹资计划，它是编制现金预算和资产负债表预算的依据。(　　)

5. 预算考核是企业全面预算业务基本流程的最终环节。(　　)

6. 预算编制是企业实施全面预算管理的起点，不会面临风险。(　　)

7. 销售预算是编制全面预算的起点，是编制其他预算的基础。(　　)

8. 现金预算由现金收入、现金支出、现金余缺、资金的筹集和运用四个部分组成。(　　)

9. 现金预算是全面预算编制的最终环节。(　　)

二、单项选择题

1. 下列各项预算中，能够同时以实物量指标和价值量指标反映的是(　　)。

A. 销售预算　　B. 现金预算　　C. 预计资产负债表　D. 生产预算

2. 下列各项预算中，属于全面预算体系中最后的环节的是(　　)。

A. 财务预算　　B. 日常业务预算　　C. 销售预算　　D. 特种决策预算

3. 某企业编制“材料采购预算”，预计第四季度期初库存量为456千克，季度生产需用量为2 120千克，预计期末库存量为350千克，材料单价为10元，若材料采购货款有50%在本季度内付清，另外50%在下季度付清，假设不考虑其他因素，则该企业预计资产负债表年末“应付账款”项目为(　　)元。

A. 11 130　　B. 14 630　　C. 10 070　　D. 13 560

4. 某企业编制第四季度现金预算，现金多余或不足部分列示金额为−17 840元，现金的筹措与运用部分列示归还借款利息500元，若企业需要保留的最低现金余额为3 000元，银行借款的金额要求是1 000元的整数倍，那么企业第四季度的期末现金余额为(　　)元。

A. 22 000　　B. 3 660　　C. 3 000　　D. 4 160

5. 下列各项中，不属于预计利润表编制依据的是(　　)。

A. 业务预算　　B. 现金预算　　C. 专门决策预算　　D. 预计资产负债表

6. 编制全面预算的关键和起点是(　　)。

A. 产品成本预算　　B. 生产预算　　C. 销售费用预算　　D. 销售预算

7. 某企业预计2020年第三和第四季度分别销售1500件和1650件产品，单价为350元，各季度销售收现率为60%，其余部分在下季度收回，则该企业第四季度现金收入为(　　)元。

A. 556 500　　B. 546 000　　C. 661 500　　D. 1 102 500

8. 不需要另外预计现金支出和收入，直接参加现金预算汇总的预算是(　　)。

A. 直接材料预算　　B. 直接人工预算　　C. 销售预算　　D. 销售及管理费用预算

9. 只使用实物量计量单位的预算是(　　)。

A. 产品成本预算　　B. 生产预算　　C. 直接材料预算　　D. 销售预算

10. 编制生产预算的基础是(　　)。

A. 采购预算　　B. 制造费用预算　　C. 财务预算　　D. 销售预算

三、多项选择题

1. 下列关于财务预算的表述中，正确的有(　　)。

A. 财务预算多为长期预算

B. 财务预算又称为总预算

C. 财务预算是全面预算体系的最后环节

D. 财务预算主要包括现金预算和预计财务报表

2. 在编制现金预算的过程中，可作为其编制依据的有(　　)。

A. 业务预算　　B. 预计利润表　　C. 预计资产负债表　D. 专门决策预算

3. 在编制现金预算时，计算某期现金余缺必须考虑的因素有(　　)。

A. 期初现金余额　B. 期末现金余额　C. 当期现金支出　　D. 当期现金收入

4. 下列选项中，可作为预计利润表编制依据的有(　　)。

A. 销售预算　　B. 现金预算　　C. 产品成本预算　　D. 资产负债表预算

5. 不能够同时以实物量指标和价值量指标分别反映企业经营收入和相关现金收入的预算有(　　)。

A. 现金预算　　B. 销售预算　　C. 生产预算　　D. 预计资产负债表

6. 与生产预算有直接联系的预算有(　　)。

A. 直接材料预算　　B. 变动制造费用预算

C. 直接人工预算　　D. 销售及管理费用预算

7. 下列关于本期采购付现金额的计算公式中，正确的有(　　)。

A. 本期采购付现金额=本期采购金额+期初应付账款+期末应付账款

B. 本期采购付现金额=本期采购金额+期初应付账款-期末应付账款

C. 本期采购付现金额=本期采购本期付现金额+前期赊购本期付现金额

D. 本期采购付现金额=本期采购金额-期初应付账款+期末应付账款

8. 编制直接人工预算时需要考虑的因素有(　　)。

A. 标准工资率　　B. 预计销售量　　C. 预计生产量　　D. 人工定额工时

9. 销售预算涉及的主要内容有(　　)。

A. 销售数量　　B. 销售单价　　C. 销售收入　　D. 销售费用

实训演练

实训一

(一) 实训目的

掌握滚动预算的编制方法。

(二) 实训资料

某公司第一车间采用滚动预算方法编制制造费用预算。2023年全年制造费用预算如表3-28所示。(其中，间接材料费用忽略不计)

表3-28　2023年全年制造费用预算

项目	2023年				合计
	第一季度	第二季度	第三季度	第四季度	
直接人工预算总工时/小时	11 400	12 000	12 360	12 600	48 360
变动制造费用：					
间接人工费用/元	50 160	53 064	54 384	55 440	213 048
水电和维修费用/元	41 040	43 416	44 496	45 360	174 312
小计/元	91 200	96 480	98 880	100 800	387 360
固定制造费用：					
设备租金/元	38 600	38 600	38 600	38 600	154 400
管理人员工资/元	17 400	17 400	17 400	17 400	69 600
小计/元	56 000	56 000	56 000	56 000	224 000
制造费用合计/元	147 200	152 480	154 880	156 800	611 360

2023年3月31日公司在编制2023年第二季度至2024年第一季度滚动预算时，发现未来的四个季度中将出现以下情况。

(1) 间接人工费用预算工时分配率将上涨50%。

(2) 原设备租赁合同到期，公司新签订的租赁合同中设备年租金将降低 20%。

(3) 预计直接人工总工时见表3-29中的数据。假定水电和维修费用预算工时分配率等其他条件不变。

(三) 实训要求

(1) 以直接人工工时为分配标准，计算下一滚动期间的如下指标。

① 间接人工费用预算工时分配率。

② 水电和维修费用预算工时分配率。

(2) 根据有关资料计算下一滚动期间的如下指标。

① 间接人工费用总预算额。

② 每季度设备租金预算额。

将计算结果填列在如表3-29所示的用字母表示的项目中。

表3-29　2023年全年制造费用预算

项目	2023年			2024年	合计
	第二季度	第三季度	第四季度	第一季度	
直接人工预算总工时/小时	12 100	(略)	(略)	11 720	48 420
变动制造费用/元					
间接人工费用/元	A	(略)	(略)	B	(略)
水电和维修费用/元	C	(略)	(略)	D	(略)
小计/元	(略)	(略)	(略)	(略)	493 884
固定制造费用					
设备租金/元	E	(略)	(略)	(略)	(略)
管理人员工资/元	F	(略)	(略)	(略)	(略)
小计/元	(略)	(略)	(略)	(略)	(略)
制造费用合计/元	171 700	(略)	(略)	(略)	687 004

实训二

(一) 实训资料

A企业正在着手编制2023年1月份的现金预算，有关资料如下。

(1) 2022年末现金余额为8 000元；

(2) 2022年末有息负债余额为12 000元，已知年利率为4%，按季支付利息；

(3) 2022年末应收账款4 000元，预计月内可收回80%；

(4) 预计销售产品10 000件，每件5元，增值税税率为13%，预计月内销售的收款比例为50%；

(5) 需要采购材料的成本为8 000元，增值税税率为13%，70%当月付现，其余下月付现；

(6) 2022年末应付账款余额为5 000元，付款政策同第(5)条；

(7) 月内以现金支付直接人工8 400元；

(8) 以现金支付制造费用、销售费用和管理费用13 854元；

(9) 购买设备支付现金20 900元；

(10) 所得税按照季度预交，在季度末支付，每次支付3 000元；

(11) 公司的筹资政策：企业现金不足时可向银行借款，借款金额为100元的整数倍，年利率为6%，按月支付利息，借款在期初，还款在期末；

(12) 要求月末现金余额为5 000～5 100元。

(二) 实训要求

(1) 计算可供使用现金。

(2) 计算现金支出总额。

(3) 计算现金余缺数值。

(4) 确定向银行借款或归还银行借款的数额。

实训三

(一) 实训目的

掌握销售预算的编制方法。

(二) 实训资料

某公司只生产销售一种产品，销售单价为75元。2023年期末应收账款余额为24 000元，该余额包含属于第三和第四季度的销售收入各12 000元。公司计划2024年度销售6 000件产品，其中第一季度销售1 000件、第二季度1 500件、第三季度2 000件、第四季度销售1 500件。公司每季度销售产品在当季度收到货款的60%，在次季度回收货款的30%，其余部分在第三个季度收款。

(三) 实训要求

(1) 编制该公司2024年度销售预算。

(2) 编制该公司2024年度各季度的现金收入预算表。

项目四 成本管理

项目目标

【知识目标】

- 熟悉成本的概念及不同的分类标准；
- 理解成本管理的基本内容、工具方法和应用程序；
- 理解成本性态分析的构成、分析方法及其应用；
- 掌握标准成本法的基本概念、计算方法和操作流程；
- 掌握变动成本法的基本概念、计算方法和操作流程；
- 掌握作业成本法的基本概念、计算方法和操作流程。

【能力目标】

- 通过对成本相关概念的学习，充分理解从不同角度对成本的划分；
- 通过学习成本管理的基本知识，能够理解成本管理的具体内涵；
- 通过学习成本管理领域的工具方法和应用程序，能够了解在不同环境下可选择的成本管理工具方法；
- 通过学习成本性态分析的相关知识，理解固定成本和变动成本的区别和应用，掌握各种成本性态分析的方法；
- 通过学习标准成本法的相关知识，能够认识标准成本法在企业成本管理中的作用，掌握标准成本差异的计算和分析方法，运用标准成本法进行成本管理；
- 通过学习变动成本法的相关知识，能够掌握变动成本法与完全成本法的区别，运用变动成本法进行成本管理；
- 通过学习作业成本法的相关知识，能够掌握作业成本法的应用程序和计算成本的方法，运用作业成本法进行成本管理。

【素养目标】

- 通过对成本管理的学习，树立节约和成本效益观念；
- 运用正确的成本管理工具方法，争取以最小的投入获得最大的产出，确保企业战略目标的实现；
- 把握成本管理与企业战略、市场环境、技术创新等方面的关系。

项目任务

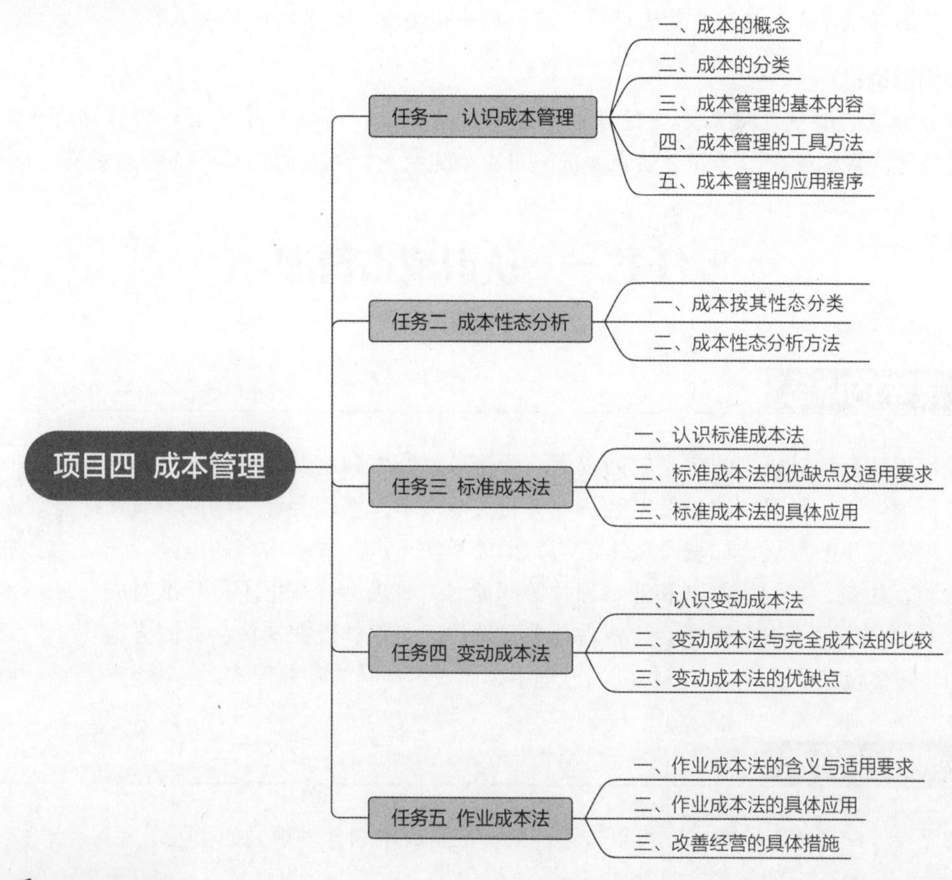

项目领航

蓝海科技有限公司(以下简称“蓝海科技”)是一家中型制造企业，主要生产电子配件。蓝海科技成立初期，凭借着优秀的研发团队和市场敏锐度，其产品迅速占领了一定的市场份额。然而，随着市场的不断变化和竞争的加剧，蓝海科技面临着成本上升、利润空间被压缩的困境。由于全球供应链的不稳定，蓝海科技的主要原材料成本不断上涨，导致产品成本增加；公司生产线上存在一些老旧设备，导致生产效率低下，增加了制造成本；随着员工对福利待遇要求的提高，人工成本也在逐年上升；公司对于间接费用的管理较为松懈，如办公用品采购、水电费使用等，存在浪费现象。为了应对这些成本管理困境，蓝海科技决定引入先进的成本管理工具和方法来优化成本结构。蓝海科技采用作业成本法，通过对各个作业环节的成本进行详细分析，找出成本驱动因素，并据此进行成本控制和优化；公司还建立了一套标准成本制度，对产品的直接材料、直接人工和制造费用进行标准化管理，以便更好地控制成本；通过实施全面质量管理，提高产品质量，减少废品率，从而降低生产成本；蓝海科技设定了明确的目标成本，将成本控制的压力传递给各个部门和员工，形成全员参与的成本管理氛围。

提出问题：

1. 蓝海科技在引入作业成本法时，应如何确定成本库和成本动因？

2. 在实施标准成本制度时，蓝海科技应如何制定合理的标准成本，并确保其与实际成本之间的差异得到有效控制？

3. 蓝海科技在实施全面质量管理时，应如何平衡质量与成本之间的关系？

案例讨论：

请分析蓝海科技在成本管理过程中可能遇到的挑战和困难，并提出相应的解决方案。同时，讨论这些成本管理工具和方法在实际应用中的优缺点，以及它们对企业长期发展的影响。

任务一　认识成本管理

一、成本的概念

现代管理会计对成本的定义较为宽泛，涵盖了已发生和将要或可能发生的经济资源价值消耗，且仅关注与特定经济业务相关的成本。管理会计中的成本概念随着管理需要不断发展，如变动成本法与完全成本法下产品成本内容的差异。在履行预测、决策、规划、控制和业绩评价等职能时，管理会计依据不同标准对成本进行多种分类。成本在管理会计中占据重要地位，不仅体现在决策会计的方案评价中，还体现在经营活动实施控制的过程中，如成本控制的各种形式。

管理会计中成本的概念与应用

二、成本的分类

按照企业管理的不同要求，可以按不同的标准将成本划分为不同的类型。

(一) 按其经济职能分类

成本按照经济职能可划分为生产成本和非生产成本。

生产成本又称为制造成本，是指企业在生产经营过程中为制造产品而发生的各项费用，具体包括直接材料、直接人工和制造费用。直接材料是指直接构成产品实体的原材料成本；直接人工是指在生产中对原材料进行直接加工，使之变成产品的过程中所耗用的人工成本；制造费用又称为间接费用，是指在生产中发生的不能归入上述两个成本项目中的其他成本支出，包括间接材料、间接人工和其他制造费用。

非生产成本又称为非制造成本或期间费用，是指除生产成本以外的成本，具体包括销售费用、管理费用和财务费用。

区分生产成本和非生产成本是财务会计组织传统成本核算的重要基础。

(二) 按其实际发生的时态分类

成本按其实际发生的时态可分为历史成本和未来成本。

历史成本，是指以前时期已经发生或本期刚刚发生的成本，也就是财务会计中的实际成本。

未来成本，是指预先测算的成本，又称为预计成本，如估算成本、计划成本、预算成本和标准成本等。未来成本实际上是一种目标成本或控制成本。

区分历史成本和未来成本有助于合理组织事前的预决策、事中成本的控制和事后成本的计算、分析、考核。

(三) 按其相关性分类

成本的相关性是指成本的发生与特定决策方案是否有关的性质。成本按其相关性可分为相关成本和无关成本。

相关成本，是指与某一特定方案相联系，直接影响该方案预期效益及决策方向的成本，如差别成本、机会成本、重置成本。对于相关成本，决策者必须着重予以考虑，并将其纳入相应的决策分析过程。

无关成本，又称为非相关成本，是指过去已发生，与某一特定决策方案没有直接联系的成本，如不可避免成本、沉没成本等。因此，对于无关成本，决策者无需加以考虑，也不必将其纳入相应的决策分析过程。

区分相关成本和无关成本有助于进行成本预测和成本决策，有利于对未来成本进行规划。

(四) 按其可控性分类

成本的可控性是指责任单位对其成本的发生是否可以在事先预测并落实责任、在事中施加影响，以及在事后进行考核的性质。成本按其可控性可分为可控成本和不可控成本。

可控成本，是指在特定时间和范围内，由特定部门的主管人员直接确定和掌握的有关成本费用，如办公费。

不可控成本，是指某一特定部门的主管人员无法直接掌握，或者不受某一特定部门的业务活动直接影响的成本费用。

区分可控成本和不可控成本有助于分清各部门的责任，确定相应的责任成本，考核各部门的工作业绩。

(五) 按其可辨认性分类

成本的可辨认性是指成本的发生与特定的归集对象之间的联系，又称为可追溯性。成本的发生与特定的归集对象之间的联系越紧密，成本的可辨认性越强，成本计算的准确性就越高。

直接成本是指与特定的归集对象有直接联系，能够明确判断其归宿的成本，又称为可追溯成本。

间接成本是指与特定的归集对象并无直接联系或无法追踪其归宿的成本，又称为不可追溯成本。

区分直接成本和间接成本有助于确定成本归集和成本分配时的计算对象，提高成本计算的准确性，为企业管理提供更加有用的成本信息。需要说明的是，直接成本与间接成本是一对相对概念，有时一项成本可能既是直接成本又是间接成本，这完全取决于考察成本的角度。

(六) 按成本性态分类

成本性态也称为成本习性，是指成本与业务量之间的相互依存关系。按照成本性态划分，成本可分为固定成本、变动成本和混合成本三大类。

固定成本是指成本总额在一定时期和一定业务量范围内，不受业务量增减影响的成本。也就是说，固定成本的固定性不是绝对的，是有条件的，在一定时期和一定业务量范围内才是固定的，如果业务量的变动超过了这个范围，固定成本就会发生变动。

变动成本是指成本总额在一定时期和一定业务量范围内，随产量变动成正比例变动的成本。

混合成本是指同时具有固定成本和变动成本两种不同性质的成本。

以成本性态为基础将成本划分为不同种类，有助于考察成本与业务量之间的规律性联系，可以为企业经营决策提供许多有用的信息。

三、成本管理的基本内容

(一) 成本管理的概念

成本管理，是指企业在营运过程中实施成本预测、成本决策、成本计划、成本控制、成本核算、成本分析和成本考核等一系列管理活动的总称。要充分动员和组织企业全体人员，在保证产品质量的前提下，对企业生产经营过程的各个环节进行科学合理的管理，力求以最少的生产耗费取得最大的生产成果。成本管理的主要职能如下。

1. 成本预测

成本预测是以现有条件为前提，在历史成本资料的基础上，根据未来的成本水平及其发展趋势进行描述和判断的成本管理活动。

2. 成本决策

成本决策是在成本预测及有关成本资料的基础上，综合经济效益、质量、效率和规模等指标，运用定性和定量的方法对各个成本方案进行分析，并选择最优方案的成本管理活动。

3. 成本计划

成本计划是以营运计划和有关成本数据、资料为基础，根据成本决策所制定的目标，通过一定的程序，运用一定的方法，针对计划期内企业的生产耗费和成本水平进行的具有约束力的成本筹划管理活动。

4. 成本控制

成本控制是成本管理者根据预定的目标，对成本的发生和形成过程，以及影响成本的各个因素条件施加主动的影响或干预，把实际成本控制在预期目标内的成本管理活动。

5. 成本核算

成本核算是根据成本计算对象，按照国家统一的会计制度和企业管理的要求，对营运过程中实际发生的各项耗费按照规定的成本项目进行归集、分配和结转，取得不同的成本计算对象的总成本和单位成本，向有关使用者提供成本信息的成本管理活动。

6. 成本分析

成本分析是利用企业核算提供的成本信息及其他有关资料，分析成本水平与构成的有关情况，查明影响成本变动的各个因素和产生的原因，并采取有效措施控制成本的成本管理活动。

7. 成本考核

成本考核是对成本计划及其有关指标实际完成情况进行定期总结和评价，并根据考核结果和责任制的落实情况，进行相应的奖励和惩罚，以监督和促进企业加强成本管理责任制，提高成本管理水平的成本管理活动。

(二) 成本管理的原则

1. 融合性原则

成本管理应该以企业业务模式为基础，将成本管理嵌入业务的各领域、各层次、各环节，实现成本管理责任到人、控制到位、考核严格、目标落实。

2. 适应性原则

成本管理应与企业生产经营特点和目标相适应，尤其是要与企业发展战略和竞争战略相适应。

3. 成本效益原则

当应用相关工具方法进行成本管理时，应权衡其为企业带来的收益和付出的成本，避免其获得的收益小于其投入的成本。

4. 重要性原则

成本管理应重点关注对成本有重大影响的项目，对不具有重要性的项目可以适当简化处理。

四、成本管理的工具方法

(一) 目标成本法

目标成本法

目标成本法，是指企业以市场为导向，以目标售价和目标利润为基础确定产品的目标成本，从产品设计阶段开始，通过各部门、各环节乃至与供应商的通力合作，共同实现目标成本的成本管理方法。目标成本法一般适用于制造业企业成本管理，也可在物流、建筑服务等行业应用。当企业的销售价格、销售额(份额)受外界(市场)的限制而难以掌控，通过内部挖潜来控制成本成为必然选择时，目标成本法是检验企业各项工作对企业盈利贡献大小的有效工具。企业的目标成本只有分解、细化为其各分支机构的成本目标，才便于系统地、事前性地控制成本，否则可能因责任不清而流于形式。因此，目标成本往往用于企业(成本)预算或(成本)竞争战略规划的场合。

(二) 标准成本法

标准成本法，是指企业以预先制定的标准成本为基础，通过比较标准成本与实际成本计算和分析成本差异、揭示成本差异动因，进而实施成本控制、评价经营业绩的一种成本管理方法。标准成本法一般适用于产品及其生产条件相对稳定，或者生产流程与工艺标准化程度较高的企业。通过调查、分析与技术测定而制定的，在有效经营条件下应控制与实现的产品正常成本，可作为对生产部门实际成本控制效果的评价尺度，也可作为对其综合成果进行评价的基本依据。相对而言，定额成本更侧重于基层的作业及其技术角度，而标准成本则应被理解为一种生产部门或车间的管理工具。

(三) 变动成本法

变动成本法，是指企业以成本性态分析为前提条件，仅将生产过程中消耗的变动生产成本作为产品成本的构成内容，而将固定生产成本和非生产成本作为期间成本，直接由当期收益予以补偿的一种成本管理方法。

某项成本若能随业务量的变动而变动，则称为变动成本；否则称为固定成本。因此，划分变动成本和固定成本是为了识别和认清各成本项目的变动规律。这种基础性信息对于企业的成本管理及基于此的各方面经营决策而言都是相当重要的。另外，无论是变动成本还是固定成本都不能绝对而论，即任何变动规律都是在一定的时期、一定的业务量范围、一定的管理制度条件下才适用的。超出了这个限定，固定成本也会发生变化，变动成本的变化形态也会改变。

(四) 作业成本法

作业成本法，是指以“作业消耗资源、产出消耗作业”为原则，先按照资源动因将资源费用追溯或分配至各项作业，计算作业成本，然后再根据作业动因，将作业成本追溯或分配至成本对象，最终完成成本计算的一种成本管理方法。

作业，是指企业基于特定目的重复执行的任务或活动，是连接资源和成本对象的桥梁。一项作业既可以是一项非常具体的任务或活动，也可以泛指一类任务或活动。它揭示了一种新型的成本计量与管理的思路与方法，即实现某成本对象(可以是产品，也可以是服务工程、订单、顾客等)需要发生哪些生产活动(制造业中的搬运、车、铣、磨、切割等；餐饮业中的烹、焖、炒等)，以及这些生产活动各自(需要)发生或消耗多少成本或资源(物料、人工等)。

五、成本管理的应用程序

成本管理的应用程序通常按照事前、事中、事后三个阶段进行。事前阶段主要预测与规划未来成本水平及趋势，包括成本预测、决策和计划。事中阶段则监督和控制营运过程中的成本，并根据实际情况修正成本预算，即成本控制。事后阶段在成本发生后进行核算、分析和考核，包括成本核算、分析和考核等步骤。

任务二　成本性态分析

成本性态又称为成本习性，是指一定条件下成本总额与特定业务量之间的依存关系。这里的业务量是指企业在一定的生产经营期内投入或完成的经营工作量的统称，可以是生产产品的产量或销售产品的销量，也可以是直接人工小时数或机器工时数。成本性态是存在于成本总额与业务量之间的规律性联系。从成本性态来认识和分析成本，可以从定性和定量两个方面把握成本的各组成部分与业务量之间的变化规律。了解这种规律有助于企业进一步加强成本管理，寻找降低成本的正确途径，并能促使企业科学合理地进行经营预测、决策和控制，从而为企业带来最大的经济利益。

一、成本按其性态分类

成本按其性态可分为固定成本、变动成本和混合成本三大类。

(一) 固定成本

1. 概念

固定成本(fixed cost)是指在一定时期和一定业务量范围内，成本总额随业务量的变化保持固定不变的成本，如行政管理人员的工资、办公费、财产保险费、不动产税、按直线法计提的固定资产折旧费等。

需要说明的是，“在一定时期和一定业务量范围内”这一约束条件说明固定成本的固定性不是绝对的，而是有条件的，是在一定相关范围内具有固定不变性。这里的相关范围表现为一定的期间范围和一定的空间范围。期间范围指的是固定成本在某一特定期间内具有固定性，超过了某一特定期间，固定成本的特征会发生变化。这是因为随着时间的推移，一个正常发展的企业，其经营能力肯定会发生变化，如厂房势必扩大、设备势必更新、行政管理人员也可能增加，这样就会导致折旧费用、财产保险费、不动产税，以及行政管理人员薪金的增加。空间范围指的是在某一特定业务量水平内具有固定性，如果业务量的变动超过了这个范围，固定成本的特征也会发生变动。当企业所要完成的业务量超过了现有生产能力，就需要扩大再生产，如添置机器设备、增租厂房等，这样就需要增加机器设备折旧费、厂房租金等。因此，讨论固定成本总额与业务量之间的变动关系，就必须在一定相关范围内进行。

2. 特征

固定成本的特征如下。

(1) 固定成本总额随业务量的变动保持固定不变，如图4-1所示。

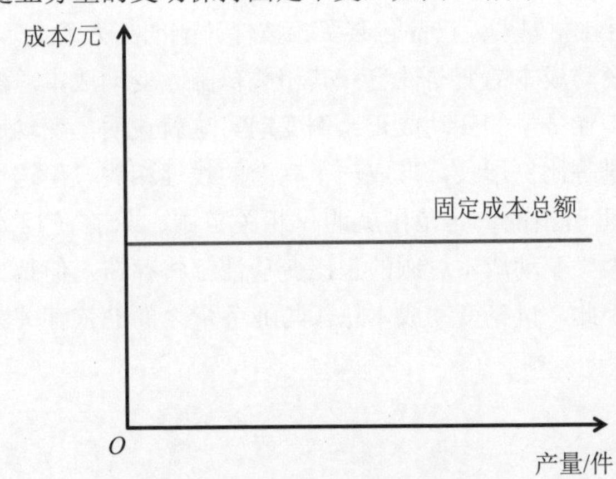

图 4-1 固定成本总额固定不变

(2) 单位固定成本随业务量的变动成反比例变动，如图4-2所示。

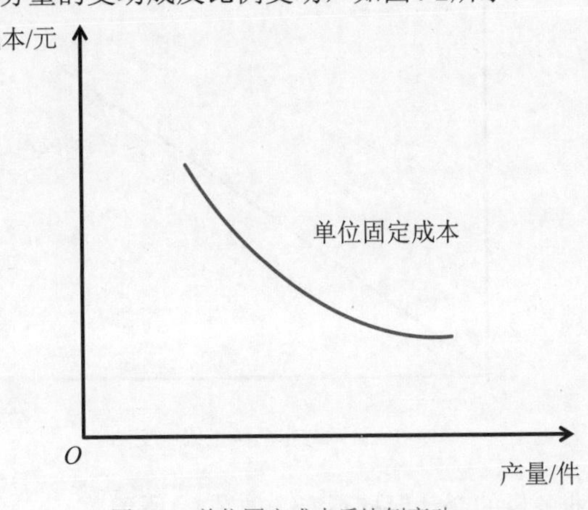

图 4-2 单位固定成本反比例变动

3. 分类

固定成本根据其是否受管理当局短期决策的影响又可以分为约束性固定成本和酌量性固定成本。

约束性固定成本，是指在日常经营活动中，企业管理当局短期决策行为很难控制并改变其数额的固定成本。这类成本反映的是形成和维持企业基本生产经营能力的成本，也是企业经营业务必须负担的最低成本，又称为经营能力成本，如厂房和机器设备的折旧费、不动产税、管理人员的薪资、保险费等。

酌量性固定成本，是指在日常经营活动中，企业管理当局短期决策行为可以控制并改变其数额的固定成本。这类成本的发生额直接取决于管理当局根据企业的经营状况所做的判断，又称为选择性固定成本。但是，这并不意味着酌量性固定成本可有可无，它仍是企业的一种存在成本，如新产品的开发费、职工培训费、广告费等。

(二) 变动成本

1. 概念

变动成本(variable cost)是指在一定时期和一定业务量范围内，其总额随业务量的变动而成正比例变动的成本，如直接材料费、产品包装费、按件计酬的工人薪金等。

与固定成本一样，变动成本的变动性也有其相关范围。变动成本总额只有在一定时期和一定业务量范围内才会随着业务量的变动成正比例变动。这就说明，变动成本的变动性是有条件的。变动成本总额与产量等比例增长，形成一个完全的线性相关，但这个完全的线性相关只会在一定范围内存在，这里所指的一定范围就叫作相关范围。只有在相关范围内，不管时间多久，业务量增减幅度多大，变动成本总额的正比变动性都将存在，但是一旦超过了相关范围，这种特征就很难存在。因此，讨论变动成本总额与业务量之间的依存关系，就必须在一定的相关范围内进行。

2. 特征

变动成本的特征如下。

(1) 变动成本总额随业务量的变动成正比例变动，如图4-3所示。

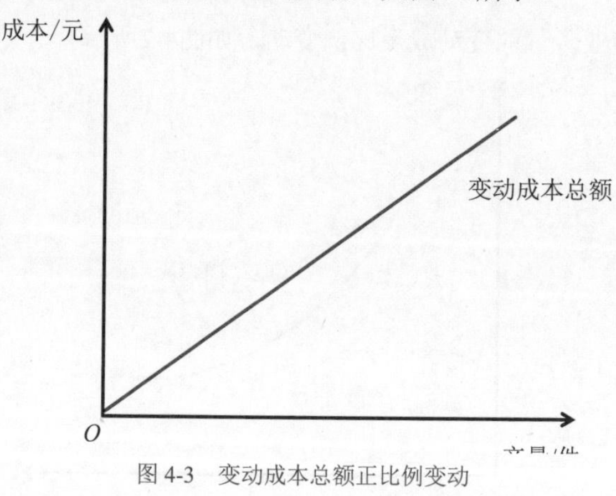

图 4-3　变动成本总额正比例变动

(3) 单位变动成本随业务量的变动保持不变，如图4-4所示。

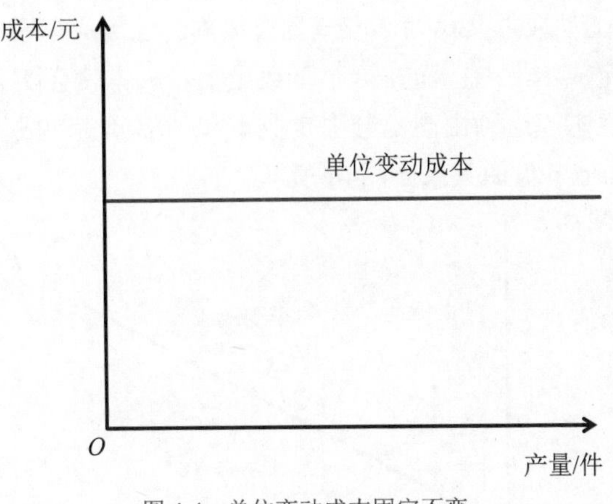

图 4-4 单位变动成本固定不变

3. 分类

变动成本可以进一步分为技术性变动成本和酌量性变动成本。

技术性变动成本是指单位成本由客观因素决定、消耗量由技术性因素决定的那部分成本。这类成本可以通过技术革新或提高劳动生产率等来降低其单位产品成本。

酌量性变动成本是指单位成本不由客观因素决定，企业管理者可以改变其数额的那部分成本。这类成本可以通过合理决策、控制开支、降低材料采购成本和优化劳动组合来降低。

(三) 混合成本

1. 概念

混合成本(mixed cost)是指同时具有固定成本和变动成本两种不同性质的成本，其总额随业务量变动但是不成正比例变动，如机器设备维修费、检验人员薪酬和行政管理费等。企业可以采用高低点法、回归分析法等方法把混合成本分解为固定成本和变动成本。

2. 分类

根据成本与业务量之间的关系，混合成本又可以分为以下四种类型。

(1) 半固定成本。半固定成本又称为阶梯式成本。这类成本的特点是，在一定业务量范围内，其成本总额不会随着业务量的变动而变动，类似于固定成本；而当业务量超过了这个范围，其发生额就会突然跳跃上升至一个新的水平，并在新的业务量增长的一定范围内保持不变，直到出现另一个新的跳跃为止。半固定成本与业务量的关系如图4-5所示。

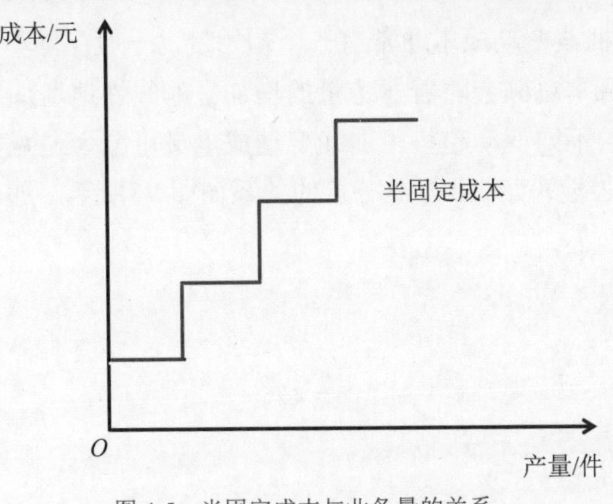

图 4-5 半固定成本与业务量的关系

(2) 半变动成本。半变动成本又称为标准式混合成本。这类成本通常有一个基数，这个基数是固定不变的，呈现固定成本性态；而在这个基数之上，成本就会随着业务量的增加而成正比例变动，呈现变动成本性态。这种由一部分固定成本和一部分变动成本所组成的总成本称为半变动成本。半变动成本与业务量的关系如图4-6所示。

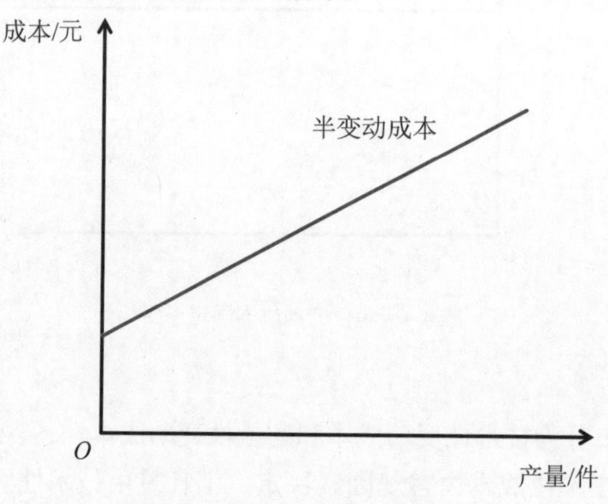

图 4-6　半变动成本与业务量的关系

(3) 延期变动成本。延期变动成本是指在一定的业务量范围内，成本总额保持固定不变，但一旦业务量超过了一定范围后，其超额部分的成本就相当于变动成本。延期变动成本与业务量的关系如图4-7所示。

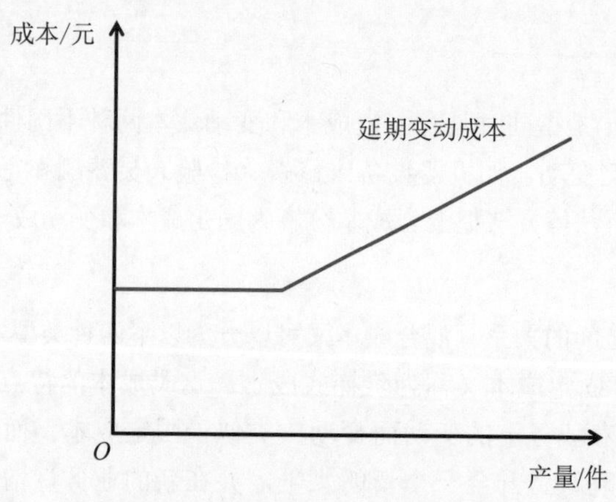

图 4-7　延期变动成本与业务量的关系

(4) 曲线变动成本。曲线变动成本通常有一个初始量，一般保持不变，相当于固定成本。在这个初始量的基础上，成本总额会随着业务量的增加呈非线性地增加，在坐标图上表现为一条抛物线。按照曲线斜率的不同变动趋势，曲线变动成本又可分为递减型曲线变动成本和递增型曲线变动成本。递减型曲线变动成本与业务量的关系如图4-8所示。递增型曲线变动成本与业务量的关系如图4-9所示。

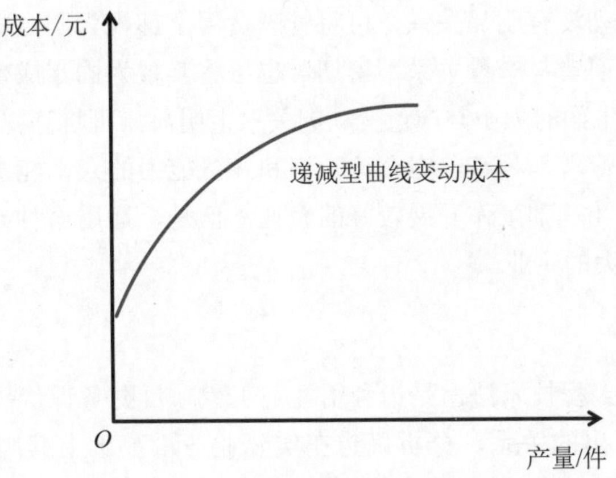

图 4-8 递减型曲线变动成本与业务量的关系

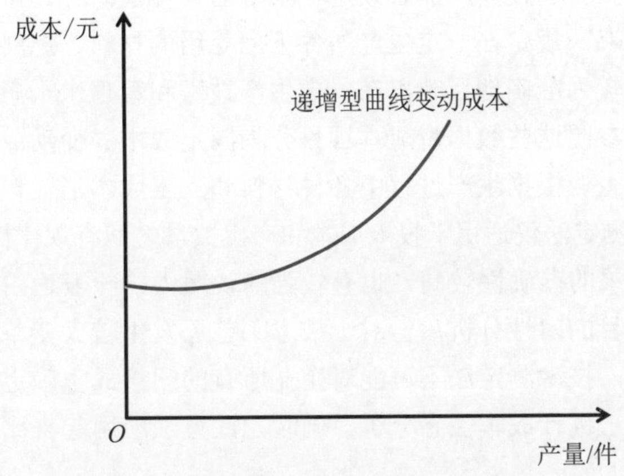

图 4-9 递增型曲线变动成本与业务量的关系

二、成本性态分析方法

成本性态分析，是指在成本按性态分类的基础上，按照一定的程序和方法，最终将全部成本分成固定成本和变动成本两大类，并建立相应的成本性态模型的过程。成本函数通常用$y=a+bx$表示。其中，y表示成本总额；a为固定成本总额；b为单位变动成本；x为业务量。通过成本性态分析，可以揭示成本与业务量之间的关系，从而为应用变动成本法进行本量利分析、预测和决策等奠定基础。

成本性态分析方法是指完成成本性态分析任务必须采取的技术手段，在管理会计实践中，既可以应用于分步分析程序中的混合成本分解，又可以应用于同步分析程序中对总成本所做的直接定量处理。

成本性态分析方法通常包括直接观察法、技术测定法和资料分析法。

(一) 直接观察法

直接观察法是最简单的方法，是指根据会计账簿中各成本项目的性质，观察其比较接近于固定成本还是变动成本，从而直接加以确认归属的方法。这种方法在很大程度上属于定性分析，需要逐一对成本明细项目加以鉴定。例如，管理费用账户中大部分项目发生额的大小在正常产量范围内与产量变动没有明显关系，可将管理费用全部视为固定成本；制造费用账户中按折旧年限计算的设备折旧费与产量关系不密切，也可将其视为固定成本；而制造费用账户中燃料动力费、维修费等发生额的大小与产量变动的关系很明显，可将其视为变动成本。

直接观察法简便易行，凡具有一定会计知识和业务能力的人都能掌握，属于典型的同步分析程序，适用于管理会计基础工作开展较好的企业。但是，运用这种方法的实际工作量很大，一般无法适用于规模庞大的企业。

(二) 技术测定法

技术测定法又称为工程技术法，是指利用经济工程项目财务评价技术方法所测定的企业正常生产过程中投入与产出的关系，分析确定在实际业务量基础上其固定成本和变动成本的水平，并揭示其变动规律的一种方法。

采用这种方法，在企业建设投产前必须进行项目的可行性研究。可行性研究报告中必须提供有关的工程设计说明书，规定在一定生产条件下应耗用的材料、燃料、动力、工时等消耗标准，这些数据通常可以较为准确地反映出在一定生产技术和管理水平条件下的投入产出规律。在企业投产初期，可以参照这些数据将成本项目分为固定成本、变动成本，并建立相应的成本模型。技术测定法要求企业根据生产过程中各种材料和人工成本消耗量的技术测定来划分固定成本和变动成本。技术测定法仅适用于投入成本和产出数量之间有规律性联系的成本分解。

技术测定法分析结果的准确性较高，也有较强的说服力，一般适用于技术工艺已经定型的新企业及其主要成本项目的习性分析，但对于技术工艺已发生较大变革或生产能力有重大变动的老企业不适用。另外，技术测定法不可能对企业所有的间接成本确定出准确可信的标准，因此，还需要结合其他方法进行成本性态分析。同时，此方法应用起来比较复杂，需要花费的时间和投入的精力较多。

(三) 资料分析法

资料分析法是根据企业过去若干时期的成本与业务量资料，运用数学方法进行数据处理，从而完成成本性态分析任务的一种定量分析方法。运用这种方法的前提条件是企业的相关资料齐全，成本数据与业务量的资料同期配套，并且具有不间断的连续性。资料分析法在混合成本分解方面的应用十分广泛，包括高低点法、散布图法、回归分析法。

1. 高低点法

高低点法，是指通过对一定期间成本与业务量的历史资料进行分析，先从中选出业务量的最高点和最低点及其相应的成本，然后据此分解出混合成本中固定部分和变动部分各占多少的一种成本性态分析方法。由于可以用$y=a+bx$来模拟总成本，因此可以通过最高点和最低点两组资料求出直线方程，将成本分为固定成本和变动成本部分。

高低点法的具体应用步骤如下。

(1) 选择高低点坐标。在已知的历史资料中，找出业务量的最高点(用$x_{高}$表示)及相应的成本(用$y_{高}$表示)，找出业务量的最低点(用$x_{低}$表示)及对应的成本(用$y_{低}$表示)，从而确定高点坐标$(x_{高}, y_{高})$和低点坐标$(x_{低}, y_{低})$。

(2) 计算单位变动成本b的值。计算公式如下。

$$b=\frac{y_{高}-y_{低}}{x_{高}-x_{低}}$$

(3) 计算固定成本a的值。将最高点或最低点坐标和b值代入直线方程$y=a+bx$，计算出固定成本。即$a=y_{高}-bx_{高}$或$a=y_{低}-bx_{低}$

(4) 将求得的a、b的值代入直线方程$y=a+bx$，即可得到成本性态分析模型。

【例4-1】德仁公司2024年1—6月甲产品的混合成本与产量的历史资料如表4-1所示。

表4-1 德仁公司1—6月甲产品的混合成本与产量的历史资料

月份	1月	2月	3月	4月	5月	6月
产量/件	30	35	45	42	40	50
成本/元	480	520	630	590	560	680

要求：利用高低点法分解混合成本，并建立相应的成本性态模型。

解析：

(1) 选择高低点坐标。根据上述资料可知，高点坐标为(50,680)，低点坐标为(30,480)。

(2) 计算b的值。

$b=(680-480)/(50-30)=10$(元)

(3) 计算a的值。

$a=680-50\times10=180$(元)或$a=480-30\times10=180$(元)

(4) 将a、b的值代入成本性态模型。

$y=180+10x$

通过计算得出，该项混合成本的固定成本为180元，单位变动成本为10元。需要说明的是，高低点坐标必须以一定时期内业务量的高低而不是成本的高低来确定。

高低点法的优点是比较简单，易于理解；缺点是由于它所运用的数据来自历史资料中的高低两点，所建立的成本性态模型可能不具有代表性，容易导致较大的计算误差，因此这种方法只适用于成本变动趋势比较平稳的企业。

2. 散布图法

散布图法又称为布点图法，是指根据若干时期的历史资料，将其业务量和成本数据逐一校注在坐标图上，形成若干个散布点，再通过目测的方法尽可能画出一条接近所有坐标点的线，并据此推算出固定成本总额和单位变动成本的一种成本性态分析方法。散布图法的具体应用步骤如下。

(1) 标出散布点。将已知的历史资料作为点的坐标标注在坐标图上。

(2) 画线。目测一条能够反映成本变动趋势的直线，即该直线尽可能通过或接近所有坐标点。

(3) 读出a的值。直线与纵轴的交点为固定成本a。

(4) 任取一点。在直线上任取一点p，假设其坐标为(x_p, y_p)。

(5) 计算单位变动成本b的值。计算公式如下。

$$b=\frac{y_p-a}{x_p}$$

(6) 根据a与b的计算结果建立成本性态模型。

$$y=a+bx$$

【例4-2】沿用【例4-1】提供的资料，采用散布图法进行成本性态分析。

(1) 标出散布点。将德仁公司2024年1—6月的产量和成本构成的所有坐标点标注在坐标图上。

(2) 画线并读出a的值。通过目测画出一条能够反映成本变动趋势的直线，直线与纵轴的交点为固定成本，在图中读出该直线的截距为$a=40$。

(3) 任取一点p，并计算b的值。在直线上任取一点p，测出坐标为(20,190)，如图4-10所示。计算出的b值为$\dfrac{y_p-a}{x_p}$。

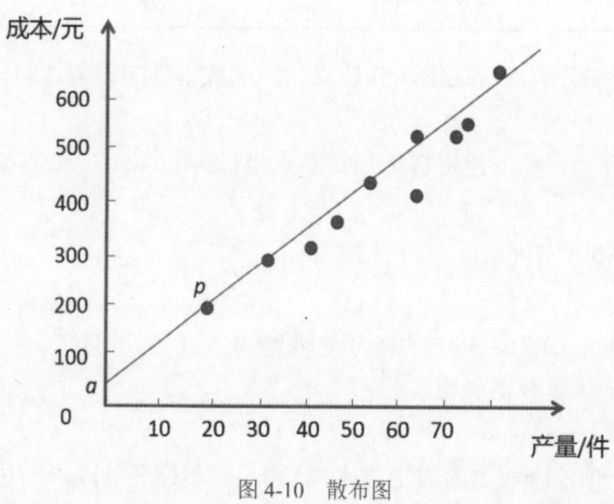

图 4-10　散布图

(4) 代入a、b的值，得出成本性态模型为$y=40+7.5x$，通过计算得出，该项混合成本的固定成本为40元，单位变动成本为7.5元。

散布图法将全部成本数据均作为描述成本性态的依据，因此其图像可反映成本的变动趋势，比较形象直观、易于理解，其准确程度比高低点法高。但是，画成本直线完全靠目测，不同的人会有不同的画法，容易出现人为误差，从而得出不同的固定成本和单位变动成本，因此计算结果具有一定的不准确性。

3. 回归分析法

回归分析法是根据过去一定期间的业务量和混合成本的历史资料，应用最小二乘法原理，计算最能代表业务量与混合成本关系的回归直线，据此确定混合成本中固定成本和变动成本的方法。它是在反映业务量与成本之间关系的直线中确定一条直线，使所有已知观测点到该直线距离的平方和最小，故又称为最小平方法。回归分析法的结果较为精确，但计算过程较为复杂。假设混合成本符合总成本模型，即$x=a+by$。式中，a为固定成本部分；b为单位变动成本。

回归分析法的具体应用步骤如下。

(1) 对历史资料进行加工，计算n、$\sum x$、$\sum y$、$\sum xy$、$\sum x^2$、$\sum y^2$的值。

(2) 计算相关系数r，判断x、y之间是否存在必要的线性关系，计算公式如下。

$$r=\frac{n\sum xy-\sum x\sum y}{\sqrt{[n\sum x^2-(\sum x)^2][n\sum y^2-(\sum y)^2]}}$$

相关系数的取值范围为[−1,1]。

当$r=-1$时，说明x、y完全负相关；

当$r=0$时，说明x、y之间不存在线性相关关系；

当$r=1$时，说明x、y完全正相关。

一般来说，只要r的值接近1，就说明x、y基本正相关，可以运用直线回归法。

(3) 利用回归直线法的公式，求出a、b的值。

$$b=\frac{n\sum xy-\sum x\sum y}{n\sum x^2-(\sum x)^2}$$

$$a=\frac{\sum y-b\sum x}{n}$$

(4) 将a、b的值代入混合成本模型，得到成本性态分析模型。

$$y=a+bx$$

【例4-3】沿用【例4-1】提供的资料，采用回归分析法进行成本性态分析。

(1) 为了便于运用直线回归分析法的公式进行计算，先对有关资料进行整理，如表4-2所示。

表4-2 德仁公司某项混合成本与产量的历史资料整理表

月份(n)	产量(x)	成本(y)	xy	x^2	y^2
1	30	480	14 400	900	230 400
2	35	520	18 200	1 225	270 400
3	45	630	28 350	2 025	396 900
4	42	590	24 780	1 764	348 100
5	40	560	22 400	1 600	313 600
6	50	680	34 000	2 500	462 400
$n=6$	$\sum x=242$	$\sum y=3\,460$	$\sum xy=142\,130$	$\sum x^2=10\,014$	$\sum y^2=2\,021\,800$

(2) 根据表4-2整理的资料进行如下计算。

$$r=\frac{n\sum xy-\sum x\sum y}{\sqrt{[n\sum x^2-(\sum x)^2][n\sum y^2-(\sum y)^2]}}$$

$$=\frac{6\times 142\,130-242\times 3\,460}{\sqrt{(6\times 10\,014-242^2)\times(6\times 2\,021\,800\times 3\,460^2)}}$$

$$\approx 0.993\,839$$

r的值接近1，说明x与y基本正相关。

$$b=\frac{n\sum xy-\sum x\sum y}{n\sum x^2-(\sum x)^2}=\frac{6\times 142\,130-242\times 3\,460}{6\times 10\,014-242^2}\approx 10.17(\text{元})$$

$$a=\frac{\sum y-b\sum x}{n}=\frac{3\,460-10.17\times 242}{6}\approx 166.48(\text{元})$$

(3) 将a、b的值代入成本性态模型。

$$y=166.48+10.17x$$

通过计算得出，该项混合成本的固定成本为166.48元，单位变动成本为10.17元。

直线回归分析法运用了最小二乘法的原理，因此其计算结果比前两种方法更科学，相对而言计算最精确。但这种方法计算量较大，公式更复杂，适用于采用计算机管理的企业。

成本性态分析的应用

任务三　标准成本法

一、认识标准成本法

(一) 标准成本的类型

标准成本管理的核心是确定标准成本。企业制定成本控制标准时，选择何种水平的成本目标作为标杆是体现标准成本先进性和现实性的关键。通常可供选择的标准成本包括历史标准成本、理想标准成本和正常标准成本三种。

1. 历史标准成本

历史标准成本，是根据过去若干时期实际成本资料的平均值，并结合未来企业内外的变动因素而制定的标准成本。由于该标准的制定基础是以前若干会计期间实际成本的平均值，其中包含了实际成本中的浪费和低效率，因而不具有先进性。虽然该标准成本一般较易达到，但不能有效实现成本控制的目标。

2. 理想标准成本

理想标准成本，是指在现有的生产能力、技术装备、经营管理水平和生产工人技术发挥均达到最佳状态时，能够达到的最低成本。这种标准成本是在排除一切浪费和失误的基础上，由熟练工人在最佳状态下分毫无差完成的成本。换言之，它是整个生产过程材料无浪费、机器设备无故障、生产工人无窝工，从而使生产效率达到最高、成本达到最低时的成本水平。这一标准的优点是具有激励作用，但一般很难达到，容易使责任单位丧失信心，因而缺乏现实的可操作性。一般企业很少采用理想标准成本。

3. 正常标准成本

正常标准成本，是指在现有的生产能力、技术装备水平下，以合理的工作效率、有效的管理水平所能达到的成本水平。该标准成本考虑了生产过程中不可避免的合理范围内的损失和低效率，它是正常情况下的消耗水平，是应该发生的成本。该标准成本充分体现了其先进性与可操作性的统一，因而比理想标准成本更具现实性。一般而言，正常标准成本高于理想标准成本。由于理想标准成本要求异常严格，一般很难达到，而正常标准成本具有客观性、现实性和激励性等特点，因此，正常标准成本在实践中得到了广泛应用。

标准成本的制定既要充分发挥标准成本的控制作用，又要充分调动广大职工的积极性；既要考虑成本目标的实现，又要具有激励作用。标准太低缺乏激励作用，标准太高往往会打消员工的积极性。因此，标准成本制定的原则是，既要贯彻企业的成本目标，又要使各责任单位和责任人通过努力就能达到。

(二) 标准成本法的含义

标准成本法，是指企业以预先制定的标准成本为基础，通过比较标准成本与实际成本，计算和分析成本差异、揭示成本差异动因，进而实施成本控制、评价经营业绩的一种成本管理方法。

这里的标准成本是指在正常的生产技术水平和有效的经营管理条件下，企业经过努力应达到的产品成本水平。成本差异是指实际成本与相应的标准成本之间的差额。当实际成本高于标准成本时，形成超支差异；当实际成本低于标准成本时，形成节约差异。

二、标准成本法的优缺点及适用要求

(一) 标准成本法的优点

标准成本法的优点如下。

(1) 便于进行成本控制。标准成本预先制定了企业在一定时期内应该达到的标准，每个月统计实际发生额，从而计算差异，通过差异进行产品生产成本控制及整个生产运营控制。成本差异是按原因反映并按责任中心归集的，这样不但能说明成本升降的原因，还能说明成本升降是由哪些责任中心造成的。这为评价各个责任中心的经营业绩提供了可靠的依据，既加强了经济责任制，又有利于成本控制。

(2) 为企业决策提供依据，如定价、竞标等。标准成本去除了不可避免的低效率和浪费等因素，而实际成本可能包含了过去一些不合理的因素，因此，竞标时，使用标准成本更合适。标准成本代表着一定产能下应该发生的成本，相对于实际成本而言更加真实、平稳，更有利于企业做出定价决策。

(3) 可以简化成本计算。标准成本是提前制定好的，不需要像实际成本法那样每个月花大量的时间去计算存货和销售成本。标准成本系统可以结合会计电算化使绝大多数财务账目和明细账自动生成。例如，当收到原材料、进行产品生产和产品销售时，由于预先设置了材料和产成品的标准成本，这样会节约大量会计核算资源，从而节省了人工成本。

(4) 便于制订计划和预算。标准成本可以作为预算的可靠的基础数据，如固定预算、弹性预算等。标准成本从某种程度上可以说是微型或精细化预算，因为它细致到每个产品、原材料、工序等。这样细致的标准成本能提高预算的准确性。

(5) 可以激励和鼓舞员工。因为标准成本是具有挑战性的，一般需要经过努力才能达到。标准成本可以作为一个较高的合理标准来提升公司的效率和业绩，员工也会因此受到激励和鼓舞。

(6) 有助于企业合理分配资源。标准成本法下会产生实际成本同标准成本的差异，但是只有较大的差异才值得企业进行调查、分析和管控。

(二) 标准成本法的缺点

标准成本的制定需要组建跨部门团队认真地进行研究，还需要强有力的制度措施和企业最高管理层的支持，否则在标准成本的制定上可能会出现简单应付、走过场的情况，这会大大影响标准成本法作用的发挥及企业生产运营的控制，导致标准成本机制基本上只能流于形式。

(三) 标准成本法的适用要求

企业应用标准成本法的主要目标，是通过标准成本与实际成本的比较，揭示与分析标准成本与实际成本之间的差异，对不利差异予以纠正，以提高工作效率，不断改善产品成本。

标准成本法一般适用于产品及其生产条件相对稳定，或者生产流程与工艺标准化程度较高的企业。

一般来说，在企业管理过程中应用标准成本法应遵循以下原则。

(1) 企业应用标准成本法时，应处于较稳定的外部市场经营环境中，且市场对产品的需求相对平稳。

(2) 企业应成立由采购、生产、技术、营销、财务、人力资源、信息等有关部门组成的跨部门团队，负责标准成本的制定、分解、下达、分析等。

(3) 企业能够及时、准确地取得标准成本制定所需要的各种财务和非财务信息。

三、标准成本法的具体应用

(一) 标准成本法的实施步骤

企业应用标准成本法，一般按照确定应用对象、制定标准成本、实施过程控制、计算成本差异并分析动因，以及修订与改进标准成本等程序进行。

(1) 为了实现成本的精细化管理，企业应根据标准成本法的应用环境，结合内部管理要求，确定应用对象。标准成本法的成本对象可以是不同种类、不同批次或不同步骤的产品。

(2) 企业制定标准成本，可由跨部门团队采用“上下结合”的模式进行，经企业管理层批准后实施。在制定标准成本时，一般应结合经验数据、行业标杆或实地测算的结果，运用统计分析、工程试验等方法，按照以下程序进行。

① 就不同的成本或费用项目，分别确定消耗量标准和价格标准。

② 确定每一成本或费用项目的标准成本。

③ 汇总不同成本项目的标准成本，确定产品的标准成本。

(3) 企业应在制定标准成本的基础上，将产品成本及其各成本或费用项目的标准用量和标准价格层层分解，落实到部门及相关责任人，形成成本控制标准。各相关部门(或成本中心)应根据相关成本控制标准，控制费用开支与资源消耗，监督、控制成本的形成过程，及时分析偏离标准的差异及其成因，并及时采取措施加以改进。

(4) 在标准成本法的实施过程中，各相关部门(或成本中心)应对其所管理的项目进行跟踪分析。生产部门一般应根据标准用量、标准工时等，实时跟踪分析各项耗用差异，从操作人员、机器设备、原料质量、标准制定等方面寻找差异原因，采取应对措施，控制现场成本，并及时反馈给人力资源、技术、采购、财务等相关部门，共同实施事中控制。

(5) 企业应定期将实际成本与标准成本进行比较和分析，确定差异数额及性质，揭示差异形成的原因，落实责任中心，寻求可行的改进途径和措施。

(二) 标准成本法的相关计算

1. 制定标准成本

产品标准成本通常由直接材料标准成本、直接人工标准成本和制造费用标准成本构成。每个成本项目的标准成本应分为用量标准(包括单位产品消耗量、单位产品人工小时等)和价格标准(包括原材料单价、小时工资率、小时制造费用分配率等)两个部分。

(1) 直接材料标准成本，是指直接用于产品生产的材料标准成本，包括标准用量和标准单价两个方面。

直接材料标准成本的计算公式如下。

直接材料标准成本=单位产品的标准用量×材料的标准单价

直接材料的标准用量，一般由生产部门负责，协同技术、财务、信息等部门，按照以下程序制定。

① 根据产品的图纸等技术文件进行产品研究，列出所需的各种材料及可能的替代材料，并说明这些材料的种类、质量和库存情况。

② 在对过去用料经验记录进行分析的基础上，采用过去用料的平均值、最高与最低值的平均数、最节省数量、实际测定数据或技术分析数据等，科学地制定标准用量。

直接材料的标准单价，一般由采购部门负责，协同财务、生产、信息等部门，在考虑市场环境及其变化趋势、订货价格，以及最佳采购批量等因素的基础上综合确定。材料按计划成本核算的企业，材料的标准单价可以采用材料计划单价。

【例4-4】海华公司生产HX-K型产品需要甲、乙两种材料，HX-K型产品耗用的直接材料标准成本如表4-3所示。

表4-3 HX-K型产品耗用的直接材料标准成本

标准	甲材料	乙材料
价格标准/(元/千克)：		
购买单价	36	54
运杂费	2	4
正常损耗	2	2
合计	40	60
用量标准/千克：		
实际用量	4	2
允许损耗量	1	0.5
合计	5	2.5
标准成本/元	40×5=200	60×2.5=150
直接材料标准成本/元	200+150=350	

(2) 直接人工标准成本，是指直接用于产品生产的人工标准成本，包括标准工时和标准工资率两个方面。

直接人工标准成本的计算公式如下。

直接人工标准成本=单位产品的标准工时×小时标准工资率

在制定直接人工的标准工时时，一般由生产部门负责，协同技术、财务、信息等部门，在对产品生产所需作业、工序、流程工时进行技术测定的基础上，考虑正常的工作间隙，并适当考虑生产条件的变化，生产工序、操作技术的改善，以及相关工作人员主观能动性的充分发挥等因素，合理确定单位产品的标准工时。

直接人工的标准工资率，一般由人力资源部门负责，根据企业薪酬制度等制定。

【例4-5】海华公司生产HX-K型产品实行计时工资制，该产品耗用的直接人工标准成本如表4-4所示。

表4-4　HX-K型产品耗用的直接人工标准成本

标准	工序一
标准工资率：	
单位小时工资率/元	8
附加福利工资/元	2
直接人工标准工资率/元	10
标准工时：	
必要时间/小时	2.2
调整设备时间/小时	0.3
工间休息/小时	0.3
其他/小时	0.2
合计/小时	3
直接人工标准成本/元	10×3=30

(3) 制造费用标准成本，应按变动制造费用项目和固定制造费用项目分别确定。

① 变动制造费用，是指通常随产量变化而成正比例变化的制造费用。变动制造费用项目的标准成本计算公式如下。

变动制造费用项目标准成本=变动制造费用项目的标准用量×变动制造费用项目的标准价格

变动制造费用的标准用量可以是单位产量的燃料、动力等标准用量，也可以是产品的直接人工标准工时，或者是单位产品的标准机器工时。标准用量的选择需考虑用量与成本的相关性，其制定方法与直接材料的标准用量和直接人工的标准工时的制定方法类似。

变动制造费用的标准价格可以是燃料、动力、辅助材料等的标准价格，也可以是小时标准工资率等。其制定方法与直接材料的标准价格和直接人工的标准工资率的制定方法类似。

② 固定制造费用，是指在一定产量范围内，其费用总额不会随产量的变化而变化，始终保持固定不变的制造费用。固定制造费用一般按照费用的构成项目实行总量控制；也可以根据需要，通过计算标准分配率，将固定制造费用分配至单位产品，形成固定制造费用的标准成本。

固定制造费用标准成本的相关计算公式如下。

固定制造费用总成本=Σ各固定制造费用构成项目的标准成本

固定制造费用标准分配率=单位产品的标准工时÷预算总工时

固定制造费用标准成本=固定制造费用总成本×固定制造费用标准分配率

其中，预算总工时是指由预算产量和单位工时标准确定的总工时。单位工时标准可以依据相关性原则在直接人工工时或机器工时之间进行选择。

【例4-6】海华公司生产HX-K型产品，采用完全成本计算法计算的HX-K型产品的制造费用标准成本如表4-5所示。

表4-5　HX-K型产品的制造费用标准成本

标准	第一车间
直接人工标准总工时/小时	5 280
变动制造费用预算：	
间接材料费用/元	10 400
间接人工费用/元	10 000
水电费/元	6 000

(续表)

标准	第一车间
合计/元	26 400
变动制造费用标准分配率	5
工时用量标准/小时	3
变动制造费用标准成本/元	5×3=15
固定制造费用预算：	
折旧费/元	2 200
管理人员工资/元	2 400
其他费用/元	680
合计/元	5 280
固定制造费用标准分配率/(元/小时)	1
工时用量标准/小时	3
固定制造费用标准成本/元	1×3=3
制造费用标准成本/元	15+3=18

【例4-7】沿用【例4-4】至【例4-6】的资料，海华公司生产HX-K型产品的标准成本构成如表4-6所示。

表4-6　海华公司生产HX-K型产品的标准成本构成

成本项目	价格标准	用量标准	标准成本
直接材料：			
A材料	40元/千克	5千克	200元
B材料	60元/千克	2.5千克	150元
合 计			350元
直接人工：	10元/小时	3小时	30元
变动制造费用：	5元/小时	3小时	15元
固定制造费用：	1元/小时	3小时	3元
制造费用合计			18元
单位产品标准成本	350+30+18=398(元)		

2. 计算成本差异

(1) 直接材料成本差异，是指直接材料实际成本与标准成本之间的差额，该项差异可分解为直接材料价格差异和直接材料数量差异。

直接材料成本差异的相关计算公式如下。

直接材料成本差异=实际成本-标准成本

=实际耗用量×实际单价-标准耗用量×标准单价

直接材料成本差异=直接材料价格差异+直接材料数量差异

直接材料价格差异=实际耗用量×(实际单价-标准单价)

直接材料数量差异=(实际耗用量-标准耗用量)×标准单价

【例4-8】以表4-6中HX-K型产品的标准成本资料为准，已知2023年12月该企业实际生产HX-K型产品125件，实际耗用甲材料500千克，其实际单价是36元；实际耗用乙材料450千克，其实际单价是64元。计算并分析HX-K型产品的直接材料成本差异，结果如下。

甲材料成本差异=36×500−40×5×125=−7 000(元)

其中：

甲材料价格差异=(36−40)×500=−2 000(元)

甲材料数量差异=40×(500−5×125)=−5 000(元)

乙材料成本差异=64×450−60×2.5×125=10 050(元)

其中：

乙材料价格差异=(64−60)×450=1 800(元)

乙材料数量差异=60×(450−2.5×125)=8 250(元)

HX-K型产品的直接材料成本差异=−7 000+10 050=3 050(元)

以上计算结果表明，HX-K型产品的直接材料成本出现了3 050元的不利差异。其中，甲材料发生了7 000元的有利差异，这是甲材料实际价格下降而降低2 000元成本和耗用量减少而节约5 000元成本共同作用的结果；乙材料出现了10 050元的不利差异，这是由乙材料实际价格提高而增加1 800元成本和耗用量增加而超支8 250元成本共同造成的。因此，该企业对甲、乙两种材料的成本控制效果是不一样的，应进一步分析评价，明确相关部门的责任。

(2) 直接人工成本差异，是指直接人工实际成本与标准成本之间的差额，该差异可分解为工资率差异和人工效率差异。工资率差异，是指实际工资率偏离标准工资率形成的差异，按实际工时计算确定；人工效率差异，是指实际工时偏离标准工时形成的差异，按标准工资率计算确定。

直接人工成本差异的相关计算公式如下。

直接人工成本差异=实际成本−标准成本=实际工时×实际工资率−标准工时×标准工资率

直接人工成本差异=直接人工工资率差异+直接人工效率差异

直接人工工资率差异=实际工时×(实际工资率−标准工资率)

直接人工效率差异=(实际工时−标准工时)×标准工资率

【例4-9】沿用【例4-7】和【例4-8】的资料，2023年12月，该企业为生产HX-K型产品实际耗用的人工小时数为390小时，实际发生的直接人工成本是4 095元。计算并分析HX-K型产品的直接人工成本差异，结果如下。

实际人工价格=4 095÷390=10.5(元/小时)

直接人工成本差异=4 095−3×10×125=345(元)

其中：

直接人工工资率差异=(10.5−10)×390=195(元)

直接人工效率差异=10×(390−3×125)=150(元)

以上计算结果表明，HX-K型产品的直接人工成本出现了345元的不利差异。

(3) 变动制造费用成本差异，是指变动制造费用的实际发生额与变动制造费用的标准成本之间的差额，该差异可分解为变动制造费用的价格差异和数量差异。

变动制造费用的价格差异，是指燃料、动力、辅助材料等变动制造费用的实际价格偏离标准价格的差异；变动制造费用的数量差异，是指燃料、动力、辅助材料等变动制造费用的实际消耗量偏离标准用量的差异。变动制造费用成本差异的计算和分析原理，与直接材料和直接人工成本差异的计算和分析原理相同。

变动制造费用成本差异的相关计算公式如下。

变动制造费用成本差异=实际成本−标准成本

=实际耗用量×实际单价−标准耗用量×标准单价

变动制造费用成本差异=变动制造费用价格差异+变动制造费用数量差异

变动制造费用价格差异=实际耗用量×(实际单价−标准单价)

变动制造费用数量差异=(实际耗用量−标准耗用量)×标准单价

【例4-10】沿用【例4-7】和【例4-8】的资料，2023年12月该企业为生产HX-K型产品实际耗用的机器工时数是400小时，实际工时变动制造费用分配率是6元。计算并分析HX-K型产品的变动制造费用成本差异，结果如下。

变动制造费用成本差异=6×400−5×3×125=525(元)

其中：

变动制造费用耗费差异=(6−5)×400=400(元)

变动制造费用效率差异=5×(400−3×125)=125(元)

以上计算结果表明，HX-K型产品的变动制造费用出现了525元的不利差异。

(4) 固定制造费用成本差异，是指固定制造费用的实际成本与标准成本之间的差额。

固定制造费用成本差异的相关计算公式如下。

固定制造费用成本差异=固定制造费用实际成本−固定制造费用标准成本

【例4-11】2023年12月，海华公司生产HX-K型产品时，车间实际发生的固定制造费用总额是5 000元。本月固定制造费用预算总成本为32 000元，预算总工时为18.75小时。HX-K型产品的单位标准工时为3小时。计算并分析HX-K型产品的固定制造费用成本差异，结果如下。

固定制造费用标准分配率=3÷18.75=0.16(元/小时)

固定制造费用标准成本=32 000×0.16=5 120(元)

固定制造费用成本差异=5 000−5 120=−120(元)

以上计算结果表明，HX-K型产品的固定制造费用出现了120元的有利差异。

任务四　变动成本法

一、认识变动成本法

(一) 变动成本法的概念

变动成本法(variable costing)起源于20世纪30年代的美国。第二次世界大战以后，世界经济矛盾日趋尖锐，市场竞争不断激化，企业管理当局要求会计能提供更科学、有用的管理信息，以便加强对经济活动的规划和控制。在这种情况下，传统的完全成本法(full costing)不能适应这一要求，于是变动成本法很快在美国、加拿大、日本等国得到广泛应用，逐渐成为现代企业管理的一个重要组成部分，从而成为管理会计的重要内容之一。

变动成本法是指以成本性态分析为前提，在计算产品成本时，仅将生产过程中消耗的直接材料、直接人工和变动制造费用作为产品成本的构成内容，而将与产品产销量无直接关系的固定制造费用与其他固定成本一起作为期间费用，直接由当期收益予以补偿。

变动成本法是与传统的成本计算方法相对应的一种方法。在变动成本法产生以后，人们将传统的成本计算方法称为完全成本法。所谓完全成本法，就是以成本按其经济用途分类为前提，在计算产品成本时，将全部生产成本(包括直接材料、直接人工和制造费用)作为产品成本的构成内容，把非生产成本作为期间成本的一种成本计算方法。

(二) 变动成本法的理论依据

变动成本法的理论依据是，固定生产成本(固定制造费用)是为企业提供一定的生产经营条件，以便保持生产能力而发生的成本，它同产品的实际产量没有直接关系，不会随产量的提高而增加，也不会因产量的下降而减少，它的实质只是定期地创造了可供企业利用的生产能量，因而与期间的关系更为密切。在这一点上，它与管理费用、销售费用、财务费用等非生产成本一样，只是定期地创造了维持企业经营的必要条件，具有时效性，其效益随着时间的消逝而逐渐丧失。

管理会计理论认为，产品成本是指在生产过程中发生的，随着产品实体的流动而流动，与产品产量密切相关，当产品实现销售收入时得到补偿的成本；期间成本是指那些不随产品实体的流动而流动，随经营期间的长短而增减，其效益不能递延到下一期，只能于发生当期由当期销售收入补偿的费用。因此，只有变动生产成本才应该计入产品成本，固定生产成本应当与非生产成本一样作为期间成本处理。

变动成本法计算出来的产品成本，是会计提供边际贡献这一新指标信息的基础。边际贡献是指销售收入减去变动成本后的余额，这一指标能够从另一角度反映产品的盈利能力。通过该指标，有利于企业进行本量利分析，进行生产经营过程的预测、决策和控制。边际贡献的具体含义和应将在后面的有关章节进行详细介绍。

二、变动成本法与完全成本法的比较

(一) 应用的前提条件不同

变动成本法以成本性态分析为前提，把全部成本划分为变动成本和固定成本两部分，而且把属于混合成本性质的制造费用按照与业务量的关系分解为变动制造费用和固定制造费用两部分。只把与业务量关系密切、随业务量的变动而成比例变动的成本作为生产成本计入产品成本，把与业务量没有直接关系的固定制造费用作为期间成本。

完全成本法则首先要求把全部成本按其发生经济用途分为生产成本和非生产成本。发生在车间的为生产产品而支付的全部生产成本均计入产品成本，而发生在行政管理部门和销售环节的与生产产品没有直接关系的生产经营管理费用，则归属于非生产成本，作为期间成本计入当期损益。变动成本法与完全成本法应用前提的比较如表4-7所示。

表4-7 变动成本法与完全成本法应用前提的比较

项目	变动成本法 （按成本性态分类）			完全成本法 （按经济用途分类）	
应用前提	变动成本	变动生产成本	直接材料 直接人工 变动制造费用	生产成本	直接材料 直接人工 制造费用
		变动非生产成本	变动销售费用 变动管理费用 变动财务费用		
	固定成本	固定生产成本	固定制造费用	非生产成本	销售费用 管理费用 财务费用
		固定非生产成本	固定销售费用 固定管理费用 固定财务费用		

(二) 产品成本与期间成本的构成内容不同

变动成本法下，产品成本的内容只包括变动生产成本，由直接材料、直接人工与变动制造费用三项构成，固定生产成本和非生产成本作为期间成本处理。

完全成本法下，产品成本的内容包括全部生产成本，由直接材料、直接人工与全部制造费用三项构成，只把非生产成本作为期间成本处理。

两种成本法在产品成本与期间成本构成内容方面的比较如表4-8所示。

表4-8 变动成本法与完全成本法成本构成内容的比较

项目	变动成本法		完全成本法	
产品成本	变动生产成本	直接材料 直接人工 变动制造费用	全部生产成本	直接材料 直接人工 制造费用
期间成本	变动非生产成本	变动销售费用 变动管理费用 变动财务费用	非生产成本	销售费用 管理费用 财务费用
	固定生产成本	固定制造费用		
	固定非生产成本	固定销售费用 固定管理费用 固定财务费用		

【例4-12】润田工厂只产销A产品，2023年初A产品的存货量为零，全年产量为2 000件，销量为1 600件，期末存货量为400件，每件售价100元。当期发生的成本资料如表4-9所示。

表4-9 润田工厂成本资料

单位：元

项目	金额	项目	金额
直接材料	60 000	变动销售费用	2 400
直接人工	30 000	固定销售费用	3 000
变动制造费用	10 000	变动管理费用	800
固定制造费用	40 000	固定管理费用	1 800

要求：根据上述资料分别计算两种成本计算法下的产品成本和期间成本。

解析：

(1) 变动成本法下：

当期产品总成本=60 000+30 000+10 000=100 000(元)

单位产品成本=100 000÷2 000=50(元)

期间成本=40 000+2 400+3 000+800+1 800=48 000(元)

(2) 完全成本法下：

当期产品总成本=60 000+30 000+10 000+40 000=140 000(元)

单位产品成本=140 000÷2 000=70(元)

期间成本=2 400+3 000+800+1 800=8 000(元)

通过计算结果可以看出，变动成本法计算的产品成本低于完全成本法计算的相应数值，而期间成本则高于完全成本法计算的相应数值。产生差异的原因就在于两种成本计算法对固定生产成本(固定制造费用)的处理不同，两种成本计算法的其他区别都是在此基础上派生出来的。

(三) 销货成本与存货成本的水平不同

由于两种成本计算法对固定生产成本(固定制造费用)的处理不同，因此两种成本计算法下的销货成本与存货成本的水平也不同。若采用变动成本法，产品销货成本与存货成本则只包含变动生产成本，不包含固定生产成本；若采用完全成本法，产品成本则包括含固定生产成本在内的全部生产成本。因此，变动成本法下的销货成本与存货成本必然低于完全成本法下的销货成本与存货成本。

要求：

【例4-13】沿用**【例4-12】**的资料，按两种成本计算法分别计算销货成本和存货成本。

解析：

(1) 变动成本法下：

销货成本=1 600×50=80 000(元)

存货成本=400×50=20 000(元)

(2) 完全成本法下：

销货成本=1 600×70=112 000(元)

存货成本=400×70=28 000(元)

(四) 销货成本的计算公式不完全相同

两种成本计算法均可采用下列公式计算本期销货成本。

本期销货成本=期初存货成本+本期生产产品成本−期末存货成本

变动成本法下，产品成本全部是由变动生产成本构成的。当期初存货量为零时，本期单位产品成本、本期单位销货成本和期末单位存货成本这三个指标完全相等；或者当前后期成本水平不变时，期初单位存货成本、本期单位产品成本、本期单位销货成本和期末单位存货成本可以用统一的单位变动生产成本来表示。因此，本期销货成本的计算公式可推导为下列简化公式。

本期销货成本=单位产品成本×本期销售量

完全成本法下，产品成本不仅包括变动生产成本，还包括固定生产成本。当期初存货量为零时，本期单位产品成本、本期单位销货成本和期末单位存货成本相等，可以采用简化公式；

当期初存货量不为零时，即使前后期成本水平不变，由于单位产品分担的固定生产成本与产量成反比例变动，期初单位存货成本、本期单位产品成本和期末单位存货成本也不可能完全相等。因此，一般情况下，本期销货成本不可以按简化公式计算。

(五) 损益确定的程序不同

变动成本法下，要按贡献式损益确定程序计算营业利润，即首先用营业收入补偿本期实现销售产品的变动成本，得到边际贡献，然后用边际贡献补偿固定成本以确定当期营业利润。

完全成本法下，要按传统式损益确定程序计算营业利润，即首先用营业收入补偿本期实现销售产品的营业成本，得到营业毛利，然后用营业毛利补偿营业费用以确定当期营业利润。

1. 营业利润的计算公式不同

变动成本法下，计算盈亏的公式如下。

边际贡献=营业收入-变动成本

营业利润=边际贡献-固定成本

式中，变动成本是指已销产品变动成本，包括销货中的变动生产成本和变动非生产成本，即销售产品成本和与销售产品有关的变动管理费用、变动财务费用、变动销售费用；固定成本是指固定生产成本和固定非生产成本，即固定制造费用、固定管理费用、固定财务费用和固定销售费用。

完全成本法下，计算盈亏的公式如下。

营业毛利=营业收入-营业成本

营业利润=营业毛利-营业费用

式中，营业成本是指销货中的全部生产成本；营业费用是指当期发生的管理费用、财务费用和销售费用。

【例4-14】沿用【例4-12】的资料，分别按两种成本计算法计算该企业的营业利润。

(1) 变动成本法下：

边际贡献=100×1 600-(50×1 600+2 400+800)=76 800(元)

营业利润=76 800-(40 000+3 000+1 800)=32 000(元)

(2) 完全成本法下：

营业毛利=100×1 600-70×1 600=48 000(元)

营业利润=48 000-(2 400+3 000+800+1 800)=40 000(元)

从以上计算结果可以看出，两种成本计算法算出的营业利润是不相等的，其原因在于两种成本计算法对期末存货的计价不同。这一点，将在后文中进行详细说明。

2. 编制利润表的格式不同

由于两种成本计算法的损益确定程序不同，因此它们所使用的利润表格式存在一定的区别。变动成本法使用贡献式利润表，完全成本法使用传统的职能式利润表。

【例4-15】仍沿用【例4-12】的资料，分别按两种成本计算法编制利润表。按两种成本计算法编制的利润表如表4-10所示。

表4-10　利润表

单位：元

变动成本法(贡献式)			完全成本法(职能式)		
项目	借方金额	贷方金额	项目	借方金额	贷方金额
营业收入(100×1 600)		160 000	营业收入(100×1 600)		160 000
变动成本			营业成本		
销货中的变动生产成本(50×1 600)	80 000		期初存货成本	0	
变动销售费用	2 400		本期生产成本(70×2 000)	140 000	
变动管理费用	800		可供销售产品的生产成本	140 000	
变动成本合计	83 200		期末存货成本(70×400)	28 000	
边际贡献		76 800	营业成本合计	112 000	
固定成本			营业毛利		48 000
固定制造费用	40 000		营业费用		
固定销售费用	3 000		销售费用(2 400+3 000)	5 400	
固定管理费用	1 800		管理费用(800+1 800)	2 600	
固定成本合计	44 800		营业费用合计	8 000	
营业利润		32 000	营业利润		40 000

把利润表的左右两栏进行对比可以看出，按变动成本法编制的利润表是按成本性态排列的成本项目，主要是为了便于取得边际贡献信息，适应企业内部管理部门规划与控制经济活动的需要，故称为贡献式利润表；按完全成本法编制的利润表是按成本职能、用途排列的成本项目，主要是为了适应企业外部有经济关系的团体或部门的需要，故称为职能式利润表。

3. 计算出的营业利润有可能不同

由于变动成本法与完全成本法对固定生产成本(固定制造费用)的处理不同，因此有可能导致两种成本计算法计算出的营业利润有所不同。变动成本法下，固定制造费用全部计入当期损益；完全成本法下，固定制造费用一部分作为销货成本在计算营业毛利前被扣除，一部分作为存货成本递延到下期。在【例4-15】中，完全成本法计算出的营业利润为40 000元，变动成本法计算出的营业利润为32 000元，两者相差8 000元。产生8 000元的差异，是因为完全成本法的存货成本比变动成本法的存货成本多出8 000元[(70−50)×400]的固定生产成本。

应注意的是，【例4-15】是假定期初存货为零的情况，如果实际工作中，期初、期末均有存货，那么两种成本计算法计算的营业利润又将有何区别呢？下面以一个案例具体分析两种成本法计算营业利润的规律。

【例4-16】润田工厂最近4年只产销B产品，每年的产销量如表4-11所示。

表4-11　润田工厂B产品产销量资料

单位：件

项目	第1年	第2年	第3年	第4年
生产量	10 000	9 000	10 000	9 000
销售量	10 000	7 000	11 000	10 000

B产品的单位变动生产成本为10元，单位变动非生产成本为3元，固定生产成本为45 000元，固定非生产成本为20 000元，产品单价为28元。产品的发出采用先进先出法。

要求：用变动成本法和完全成本法分别编制各期的利润表。

用变动成本法和完全成本法分别编制的各期利润表如表4-12和表4-13所示。

表4-12 利润表(变动成本法)

单位：元

项目	第1年	第2年	第3年	第4年
营业收入	280 000	196 000	308 000	280 000
变动成本				
变动生产成本	100 000	70 000	110 000	100 000
变动非生产成本	30 000	21 000	33 000	30 000
变动成本合计	130 000	91 000	143 000	130 000
边际贡献	150 000	105 000	165 000	150 000
固定成本				
固定生产成本	45 000	45 000	45 000	45 000
固定非生产成本	20 000	20 000	20 000	20 000
固定成本合计	65 000	65 000	65 000	65 000
营业利润	85 000	40 000	100 000	85 000

表4-13 利润表(完全成本法)

单位：元

项目	第1年	第2年	第3年	第4年
营业收入	280 000	196 000	308 000	280 000
营业成本				
期初存货成本	0	0	30 000	14 500
本期生产成本	145 000	135 000	145 000	135 000
期末存货成本	0	30 000	14 500	0
营业成本合计	145 000	105 000	160 500	149 500
营业毛利	135 000	91 000	147 500	130 500
营业费用	50 000	41 000	53 000	50 000
营业利润	85 000	50 000	94 500	80 500

比较表4-12和表4-13，可以归纳出以下三条规律。

(1) 若期末存货中的固定生产成本等于期初存货中的固定生产成本，则两种成本计算法当期所扣除的固定成本总额相等，因此，它们计算出的营业利润也必然相等。例如，本例中的第1年，期末存货中的固定生产成本和期初存货中的固定生产成本均为0元，两种成本计算法计算出的营业利润相等，均为85 000元。而且从4年的总体情况来看，期末存货中的固定生产成本和期初存货中的固定生产成本均为0元，两种成本计算法计算出的4年的营业利润总额相等，均为310 000元。

(2) 若期末存货中的固定生产成本大于期初存货中的固定生产成本，则计算当期损益时，完全成本法所扣除的固定生产成本数额小于变动成本法所扣除的固定生产成本数额。因此，完全成本法计算出的营业利润大于变动成本法计算出的营业利润。例如，本例中第2年的情况，期末存货中的固定生产成本10 000元[(45 000÷9 000)×2 000]大于期初存货中的固定生产成本0元，差额为10 000元，计算当期损益时，完全成本法所扣除的固定生产成本小于变动成本法所扣除的固定生产成本，因此，完全成本法计算出的营业利润50 000元大于变动成本法计算出的营业利润40 000元，差额为10 000元。

(3) 若期末存货中的固定生产成本小于期初存货中的固定生产成本，则计算当期损益时，完全成本法所扣除的固定生产成本数额大于变动成本法所扣除的固定生产成本数额。因此，完全成本法计算出的营业利润小于变动成本法计算出的营业利润。例如，本例中第3年和第4年的情况。以第4年为例，期末存货中的固定生产成本为0元，小于期初存货中的固定生产成本4 500元[(45 000÷10 000)×1 000]，计算当期损益时，完全成本法所扣除的固定生产成本大于变动成本法所扣除的固定生产成本。因此，完全成本法计算出的营业利润80 500元小于变动成本法计算出的营业利润85 000元，差额为4 500元。

通过以上分析得知：两种成本计算法下，对相同经营情况进行计算得到的营业利润有可能不同的根本原因在于，两种成本计算法计入当期损益的固定生产成本水平出现了差异，这种差异又具体表现为完全成本法下期末存货吸收的固定生产成本与期初存货释放的固定生产成本之间的差异。变动成本法下，计入当期损益的只是当期的固定生产成本；而完全成本法下，计入当期损益的固定生产成本不仅受到当期发生的固定生产成本水平的影响，还受到期初、期末存货水平的影响。用公式表示如下。

两种成本计算方法当期营业利润差额

=完成成本法下的营业利润－变动成本法下的营业利润

=完成成本法下期末存货吸收的固定生产成本－完成成本法下期初存货释放的固定生产成本

假定各期变动生产成本不变，上式可用以下方法证明。

完全成本法下的营业利润－变动成本法下的营业利润

=[营业收入－(期初存货成本＋本期生产成本－期末存货成本)－销售费用－财务费用－管理费用]－(营业收入－已销产品变动生产成本－固定生产成本－销售费用－财务费用－管理费用)

=已销产品变动生产成本＋固定生产成本－(期初存货成本＋本期生产成本－期末存货成本)

=已销产品变动生产成本＋固定生产成本－完全成本法下已销产品生产成本

=已销产品变动生产成本＋固定生产成本－(已销产品变动生产成本＋已销产品固定生产成本)

=固定生产成本－(期初存货释放的固定生产成本＋固定生产成本－期末存货吸收的固定生产成本)

=完全成本法下期末存货吸收的固定生产成本－完全成本法下期初存货释放的固定生产成本

根据【例4-16】的资料，验证上述营业利润差额的算法。

(1) 第1年，由于期初和期末存货量均为0，因此两种成本计算法计算的营业利润差额为0。

(2) 第2年，两种成本计算法计算的营业利润差额如下。

2 000×(45 000÷9 000)－0=10 000(元)

(3) 第3年，两种成本计算法计算的营业利润差额如下。

1 000×(45 000÷10 000)－2 000×(45 000÷9 000)=－5 500(元)

(4) 第4年，两种成本计算法计算的营业利润差额如下。

0－1 000×(45 000÷10 000)=－4 500(元)

三、变动成本法的优缺点

(一) 变动成本法的优点

变动成本法的诞生突破了传统、狭隘的成本观念，为强化企业内部的经营管理、提高经济效益开创了新思路。变动成本法的优点可以归纳为以下几点。

(1) 能提供有用的管理信息，为预测前景、参与决策和规划未来服务。变动成本法计算出的变动成本、边际贡献及其有关信息对企业管理当局非常有用，因为它们揭示了业务量和成本变动的内在规律，表明了生产、销售、成本和利润之间的依存关系，提供了各种产品的盈利能力等重要信息，这有利于企业内部管理人员进行本量利分析，用来预测企业的保本点、保利点和影响利润变动的因素及其程度，使企业的短期经营决策更为及时、有效。简而言之，揭示了销售量、成本和利润之间的依存关系，使当期利润真正反映企业经营状况，有利于企业经营预测和决策。

(2) 促使企业管理当局重视市场销售，做到以销定产，防止盲目生产。在变动成本法下，产品产量的高低与存货的增减对营业利润都没有影响，而产品销售量的变动将使营业利润成正比例变动，保持利润与销售量增减相一致，促进以销定产，这就促使企业管理当局将注意力放在销售环节上，加强促销工作，力求做到适销对路、以销定产，防止盲目生产。

(3) 便于分清各部门责任，有利于进行成本控制与业绩评价。变动生产成本的高低最能反映生产部门和供应部门的工作实绩。例如，在直接材料、直接人工和变动制造费用方面如有节约或超支，会立即从产品的变动生产成本指标中反映出来，这样可以通过事前制定标准成本或建立弹性预算进行日常控制。至于固定生产成本的高低，责任一般不在生产部门，通常应由管理部门负责，可以通过事前制定费用预算进行控制。这不仅有利于企业进行科学的事后成本分析、采用正确的方法进行成本控制，还能对各责任部门的工作实绩做出实事求是和恰当的评价与考核。

(4) 利于简化产品成本的计算工作。变动成本法中的固定生产成本作为期间成本，不计入产品成本。区分固定成本与变动成本，有利于明确企业产品盈利能力、划分成本责任。因此，与完全成本法比较，其核算工作简化明了，有利于保证成本信息的及时性，也有利于企业集中精力加强日常管理。

(二) 变动成本法的缺点

尽管变动成本法具有许多优点，但在实际工作中，仍具有一定的局限性。

(1) 不符合传统的成本概念。按照传统的成本概念，产品成本是指在生产领域为生产产品而发生的全部生产成本，既包括变动生产成本，也包括固定生产成本，而变动成本法确定的产品成本显然不能满足这一要求。同时，变动成本与固定成本的划分，在很大程度上是假设和近似的结果，不是一种非常精确的计算，如果将变动成本法用于对外报告，可能导致股东、债权人、税务机关、企业员工及其他利益相关者做出错误的决策。因为计算的单位成本并不是完全成本，不能反映产品生产过程中发生的全部耗费。因此，变动成本法所提供的成本信息只适用于企业内部管理，而不适合外部有经济关系的单位和个人使用。

(2) 不适应长期决策和定价决策的需要。从长期来看，企业的固定成本不可能长期保持稳定，单位变动成本也会发生变动。变动成本法提供的信息，只能满足在生产能力不变的情况下的短期经营决策，而不适用于涉及生产规模变化的长期决策。另外，在定价决策中，变动成本和固定成本都应得到补偿，而变动成本法所提供的产品成本资料，一般不能满足这两方面的需要。

任务五　作业成本法

一、作业成本法的含义与适用要求

(一) 作业成本法的含义及相关概念

作业成本法，是指以“作业消耗资源、产出消耗作业”为原则，先按照资源动因将资源费用追溯或分配至各项作业，计算出作业成本，再根据作业动因，将作业成本追溯或分配至各成本对象，最终完成成本计算的一种成本管理方法。

1. 资源费用

资源费用，是指企业在一定期间内开展经济活动所发生的各项资源耗费。资源费用既包括房屋及建筑物、设备、材料、商品等有形资源的耗费，也包括信息、知识产权、土地使用权等无形资源的耗费，还包括人力资源耗费及其他各种税费支出等。企业的资源既包括直接材料、直接人工、生产维持成本(如采购人员的工资)，还包括制造费用及生产过程中的其他费用(如销售推广费用)。为便于将资源费用直接追溯或分配至各作业中心，企业还可以按照资源与不同层次作业的关系，将资源分为如下五类。

(1) 产量级资源，包括为单个产品(或服务)提供的原材料、零部件、人工、能源等。

(2) 批别级资源，包括用于生产准备、机器调试的人工等。

(3) 品种级资源，包括生产某种产品(或服务)所需的专用设备、软件或人力等。

(4) 顾客级资源，包括服务特定客户所需的专用设备、软件和人力等。

(5) 设施级资源，包括土地使用权、房屋及建筑物，以及所保持的不受产量、批别、产品、服务和客户变化影响的人力资源等。

对于产量级资源费用，应直接追溯至各作业中心的产品等成本对象。对于其他级别的资源费用，应选择合理的资源动因，按照各作业中心的资源动因量比例，分配至各作业中心。

企业为执行每一种作业所消耗的资源费用的总和构成了该种作业的总成本。

2. 作业

作业，是指企业基于特定目的重复执行的任务或活动，是连接资源和成本对象的桥梁。一项作业既可以是一项非常具体的任务或活动，也可以泛指一类任务或活动。从不同的角度出发，作业有不同的分类。

(1) 按消耗对象划分，作业可分为主要作业和次要作业。

① 主要作业，是被产品、服务或客户等最终成本对象消耗的作业。

② 次要作业，是被原材料、主要作业等介于中间地位的成本对象消耗的作业。

(2) 企业可按照受益对象、层次和重要性，将作业分为以下五类，并分别设计相应的作业中心。

① 产量级作业，是指明确地为个别产品(或服务)实施的、使单个产品(或服务)受益的作业。

该类作业的数量与产品(或服务)的数量成正比例变动。它包括产品加工、检验等。

② 批别级作业，是指为一组(或一批)产品(或服务)实施的、使该组(或批)产品或服务与产品(或服务)的批量数成正比例变动的作业。它包括设备调试、生产准备等。

③ 品种级作业，是指为生产和销售某种产品(或服务)实施的、使该种产品(或服务)的每个单位都受益的作业。该类作业用于产品(或服务)的生产或销售，但独立于实际产量或生产流程监控、工艺变换需要的流程设计、产品广告等。

④ 客户级作业，是指为服务特定客户所实施的作业。该类作业可保证企业将产品(或服务)销售给个别客户，但作业本身与产品(或服务)数量独立。它包括向个别客户提供的技术支持活动、咨询活动、独特包装等。

⑤ 设施级作业，是指为提供生产产品(或服务)的基本能力而实施的作业。该类作业是开展业务的基本条件，其使所有产品(或服务)都受益，但与产量或销量无关。它包括管理作业、针对企业整体的广告活动等。

3. 成本对象

成本对象，是指企业追溯或分配资源费用、计算成本的对象物。成本对象可以是工艺、流程、零部件、产品、服务、分销渠道、客户、作业、作业链等需要计量和分配成本的项目。

4. 成本动因

成本动因，是指诱导成本发生的原因，是成本对象与其直接关联的作业和最终关联的资源之间的中介。按其在资源流动中所处的位置和作用，成本动因可分为资源动因和作业动因。

(1) 资源动因。资源动因是分配作业所耗资源的依据。按照作业成本会计原则，资源消耗量的高低与最终的产量没有直接的关系，作业量的多少决定着资源的消耗量，这种关系称为资源动因。资源动因作为一种分配基础，反映了作业中心对资源的耗费情况，是将资源成本分配到作业中心的标准。

(2) 作业动因。作业动因是将作业中心的成本分配到成本对象的标准，反映了产品生产与作业量之间的关系。通过对作业动因的分析，可以揭示哪些作业是多余的，以及整体成本应该如何改善。

(二) 作业成本法的适用要求

1. 适用作业成本法企业的特征

作业成本法一般适用于具备以下特征的企业。

(1) 作业类型较多且作业链较长。

(2) 同一生产线生产多种产品。

(3) 企业规模较大且管理层对产品成本的准确性要求较高。

(4) 产品、客户和生产过程多样化程度较高。

(5) 间接或辅助资源费用所占比重较大。

2. 应用作业成本法企业的环境特点

企业应用作业成本法所处的外部环境，一般应具备以下特点之一。

(1) 客户个性化需求较高，市场竞争激烈。

(2) 产品的需求弹性较大，价格敏感度高。

3. 其他

企业应能够清晰地识别作业、作业链、资源动因和成本动因，为资源费用和作业成本的追溯或分配提供合理的依据。

二、作业成本法的具体应用

企业应用作业成本法，一般按照资源识别及资源费用的确认与计量、成本对象选择、作业认定、作业中心设计、资源动因选择与计量、作业成本归集、作业动因选择与计量、作业成本分配、作业成本信息报告等程序进行。

(一) 资源识别及资源费用的确认与计量

识别出企业拥有或控制的所有资源，遵循国家统一的会计制度，合理选择会计政策，确认和计量全部资源费用，编制资源费用清单，为资源费用的追溯或分配奠定基础。

资源识别及资源费用的确认与计量应由企业的财务部门负责，在基础设施管理、人力资源管理、研究与开发、采购、生产、技术、营销、服务、信息等部门的配合下完成。

(二) 成本对象选择

在作业成本法下，企业应将当期所有的资源费用，遵循因果关系和受益原则，根据资源动因和作业动因，分项目经由作业追溯分配至相关的成本对象，确定成本对象的成本。

企业应根据国家统一的会计制度，考虑预算控制、成本管理、营运管理、业绩评价和经济决策等方面的要求确定成本对象。

(三) 作业认定

作业认定是指企业识别由间接或辅助资源执行的作业集，确认每一项作业完成的工作及执行该作业所耗费的资源费用，并据以编制作业清单的过程。

作业认定的内容主要包括对企业每项消耗资源的作业进行识别、定义和划分，确定每项作业在生产经营活动中的作用、同其他作业的区别，以及每项作业与耗用资源之间的关系。

(四) 作业中心设计

作业中心设计是指企业将认定的所有作业按照一定的标准进行分类，形成不同的作业中心，作为资源费用追溯或分配对象的过程。

作业中心可以是某一项具体的作业，也可以是若干相互联系的能够实现某种特定功能的作业的集合。

(五) 资源动因选择与计量

资源动因是引起资源耗用的成本动因，它反映了资源耗用与作业量之间的因果关系。资源动因选择与计量为将各项资源费用归集到作业中心提供了依据。企业应识别当期发生的每一项资源消耗，分析资源耗用与作业中心作业量之间的因果关系，选择并计量资源动因。企业一般应选择那些与资源费用总额成正比例关系变动的资源动因作为资源费用分配的依据。

(六) 作业成本归集

作业成本归集，是指企业根据资源耗用与作业之间的因果关系，将所有的资源成本直接追溯或按资源动因分配至各作业中心，计算各作业总成本的过程。

(七) 作业动因选择与计量

设计作业中心的过程，实质上是作业动因的选择过程。作业中心可能由一种或多种作业组成。当作业中心仅包含一种作业时，所选作业动因应反映该作业的成本耗用。作业动因选择的科学性、合理性直接影响作业成本分配的准确性。资源可按与作业的不同层次关系分类，如产量级、批别级、品种级、顾客级、设施级资源，这有助于精确追溯和分配资源费用。确定作业动因后，可计算成本库分配率，用于将成本分配至相关产品。但作业成本存在差异，因此，当作业中心包含多个作业时，应采用回归分析或分析判断法，选择相关性最大的作业动因作为分配基础。计量在作业成本法中至关重要，要求准确计量作业的资源消耗和作业动因数量，以计算成本库分配率并准确分配成本。企业应建立完善的计量体系，确保作业成本法的有效实施。这样，企业能更准确地计算每种作业的总成本，为决策和管理提供准确的成本信息。

(八) 作业成本分配

作业成本分配，是指企业将各作业中心的作业成本按作业动因分配至产品等成本对象，并结合直接追溯的资源费用，计算出各成本对象的总成本和单位成本的过程。

(九) 作业成本信息报告

作业成本信息报告的目的，是通过设计、编制和报送具有特定内容和格式要求的作业成本报表，向企业内部各有关部门和人员提供其所需要的作业成本及其他相关信息。

作业成本报表的内容和格式应根据企业内部管理需要确定。作业成本报表提供的信息一般应包括以下内容。

(1) 企业拥有的资源及其分布，以及当期发生的资源费用总额及其具体构成的信息。

(2) 每一成本对象的总成本、单位成本及其消耗的作业类型、数量及单位作业成本的信息，以及产品盈利性分析的信息。

(3) 每一作业或作业中心的资源消耗及其数量、成本，以及作业总成本与单位成本的信息。

(4) 与资源成本分配所依据的资源动因，以及作业成本分配所依据的作业动因相关的信息。

(5) 资源费用、作业成本，以及成本对象成本预算完成情况及其原因分析的信息。

(6) 有助于作业、流程、作业链(或价值链)持续优化的作业效率、时间和质量等方面的非财务信息。

(7) 有助于促进客户价值创造的有关增值作业与非增值作业的成本信息及其他信息。

(8) 有助于业绩评价与考核的作业成本信息及其他相关信息。

【例4-17】铭辉公司同时生产H1、H2两种产品。单位售价分别为440元和360元。2023年10月，该公司发生的制造费用总计600 000元，过去该公司按制造成本法计算产品成本，制造费用按直接人工工时进行分配。经过核算，H1、H2两种产品均实现盈利。但管理者认为，这种粗放式计算分配制造费用的方法不正确，掩盖了成本管理的实质问题。为此，公司采用作业成本法进行成本核算。产品相关资料如表4-14所示。

表4-14 产品相关资料

项目	H1产品	H2产品
产量/件	1 000	2 000
直接材料成本/(元/件)	60	80
材料用量/千克	3 000	2 000
直接人工工时/(小时/件)	2	1.5
机器调控次数/次	15	5
产品抽检比例/%	50%	25%
小时工资率/(元/小时)	30	30

采用全部成本法和作业成本法分别计算产品成本，并加以分析。

(1) 按全部成本法计算产品成本，如表4-15所示。

表4-15 全部成本法成本计算表

项目	H1产品	H2产品	合计
直接材料总成本/元	60 000	160 000	220 000
直接人工总成本/元	60 000	90 000	150 000
应分配的制造费用/元	240 000	360 000	600 000
合计/元	360 000	610 000	970 000
产量/件	1 000	2 000	—
单位成本/元	360	305	—

(2) 按作业成本法进行动因分析及成本追溯，如表4-16所示。

表4-16 成本动因分析及成本追溯

单位：元

作 业	成本动因	成本库	制造费用
质量控制	抽检件数	质量控制	300 000
机器调控	调控次数	机器调控	200 000
材料整理	整理数量	材料整理	100 000

(3) 按作业成本法的动因确定分配率，如表4-17所示。

表4-17 制造费用分配率计算表

成本库	制造费用/元	成本动因	分配率
质量控制	300 000	抽检件数 H1产品：1 000×50%=500(件) H2产品：2 000×25%=500(件) 合计：1 000件	300 000÷1 000=300(元/件)
机器调控	200 000	15+5=20(次)	200 000÷20=10 000(元/次)
材料整理	100 000	H1产品：3 000千克 H2产品：2 000千克 合计：5 000千克	100 000÷5 000=20(元/千克)

(4) 按作业成本法的动因分解制造费用，如表4-18所示。

表4-18 制造费用分配表

成本库	制造费用	分配率	H1产品		H2产品	
			消耗动因	分配成本	消耗动因	分配成本
质量控制	300 000元	300元/件	500件	150 000元	500件	150 000元
机器调控	200 000元	10 000元/次	15次	150 000元	5次	50 000元
材料整理	100 000元	20元/千克	3 000千克	60 000元	2 000千克	40 000元
合计	600 000元			360 000元		240 000元

(5) 按作业成本法重新计算产品成本，如表4-19所示。

表4-19 产品成本计算表

单位：元

成本项目	H1产品(1 000件)		H2产品(2 000件)	
	单位成本	总成本	单位成本	总成本
直接材料成本	60	60 000	80	160 000
直接人工成本	30×2=60	60 000	30×1.5=45	90 000
制造费用	360 000÷1 000=360	360 000	240 000÷2 000=120	240 000
合计	480	480 000	245	490 000

(6) 不同成本计算方法的结果比较，如表4-20所示。

表4-20 不同成本计算方法的结果比较

成本项目	全部成本法			作业成本法		
	H1产品	H2产品	合计	H1产品	H2产品	合计
直接材料成本/元	60 000	160 000	220 000	60 000	160 000	220 000
直接人工成本/元	60 000	90 000	150 000	60 000	90 000	150 000
制造费用/元	240 000	360 000	600 000	360 000	240 000	600 000
合计/元	360 000	610 000	970 000	480 000	490 000	970 000
产量/件	1 000	2 000	—	1 000	2 000	—
单位成本/元	360	305	—	480	245	—
单位售价/元	440	360	—	440	360	—
毛利(亏)	80	55	—	−40	115	—

从表4-20中可以看出，全部成本法下，H1和H2产品均实现盈利，分别实现毛利为80元和55元。但是，在作业成本法下，计算结果就完全不同了，H1产品发生毛亏40元，而H2产品实现毛利115元。因此，全部成本法低估了H2产品为企业所做的贡献。

三、改善经营的具体措施

(一) 优化作业

优化作业应在作业成本分析评价的基础上进行，具体措施如下。

(1) 消除非增值作业。通过作业分析，可能会发现企业目前存在的闲置作业、重复作业等，对于这些非增值作业应予以消除。

(2) 分析供应商和客户。企业进行的作业分析不能仅局限于企业内部，还应将其延伸至供应商和客户。如果企业发现材料的采购价格过高，应考虑帮助供应商改进生产工艺，以降低产品成本。另外，从长远来看，企业应缩减供应商的数量，保持与供应商的稳定关系。从客户的角度来说，企业应力求降低产品生命周期成本，尤其是产品售后阶段的成本。这类成本的降低，标志着企业产品质量的提高和品牌效应的增强。

(3) 改变产品工艺设计。产品工艺决定着产品成本的高低。如果某产品的作业成本较高，而单项作业的资源发生又是合理的，这时应考虑产品工艺的改进。尽量简化产品工艺流程，缩短作业周期。

(4) 不断进行技术创新。通常，先进的技术可以降低人工成本，提高企业的经营效率，企业应不断进行自我技术创新，通过技术开发相对降低作业成本。

(5) 产品设计与经济相结合。产品设计通常由技术人员完成，而技术人员只懂技术不懂财务。要优化企业的作业链，必须注意技术与经济的结合问题。因为产品成本、作业成本的高低取决于产品的设计，如果产品设计先天就需要花费较高成本，那么无论生产中如何实施，成本也无法降低。为避免这一缺陷，要求技术人员既要懂技术，又要了解会计。

(二) 合理配置企业资源

如果作业分析报告中显示资源的利用率较低，则说明企业资源浪费严重，存在人员闲置、机器设备闲置的现象。通过分析，合理配置企业的资源，以免出现资源浪费的现象。

(三) 推行适时生产系统

消除非增值作业最有效的办法就是推行适时生产系统。适时生产系统是对传统生产系统的变革，其核心思想是消除非生产时间，从而达到消除非增值作业的目的。

(四) 坚持全面质量管理，调动员工降低成本的积极性

降低产品成本是全体员工的责任和义务，为了调动员工降低成本的积极性，可以制定成本目标，建立责任预算，实施成本激励机制，从而使责权利很好地加以结合。

思悟启迪　开源节流与降本增效

精益求精降成本，开源节流提效益——大庆石化

面对化工市场低迷的现状，大庆石化公司坚定实施提质增效、低成本发展战略，通过精细化管理、技术创新和市场优化等手段，不断提升企业竞争力和盈利能力。2023年第一季度，公司实现营业收入150.38亿元，开展提质增效项目504项，实际完成增效金额1.2亿元，取得了显著成效。

一、深化提质增效，推动高质量发展

大庆石化公司将提质增效作为长期战略举措，坚持在经营、生产、管理和技术等方面精益求精。通过补短板、锻长板、固底板，不断提升质量效益，努力拓展利润空间。同时，公司积极开展“转观念、勇担当、新征程、创一流”主题教育，激发员工积极性和创造力，形成全员参与提质增效的良好氛围。

二、强化安全生产，确保稳定运行

大庆石化公司始终将安全生产放在首位，认真落实安全生产措施，提升安全管控水平。通过专业指标综合评定各装置每日运行情况，实现从结果导向向过程管控的转变。同时，公司加

强设备管理和维护，确保装置长期稳定运行，为公司创造更多价值。

三、精打细算降成本，开源节流提效益

大庆石化公司树立“一切成本皆可降”的理念，严格进行财务管理，充分发挥全面预算管理的作用。通过先算后干、控本降费等措施，坚决堵住效益“出血点”。同时，公司积极进行平库利库、处置积压物资、降低两单消耗、提高回用水利用率减少排污成本等，实现成本费用的有效降低。

四、优化生产结构，提升产品附加值

大庆石化公司践行“分子炼油”理念，优化加工方案和产品结构。通过提高特色炼油产品收率、增产石蜡芳烃等措施，提升每个分子的价值。同时，公司加强技术创新和研发，推出高效产品满足市场需求，实现产品附加值的提升。

五、深耕市场促效益，灵活应对市场变化

大庆石化公司坚持以销定产、以产定销的原则，灵活应对市场变化。通过跟踪产品市场价格变化，优化资源配置和生产方案，实现效益最大化。同时，公司加强与销售大区的沟通协调，确保产品销售畅通无阻，为企业创造更多利润。

通过实施以上措施，大庆石化公司在第一季度取得了显著成效。公司实现营业收入150.38亿元，实际完成增效金额1.2亿元。在主要产品产量和技术经济指标方面均取得了较好成绩，原油加工量、石蜡产量等达历史最高水平。同时，公司在安全生产、节能减排等方面也取得了积极进展，为企业的可持续发展奠定了坚实基础。大庆石化通过精细化管理、技术创新和市场优化等手段，实现了提质增效和高质量发展，彰显了深化改革、创新管理、优化结构、拓展市场对企业竞争力和盈利能力提升的重要性，为其他企业提供了宝贵经验与启示。

岗课赛证

一、成本管理岗位的核心能力

成本管理岗位的核心能力包括：能够利用成本管理的智能工具，科学编制成本计划，高质量开展产品成本的核算、分析、控制及绩效评价。

二、成本管理的岗位任务

(1) 成本核算：填制成本核算原始凭证，计算产品成本，填制成本核算相关的记账凭证，编制成本报表。

(2) 成本管理：使用标准成本法、变动成本法、作业成本法、成本性态分析法完成成本差异计算与分析，进行成本的预算管理及控制分析。

(3) 成本分析：进行企业成本费用分析；获取相应的成本数据，分析作业成本法的各种差异和变动成本法下的差异，进行季度和年度的成本分析等。

(4) 大数据技术业务：利用大数据技术完成企业成本、费用等的核算业务，提高工作效率。

三、成本管理岗的实践案例

天津CY旅游有限公司是北京某某旅游有限公司的下属子公司，公司经营3条旅游线路，分别为天津两日游、北京两日游和秦皇岛两日游。公司不另设线下旅行社，所有旅行团均从天津出发，分别去往各个旅游目的地。

公司目前采用传统成本法核算旅行社的经营成本，这种核算方法较难判断费用消耗是否合理、费用分配是否均衡，不利于公司进行成本管控。为了提高旅行社资源的使用效率，同时增强旅行社成本费用管理的可控性，公司拟采用作业成本法核算旅行社的成本。现以公司2023年5月份的经营数据为例进行模拟测算。

(一) 作业中心划分及费用分配规则

1. 作业中心划分

根据旅行社的工作及业务流程，分为产品设计与营销中心、发团中心、管理及后勤服务中心。各作业中心的作业内容及作业动因如表4-21所示。

表4-21　各作业中心的作业内容及作业动因

作业中心	作业内容	作业动因
产品设计与营销中心	负责市场调研、旅游线路的设计、产品营销	工作时长
发团中心	负责组团、接团和出团，游客一条龙服务	游客人数
管理及后勤服务中心	为旅行社的日常运营提供管理及后勤服务	工作时长

2. 费用分配规则

旅行社经营发生的成本费用项目如表4-22所示。

表4-22　成本费用项目

项目	成本费用说明	成本费用分类
票务费	游客进入景区的门票费用	直接费用
食宿费	游客在旅行过程中发生的包含在旅行套餐中的餐饮及住宿费用	直接费用
旅游大巴费用	指旅游大巴租赁费，旅游大巴专线专用	直接费用
人工成本	旅行社工作人员薪酬	间接费用
办公费	旅行社日常办公支出	间接费用
差旅费	旅游线路设计及策划时发生的差旅费	间接费用
业务招待费	旅行社管理人员及市场部招待客户的费用	间接费用
使用权资产折旧	旅行社办公场所系租赁所得，此处指办公场所折旧费	间接费用
固定资产折旧	旅行社固定资产折旧费	间接费用
广告宣传费	为推销公司旅游产品发生的广告费及宣传费	间接费用
其他	除以上说明之外的其他成本费用	间接费用

直接费用指可直接归属于某一旅游产品线的成本费用，不能直接计入某一旅游产品线的成本费用为间接费用。

间接费用分配规则如表4-23所示。

表4-23　间接费用分配规则

项目	产品设计与营销中心	发团中心	管理及后勤服务中心
人工成本	√	√	√
办公费	√	√	√
差旅费	√	—	—
业务招待费	√	—	√
使用权资产折旧	√	√	√
固定资产折旧	√	√	√
广告宣传费	√	—	—
其他	√	√	√

(二) 旅行社2023年5月份的经营数据

1. 接待人数

CY旅行社2023年5月份接待游客数量：天津两日游500人，北京两日游600人，秦皇岛两日游300人。

2. 直接费用

旅行社5月份发生的可直接归属于旅游线路产品的费用如表4-24所示。

表4-24 可直接归属于旅游线路产品的费用

单位：元

线路	票务费	食宿费	旅游大巴费用
天津两日游	150 000.00	250 000.00	29 700.00
北京两日游	180 000.00	540 000.00	65 100.00
秦皇岛两日游	75 000.00	180 000.00	57 900.00
合计	405 000.00	970 000.00	152 700.00

3. 间接费用

人员配置及人工成本如表4-25所示。

表4-25 人员配置及人工成本

归属部门	岗位名称	归属作业中心	员工性质	人数/人	5月份人工成本/元
综合管理部	总经理	管理及后勤服务中心	正式工	1	13 000.00
综合管理部	副经理		正式工	1	11 000.00
综合管理部	人力行政		正式工	2	13 000.00
综合管理部	保洁员		劳务派遣	1	3 800.00
财务部	会计		正式工	1	7 000.00
财务部	出纳		正式工	1	5 600.00
运营部	主管	发团中心	正式工	1	9 800.00
运营部	导游		劳务派遣	5	25 000.00
运营部	客服、接待员		正式工	4	22 400.00

其他间接费用如表4-26所示。

表4-26 其他间接费用

项目	金额/元
办公费	3450.00
差旅费	10 000.00
业务招待费	10 000.00
使用权资产折旧	50 000.00
固定资产折旧	2 000.00
广告宣传费	50 000.00
其他	20 000.00
合计	145 450.00

4. 作业量统计

作业量如表4-27所示。

表4-27　作业量

作业中心	作业动因	5月份作业量	天津两日游	北京两日游	秦皇岛两日游
产品设计与营销中心	工作时长/小时	1 000	200	400	400
发团中心	游客人数/人	1 400	500	600	300
管理及后勤服务中心	工作时长/小时	1 300	400	400	500

(三) 间接费用在各作业中心之间的分配比例

人工成本按各岗位人员作业中心归属分配至各作业中心；差旅费和广告宣传费直接归属于产品设计与营销中心；业务招待费按照3∶1的比例在产品设计与营销中心和管理及后勤服务中心分配。其他间接费用的分配比例如表4-28所示。

表4-28　其他间接费用的分配比例

项目	产品设计与营销中心	发团中心	管理及后勤服务中心
办公费	2	1	2
使用权资产折旧	1	1	3
固定资产折旧	1	1	3
其他	1	2	2

(四) 成本核算说明

传统成本法和作业成本法下的费用分配规则如下。

传统成本法下，各类间接费用项目均按照各旅游产品接待人数分配至各旅游产品。作业成本法下，根据“产出消耗作业，作业消耗资源”的原则，首先将各类间接费用按一定规则归集到各作业中心，再根据各作业中心的作业量计算出作业分配率，最后根据各服务项目各自的作业量计算出各服务项目的间接费用。

任务一：作业分配率计算

根据上述资料，完成CY旅行社2023年5月份作业分配率计算(见表4-29)，以完整小数位引用的计算，结果四舍五入保留两位小数。

表4-29　作业分配率计算

作业中心	作业动因	分配率单位	资源费用合计/元	作业量	作业分配率
产品设计与营销中心	工作时长/小时	元/小时			
发团中心	游客人数/人	元/人			
管理及后勤服务中心	工作时长/小时	元/小时			

任务二：作业成本法下的成本计算

根据上述资料，完成CY旅行社2023年5月份作业成本法下的成本计算(见表4-30)，以完整小数位引用计算，人数结果四舍五入保留整数作答，其余结果四舍五入保留两位小数作答。

表4-30　作业成本法下的成本计算

项目	直接费用/元	间接费用/元	合计/元	接待游客数/人	单位游客成本/元
天津两日游					
北京两日游					
秦皇岛两日游					

任务三：传统成本法下的成本计算

根据上述资料，完成CY旅行社2023年5月份传统成本法下的成本计算，以完整小数位引用计算，人数结果四舍五入保留整数作答，其余结果四舍五入保留两位小数作答。

任务四：成本差异分析

根据相关计算结果，完成CY旅行社2023年5月份两种成本核算方法下的成本差异分析(见表4-31)，以完整小数位引用计算，带%的项目结果四舍五入保留%前两位小数作答，如3.24%，其余结果四舍五入保留两位小数。

表4-31 成本差异分析

项目	间接费用合计		单位游客成本	
	差异(作业-传统)/元	差异率/%	差异(作业-传统)/元	差异率/%
天津两日游				
北京两日游				
秦皇岛两日游				

复习思考

1. 深入理解成本的定义，明确成本在企业运营中的重要性。

2. 全面了解成本管理的基本原则，理解这些原则如何为企业管理提供指导。

3. 熟悉成本管理的基本内容框架，包括预测、决策、计划、控制等关键环节。

4. 精准掌握固定成本、变动成本及混合成本的特性。

5. 认识成本性态分析在预测企业财务状况及制定经营策略中的关键作用。

6. 深入了解标准成本法的优势与不足，以及这些特点如何影响企业的成本管理决策。

7. 熟练掌握标准成本的制定、实际成本的核算及差异分析等操作步骤。

8. 明确变动成本法与完全成本法的核心差异，理解这些差异对企业利润计算和决策制定的深远影响。

9. 了解作业成本法相较于传统成本计算方法的优势所在。

10. 熟悉作业成本法的适用条件及具体运用流程，为实际工作中的应用打下基础。

任务一 认识成本管理

一、判断题

1. 成本管理，是指企业在营运过程中实施成本预测、成本决策、成本计划、成本控制、成本核算、成本分析和成本考核等一系列管理活动的总称。 ( )

2. 成本会计的对象是企业营运过程中的各种耗费。 ( )

3. 日常运营良好的企业不需要进行成本管理。 ( )

4. 成本核算属于成本管理的事中成本管理阶段。 ( )

5. 企业应根据其内外部环境选择适合的成本管理工具方法。 ( )

6. 适应性原则要求企业成本管理应与生产经营特点和目标相适应，尤其与企业发展战略或竞争战略相适应。 ( )

二、单项选择题

1. 对成本计划及其有关指标实际完成情况进行定期总结和评价，并根据考核结果和责任制的落实情况，进行相应奖励和惩罚的成本管理活动是( )。

A. 成本计划　B. 成本计算　C. 成本决策　D. 成本考核

2. 下列各项中，属于事中成本管理的是( )。

A. 成本计划　B. 成本决策　C. 成本控制　D. 成本分析

3. 成本管理应与企业生产经营特点和目标相适应，尤其要与企业发展战略或竞争战略相适应。这是成本管理一般原则中的( )。

A. 适应性原则　B. 融合性原则　C. 成本效益原则　D. 重要性原则

4. 下列各项中，属于成本管理领域应用的管理会计工具方法的是( )。

A. 平衡计分卡　B. 本量利分析　C. 目标成本法　D. 贴现现金流量法

5. 成本考核是指对( )及其有关指标的实际完成情况进行定期总结和评价。

A. 成本预测　B. 成本核算　C. 成本计划　D. 成本控制

三、多项选择题

1. 下列各项中，属于成本管理原则的有( )。

A. 融合性原则　B. 适应性原则　C. 成本效益原则　D. 重要性原则

2. 下列成本管理活动中，属于事前成本管理阶段的有( )。

A. 成本预测　B. 成本决策　C. 成本核算　D. 成本计划

3. 下列各项中，属于成本管理工具和方法的有( )。

A. 作业成本法　B. 变动成本法　C. 目标成本法　D. 标准成本法

4. 综合应用不同成本管理工具方法时，应以考虑各成本管理工具方法( )为前提，通过综合运用成本管理的工具方法实现最大效益。

A. 具体目标的兼容性　B. 资源的共享性

C. 适用对象的差异性　D. 方法的协调性和互补性

5. 企业应用成本管理工具方法，一般按照( )等程序进行。

A. 事前成本管理　B. 事中成本管理　C. 事后成本管理　D. 绩效考核管理

6. 下列成本管理活动中，属于事后成本管理阶段的有( )。

A. 成本分析　B. 成本决策　C. 成本核算　D. 成本考核

任务二　成本性态分析

一、判断题

1. 定期支付的广告费属于约束性固定成本。 ( )

2. 高低点法的优点是计算精度高，缺点是计算过程过于复杂。 ( )

3. 无论哪一种混合成本，实质上都可以分为固定部分和变动部分。 ( )

4. 成本性态模型$y = a + bx$中的b就是指单位变动成本。 ( )

5. 半变动成本即标准式混合成本。 ( )

6. 通常人们所讲的降低固定成本总额就是指降低约束性固定成本。 ( )

7. 成本性态分析的最终目的就是把全部成本分为固定成本、变动成本和混合成本三大类。 ( )

8. 成本性态是恒定不变的。 ( )

9. 成本性态是成本总额与特定业务量之间的依存关系。 ( )

10. 相关系数r的大小对能否采用直线回归分析法有重大影响。 ( )

二、单项选择题

1. 在管理会计中，将成本划分为固定成本、变动成本、混合成本的分类依据是成本的( )。

A. 职能　　B. 性态　　C. 可辨认性　　D. 经济用途

2. 管理会计中对成本相关性的正确解释是( )。

A. 与决策方案有关的成本特性　　B. 与控制标准有关的成本特性

C. 与资产价值有关的成本特性　　D. 与归集对象有关的成本特性

3. 单位固定成本在相关范围内的变动规律为( )。

A. 随业务量的增加而减少　　B. 随业务量的减少而减少

C. 随业务量的增加而增加　　D. 不随业务量的变动而变动

4. 在不改变企业生产经营能力的前提下，采取降低固定成本总额的措施通常是指降低( )。

A. 约束性固定成本　　B. 酌量性固定成本

C. 半固定成本　　D. 单位固定成本

5. 在应用资料分析法进行成本性态分析时，必须首先确定a，然后才能计算出b的方法是( )。

A. 直接分析法　　B. 高低点法　　C. 散布图法　　D. 直线回归分析法

6. 为排除业务量因素的影响，在管理会计中反映变动成本水平的指标一般是( )。

A. 变动成本总额　　B. 单位变动成本

C. 变动成本的总额与单位额　　D. 变动成本率

7. 标准式混合成本又称为( )。

A. 半固定成本　　B. 半变动成本　　C. 延期变动成本　　D. 曲线式成本

8. 在资料分析法中，高低点法所用的“高低”是指( )。

A. 最高或最低的成本　　B. 最高或最低的业务量

C. 最高或最低的成本或业务量　　D. 最高或最低的成本和业务量

9. 成本性态分析的对象与成本按性态分类的对象相同，都是( )。

A. 总成本　　B. 固定成本　　C. 变动成本　　D. 资金运动

10. 在应用高低点法进行成本性态分析时，选择高点坐标的依据是( )。

A. 最高的业务量　　B. 最高的成本

C. 最高的业务量和最高的成本　　D. 最高的业务量或最高的成本

11. 当相关系数r等于1时，表明成本与业务量之间的关系是(　　)。

A. 基本正相关　B. 完全正相关　C. 完全无关　D. 基本无关

12. 在资料分析法的具体应用方法中，计算结果最精确的方法是(　　)。

A. 高低点法　B. 散布图法

C. 直线回归分析法　D. 直接分析法

13. 管理会计中，混合成本可以用直线方程$y = a + bx$来模拟，其中bx表示(　　)。

A. 固定成本总额　B. 单位变动成本　C. 变动成本总额　D. 单位固定成本

14. 在平面直角坐标图上，固定成本线是一条(　　)。

A. 以单位变动成本为斜率的直线　B. 反比例曲线

C. 平行于x轴的直线　D. 平行于y轴的直线

三、多项选择题

1. 固定成本按是否受管理当局短期决策行为的影响划分，可以进一步分为(　　)。

A. 约束性固定成本　B. 半固定性成本

C. 半变动性成本　D. 酌量性固定成本

2. 下列选项中，属于固定成本的有(　　)。

A. 定期支付的广告费　B. 计件工资

C. 企业管理人员工资　D. 按直线法计提的折旧费

3. 下列选项中，属于固定成本的特点的有(　　)。

A. 总额的不变性　B. 总额的正比例变动性

C. 单位额的不变性　D. 单位额的反比例变动性

4. 在相关范围内，变动成本应当具备的特征有(　　)。

A. 总额的不变性　B. 总额的变动性

C. 总额的正比例变动性　D. 单位额的不变性

5. 下列选项中，应纳入变动成本的有(　　)。

A. 办公费　B. 计件工资

C. 按生产数量法提取的折旧　D. 直接材料

6. 成本按其经济职能分类，可分为(　　)。

A. 直接材料　B. 直接人工　C. 生产成本　D. 非生产成本

7. 下列项目中，属于混合成本类型的有(　　)。

A. 阶梯式混合成本　B. 递增型混合成本

C. 递减型混合成本　D. 标准式混合成本

8. 成本性态分析中的资料分析法包括(　　)。

A. 高低点法　B. 散布图法　C. 技术测定法　D. 直接分析法

9. 在应用直线回归分析法进行成本性态分析时，相关系数r应满足的条件有(　　)。

A. r等于−1　B. r等于0　C. r等于1　D. r趋近于1

四、计算分析题

某企业2024年1—5月的某项混合成本与有关产量的历史资料如表4-32所示。

表4-32 某企业某项混合成本与有关产量的历史资料

月份	1月	2月	3月	4月	5月
产量/件	20	22	30	26	32
总成本/元	630	650	780	700	820

要求：分别采用高低点法和直线回归分析法进行成本性态分析。

任务三 标准成本法

一、判断题

1. 成本差异的分析是采用标准成本制度的前提和关键。 ( )

2. 材料数量差异控制的重点是材料采购环节。 ( )

3. 企业应用标准成本法时，应处于较稳定的外部市场经营环境中，且市场对产品的需求相对平稳。 ( )

4. 企业制定标准成本，可由跨部门团队采用“上下结合”的模式进行。 ( )

5. 正常标准成本与现实标准成本不同的是，它需要根据现实情况的变化不断进行修改，而现实标准成本则可以在较长一段时间内保持固定不变。 ( )

6. 直接材料标准成本，是指直接或间接用于产品生产的材料标准成本。 ( )

7. 标准成本法是一种成本核算与成本控制相结合的方法。 ( )

8. 在制定标准成本时，理想标准成本因为要求高而成为最合适的一种标准成本。 ( )

9. 对固定制造费用的分析和控制通常是通过编制固定制造费用预算，并将其与实际发生数对比来进行的。 ( )

二、单项选择题

1. 在标准成本差异分析中，材料价格差异是根据实际数量与价格脱离标准的差额计算的，其中实际数量是指材料的( )数量。

A. 采购　　B. 入库　　C. 领用　　D. 耗用

2. 变动制造费用的价格差异即为( )差异。

A. 效率　　B. 耗用　　C. 预算　　D. 能力

3. 在现有的生产技术水平和正常生产经营能力的前提下应达到的标准为( )的标准成本。

A. 平均　　B. 理想　　C. 历史　　D. 现实

4. 直接人工工时耗用量是指单位( )耗用量脱离单位标准人工工时所产生的差异。

A. 实际人工工时　　B. 定额人工工时　　C. 预算人工工时　　D. 正常人工工时

5. 直接人工的小时工资率标准，在计时工资制下就是( )。

A. 实际工资率　　B. 标准工资率　　C. 定额工资率　　D. 正常工资率

6. 计算数量差异要以( )为基础。

A. 标准价格　　B. 实际价格　　C. 标准成本　　D. 实际成本

7. 标准成本可以按成本项目分别反映，每个成本项目的标准成本可按( )计算得到。

A. 标准价格×实际用量　　B. 实际价格×标准用量

C. 实际价格×实际用量　　D. 标准价格×标准用量

8. 下列变动成本差异中，无法从生产过程的分析中找出产生原因的是(　　)。

A. 变动制造费用效率差异　　B. 变动制造费用耗费差异

C. 直接人工成本差异　　D. 材料价格差异

9. 材料价格差异通常应由(　　)部门负责。

A. 财务　　B. 生产　　C. 人事　　D. 采购

10. 计算价格差异要以(　　)为基础。

A. 标准数量　　B. 标准价格　　C. 实际数量　　D. 实际价格

三、多项选择题

1. 正常标准成本是在正常生产经营条件下应该达到的成本水平，它是根据(　　)制定的标准成本。

A. 现实的耗用水平　　B. 正常的价格

C. 正常的生产经营能力利用程度　　D. 现实的价格

2. 在制定标准成本时，根据所要求达到的效率的不同，应采取的标准有(　　)。

A. 理想标准成本　　B. 正常标准成本

C. 现实标准成本　　D. 定额成本

3. 构成直接材料成本差异的基本因素有(　　)。

A. 效率差异　　B. 耗用差异

C. 用量差异　　D. 价格差异

4. 下列标准成本差异中，通常应由生产部门负责的有(　　)。

A. 直接材料的价格差异　　B. 直接人工的数量差异

C. 变动制造费用的价格差异　　D. 变动制造费用的数量差异

5. 产生材料价格差异的原因，可能会有(　　)。

A. 进料数量未按经济订购量办理　　B. 购入低价材料

C. 折扣期内延期付款，未获优惠　　D. 增加运输途中耗费

6. 制造费用的工时标准，通常可采用(　　)。

A. 直接人工工时　　B. 定额工时

C. 机器工时　　D. 标准工时

7. 影响材料采购价格的因素有(　　)。

A. 采购批量　　B. 运输工具

C. 交货方式　　D. 材料质量

8. 标准成本法的主要内容包括(　　)。

A. 标准成本的制定　　B. 成本差异的计算

C. 成本差异的分析　　D. 成本差异的账务处理

9. 标准成本法的主要作用有(　　)。

A. 有利于企业的目标管理　　B. 有助于责任会计制度的推行

C. 有利于及时提供成本资料　　D. 有利于做出产品定价决策

10. 下列成本差异中，通常不属于生产部门责任的有(　　)。

A. 直接材料价格差异　　B. 直接人工工资率差异

C. 直接人工效率差异　　D. 变动制造费用效率差异

任务四 变动成本法

一、判断题

1. 变动成本法与完全成本法在产品成本构成上的主要区别是对固定生产成本的处理不同。 ( )

2. 变动成本法下计算盈亏的公式为：营业利润＝销售收入－已销产品变动成本－固定成本。 ( )

3. 两种成本法在编制利润表时所计算的期间成本是相同的。 ( )

4. 只要有固定生产成本存在，按完全成本法计算的销货成本及存货成本就一定大于按变动成本法计算的销货成本及存货成本。 ( )

5. 变动成本法提供的信息主要是为了满足对外报告的需要，而完全成本法提供的信息主要是为了满足面向未来决策、强化企业内部管理的需要。 ( )

6. 完全成本法下，销售量和生产量对利润计算均有影响。变动成本法下，产量对利润计算无影响，只有销售量对利润计算有影响。 ( )

7. 当期末存货量大于期初存货量时，完全成本法确定的营业利润一定大于变动成本法确定的营业利润。 ( )

8. 当前后期单位固定生产成本不变时，如果本期销售量大于产量，则变动成本法计算的营业利润一定大于完全成本法计算的营业利润。 ( )

9. 若某期完全成本法下期末存货吸收的固定生产成本与期初存货释放的固定生产成本的水平相同，则两种成本法计算的当期营业利润必然相等。 ( )

10. 按照变动成本法解释，固定制造费用与销售费用、管理费用、财务费用一样，其效益随时间的推移而逐渐丧失，不能递延到下一期。 ( )

二、单项选择题

1. 变动成本法的产品成本是指( )。

A. 固定生产成本　　B. 变动生产成本

C. 固定非生产成本　　D. 变动非生产成本

2. 完全成本法的期间成本是指( )。

A. 直接材料费　　B. 直接人工费　　C. 制造费用　　D. 非生产成本

3. 应用变动成本法的前提条件是( )。

A. 把全部成本划分为生产成本和非生产成本

B. 把全部成本划分为固定成本和变动成本

C. 把全部成本划分为销货成本和存货成本

D. 把全部成本划分为生产成本和混合成本

4. 某产品本期按完全成本法计算的本期单位产品成本是16元，本期产量为5 000件，销售量为4 000件，固定生产成本为20 000元，则按变动成本法计算的本期单位产品成本为( )元。

A. 12　　B. 20　　C. 11　　D. 21

5. 某产品本期按变动成本法计算的销货成本是50 000元，期初无存货，本期产销量相等，本期发生的固定生产成本为15 000元，非生产成本为13 000元，则按完全成本法计算的本期销货成本为(　　)元。

A. 35 000　　B. 37 000　　C. 78 000　　D. 65 000

6. 当具体应用时，变动成本法利润表的中间指标是(　　)。

A. 边际贡献　　B. 营业毛利　　C. 营业成本　　D. 单位边际贡献

7. 分析两种成本计算法利润差额产生的根本原因，必须从(　　)入手。

A. 销售收入　　B. 非生产成本　　C. 固定制造费用　　D. 变动制造费用

8. 若完全成本法下期末存货吸收的固定生产成本大于期初存货释放的固定生产成本，则(　　)。

A. 变动成本法计算的营业利润较多　　B. 两种方法计算的营业利润相同

C. 完全成本法计算的营业利润较多　　D. 上述三项都有可能

9. 本期产量为1 000件，销售量为800件，本期发生的固定生产成本为5 000元，单位变动生产成本为10元，则完全成本法下期末存货吸收的固定生产成本为(　　)元。

A. 20 000　　B. 5 000　　C. 4 000　　D. 1 000

10. 下列不属于变动成本法优点的是(　　)。

A. 防止企业盲目生产　　B. 便于分清各部门责任

C. 适合外部信息使用者使用　　D. 利于简化产品成本的计算工作

三、多项选择题

1. 变动成本法下，期间成本包括(　　)。

A. 管理费用　　B. 销售费用　　C. 制造费用　　D. 固定生产成本

2. 与完全成本法相比较，变动成本法的特点有(　　)。

A. 须把成本分为固定成本和变动成本

B. 产品成本只包括变动生产成本

C. 期间成本包括固定生产成本和非生产成本

D. 计算的销货成本较完全成本法低

3. 判断完全成本法计算的营业利润大于变动成本法计算的营业利润的标志有(　　)。

A. 期末存货中的固定生产成本大于期初存货中的固定生产成本

B. 期末存货量不为零，而期初存货量为零

C. 期末存货量为零，而期初存货量不为零

D. 期末存货中的固定生产成本小于期初存货中的固定生产成本

4. 变动成本法使用的贡献式利润表与完全成本法使用的职能式利润表包含的共同指标有(　　)。

A. 营业收入　　B. 营业成本　　C. 边际贡献　　D. 营业利润

5. 变动成本法的优点包括(　　)。

A. 有利于企业内部管理当局预测前景、参与决策和规划未来

B. 促使企业管理当局重视市场销售

C. 便于分清各部门责任

D. 利于简化产品成本的计算工作

四、计算分析题

1. 某公司只生产和销售一种产品，计划年度生产量为8 000件，销售量为7 000件，期初存货为零。预计发生直接材料40 000元，直接人工64 000元，单位变动制造费用12元，固定制造费用52 000元。

要求：根据上述资料，分别用变动成本法和完全成本法计算计划年度的期末产品存货成本。

2. 某公司2023年只生产和销售一种产品，假定该公司期初无存货。生产、销售和成本的有关资料如表4-33所示。

表4-33　生产、销售和成本的有关资料

项目	数量
产量	10 000件
销量	8 000件
直接材料	40 000元
直接人工	30 000元
变动制造费用	40 000元
固定制造费用	40 000元
销售及管理费用(全部固定)	20 000元
变动成本率	55%

要求：

(1) 用变动成本法计算单位产品成本。

(2) 用完全成本法计算单位产品成本。

任务五　作业成本法

一、判断题

1. 作业成本法因产品成本计算的精确性而产生。（　）

2. 成本库归集的成本是作业中心的成本。（　）

3. 作业成本法是指以作业为中间桥梁，以作业动因作为间接费用的归集对象的一种成本核算方法。（　）

4. 作业成本法最初建立在完全成本法的基础上，探求间接费用分配的精确性。（　）

5. 作业动因应当反映公司管理与作业成本的因果关系。（　）

6. 成本动因与成本的发生具有相关性，但成本动因本身不具有可计量性。（　）

7. 机器调整属于一项作业，它会导致产品成本的发生。（　）

8. 作业，是指企业基于特定目的重复执行的任务或活动，是连接资源和成本对象的桥梁。（　）

9. 在作业成本法下核算制造费用时，应首先将所有的制造费用分为直接制造费用和间接制造费用。（　）

10. 主要作业是被原材料、主要作业等介于中间地位的成本对象消耗的作业。（　）

11. 作业成本计算法的成本计算对象是产品生产步骤或订单。（　）

12. 资源即使被消耗，也不一定都是对形成最终产出有意义的消耗。 ( )

13. 作业中心既是成本汇集中心，又是责任考核中心。 ( )

14. 企业对认定的作业应加以分析和归类，按顺序列出作业清单或编制作业字典。 ( )

15. 作业成本法认为，产品直接消耗资源。 ( )

二、单项选择题

1. 作业成本计算法把企业看作最终满足顾客需求而设计的一系列( )的集合。

A. 契约　B. 作业　C. 产品　D. 生产线

2. 在现代制造业中，( )的比重极大地增加，结构也彻底发生了改变。

A. 直接人工　B. 直接材料　C. 间接费用　D. 期间费用

3. ( )是负责完成某一项特定产品制造功能的一系列作业的集合。

A. 作业中心　B. 制造中心　C. 企业　D. 车间

4. 作业消耗一定的( )。

A. 成本　B. 时间　C. 费用　D. 资源

5. 服务于每一批产品并使每一批产品都受益的作业是( )。

A. 专属作业　B. 不增值作业　C. 批别动因作业　D. 价值管理作业

6. 在作业成本法下，下列各项中，一定属于直接成本的是( )。

A. 直接材料　B. 直接人工

C. 变动制造费用　D. 固定制造费用

7. 下列各项中，属于作业成本法最终核算内容的是( )。

A. 产品成本　B. 作业成本　C. 资源成本　D. 责任成本

8. 在完全成本法下，间接费用的分配标志是( )。

A. 作业动因　B. 成本动因　C. 业务量　D. 生产批次

9. 在作业成本法下，人们将成本动因与成本之间的依存关系称为( )。

A. 成本性态　B. 成本因素　C. 成本功能　D. 作业动因

10. 按作业成本法进行盈利能力分析时，成本核算范围得到拓展，拓展的新内容是( )。

A. 生产成本　B. 期间成本　C. 固定制造费用　D. 变动成本

三、多项选择题

1. 下列各项中，属于作业成本法的产生背景的有( )。

A. 社会生产力的提高　B. 顾客多样化的产品需求

C. 制造费用比重急剧增长　D. 直接人工比重急剧增长

2. 作业成本法发展阶段包括( )。

A. 萌芽阶段　B. 创建阶段　C. 发展阶段　D. 稳定阶段

3. 下列各项中，属于企业资源的有( )。

A. 房屋建筑物　B. 知识产权　C. 土地使用权　D. 人力资源

4. 作业按消耗对象划分，可分为( )。

A. 主要作业　B. 次要作业　C. 产量级作业　D. 品种级作业

5. 下列各项中，可以归属于作业动因的有( )。

A. 机器小时　B. 订单份数　C. 检验件数　D. 产品批次

6. 企业可按照受益对象、层次和重要性将作业分为(　　)。

A. 产量级作业　　B. 批别级作业　　C. 客户级作业　　D. 品种级作业

7. 作业成本法一般适用于(　　)的企业。

A. 作业类型较多且作业链较长

B. 同一生产线生产多种产品

C. 企业规模较大且管理层对产品成本准确性要求较高

D. 间接或辅助资源费用所占比重较大

8. 企业应用作业成本法所处的外部环境，一般应具备(　　)特点。

A. 客户个性化需求较高，市场竞争激烈

B. 产品的需求弹性较小，价格敏感度低

C. 客户个性化需求较低，市场没有竞争

D. 产品的需求弹性较大，价格敏感度高

9. 下列各项中，属于品种级作业涉及的资源的有(　　)。

A. 新产品设计　　B. 现有产品质量与功能改进

C. 生产流程监控　　D. 产品广告

10. 下列各项中，属于客户级作业涉及的资源的有(　　)。

A. 向个别客户提供的技术支持活动　　B. 个别客户提供的咨询活动

C. 独特包装　　D. 产品广告

实训演练

实训一

(一) 实训目的

分解混合成本。

(二) 实训资料

某企业只生产一种产品，2×23年1—6月该企业发生的制造费用如表4-34所示。

表4-34　1—6月企业发生的制造费用

月份	1月	2月	3月	4月	5月	6月
产量/件	80	84	90	86	92	100
制造费用/元	17 600	18 200	19 200	18 600	19 600	19 400

(三) 实训要求

分别采用高低点法和回归分析法对该企业的制造费用进行分解。

实训二

(一) 实训目的

掌握标准成本法的应用。

(二) 实训资料

H公司生产A产品，经企业管理层批准后的标准成本卡如表4-35所示。

表4-35 标准成本卡

产品名称：A产品　　　　计量单位：件　　　　编制日期：2023年12月

成本项目	用量标准	价格标准	标准成本
直接材料：			
甲材料	30千克	5元/千克	150元
乙材料	20千克	10元/千克	200元
直接材料合计			350元
直接人工	12工时	2元/工时	24 元
变动制造费用	12工时	4.2元/工时	50.40元
固定制造费用			90 元
单位产品标准成本			514.40元

有关实际资料如下。

(1) 本期共生产A 产品400件，实际耗用甲材料11 000千克，实际单价为4.50元；耗用乙材料9 000千克，实际单价为11元。

(2) 本期耗用5 000工时，实际工资为9 000元。

(3) 本期实际发生变动制造费用20 000元。

(4) 本期实际发生固定制造费用45 000元，该产品的标准成本为42 000元。

(三) 实训要求

根据以上资料，计算并分析A 产品的直接材料、直接人工、变动制造费用和固定制造费用的成本差异。

实训三

(一) 实训目的

掌握变动成本法与完全成本法的应用。

(二) 实训资料

甲公司过去3年的产销业务量资料如表4-36所示。

表4-36 甲公司产销业务量资料

单位：件

项目	第1年	第2年	第3年
期初存货量	0	2 000	0
本年生产量	12 000	10 000	8 000
本年销售量	10 000	12 000	8 000
期末存货量	2 000	0	0

假定：

(1) 每年的产量是当年投产且全部完工的产量(即无期初、期末在产品)；

(2) 每年的销售量中不存在销售退回、折让和折扣问题；

(3) 各期成本水平(单位变动成本和固定成本总额) 、售价水平不变；

(4) 存货计价采用先进先出法。

甲公司成本及售价资料如下：产品售价为120元/件； 单位变动生产成本为40元；每年固定生产成本为240 000元；单位变动非生产成本为15元；每年固定非生产成本为 200 000元。

(三) 实训要求

(1) 计算完全成本法和变动成本法下的单位产品成本。

(2) 分别按完全成本法和变动成本法计算甲公司近3年的税前利润，将结果填写在表4-37和表4-38中。

(3) 分析两种方法下的税前利润出现差异的原因并进行调整，将结果填写在表4-39中。

表4-37 按完全成本法编制的税前利润表

单位：元

项目	第1年	第2年	第3年	合计
销售收入				
减：销售成本				
期初存货成本				
本期生产成本				
本期可供销售成本				
减：期末存货成本				
本期销售成本总额				
销售毛利				
减：期间成本				
税前利润				

表4-38 按变动成本法编制的税前利润表

单位：元

项目	第1年	第2年	第3年	合计
销售收入				
减：变动成本				
变动生产成本				
变动非生产成本				
变动成本总额				
边际贡献				
减：固定成本				
固定生产成本				
固定非生产成本				
固定成本总额				
税前利润				

表 4-39 两种方法下税前利润的调整

单位：元

项目	第1年	第2年	第3年	合计
完全成本法下税前利润				
减：期末存货中的固定制造费用				
加：期初存货中的固定制造费用				
变动成本法下税前利润				

实训四

(一) 实训目的

掌握作业成本法的应用。

(二) 实训资料

亚华公司同时生产N1、N2两种产品。2×22年10月，该公司发生的制造费用总计600 000元，过去该公司制造费用按直接人工工时进行分配，产品相关资料和制造费用资料如表4-40和表4-41所示。

表 4-40　产品相关资料

项目	N1产品	N2产品
产量/件	1 000	2 000
直接材料成本/(元/件)	60	80
材料用量/千克	3 000	2 000
直接人工工时/(小时/件)	2	1.5
机器调控次数/次	15	5
产品抽检比例	50%	25%
小时工资率/(元/小时)	30	30

表 4-41　制造费用资料

单位：元

作业	作业动因	成本库	制造费用
质量控制	抽检件数	质量控制	300 000
机器调控	调控次数	机器调控	200 000
材料整理	整理数量	材料整理	100 000
制造费用合计			600 000

(三) 实训要求

分别采用完全成本法和作业成本法计算产品成本，将结果填写在表4-42至表4-45中。

表 4-42　完全成本法下的成本计算

成本项目	N1产品	N2产品	合计
直接材料总成本/元			
直接人工总成本/元			
制造费用/元			
产品成本合计/元			
产量/件			
单位成本/元			
其中：制造费用分配率/(元/件)			

表 4-43　制造费用分配率计算

成本库	制造费用/元	成本动因	分配率/(元/件)
质量控制			
机器调控			
材料整理			

表4-44　制造费用分配表

成本库	制造费用/元	分配率/(元/件)	N1 产品		N2 产品	
			作业动因	分配成本/元	作业动因	分配成本/元
质量控制						
机器调控						
材料整理						
合计						

表 4-45　作业成本法下的成本计算

单位：元

成本项目	N1产品(1 000件)		N2产品(2 000件)	
	单位成本	总成本	单位成本	总成本
直接材料成本				
直接人工成本				
制造费用				
合计				

项目五 营运管理——本量利分析

项目目标

【知识目标】

- 掌握本量利分析的基本公式；
- 掌握盈亏平衡分析和保利分析的方法；
- 掌握边际分析的概念和边际分析的相关指标；
- 掌握敏感性分析的基本原理；
- 能够运用敏感系数进行企业利润预测和控制。

【能力目标】

- 培养运用本量利分析、盈亏平衡分析等方法进行企业决策的能力，提高决策的科学性和准确性；
- 增强对边际分析和敏感性分析的理解和应用能力，提升企业在成本控制和利润提升方面的实践能力；
- 通过项目实践，提升参与者的团队协作意识和创新能力，为应对复杂的营运管理挑战打下基础。

【素养目标】

- 培养学生的职业道德和社会责任感，强调诚信、敬业和负责任的职业态度；
- 培养学生的沟通能力和团队协作精神，促进团队内部与外部的有效沟通与合作；
- 激发学生的学习热情和创新能力，鼓励学生持续学习、自我提升，创造价值；
- 通过营运管理的实践，引导学生正确运用管理工具，推动企业战略规划的实施。

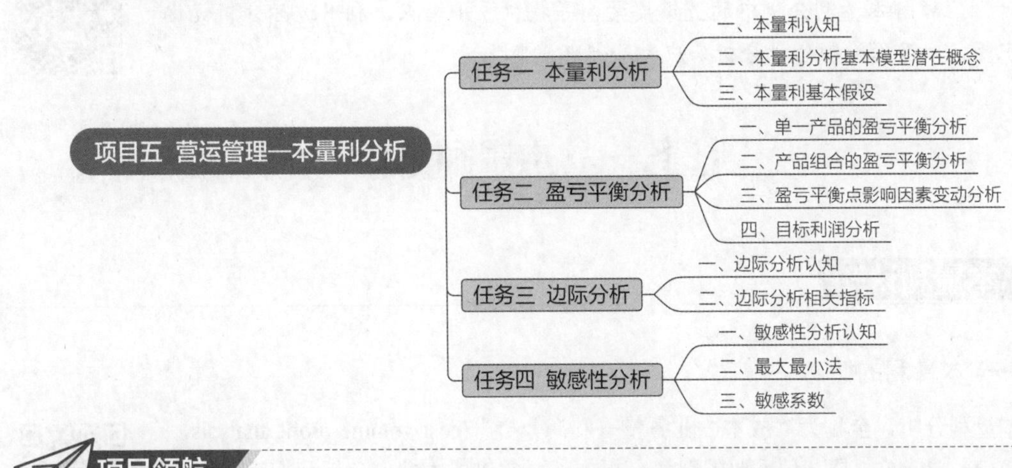

掌舵咖啡连锁，开启营运策略之旅

案例背景：

逸香咖啡，作为新兴的连锁品牌，原本在本地市场已小有名气。但随着星巴克、瑞幸咖啡等大型咖啡连锁品牌的入驻，逸香咖啡面临的市场竞争日趋激烈。为稳固市场地位并寻求进一步扩展，逸香咖啡需深入挖掘本量利分析的潜力。本量利分析被视作一个强大的工具，它有助于企业分析运营成本、销量与利润之间的关系，从而找到最佳的定价策略、成本控制方法和销售目标。于是，逸香咖啡组织专业团队，开始系统地收集历史销售数据、成本数据及市场调研信息。初步分析指出，咖啡豆的成本、租金、员工薪资及电费等固定与变动成本均对最终利润有所影响。同时，价格策略也直接关系到销量，进而影响整体利润。为深入了解上述因素间的相互关系，逸香咖啡计划运用本量利分析构建一个模型，以模拟在不同销量与价格水平下的利润状况。

提出问题：

1. 你若作为管理者，将如何制订一份既符合市场需求又能确保盈利的营运计划呢？会考虑哪些关键因素？

营运计划的制订

2. 在进行本量利分析时，除了成本和销量，还有哪些潜在的概念需要关注？如何将这些概念应用到实际的营运决策中？

3. 盈亏平衡点的确定对于咖啡店来说至关重要。如何找到这个平衡点，并据此制定合理的定价和产量策略呢？

4. 面对客流量的巨大差异，如何利用边际分析来优化员工的调度和资源的配置？安全边际在这里扮演着怎样的角色？

5. 当外部环境发生变化时，如原材料价格上涨、竞争对手降价等，应如何通过敏感性分析来预测这些变化对利润的影响，并采取相应的风险控制措施呢？

案例讨论：

带着以上问题，开启本项目的学习之旅。本项目将深入探讨如何制定有效的营运计划，理解本量利分析中的关键要素，寻找盈亏平衡点，利用边际分析优化资源配置，以及通过敏感性分析来应对外部环境变化。

营运管理认知

任务一　本量利分析

一、本量利认知

(一) 本量利的概念

本量利分析，全称为“成本—业务量—利润分析”(cost-volume-profit analysis，简称CVP analysis)，是一种重要的财务分析方法。它以成本性态分析和变动成本法为基础，结合数学模型和图式，深入探讨成本、业务量、利润，以及单价之间的关联性和变动规律，从而为企业提供有力的预测、决策、计划和控制支持。

本量利分析

“本”代表成本，涵盖固定成本和变动成本；“量”指的是业务量，多数情况下以销售量来衡量；“利”则是利润，特指营业利润。本量利分析的核心在于揭示固定成本、变动成本、销售量、单价、销售额及利润等关键变量之间的内在联系，进而为企业的财务预测、决策和规划提供准确的数据支持。

(二) 本量利分析基本模型表达式

本量利分析中，基本表达式如下。

营业利润=销售收入−变动成本−固定成本

营业利润=销售单价×销售量−单位变动成本×销售量−固定成本

营业利润=(销售单价−单位变动成本)×销售量−固定成本

其中，销售单价(price)可用P表示、单位变动成本(variable cost)可用V表示、销售量(quantity)可用Q表示、固定成本(fixed cost)可用F表示、利润(profit)为了与单价P区分可用L表示。$P\times Q$则代表销售收入。

利润L可以用以下公式表示，即本量利的基本表达式。

$$L=(P-V)\times Q-F$$

该表达式即本量利分析基本模型。本量利分析方法通常包括盈亏平衡分析、目标利润分析、敏感性分析、边际分析等。其他分析方法均是对本量利分析基本模型的衍变。本量利的基本表达式中有五个相互联系的变量，给定其中四个，便可求出余下的变量的值。

二、本量利分析基本模型潜在概念

(一) 边际贡献

边际贡献也称为边际利润或贡献毛益，是指销售收入减去变动成本后的金额，其表达式如下。

边际贡献总额(简称边际贡献)=销售收入总额-变动成本总额

即：

$$边际贡献=(P-V)\times Q$$

边际贡献是一个经济学概念，指的是当企业的产品或服务的销售量增加时所带来的额外收益。尽管它不是企业的最终利润，但与企业利润的形成密切相关。在财务和会计领域，边际贡献被视为一个重要的经济指标，能够帮助管理者有效地安排资源，并充分利用生产资源。

边际贡献

(二) 单位边际贡献

单位边际贡献是指一个单位产品的销售收入减去其变动成本后的余额。也就是说，它表示每增加一个单位产品所带来的额外收益。单位边际贡献的表达式如下。

$$单位边际贡献=\frac{边际贡献总额}{销售量}=\frac{P\times Q-V\times Q}{Q}=P-V$$

或：

单位边际贡献=单位售价-单位变动成本

即：

$$单位边际贡献=P-V$$

当产品的售价大于其变动成本时，该产品就可以为企业创造边际贡献，有助于补偿固定成本并产生盈利。单位边际贡献越大，说明该产品对企业的盈利贡献越大。因此，在进行产品生产决策时，企业应优先安排单位边际贡献大的产品进行生产，以提高整体盈利水平。同时，单位边际贡献也可以用于分析不同产品之间的盈利能力，制定定价策略。

(三) 边际贡献率

边际贡献率，也称为边际利润率或单位贡献毛益率，是一个衡量单位产品销售收入中边际贡献所占比例的指标。它可以通过计算边际贡献占销售收入的百分比得出，或者表达为单位产品的边际贡献与单位售价之间的百分比，即单位产品边际贡献与销售收入的比率。此指标有助于企业了解每一单位销售收入中有多少比例可以贡献于覆盖固定成本和产生利润。

边际贡献率的表达式如下。

$$\begin{aligned}边际贡献率&=\frac{边际贡献}{销售收入}\times 100\%\\&=\frac{P\times Q-V\times Q}{P\times Q}\times 100\%\\&=\frac{P-V}{P}\end{aligned}$$

或：

$$\begin{aligned}边际贡献率&=\frac{单位边际贡献}{单价}\times 100\%\\&=\frac{P-V}{P}\end{aligned}$$

边际贡献率可以揭示产品为企业创造利润的能力，它表示每一元销售收入中边际贡献的比重。边际贡献率高意味着企业销售每单位产品时能获得更高的额外收益，有助于提升企业整体盈利。对于多种产品，需按销售收入比重加权计算平均边际贡献率。此指标对企业经营决策至关重要，可指导资源配置、定价及销售计划，助力企业识别和优化高盈利产品。

(四) 变动成本率

变动成本率也称为补偿率，是与边际贡献率相对应的概念，即变动成本在销售收入中所占的百分比。变动成本率是衡量企业在短时期内合理结合固定成本和变动成本进行生产经营活动的能力的经济指标，反映了产品自身的耗费水平。

变动成本率的表达式如下。

$$\text{变动成本率}=\frac{\text{变动成本}}{\text{销售收入}}=\frac{V\times Q}{P\times Q}$$

$$\text{变动成本率}=\frac{\text{单位变动成本}}{\text{销售单价}}=\frac{V}{P}$$

由此可以得出，边际贡献率和变动成本率之和等于1。

$$\text{边际贡献率}+\text{变动成本率}=1$$

即：

$$\frac{P-V}{P}+\frac{V}{P}=1$$

在企业经营过程中，变动成本率与边际贡献率呈现反向关系。当变动成本率较高时，说明每增加一单位销售，需要承担的变动成本较多，这会导致边际贡献率降低，进而削弱企业的盈利能力。相反，如果变动成本率较低，那么每增加一单位销售所带来的变动成本就相对较少，从而使得边际贡献率提高，增强企业的盈利能力。

【例5-1】某企业专门生产儿童玩具，根据近期的财务数据和市场调研资料，得到以下关于某款益智玩具的详细数据：全年生产1 500件玩具，固定成本(包括设备折旧、租金、管理人员薪酬等)为140 000元。销售单价定为360元。每生产并销售一件玩具，单位变动成本(包括原材料、直接人工和变动制造费用等)为220元。预计产品全部出售。

要求：

(1) 计算边际贡献、单位边际贡献、边际贡献率、变动成本率。

(2) 用本量利分析基本模型计算企业利润。

解析：

已知数据信息如表5-1所示。

表5-1 已知数据信息

项目	销售量/件	销售单价/元	单位变动成本/元	固定成本/元
某产品	1 500	360	220	140 000

(1) $\text{单位边际贡献}=P-V=360-220=140(\text{元})$

$$\text{边际贡献}=(P-V)\times Q=(360-220)\times 1\,500=210\,000(\text{元})$$

$$\text{边际贡献率}=\frac{P-V}{P}=\frac{360-220}{360}=38.89\%$$

$$\text{变动成本率} = \frac{V}{P} = \frac{220}{360} = 61.11\%$$

(2) 利润$L = (P - V) \times Q - F = (360 - 220) \times 1\,500 - 140\,000 = 70\,000(元)$

三、本量利基本假设

(一) 成本性态分析假设

成本性态分析是本量利分析的关键前提。假设成本可以明确划分为固定成本和变动成本。固定成本，如房租和折旧，不随业务量的变化而变化，表达为$y = a$(a为固定成本)。变动成本，如原材料和人工，随业务量的变化而变化，表达为$y = bx$(b为单位变动成本，x为销售量)。

(二) 变动成本法假设

采用变动成本法来计算产品成本，即仅包括变动生产成本，如直接材料、直接人工和变动制造费用，而将固定成本，如固定制造费用和固定期间费用，视为期间成本。这种方法更真实地反映了产品成本，有助于企业制定恰当的价格策略和成本控制策略。

(三) 相关范围及线性假设

相关范围及线性假设是指在一定期间和业务量范围内，成本、数量和利润之间的关系是线性的，可以通过数学模型进行描述和预测。此范围通常指的是企业的正常经营规模，超出这个范围，成本、数量和利润之间的关系可能会发生变化。

线性假设包含以下内容：固定成本总额保持不变；单位变动成本保持不变；销售单价不变。

(四) 产销平衡和品种结构不变假设

产销平衡假设：假设产品生产多少就能销售多少，无期初、期末存货。

品种结构不变假设：在产销多种产品的情况下，假设销售产品的品种结构不变。例如，生产A、B、C三种产品，各产品销售收入占总销售收入的比重为10%、20%、70%，在品种结构不变假设下，即使总销售收入有变化，各产品销售收入所占总销售收入的比重不变。

(五) 目标利润假设

企业在进行本量利分析时已经确定了目标利润，并且这个目标利润是合理和可实现的。这个假设为企业制订经营计划和预算提供了依据，也为评估企业的经营绩效提供了标准。由于营业利润与成本、业务量等指标关系密切，因此，除特殊说明外，本量利分析的利润指标均指营业利润。

任务二　盈亏平衡分析

盈亏平衡分析，也称为保本分析，是本量利分析的一项核心内容。其原理在于通过精确计算企业在利润归零时的业务量，来深入探究项目在市场需求波动下的适应能力。这种分析方式基于本量利的基本关系，是一种定量分析方法。

盈亏平衡分析的核心目标是确定企业的盈亏平衡点，这个点代表着企业收入和成本的均衡状态，即企业在这一点上没有盈利也没有亏损，利润恰好为零。盈亏平衡点，也称为保本点，此时企业所实现的边际贡献与固定成本完全相等。这个临界点可以用具体的实物数量(保本量)或金额(保本额)来明确标识。

盈亏平衡分析包括单一产品的盈亏平衡分析和产品组合的盈亏平衡分析。

一、单一产品的盈亏平衡分析

在单一品种条件下，确定盈亏平衡点就是计算盈亏平衡点的销售量和盈亏平衡点的销售额或确定其位置的过程。求解盈亏平衡点有以下三种方法。

(一) 基本公式法

如前所述，本量利分析的基本模型如下。

利润=(单价－单位变动成本)×销售量－固定成本

$$L=(P-V)\times Q-F$$

利润为零的销售量为Q_0，用基本模型表达如下。

$$L=(P-V)\times Q_0-F=0$$

保本点的销售量Q_0的计算公式如下。

$$Q_0=\frac{F}{P-V}$$

保本点的销售额S_0的计算公式如下。

$$\begin{aligned}S_0&=P\times Q_0\\&=P\times\frac{F}{P-V}\end{aligned}$$

【例5-2】有一家专门生产儿童玩具的企业，主要生产并销售一款受欢迎的益智玩具。根据最近一期的财务数据和市场调研资料，得到以下关于这款益智玩具的详细数据。

固定成本(包括设备折旧、租金、管理人员薪酬等)为140 000元。销售单价定为360元。每生产并销售一件玩具，单位变动成本(包括原材料、直接人工和变动制造费用等)为220元。根据销售数据和成本数据计算得出的边际贡献率为38.89%。每件玩具的单位边际贡献是140元。

要求：用基本公式法计算保本点的销售量和销售额。

解析：

已知数据信息如表5-2所示。

表5-2　已知数据信息

项目	销售量/件	销售单价/元	单位变动成本/元	边际贡献率	单位边际贡献/元	边际贡献/元
益智玩具	1500	360	220	38.89%	140	210 000

保本点的销售量=固定成本÷单位边际贡献

Q_0=140 000÷(360－220)=1 000(件)

保本点的销售额=销售单价×保本点销售量

S_0=360×1 000=360 000(元)

经分析，只有当这款益智玩具的销量达到1 000件，并且销售收入达到360 000元时，才能达到保本点。

(二) 边际贡献法

边际贡献法是一种用以计算保本点(即盈亏临界点)的方法。边际贡献指的是销售收入减去变动成本后的余额。当这个余额继续用来弥补固定成本时，若补偿后仍有剩余，就会成为企业的利润。在边际贡献与固定成本相等的情况下，企业会达到保本点，此时的利润为零。边际贡献法利用边际贡献指标、业务量，以及利润之间的关系，直接计算出保本量和保本额。这种方法是在基本公式法的基础上进一步发展而来的。

当企业开始销售产品时，销售量Q从0开始逐步增加，销售收入也随之增加。当销售收入刚好等于总成本时，利润就为零。从运算公式的角度来看，这等同于边际贡献和固定成本相等时利润为零的情况。利润为零时的销售量即为保本点销售量。达到保本点时，以下等式成立。

边际贡献总额=固定成本总额

设边际贡献与固定成本相等时销售量为Q_0，代入边际贡献与固定成本表达式。

$$(P-V)\times Q_0=F$$

$$保本点的销售量Q_0=\frac{固定成本}{单位边际贡献}=\frac{F}{P-V}$$

$$保本点的销售额S_0=\frac{固定成本}{边际贡献率}=\frac{F}{\frac{P-V}{P}}$$

当企业的业务量等于盈亏平衡点的业务量(即利润为零)时，企业就处于保本状态。如果企业的业务量高于盈亏平衡点的业务量，企业就会盈利；如果企业的业务量低于盈亏平衡点的业务量，企业就会亏损。

(三) 图示法

图示法即通过绘制本量利关系图(也称为“成本—数量—利润图”“盈亏分界图”或“盈亏临界图”)来直观反映成本、销售量和利润三者之间相互关系的方法。图示法的主要特点是以横轴代表销售数量，纵轴代表成本或销售收入，使坐标图仅反映利润与销售数量(或销售收入)之间的依存关系。图示法可以直观地展示企业保本时销售数量和销售收入的情况，有助于企业制定更加合理的销售策略和成本控制措施，从而实现盈利目标。以图表形式展示本量利关系的相互关联，既直观鲜明，又便于把握，利于理解。综合运用图示法和公式法更有利于对本量利分析等相关内容进行理解。

【例5-3】某知名品牌近期推出了一款新产品，该产品的定价为30元/件。平均每生产一件该产品，所需的人工成本和原材料成本合计为14元。除了这些变动成本，公司每月还需要承担20 000元的固定费用，其中包括固定资产折旧、场地租用费和广告宣传费等。公司已完成4 000件的销售量。

要求：用图示法计算该公司的保本销售量和销售额。

解析：

1. 基本的本量利关系图

根据资料绘制基本的本量利关系图，如图5-1所示。

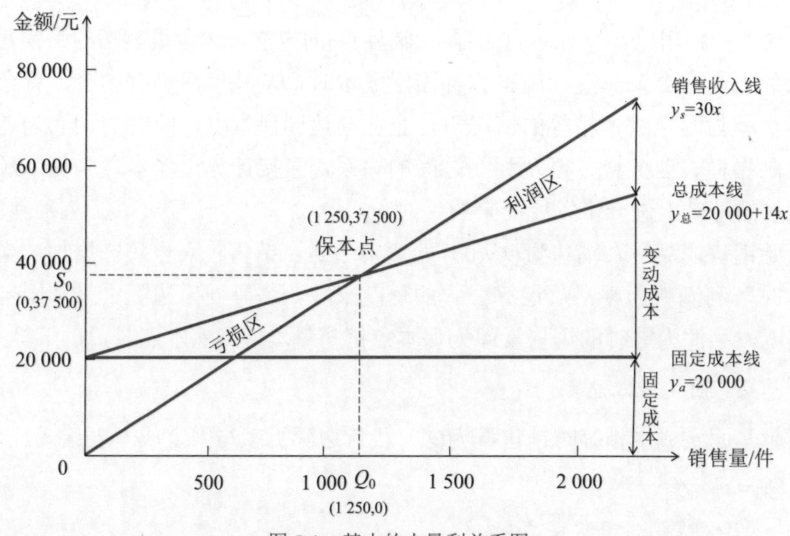

图 5-1　基本的本量利关系图

基本的本量利关系图的绘制步骤如下。

第一步，确定坐标系。选取直角坐标系，其中横轴代表销售量，纵轴则代表成本和销售收入的金额。

第二步，画出固定成本线。在纵轴上定位到固定成本的数值点，并从这一点(0,固定成本)开始，画一条与横轴保持水平的直线，即固定成本线$y_a = 20\,000$。

第三步，构建总成本线。从点(0,固定成本)出发，依据单位变动成本设定斜率，绘制出总成本线，其方程为$y_{总} = a + bx = 20\,000 + 14x$，即$y_{总}$ = 固定成本 + 变动成本x，在本例中为$y_{总} = 20\,000 + 14x$。

第四步，描绘销售收入线。从坐标系的原点(0,0)开始，根据产品的单价设定斜率，画出销售收入线，其方程在本例中为$y_s = 30x$。

第五步，找出保本点。销售收入线与总成本线相交的点即为保本点(1 250,37 500)，在横轴上对应的值是保本销售量(1 250件)，而在纵轴上对应的则是保本销售额(37 500元)。

当企业的实际销售量(或销售额)低于保本点时，企业将面临亏损；当销售量(或销售额)超过保本点时，企业将开始盈利。

2. 边际贡献式本量利关系图

根据已知数据信息(见表5-3)绘制边际贡献式本量利关系图，如图5-2所示。

表5-3　已知数据信息

项目	销售量/件	销售单价/元	单位变动成本/元	固定成本/元
某产品	4 000	30	14	20 000

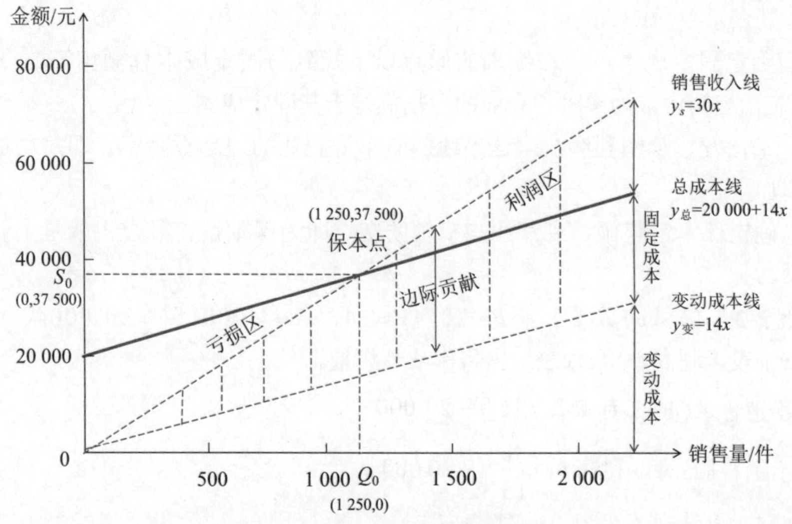

图 5-2　边际贡献式本量利关系图

边际贡献式本量利关系图相对于基本本量利关系图，在绘制中重点表达边际贡献的概念。在绘制时先画变动成本线，再画总成本线。边际贡献式本量利关系图能直观地展示边际贡献的大小。

边际贡献式本量利关系图的绘制步骤如下。

第一步，确定坐标系。选取直角坐标系，其中横轴代表销售量，纵轴则代表成本和销售收入的金额。

第二步，画出变动成本线。从原点开始，画一条斜率为变动成本的直线，即变动成本线 $y_{变}=14x$。

第三步，构建总成本线。在变动成本线 $y_{变}=bx$ 的基础上，整体向y轴方向平移固定成本a，得到总成本线 $y_{总}=a+bx$，在本例中为 $y_{总}=20\,000+14x$。

第四步，描绘销售收入线。从原点开始，根据产品的单价设定斜率，画出销售收入线，其方程在本例中为 $y_s=30x$。

第五步，找出保本点。销售收入线与总成本线相交的点即为保本点(1 250,37 500)，在横轴上对应的值是保本销售量(1 250件)，而在纵轴上对应的则是保本销售额(37 500元)。

边际贡献式本量利关系图以形象、直观的方式展示了企业的盈亏状况。在绘制过程中，先绘制变动成本线，再以点(0,固定成本值)为起点绘制与变动成本线平行的总成本线，销售收入线则根据产品单价设定。随着销售量的增加，销售收入首先用于弥补变动成本，剩余部分即为贡献边际，它的大小可以通过销售收入线与变动成本线之间的距离来直观看出。当销售量增加到一定程度，即销售收入线与总成本线相交时，企业达到保本状态，此时贡献边际与固定成本相等。只有当销售量超过这一点时，企业才能实现真正的盈利。边际贡献式本量利关系图的主要优点是能够清晰地表示边际贡献的数值，从而帮助企业做出更明智的决策。但是，由于绘图可能存在误差，建议结合公式法来进行精确计算。

3. 利润式本量利关系图

利量式本量利关系图是反映利润与销售量之间依存关系的图形，其详细的绘制步骤如下。

第一步，确定坐标系。选取直角坐标系，其中横轴代表销售额或销售量，纵轴代表利润(若利润为负值，则表示亏损)。

第二步，确定固定成本点。在纵轴的原点以下找到与固定成本总额相等的点，标记为(0, $-a$)。这个点表示当销售量为零时，企业的亏损额等于其固定成本。

从点(0, $-a$)出发，绘制利润线。这条线的斜率为企业的边际贡献率，即每增加一单位销售额，利润的增加量。

第三步，确定保本销售额。利润线与横轴的交点即为保本销售额，也就是企业达到盈亏平衡点的销售额。

根据【例5-3】提供的数据，将$P=30$，$V=14$，$Q=4\ 000$，$F=20\ 000$代入公式$L=(P-V)\times Q-F$。用y轴表示利润，用x轴表示销售额或销售量。

当x轴表示销售量Q时，利润$L=16Q-20\ 000$。

当x轴表示销售额S时，利润$L=\frac{8}{15}S-20\ 000$。

绘制的利润式本量利关系图，如图5-3所示。

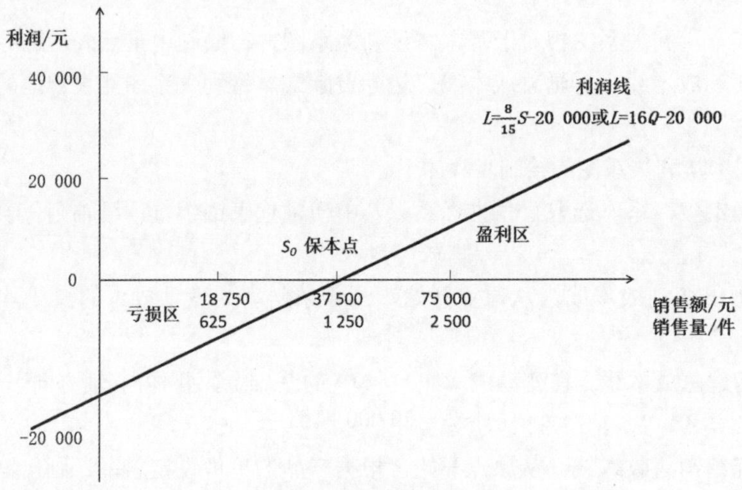

图 5-3　利润式本量利关系图

通过图形，可以直观地看到销售额变动时利润的变动情况。图形的斜率，即边际贡献率，反映了每增加一单位销售额时利润的增加幅度。保本销售额是图形与横轴的交点，表示企业达到盈亏平衡的销售水平。该图以直观的方式展示了销售额与利润之间的动态关系，便于管理者快速理解企业的盈利状况。而利润式本量利关系图的一个不足之处在于它无法同时反映成本额的变动情况。为了全面了解企业的财务状况，可能需要结合其他类型的本量利关系图进行分析。

二、产品组合的盈亏平衡分析

在实际工作场景中，制造业企业会生产多个品种产品，而不是单一品种产品。通过了解每个品种产品的成本结构、销售价格和销售量等关键因素，并合理分摊固定成本，企业可以制定出更加精准和有效的经营策略，以实现可持续发展和利润最大化的目标。

在掌握单一品种保本分析的基础上，可以通过计算得出单一品种产品的保本点(量)、保本额。而多产品组合的保本分析，关键在于掌握每种产品的边际贡献率，并根据各产品销售额的比重进行加权平均，以计算出整体的综合边际贡献率。综合边际贡献率的计算是确定组合保本点的关键。

综合边际贡献率，也称为加权平均边际贡献率，是一个在多品种条件下进行保本点分析时使用的经济指标。它是以各种产品的边际贡献为基础，以各种产品的预计销售收入占总收入的比重为权数，进行加权平均计算得出的。

综合边际贡献率的计算公式如下。

$$综合边际贡献率=\frac{\sum 各产品边际贡献}{\sum 各产品销售收入}\times 100\%$$

设有两种产品的情况下，具体的公式如下。

$$=\frac{(P_1-V_1)Q_1+(P_2-V_2)Q_2}{P_1Q_1+P_2Q_2}\times 100\%$$

$$=\left[\frac{(P_1-V_1)Q_1}{P_1Q_1+P_2Q_2}+\frac{(P_2-V_2)Q_2}{P_1Q_1+P_2Q_2}\right]\times 100\%$$

$$=\left[\frac{P_1\times(P_1-V_1)Q_1}{P_1\times(P_1Q_1+P_2Q_2)}+\frac{P_2\times(P_2-V_2)Q_2}{P_2\times(P_1Q_1+P_2Q_2)}\right]\times 100\%$$

$$=\left[\frac{(P_1-V_1)}{P_1}\times\frac{P_1Q_1}{P_1Q_1+P_2Q_2}+\frac{(P_2-V_2)}{P_2}\times\frac{P_1Q_1}{P_1Q_1+P_2Q_2}\right]\times 100\%$$

计算步骤如下。

步骤一：计算每种产品的销售占比。

$$某产品的销售占比=\frac{某产品的销售额}{各产品销售额之和}\times 100\%$$

步骤二：计算综合边际贡献率。

$$综合边际贡献率=\sum(各产品边际贡献率\times 各产品销售占比)$$

$$两种产品下的综合边际贡献率=\left[\frac{(P_1-V_1)}{P_1}\times\frac{P_1Q_1}{P_1Q_1+P_2Q_2}+\frac{(P_2-V_2)}{P_2}\times\frac{P_1Q_1}{P_1Q_1+P_2Q_2}\right]\times 100\%$$

步骤三：计算多品种的综合保本销售额。

$$综合保本销售额/多产品的保本销售额=\frac{固定成本总额}{综合边际贡献率}$$

步骤四：计算某产品的保本销售额。

$$某产品的保本销售额=综合保本销售额\times 某种产品的销售比重$$

步骤五：计算某产品的保本销售量。

$$某产品的保本销售量=\frac{某产品的保本销售额}{某产品的销售单价}$$

【例5-4】某电子设备制造公司为了适应市场的多样化需求，决定从原来的只生产一种产品转变为同时生产三种产品(甲、乙和丙)。为了解这些产品的盈利情况，公司收集了关于这三种产品的销售量、销售单价和单位变动成本的数据。具体数据如下。

甲产品：每月销售400件，销售单价为50元，单位变动成本为45元。

乙产品：每月销售200件，销售单价为400元，单位变动成本为220元。

丙产品：每月销售500件，销售单价为200元，单位变动成本为128元。

除了这些变动成本外，公司每月还有固定的生产线折旧费用50 000元和固定管理费用5 500元。试计算三种产品的综合保本销售额及各类产品的保本销售额和保本销售量。

解析：

(1) 计算三种产品的边际贡献率。

甲产品的边际贡献率=(50−45)÷50×100%=10%

乙产品的边际贡献率=(400−220)÷400×100%=45%

丙产品的边际贡献率=(200−128)÷200×100%=36%

(2) 计算三种产品的预计销售收入总额及销售结构。

预计销售收入总额=400×50+200×400+500×200=200 000(元)

甲产品的销售收入比重=(400×50)÷200 000×100%=10%

乙产品的销售收入比重=(200×400)÷200 000×100%=40%

丙产品的销售收入比重=(500×200)÷200 000×100%=50%

综合边际贡献率=10%×10%+45%×40%+36%×50%=37%

(3) 计算综合保本销售额。

综合保本销售额=固定成本总额÷综合边际贡献率=(50 000+5 500)÷37%=150 000(元)

(4) 分别计算三种产品的保本销售额。

甲产品的保本销售额=150 000×10%=15 000(元)

乙产品的保本销售额=150 000×40%=60 000(元)

丙产品的保本销售额=150 000×50%=75 000(元)

(5) 分别计算三种产品的保本销售量。

甲产品的保本销售量=15 000÷50=300(件)

乙产品的保本销售量=60 000÷400=150(件)

丙产品的保本销售量=75 000÷200=375(件)

通过计算得出综合边际贡献率为37%，这一比率有效地反映了公司目前所有产品的整体盈利能力。综合边际贡献率是衡量企业盈利能力的重要指标，它表示每增加一单位销售收入所带来的利润增长。

为了提升整体盈利水平，公司可以在两方面进行改进：一是调整各产品的销售比重，即优化产品组合，将资源更多地向边际贡献率高的产品倾斜；二是提高各产品自身的边际贡献率，这可能涉及提升产品价格、降低成本、改进生产效率等方面的策略。此外，通过计算可知，目前公司的各类产品均已达到或超过保本点销售量，表明公司的基本运营是稳健的。达到保本点仅仅是盈利的起点，为了实现更高的利润目标，公司需要进一步思考如何通过调整产品结构来扩大利润空间。这可能包括引入新的高利润产品、淘汰低利润或亏损的产品线，或者通过市场细分来更精准地满足不同消费者群体的需求。

三、盈亏平衡点影响因素变动分析

经济市场中，激烈的竞争使得企业难以显著提高销售业绩，甚至某些企业的销售状况呈现下滑趋势。在这种情况下，只有采取有力措施降低盈亏平衡点，企业才有可能达成盈利目标。

盈亏平衡点的计算是基于固定成本、变动成本、销售收入及产品组合等要素保持不变的假设。然而，在企业实际经营过程中，这些要素往往会受到多种因素的影响而发生变动，进而导致盈亏平衡点发生变化。产品销售价格、单位变动成本、固定成本、销售量，以及产品组合结构等诸多因素的任何变动，都会对盈亏平衡点产生直接或间接的影响。因此，对这些因素进行细致的分析和调整，是企业实现盈利目标的关键所在。

绘制本量利关系图，可以发现盈亏平衡点变动的规律：当变动成本、固定成本减少，销售单价提高会使盈亏平衡点变小，也就是提前达到盈亏平衡点状态；而当变动成本、固定成本增加，销售单价降低时，会使盈亏平衡点变大，也就是需要销售更多产品才能达到盈亏平衡点状态。

【例5-5】某企业主要生产和销售智能手环，为了更好地了解其经营状况，需要通过一系列的计算和分析来明确其保本点、保本额，以及可能获得的利润。以下是关于该智能手环的详细经营数据：每件智能手环的销售单价为150元，在现行市场条件下，预计能销售700件，由于研发、制造和营销等固定投入，总固定成本为40 000元。每生产一件智能手环需要额外投入50元的变动成本。企业通过本量利关系图(见图5-4)来进行分析。

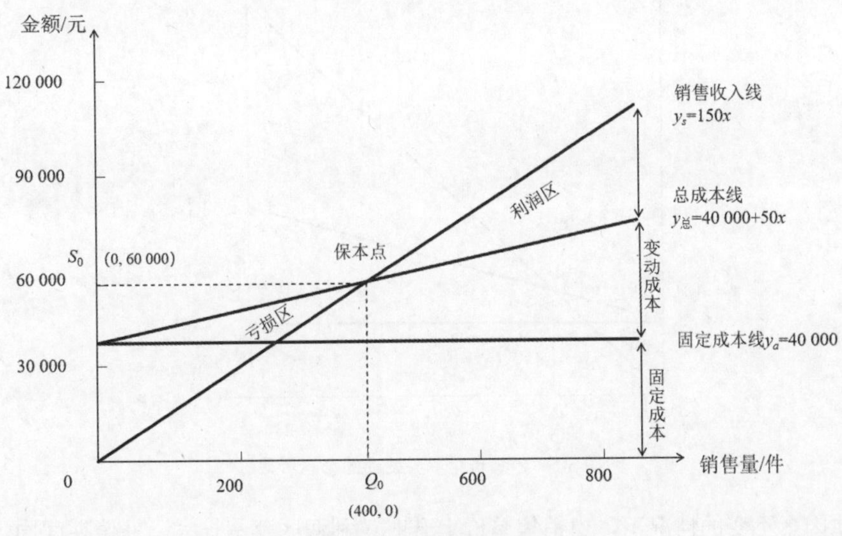

图 5-4 本量利关系图

要求：计算保本量、保本额并预测销售700件产品的总利润。

解析：根据给定信息可知：固定成本$y_a=40\ 000$，总成本线$y_{总}=a+bx=40\ 000+50x$，销售收入线$y_s=150x$。保本点就是总成本线与销售收入线相交时的点，即$y_{总}=y_s$时，$x_0=400$。

结合基本公式法进行如下计算。

$$保本量Q_0=\frac{F}{P-V}=\frac{40\ 000}{150-50}=400(件)$$

$$保本额S_0=P\times Q_0=150\times 700=60\ 000(元)$$

$$利润L=(P-V)\times Q-F=(150-50)\times 700-40\ 000=30\ 000(元)$$

当销售量超过保本点销售量时，表明固定成本得到有效弥补，从而确保了企业的盈利能力。

(一) 销售价格单独变动的影响

销售价格的变动对保本点的影响最直接、最明显。

【例5-6】假设在【例5-5】中，销售单价从150元提高到250元，其他条件不变。整理后的已知数据信息如表5-4所示。

表5-4　已知数据信息

项目	销售量/件	销售单价/元	单位变动成本/元	固定成本/元
某产品	700	250	50	40 000

要求：计算新的保本量、保本额与目标利润。

解析：当销售单价提高到250元后，计算过程如下。

$$保本量Q_0=\frac{F}{P\uparrow -V}=\frac{40\ 000}{250-50}=200(件)\downarrow$$

$$保本额S_0=P\times Q_0=250\times 200=50\ 000(元)\downarrow$$

$$目标利润=L=(P-V)\times Q-F=(250-50)\times 700-40\ 000=100\ 000(元)\uparrow$$

销售价格单独变动的影响示意图如图5-5所示。

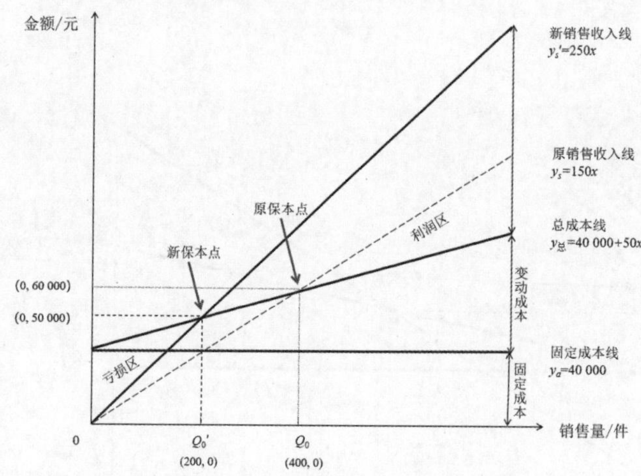

图 5-5　销售价格单独变动的影响示意图

在其他因素不变的情况下，当销售单价上升时，利润区范围扩大，补偿期间固定成本所需的销售量会相应少一些，盈亏平衡点会提前达到，保本点会减少。同时，一定销售量下实现的目标利润将增加，或者亏损会减少。

在其他因素不变的情况下，当销售单价下降时，利润区范围缩小，这就要求销售更多的产品来补偿期间固定成本，盈亏平衡点会延迟到达，增加了保本的难度。同时，一定销售量下实现的目标利润将减少，或者亏损会增加。

(二) 单位变动成本单独变动的影响

【例5-7】假设在【例5-5】中，单位变动成本从50元提高到100元，其他要素保持不变。整理后的已知数据信息如表5-5所示。

表5-5　已知数据信息

项目	销售量/件	销售单价/元	单位变动成本/元	固定成本/元
某产品	700	150	100	40 000

要求：计算新的保本量、保本额与目标利润。

解析：

$$保本量Q_0=\frac{F}{P-V\uparrow}=\frac{40\ 000}{150-100}=800(件)\uparrow$$

$$保本额S_0=P\times Q_0=150\times 800=120\ 000(元)\uparrow$$

$$目标利润=L=(P-V)\times Q-F=(150-100)\times 700-40\ 000=-5\ 000(元)\downarrow$$

单位变动成本单独变动的影响示意图如图5-6所示。

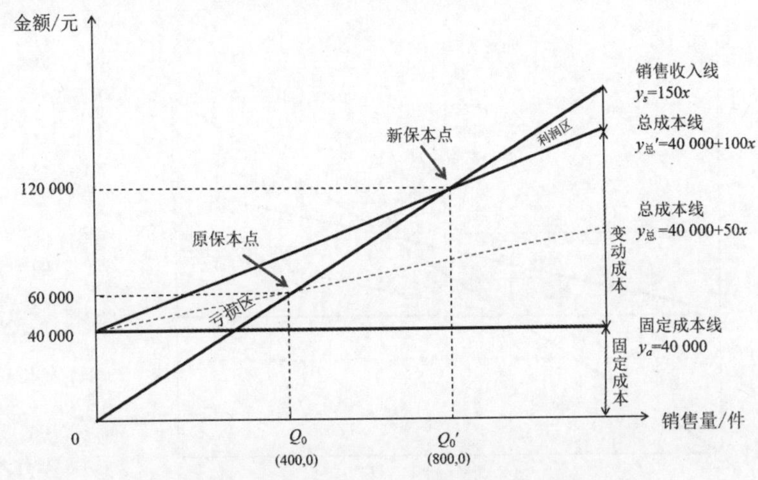

图 5-6　单位变动成本单独变动的影响示意图

产品单位变动成本的变动会引起单位边际贡献和边际贡献率反方向变动，从而改变盈亏平衡点。

在【例5-7】中，在其他条件不变的情况下，单位变动成本的提高会使总成本线斜率变大，致使盈亏平衡点向右移动。保本难度加大，需要企业销售更多的产品满足利润需求。亏损区扩大，利润区缩小，其他要素保持不变，由于其实际业务量为700件，没有达到保本销售量800件，利润表现为亏损。

相反地，当产品单位变动成本降低时，会使单位边际贡献增大，在本量利关系图中，表现为总成本线的斜率变小，导致盈亏平衡点向左移动，容易达到盈亏平衡点，较少的销售量就可以实现盈亏平衡，进而保证销售量不变的情况下利润会增加。

(三) 固定成本单独变动的影响

【例5-8】假设在【例5-5】中，固定成本提高到60 000，其他条件不变。整理后的已知数据信息如表5-6所示。

表5-6　已知数据信息

项目	销售量/件	销售单价/元	单位变动成本/元	固定成本/元
某产品	700	150	50	60 000

要求：计算新的保本量、保本额与目标利润。

解析：

$$保本量Q_0=\frac{F\uparrow}{P-V}=\frac{60\,000}{150-50}=600(件)\uparrow$$

$$保本额S_0=P\times Q_0=150\times 600=90\,000(元)\uparrow$$

$$目标利润=L=(P-V)\times Q-F=(150-50)\times 700-60\,000=10\,000(元)\downarrow$$

固定成本单独变动的影响示意图如图5-7所示。

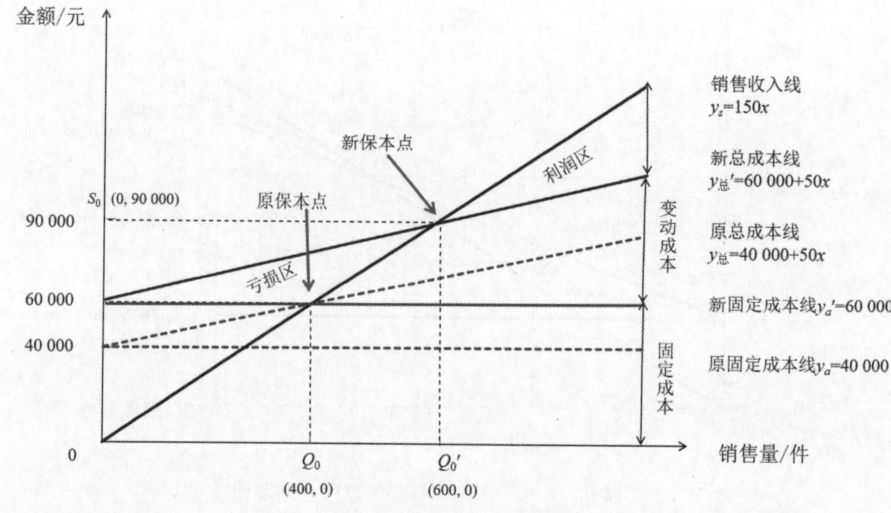

图 5-7　固定成本单独变动的影响示意图

(四) 产品品种结构的影响

当企业生产多种产品时，产品品种结构的变动会直接影响产品的综合边际贡献率，进而影响企业的保本点。保本点是企业实现盈亏平衡的销售量或销售额，它取决于固定成本和单位边际贡献的大小。

当企业调整产品品种结构时，如果增加了边际贡献率较高的产品的销售比重，同时降低了边际贡献率较低的产品的销售比重，那么企业的综合边际贡献率水平会提高。这意味着企业每销售一单位产品所获得的贡献(即销售收入减去变动成本)会增加，从而能够更快地覆盖固定成本，实现盈亏平衡。因此，保本点会相应降低。

反之，如果企业调整了产品品种结构，降低了边际贡献率较高的产品的销售比重，提高了边际贡献率较低的产品的销售比重，那么企业的综合边际贡献率水平会降低。这意味着企业需要销售更多的产品才能覆盖固定成本，实现盈亏平衡。因此，盈亏平衡点会相应提高。

产品品种结构的变动会影响企业的综合边际贡献率水平，进而影响保本点的高低。企业需要综合考虑市场需求、竞争状况、生产成本等因素，合理调整产品品种结构，以实现最佳的盈亏平衡状态。

【例5-9】沿用【例5-4】的资料，经过测算可知，三种产品中甲产品的边际贡献率较低，于是公司决定调整产品结构，确保在销售收入不变的情况下，对甲产品升级改造，暂停生产，扩大乙产品的销售规模，适当缩小丙产品的销售规模。乙产品的销售量将增加到每月400件，销售单价仍为400元，单位变动成本为220元。丙产品的销售量将降低到每月200件，销售单价仍为

200元，单位变动成本为128元。公司的固定成本包括生产线折旧费用50 000元/月和固定管理费用5 500元/月。甲、乙、丙三种产品的产品结构由原比例10%、40%、50%变为0、80%、20%。整理后的已知数据信息如表5-7所示。

表5-7　已知数据信息

项目	甲产品	乙产品	丙产品
销售量/件	400	200	500
销售单价/元	50	400	200
单位变动成本/元	45	220	128
产品比例	10%	40%	50%
调整后的销售情况			
销售量/件	—	400	200
销售单价/元	—	400	200
单位变动成本/元	—	220	128
调整后比例	0	80%	20%
固定成本	生产线折旧费用	50 000元/月	55 500元/月
	固定管理费用	5 500元/月	
原综合边际贡献率	37%		

公司需要重新评估其盈利情况，并确定在新的产品结构下的综合保本销售额和调整后的预期利润。

要求：计算综合边际贡献率、综合保本销售额、产品结构调整后的预期利润。

解析：

(1) ① 计算乙、丙两种产品的边际贡献率。

乙产品的边际贡献率=(400−220)÷400×100%=45%

丙产品的边际贡献率=(200−128)÷200×100%=36%

② 计算乙、丙两种产品的预计销售收入总额及销售结构。

销售收入总额=400×400+200×200=200 000(元)

乙产品的销售收入比重=(400×400)÷200 000×100%=80%

丙产品的销售收入比重=(200×200)÷200 000×100%=20%

③ 计算综合边际贡献率。

调整后综合边际贡献率=80%×45%+20%×36%=43.2%

可以看到，调整产品结构后，综合边际贡献率由原来的较低水平(原综合边际贡献率为37%)增加到43.2%。

(2) 计算综合保本销售额。

综合保本销售额=固定成本总额÷调整后的综合边际贡献率

=(50 000+5 500)÷43.2%≈128 472.22(元)

(3) 计算预期利润。

利润=销售收入总额×综合边际贡献率−固定成本

调整产品结构后的利润=200 000×43.2%−55 500=30 900(元)

本例中，在销售收入不变的情况下，提高了边际贡献率较高的乙产品的销售量，同时减少了边际贡献率较低的甲和丙的销售量，最终利润30 900元比原产品结构下的利润18 500(200 000×37%-55 500=18 500)元有所提高。企业应及时关注各产品的获利能力，提高边际贡献率高的产品销售占比，会使综合边际贡献率提高，从而提高利润。

四、目标利润分析

目标利润分析，又称为保利分析，是运用本量利基本关系的原理，确保企业能够达到既定目标利润的分析。目标利润分析的核心在于确定保利点，保利点是在给定的价格和成本条件下，为实现预定的目标利润所要达到的销售数量或销售额。

与盈亏平衡分析或保本分析不同，目标利润分析不满足于企业达到盈亏平衡，而是追求实现具体的盈利目标，这对于企业的生存和发展至关重要。通过保利分析，企业可以明确为了达到目标利润需要完成的业务量，以及与此相关的成本和售价之间的关系，为企业提供了明确的业务目标和实现盈利的路径。

目标利润分析可以分为单一产品的目标利润分析和产品组合的目标利润分析。前者主要关注每个参与要素的重要性，如产品的售价、成本和销售量等，以揭示它们如何共同影响目标利润的实现。而后者则更注重如何优化产品组合，以实现整体利润的最大化。目标利润分析不仅有助于企业设定明确的盈利目标，还提供了实现这些目标的具体策略和路径，从而有助于企业的长期稳定发展。

(一) 单一产品的目标利润分析

1. 所得税税前目标利润分析

本量利分析的基本公式如下。

利润=(单价-单位变动成本)×销售量-固定成本

这里的“利润”为企业缴纳所得税前的目标利润，即

目标利润=(单价-单位变动成本)×销售量-固定成本

$$达目标利润的销售量=\frac{固定成本+目标利润}{单价-单位变动成本}=\frac{固定成本+目标利润}{单位边际贡献}=\frac{F+目标利润}{P-V}$$

$$达目标利润的销售额=\frac{F+目标利润}{P-V}\times P=\frac{F+目标利润}{边际贡献率}$$

$$边际贡献率=\frac{P-V}{P}$$

2. 所得税税后目标利润分析

净利润=利润总额-所得税=利润总额×(1-企业所得税税率)

$$达目标净利润的销售量=\frac{固定成本+\dfrac{目标净利润}{1-所得税税率}}{单价-单位变动成本}=\frac{固定成本+\dfrac{目标净利润}{1-所得税税率}}{单位边际贡献}$$

$$达目标净利润的销售额=\frac{F+目标利润}{P-V}\times P=\frac{F+\dfrac{目标净利润}{1-所得税税率}}{边际贡献率}$$

【例5-10】某企业专门生产并销售一种关键的高性能汽车部件，每个部件的售价为200元。每个部件的单位变动成本是120元，每月的固定成本是10 000元。

要求：基于这些信息为企业制定策略，以实现稳定的利润增长。

解析：

(1) 假设企业税前目标利润为50 000元，计算实现税前目标利润的销售量和销售额。

$$达目标利润的销售量=\frac{10\,000+50\,000}{200-120}=750(个)$$

$$达目标利润的销售额=\frac{10\,000+50\,000}{200-120}\times 200=150\,000(元)$$

(2) 假设企业税后目标利润为52 500元，计算实现目标净利润的销售量和销售额，企业所得税税率为25%。

$$达目标净利润的销售量=\frac{10\,000+\dfrac{52\,500}{1-25\%}}{200-120}=1\,000(个)$$

$$达目标净利润的销售额=\frac{10\,000+\dfrac{52\,500}{1-25\%}}{200-120}\times 200=200\,000(元)$$

(二) 产品组合的目标利润分析

在产品组合的目标利润分析中，当企业生产和销售多种产品时，为了确保整体利润目标的实现，首先，应通过综合考虑每种产品的边际贡献和销售比重来计算综合边际贡献率；其次，利用综合边际贡献率，确定达到预期利润所需的总体销售额，即保利点销售额；然后，进一步根据各产品在销售额中的比重，详细划分出每种产品应达到的保利点销售额；最后，将这些销售额目标转化为具体的销售量目标，为销售团队提供明确的业绩指标，从而更有效地推动整体利润目标的实现。

当企业产销多种产品时，确定保利点的计算公式如下。

$$产品组合目标利润销售额(保利额)=\frac{固定成本总额+目标利润}{综合边际贡献率}$$

$$各种产品的目标利润销售额=产品组合保利额\times 各产品销售收入比$$

【例5-11】沿用【例5-4】的资料，整理后的已知数据信息如表5-8所示。

表5-8　已知数据信息

项目	甲产品	乙产品	丙产品
销售量/件	400	200	500
销售单价/元	50	400	200
单位变动成本/元	45	220	128
固定成本	生产线折旧费用	50 000元/月	55 500元/月
	固定管理费用	5 500元/月	

要求：

通过计算可知综合边际贡献率为37%，甲、乙、丙三种产品的销售收入比重分别为10%、40%、50%。假设企业税前目标利润为129 500元，计算实现税前目标利润的销售量和销售额。

解析：

(1) 计算产品组合目标利润销售额。

$$产品组合目标利润销售额 = \frac{55\ 500 + 129\ 500}{37\%} = 500\ 000(元)$$

(2) 按产品百分比计算各产品的目标利润销售额。

甲产品目标利润销售额 $= 500\ 000 \times 10\% = 50\ 000$(元)

乙产品目标利润销售额 $= 500\ 000 \times 40\% = 200\ 000$(元)

丙产品目标利润销售额 $= 500\ 000 \times 50\% = 250\ 000$(元)

(3) 根据各产品的单价计算各产品的目标利润销售量。

甲产品目标利润销售量 $= 50\ 000 \div 50 = 1\ 000$(件)

乙产品目标利润销售量 $= 200\ 000 \div 400 = 500$(件)

丙产品目标利润销售量 $= 250\ 000 \div 200 = 1\ 250$(件)

任务三　边际分析

一、边际分析认知

边际分析，是指分析某可变因素的数量变动引起其他相关可变因素变动的程度的方法，以评价既定产品或项目的获利水平，判断盈亏临界点，提示营运风险，支持营运决策。企业在营运管理中，通常在进行本量利分析、敏感性分析的同时广泛应用边际分析工具方法。

边际分析主要包括边际贡献分析、安全边际分析等。边际贡献分析主要用于评估产品、项目或决策对企业总体利润的贡献程度。它基于边际贡献的概念，涉及边际贡献率、单位边际贡献、变动成本率等指标，这部分内容在本量利分析部分已阐述，本任务主要介绍安全边际分析。

二、边际分析相关指标

1. 安全边际

安全边际分析是一种有效的企业经营风险评估方法。它通过对比企业的实际或预计销售量与盈亏临界点的销售量，来量化企业在不亏损的前提下，销售量可以承受的最大降幅。安全边际揭示了企业在市场衰退时能够保持盈利的“安全缓冲区”。

安全边际有两种表现形式：绝对数和相对数。绝对数形式的安全边际，是指实际或预计销售量与盈亏临界点销售量的具体差额，这个差额直观地反映了企业销售量超出盈亏临界点销售量的部分。而相对数形式的安全边际即为安全边际率。安全边际率越高，意味着企业的销售业绩越稳健，远离盈亏临界点，企业的经营风险也相对较低。安全边际示意图如图5-8所示。

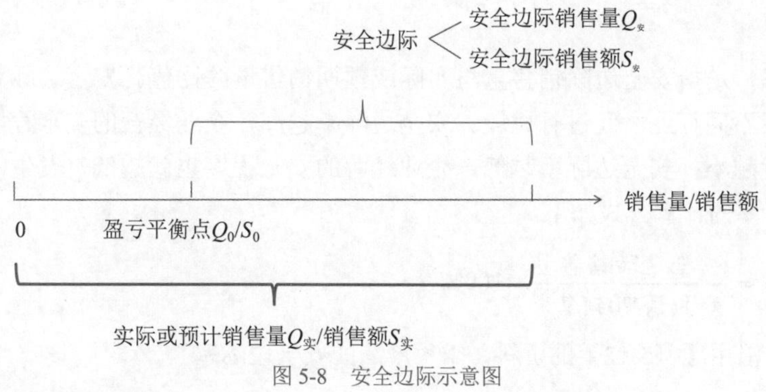

图 5-8　安全边际示意图

安全边际的计算公式如下。

安全边际销售量$Q_安$=实际或预计销售量−保本销售量

安全边际销售额$S_安$=实际或预计销售额−保本销售额=安全边际销售量×单价

【例5-12】某健身器材生产企业推出了一款甲产品。该产品的单位变动成本是20元，固定成本为10 000元。甲产品的销售单价为60元，企业预计的销售量为700件。

要求：计算甲产品的安全边际销售量和安全边际销售额。

解析：

盈亏平衡点销售量$Q_0=F\div(P-V)=10\ 000\div(60-20)=250$(件)

甲产品安全边际销售量$Q_安=700-250=450$(件)

甲产品安全边际销售额$S_安=450\times60=27\ 000$(元)

通过计算得出甲产品的销售量超过了盈亏平衡点销售量。盈亏平衡点销售量为250件，实际销售量是700件，说明当销售量达到250件时，固定成本总额和边际贡献相等，超过250件的销售量所带来的销售收入，减去每件产品的变动成本，即为企业的盈利。也就是安全边际内的销售额减去其自身的变动成本后就是企业的盈利。甲产品的销售量在达到盈亏平衡点销售量后，企业预计还能销售450件产品，并获得27 000元的额外收入。例题中的销售量信息如图5-9所示。

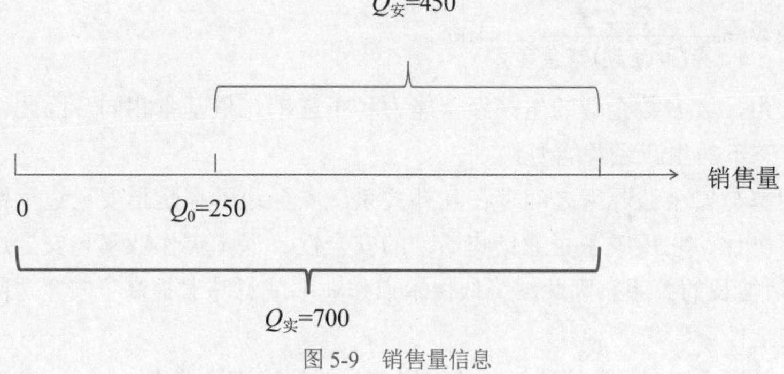

图 5-9　销售量信息

安全边际指明了实际(预计)销售量(额)与保本销售量(额)之间的差距，安全边际越大，企业亏损的可能性就越小，经营的安全程度就越高。

2. 安全边际率

安全边际率，是指安全边际销售量与实际或预期销售量的比值。安全边际率是相对指标，便于不同企业或不同行业之间进行比较。安全边际率越高，企业经营的安全程度就越高，发生亏损的可能性就越小；安全边际率越低，企业经营的安全程度也就越低，发生亏损的可能性就越大。安全边际率的计算公式如下。

$$安全边际率=\frac{安全边际销售量}{实际(预期)销售量}\times 100\%$$

【例5-13】沿用【例5-12】的资料，求甲产品的安全边际率。

甲产品的安全边际率=450÷700=64.29%

安全边际分析例题

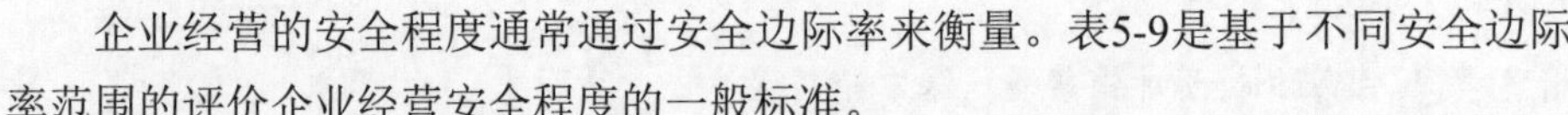

企业经营的安全程度通常通过安全边际率来衡量。表5-9是基于不同安全边际率范围的评价企业经营安全程度的一般标准。

表5-9 评价企业经营安全程度的一般标准

安全边际率	<10%	10%～20%	20%～30%	30%～40%	>40%
经营安全程度	危险	值得注意	较安全	安全	很安全

3. 保本点作业率

保本点作业率又称为危险率，是指保本点销售量(额)占实际(预计)销售量(额)的比重。安全边际率为正指标，保本点作业率为逆指标。保本点作业率越高，说明企业实现保本所需的销售量(额)占实际(预计)销售量(额)的比重越大，企业的经营风险也就越高。相反，如果该比率较低，说明企业在较低的销售水平下就能实现保本，经营风险相对较低。

企业的销售量可以分为两部分：一部分是保本点销售量；另一部分是安全边际销售量。相关计算公式如下。

实际(预计)销售量=保本点销售量+安全边际销售量

保本点作业率的计算公式如下。

$$保本点作业率=\frac{保本量}{实际(预期)销售量}\times 100\%$$

在实际工作中，大多数企业的生产经营能力和正常销售量基本相同，因此，这个比率还表明企业在保本状态下的生产经营能力。

保本点作业率与安全边际率之间存在互补关系。安全边际率是指安全边际销售量占实际或预期销售量的百分比，它反映了企业销售活动的安全性。保本点作业率与安全边际率之和等于1，即两者是此消彼长的关系。因此，降低保本点作业率就意味着提高了安全边际率，从而增强了企业的经营安全性。

【例5-14】沿用【例5-12】的资料，计算甲产品的保本点作业率。

解析：

甲产品的保本点作业率=250÷700=35.71%

或者根据已经算出的甲产品的安全边际率64.29%，结合保本点作业率与安全边际率的互补关系，可知保本点作业率=1−64.29%=35.71%。

4. 销售利润率

销售利润率，是企业利润与销售额之间的比率。它是以销售收入为基础分析企业获利能力，反映销售收入收益水平的指标，即每元销售收入所获得的利润。

销售利润率的计算公式如下。

销售利润率=利润÷销售收入

销售利润率=安全边际率×边际贡献率

这四个边际分析指标——安全边际、安全边际率、保本点作业率和销售利润率，共同构成了企业盈利能力和经营风险评估的重要框架。安全边际和安全边际率侧重于衡量企业销售的安全程度和风险缓冲能力。保本点作业率则揭示了企业实现保本所需的销售水平。销售利润率则直接反映了企业每单位销售额的利润水平。这些指标在财务分析、经营决策和战略规划中都有广泛应用，帮助企业全面了解自身财务状况，优化成本控制和市场策略，从而实现更稳健和可持续的盈利。它们的侧重点和应用范围不同，但共同目标都是提升企业的盈利能力，降低经营风险。

边际分析指标例题

任务四　敏感性分析

一、敏感性分析认知

(一) 敏感性分析的概念与适用范围

敏感性分析，是指对影响目标实现的因素进行量化分析，以确定各因素的变化对目标实现的影响及其敏感程度。

在保本分析和保利分析中隐含着一个假定，即除待求变量外的其他参数都是确定不变的。实际上，商品市场的变化(如供求数量、原材料价格、产品价格等的变动)和企业生产技术条件的变化(如原材料消耗、工时消耗水平等的变动)，会引起模型中的参数发生变化，势必对原已计算的盈亏平衡点、目标利润或目标销售量产生影响。经营者希望事先预知、掌握有关参数变化的影响程度，以便在变化发生时及时采取对策，调整企业计划，使生产经营活动始终控制在最有利的状态。敏感性分析是解决类似问题的一种可取的方法。

敏感性分析具有广泛适用性，有助于识别、控制和防范短期营运决策、长期投资决策等相关风险，也可以用于一般经营分析。企业在营运计划的制订、调整，以及营运监控分析等程序中通常会应用敏感性分析，敏感性分析也常用于长期投资决策等。

(二) 敏感性分析在短期经营决策中的应用

短期经营决策中的敏感性分析主要聚焦于目标利润规划，也称为利润敏感性分析。短期经营决策中的敏感性分析的程序一般如下。

1. 确定短期经营决策的目标

在利润敏感性分析中，利润规划的目标是实现利润最大化，有关计算公式如下。

利润=销售量×(单价−单位变动成本)−固定成本总额

2. 根据决策环境确定目标利润的基准值

在确定目标利润的基准值时，企业通常根据正常状态下的产品销售量、定价和成本状况，使用本量利公式来测算。

3. 分析确定影响利润基准值的各种因素

企业根据本量利公式分析和识别影响利润基准值的因素，如销售量、单价、单位变动成本和固定成本。企业在进行敏感性分析时，可视具体情况和以往经验选取对利润基准值影响较大的因素进行分析。

4. 计算敏感系数

企业在进行因素分析时，可以通过计算各因素的敏感系数，衡量因素变动对利润基准值的影响程度。企业可以进行单因素敏感性分析或多因素敏感性分析。

单因素敏感性分析，是指只变动一个因素而其他因素保持不变时所做的敏感性分析。敏感系数反映的是某一因素值变动对目标值变动的影响程度，有关公式如下。

某因素敏感系数=目标值变动百分比÷因素值变动百分比

在目标利润规划中，目标值为目标利润，变动因素为销售量、单价、单位变动成本和固定成本。敏感系数的绝对值越大，该因素越敏感。

多因素敏感性分析，是指假定其他因素不变时，分析两种或两种以上不确定性因素同时变化对目标的影响程度。

企业在进行目标利润规划时，通常以利润基准值为基础，测算销售量、单价、单位变动成本和固定成本中两个或两个以上的因素同时发生变动时，对利润基准值的影响程度。

5. 根据敏感系数对各因素进行排序

企业应根据敏感系数绝对值的大小对其进行排序，按照有关因素的敏感程度优化规划和决策。有关因素只要有较小幅度变动就会引起利润较大幅度变动的，属于敏感性因素；有关因素虽有较大幅度变动但对利润影响不大的，属于弱敏感性因素。

在短期经营决策中，销售量、单价、单位变动成本和固定成本都会对利润产生影响，应重点关注敏感性因素，及时采取措施，加强对敏感性因素的控制，确保利润规划的完成。

利润敏感性分析法是研究利润的有关因素发生某种变化时利润的变化程度的一种分析方法。基于本量利关系的利润敏感性分析，主要研究影响利润的有关因素发生多大变化会使盈利转为亏损、各因素变化对利润变化的影响程度，以及各因素变动时如何调整应对，以保证原目标利润的实现。影响利润的因素有售价、单位变动成本、销量、固定成本等。

(三) 敏感性分析在长期投资决策中的应用

除了短期经营决策中的目标利润规划，敏感性分析还广泛应用于长期投资决策。在长期投资决策中，敏感性分析主要探讨项目期限、折现率和现金流量等关键变量的变化对投资方案的净现值、内含报酬率等指标的影响。这种分析有助于企业对项目投资决策的可行性进行全面评估。

长期投资决策的评估通常基于多个基准值，如净现值、内含报酬率、投资回收期和现值指数等。为了进行更准确的评估，企业需要结合行业和项目的特性，根据过去的投资经验，来识别和选取影响这些基准值的关键因素，主要包括项目的期限、现金流和折现率。当以净现值为目标值进行敏感性分析时，可以深入研究年现金净流量、有效使用年限和折现率的变动如何影响净现值。此外，还可以计算出净现值为零时的年现金净流量和有效使用年限的临界值。以内含报酬率为核心指标进行敏感性分析，则可以探究年现金净流量和有效使用年限的变动如何影响内含报酬率。

长期投资决策中的敏感性分析重点在于评估投资方案中关键因素的变动对预期结果的潜在影响，从而为项目的投资决策提供有力的可行性评估。本任务的核心主要关注短期经营决策中的敏感性分析。

(四) 敏感性分析的评价

敏感性分析的优点如下。

(1) 方法简单易行。敏感性分析通常使用直观且易于理解的数学和统计方法。这使得分析过程相对简单，不需要复杂的建模或高级统计知识。

(2) 分析结果易于理解。敏感性分析的结果通常以图表或数值形式呈现，直观地展示了不同因素对结果的影响程度。这使得决策者能够快速地识别关键因素和潜在风险。

(3) 为规划和决策提供参考。通过敏感性分析，企业可以更好地了解各种因素(如成本、价格、市场需求等)对盈利能力和其他关键指标的影响。这有助于企业在规划、控制和决策过程中做出更明智的选择。

敏感性分析的缺点如下。

(1) 依赖决策模型。敏感性分析的有效性高度依赖于所使用的决策模型的准确性和可靠性。模型存在缺陷或不符合实际可能导致分析结果的误导。

(2) 依赖预测数据。敏感性分析需要使用预测数据评估因素的影响，但预测数据存在不确定性，受市场波动、政策变化等多种因素影响，直接影响分析的可靠性。

二、最大最小法

在对利润规划进行敏感性分析时，企业应确定导致经营状态由盈利转为亏损的有关变量的临界值，即确定销售量和单价的最小允许值、单位变动成本和固定成本的最大允许值。

本量利分析的基本模型如下。

利润=(单价－单位变动成本)×销售量－固定成本

从中可以发现单价、单位变动成本、销售量和固定成本的任何变动都会对企业的利润产生直接影响。当这些因素的变动累积到一定程度时，可能会导致企业的利润被完全抵消，使企业进入盈亏平衡的临界状态，进而引发企业经营状况的根本性转变。

最大最小法是进行敏感性分析的常用方法，可帮助企业确定引发目标利润发生盈转亏变化的各个因素的临界变动范围。通过这种方法，企业可以更加清晰地了解各个因素对利润的影响程度，从而为企业的决策提供更加有力的支持。

相关计算公式如下。

$$销售量的最小允许值=\frac{固定成本}{单价-单位变动成本}$$

$$单价的最小允许值=单位变动成本+\frac{固定成本}{销售量}$$

$$单位变动成本的最大允许值=单价-\frac{固定成本}{销售量}$$

$$固定变动成本的最大允许值=(单价-单位变动成本)\times 销售量$$

【例5-15】假设企业只生产甲产品，年度内预计有关资料如下：销售量预计为15万件，单价为200元，单位变动成本为120元，全年固定成本为1 000万元。

要求：确定相关因素的保本临界值。

解析：

根据资料可计算企业的全年利润，$L=(200-120)\times 15-1\,000=200$(万元)。

(1) 计算销售量的临界值(最小允许值)。

$Q_{min}=F\div(P-V)=1\,000\div(200-120)=12.5$(万件)

12.5万件是销售量的最小临界值，小于12.5万件就会亏损，或者说完成计划销售量的83.33%(12.5÷15)，企业就可以保本。

(2) 计算销售单价的临界值(最小允许值)。

$P_{min}=V+F\div Q=120+1\,000\div 15=186.67$(元)

单价不能低于186.67元，下降幅度不能超过6.67%，否则就会亏损。也就是说，销售单价不能低于186.67元这个最小允许值，否则便会发生亏损。

(3) 计算单位变动成本的临界值(最大允许值)。

$P_{max}=P-F\div Q=200-1\,000\div 15=133.33$(元)

当单位变动成本由120元提高到133.33元时，企业由盈利200万元转为不盈不亏；若单位变动成本超过这个临界点，就转为亏损，即单位变动成本只允许增加11.11%。

(4) 计算固定成本的临界值(最大允许值)。

$F_{max}=(P-V)\times Q=(200-120)\times 15=1\,200$(万元)

固定成本最高只能为1 200万元，超过了该值，企业就会发生亏损，即固定成本只允许增加20%。

除了以上四个因素，产品结构、市场波动、政策变化等因素也会影响利润。在现代经济生活中，企业要面向市场，以销定产，尽可能满足不同的社会需要。 最大最小法为决策者提供了一种直观的方式来评估项目在不同情境下的风险和收益。然而，它也有一些局限性，如可能忽略某些因素的相互作用或非线性影响。因此，在使用最大最小法进行敏感性分析时，应谨慎考虑其适用范围和局限性。

三、敏感系数

(一) 敏感系数认知

利润敏感性分析是一种通过计算各相关因素的敏感系数，来揭示利润与这些因素之间关系的分析方法。它有助于企业管理人员了解哪些因素对利润有显著影响，从而为利润预测和决策提供坚实的数据支持。

敏感系数是一个相对指标，用于衡量某一因素的变化对利润变化的相对影响程度。它表示为利润变化的百分比与因素变化的百分比之间的比值。不同的参数变化对利润的影响程度各不相同，有些参数微小的变化即能引起利润的显著变动，这些参数称为敏感因素；相反，有些参数变化后利润变化不大，这些称为不敏感因素。

为便于计算敏感系数，做出如下假定。

(1) 假定利润主要受销售量、销售单价、单位变动成本和固定成本四个因素的影响，并且这四个因素中的任一变动不会对其他三个因素产生影响。这样的假定有助于独立考察每个因素对利润的影响。

(2) 假定每个因素都按照相同的幅度$a\%$进行变动。这样的设定可以科学地比较不同因素对利润影响的大小。

基于以上假定，可以计算出利润受各因素影响的敏感系数。某因素的敏感系数是指该因素在假定条件下单独变动$a\%$后，所导致的利润变动百分比与该因素的变动百分比$a\%$的比值。因此，在计算敏感系数之前，必须确定各因素变动前的数值，即在本量利分析中，计划期的各个因素和目标利润都应是已知的。

(二) 敏感系数的计算

1. 确定基期数据并计算基期利润

基期利润的计算公式如下。

基期利润$=(P_0-V_0)\times Q_0-F_0$

其中，P_0为基期销售单价，V_0为基期单位变动成本，Q_0为基期销售量，F_0为基期固定成本。

2. 分别计算各因素变化后的新利润

假设销售量变化为Q_1，新利润的计算公式如下。

新利润$=(P_0-V_0)\times Q_1-F_0$

假设销售单价变化为P_1，新利润的计算公式如下。

新利润$=(P_1-V_0)\times Q_0-F_0$

假设单位变动成本变化为V_1，新利润的计算公式如下。

新利润$=(P_0-V_1)\times Q_0-F_0$

假设固定成本变化为F_1，新利润的计算公式如下。

新利润$=(P_0-V_0)\times Q_0-F_1$

3. 计算利润变化量和变化百分比

利润变化量(Δ利润)是新利润与基期利润的差值，计算公式如下。

Δ利润＝利润′－基期利润

利润变化百分比是利润变化量与基期利润的比值，计算公式如下。

$$利润变化百分比=\frac{\Delta利润}{基期利润}=\frac{利润'-基期利润}{基期利润}\times100\%$$

4. 计算因素变化量和变化百分比

因素变化量(Δ因素)是新因素与基期因素的差值，计算公式如下。

Δ因素＝因素′－基期因素

例如，$\Delta Q=Q_1-Q_0$。

因素变化百分比是因素变化量与基期因素的比值，计算公式如下。

$$因素变化百分比=\frac{因素'-基期因素}{基期因素}\times100\%$$

例如，$Q\%=\frac{\Delta Q}{Q_0}\times100\%$。

5. 计算敏感系数

敏感系数的计算公式如下。

$$敏感系数=\frac{利润变化百分比}{因素变化百分比}\times100\%$$

对销售量、销售单价、单位变动成本和固定成本也执行相同的计算步骤，得到各自的敏感系数。

【例5-16】某公司A产品的销售量为5 000件，销售单价为50元，单位变动成本为20元，固定成本为60 000元。假设销售量、销售单价、单位变动成本和固定成本分别增长20%。

要求：计算各因素的敏感系数。

解析：

基期利润＝(50−20)×5 000−60 000＝90 000(元)

(1) 计算销售量的敏感系数。

当销售量增加20%后：

销售量′＝5 000×(1＋20%)＝6 000(件)

利润′＝6 000×(50－20)－60 000＝120 000(元)

Δ利润＝(利润′－基期利润)÷基期利润＝(120 000－90 000)÷90 000×100%＝33.3%

销售量的敏感系数＝33.3%÷20%＝1.67

分析：销售量变动20%，利润就会变动33.3%，当销售量增长时，利润会以更大的幅度增长，这是由于企业固定成本被产量、销量分摊导致成本下降。因此，公司应该重视销售策略，努力提升销售量以实现更高的利润。对销售量进行敏感性分析，实质上就是分析经营杠杆现象，利润对销售量的敏感系数其实就是经营杠杆系数。

(2) 计算销售单价的敏感系数。

当销售单价增加20%后：

销售单价′=50×(1+20%)=60(元)

利润′=5 000×(60−20)−60 000=140 000(元)

Δ利润=(140 000−90 000)÷90 000×100%=55.56%

销售单价的敏感系数=55.56%÷20%=2.78

分析：销售单价的增加对利润的影响是正向且显著的。当单价增加20%后，利润增加了55.56%，敏感系数高达2.78。这表明，提高销售价格是一种非常有效的增加利润的手段。然而，公司也需要注意，过高的价格可能会导致市场需求下降，因此，在制定价格策略时需要综合考虑市场需求和竞争对手的定价。

(3) 计算单位变动成本的敏感系数。

当单位变动成本增加20%后：

单位变动成本′=20×(1+20%)=24(元)

利润′=5 000×(50−24)−60 000=70 000(元)

Δ利润=(70 000−90 000)÷90 000×100%=−22.22%

单位变动成本的敏感系数=−22.22%÷20%=−1.11

分析：单位变动成本的增加对利润的影响是负面的。当单位变动成本增加20%后，利润下降了22.22%，敏感系数为−1.11。这意味着，控制变动成本对于保持利润水平至关重要。公司应该寻找降低生产成本的方法，如提高生产效率、采购更便宜的原材料等。

(4) 计算固定成本的敏感系数。

当固定成本增加20%后：

固定成本′=60 000×(1+20%) =72 000(元)

利润′=5 000××(50−20)−72 000=78 000 (元)

Δ利润=(78 000−90 000)÷90 000×100%=−13.33%

固定成本的敏感系数=−13.33%÷20%=−0.67

分析：固定成本的增加也会对利润产生负面影响，但相对于变动成本来说，其影响较小。当固定成本增加20%后，利润下降了13.33%，敏感系数为−0.67。尽管如此，公司仍然应该努力控制固定成本，通过优化组织结构、提高资源利用效率等方式来减少不必要的支出。同时，在进行投资决策时，也需要谨慎评估新增固定成本对利润的长期影响。

根据以上计算，将四个因素按敏感系数的绝对值从大到小排序。

|销售单价敏感系数|=2.78＞|销售量敏感系数|=1.67＞|单位变动成本敏感系数|=1.11＞|固定成本敏感系数|=0.67

通过计算和分析，企业可以更加清晰地了解各因素对利润的影响程度，从而制定更加有效的经营策略。例如，对于敏感系数较高的因素，企业可以优先考虑对其进行调整以优化利润表现。

❖ 注意：

上述各因素敏感系数的排序是在例题所设定的条件下得到的，如果条件发生变化，各因素敏感系数的排序也可能发生变化。在进行敏感性分析时，关键是数值的大小，数值越大，敏感程度越高。敏感系数的符号只与影响方向有关，与敏感程度无关。

各因素的敏感系数也可以用以下通用公式计算。

敏感系数=(Δ利润÷基期利润)÷(Δ因素÷基期因素)×100%

其中，Δ利润表示利润的变化量，Δ因素表示某个因素的变化量，基期利润和基期因素分别表示变化前的利润和因素值。

以销售量的敏感系数的计算为例，当销售量增加a时：

新销售量$=Q\times(1+a)$

销售量变化后的利润(利润')$=(P-V)\times Q\times(1+a)-F$

利润变化量Δ利润＝利润'－基期利润$=(P-V)\times Q\times a$

因素变化量Δ销售量$=Q\times a$

销售量的敏感系数=[$(P-V)\times Q\times a$÷基期利润]÷$a=(P-V)\times Q$÷基期利润

为便于学习，现将各因素的敏感系数的简便计算公式进行汇总，如表5-10所示。

表5-10　各因素的敏感系数的简便计算公式

因素	销售量	单价	单位变动成本	固定成本
简便计算公式	$\frac{(P-V)\cdot Q}{L}$	$\frac{P\cdot Q}{L}$	$-\frac{V\cdot Q}{L}$	$-\frac{F}{L}$
方向	正比例	正比例	反比例	反比例

注：L代表基期利润

在企业正常盈利的条件下，各因素的敏感系数的排序确实呈现一定的规律。这种规律的决定性因素在于各个变量的相对大小，这可以从敏感系数的计算公式中推导出来。以下是各因素敏感系数的一些常见排序规律。

(1) 单价的敏感系数总是最高。这是因为在企业正常盈利的条件下，单价的变化会直接影响每一单位的销售收入，从而对利润产生显著影响。

(2) 销售量的敏感系数不可能最低。销售量的增加会带来更多的收入，而且固定成本不随销售量的变化而变化，因此销售量对利润的影响是显著的。

(3) 单价的敏感系数与单位变动成本的敏感系数的绝对值之差等于销售量的敏感系数。这个规律可以通过敏感系数的计算公式进行验证。

(4) 销售量的敏感系数与固定成本的敏感系数的绝对值之差等于 1。这个规律可能需要根据具体的数学模型和假设条件来推导和验证，但在一般情况下，由于固定成本不随销售量变化，其对利润的敏感程度通常低于销售量。

这些规律可能受到具体业务环境和假设条件的影响，但在许多情况下可以作为有用的指导原则。

敏感系数的符号只与影响方向有关。如果因素变化导致利润增加，则敏感系数为正；如果导致利润减少，则敏感系数为负。敏感系数的符号与敏感程度(敏感系数的绝对值大小)无关。

思悟启迪　量体裁衣，因地制宜

中国企业在全球化浪潮中的坚守与创新

在全球化的时代背景下，中国企业正以前所未有的速度和规模走向世界。其中，营运管理的科学化和精细化成为推动企业走向国际市场的重要力量。某家中国制造的服装品牌就是一个典型的例子，它通过高效的营运管理，在国内外市场上取得了显著的成绩，展现了中国企业的新风貌。

1. 营运管理的精细化实践

这家服装品牌非常注重营运管理的优化，通过精细化、系统化的管理方式，实现了生产、销售、库存等各环节的高效协同。该品牌引入了先进的ERP系统，实现了数据化、信息化的管理，大大提高了工作效率和决策准确性。同时，该品牌还建立了完善的供应链管理体系，确保了原材料的稳定供应和产品质量的可控性。

2. 营运优化带来的成效

这种营运管理的优化带来了显著的成效。首先，该品牌的生产效率得到了大幅提升，产品从设计到生产再到销售的周期大幅缩短，快速满足了市场需求。其次，通过精细化的库存管理，减少了库存积压和浪费，提高了资金使用效率。最后，优质的供应链管理使得产品质量得到了有力保障，客户满意度持续提升。

3. 履行企业社会责任与绿色发展

这些营运管理的成效不仅体现在经济效益上，更体现在企业社会责任的履行上。通过优化生产流程，减少资源浪费和环境污染，该企业为社会的绿色发展做出了贡献。同时，优质的产品和服务也赢得了消费者的信任和喜爱，提升了企业的品牌形象和社会影响力。

这家服装品牌的成功经验告诉我们，营运管理的优化是企业走向国际市场、提升竞争力的重要途径。在未来的发展中，希望更多的中国企业能够重视营运管理的科学化和精细化，为实现可持续发展和履行社会责任做出更大的贡献。同时，也希望同学们能够从中汲取经验，将所学的知识和技能应用到实际工作中，为中国企业的国际化贡献力量。

岗课赛证

一、营运管理岗位的核心能力

营运管理岗位需具备营运管理、财务分析、决策制定和数据分析等核心能力，以全面把握企业运营，评估盈利与风险，并做出明智的数据驱动决策。

(1) 营运管理能力：能够运用营运管理方法有效管控企业的营运活动。

(2) 财务分析能力：熟练进行本量利分析、敏感性分析、边际贡献分析、盈亏平衡分析、安全边际分析。

(3) 决策能力：能够利用营运管理手段做出短期经营决策。

(4) 数据分析能力：能够深入分析营运数据。

二、营运管理岗位的任务

营运管理岗位主要负责优化企业营运管理，对短期经营决策进行科学分析，利用大数据进行风险控制，并深入分析营运数据以支撑企业战略规划和市场预测。

(1) 营运管理：进行本量利分析、敏感性分析、边际贡献分析、盈亏平衡分析、安全边际分析，计算经济订货批量。

(2) 短期经营决策：运用差量分析法、边际贡献分析法和本量利分析法等，为日常生产和定价提供决策支持。

(3) 大数据风控：对费用风险、应收账款风险、采购风险、存货风险等进行管控。

(4) 营运数据分析：利用大数据工具分析成本、销售费用、财务费用等数据；设计数据看板，进行销售分析与预测、费用分析与洞察。

三、营运管理岗位实践案例

怡锅宝火锅有限公司是一家专注于火锅经营的公司，总部位于四川成都。公司通过在全国各地设立直营门店的方式展开经营。各门店均有线上和线下两种销售方式。2022 年，公司共有火锅门店87家。公司2022年部分经营数据及本量利分析资料如下。

(一) 2022年部分经营数据

该公司2022年的营业收入明细如表5-11所示。

表5-11　2022年营业收入明细

线下部分：

项目	门店数/家	各门店年平均就餐人次/人	人均消费额/元	线下收入金额/元
一线城市	25	110 500	118	325 975 000
二线城市	32	75 500	100	241 600 000
三线及以下城市	30	60 050	90	162 135 000
小计	87			729 710 000

线上部分：

项目	门店数/家	各门店平均销售份数/份	每份平均消费金额/元	线上收入金额/元
一线城市	25	20 075	352	176 660 000
二线城市	32	9 125	298	87 016 000
三线及以下城市	30	2 190	205	13 468 500
小计	87			277 144 500
合计				1 006 854 500

该公司2022年的营业成本明细如表5-12所示。

表5-12　2022年营业成本明细

单位：元

项目	一线城市	二线城市	三线及以下城市	合计
锅底	32 625 500	22 826 000	13 624 400	69 075 900
蔬菜类	19 191 600	12 839 600	6 358 100	38 389 300
肉类	95 957 600	65 624 800	36 331 800	197 914 200
菌菇类	34 544 700	24 252 600	14 532 700	73 330 000
干货类	15 353 300	9 986 400	4 541 500	29 881 200
主食类	5 757 500	2 282 600	908 300	8 948 400
饮品类	7 676 600	5 135 900	2 724 900	15 537 400
合计	211 106 800	142 947 900	79 021 700	433 076 400

该公司2022年的销管费用明细如表5-13所示。

表5-13 2022年销管费用明细

单位：元

项目	费用合计	管理费用					销售费用		
		小计	综合管理中心	财务管控中心	人力资源中心	采购管理中心	小计	门店运营中心	市场营销中心
人工成本	190 165 200	19 741 200	18 158 400	546 000	630 000	406 800	170 424 000	169 848 000	576 000
业务宣传费	81 733 575	0	0	0	0	0	81 733 575	0	81 733 575
业务招待费	14 365 813.31	8 509 938.05	4 102 061.05	0	0	4 407 877	5 855 875.26	0	5 855 875.26
折旧及摊销费	5 378 333.33	1 166 666.67	500 000	250 000	250 000	166 666.67	4 211 666.66	4 176 666.67	34 999.99
租赁、物业及水电费	53 670 832.64	384 154.55	160 800	81 070	71 569.4	70 715.15	53 286 678.09	53 202 240	84 438.09
办公费	6 202 532.36	1 939 315.05	1 655 640	92 099.7	108 820.8	82 754.55	4 263 217.31	4 246 200	17 017.31
配送费	6 928 612.5	0	0	0	0	0	6 928 612.5	6 928 612.5	0
低值易耗品费用	50 476 920.68	7 289 933.68	2 675 970	1 691 550	2 482 475	439 938.68	43 186 987	42 509 237	677 750
其他费用	28 860 527.3	27 446 932.21	9 023 229.6	9 960 708	7 656 073.6	806 921.01	1 413 595.09	613 818.08	799 777.01
合计	437 782 347.12	66 478 140.21	36 276 100.65	12 621 427.7	11 198 938.8	6 381 673.06	371 304 206.91	281 524 774.25	89 779 432.66

(二) 本量利分析资料

(1) 由于公司总部为费用中心，不产生收入，因此，公司总部发生的人工成本，业务宣传费，业务招待费，折旧及摊销费，租赁、物业及水电费，办公费，低值易耗品费用及其他费用全部由各火锅门店承担。

(2) 销管费用中的人工成本，业务宣传费，业务招待费，折旧及摊销费，租赁、物业及水电费，办公费及其他费用均为固定费用。

(3) 配送费归属于线上销售，为变动费用，一线、二线、三线及以下城市平均每份配送费比值为1.74∶1.48∶1。

(4) 低值易耗品费用属于混合成本，其中线上销售使用的包装盒属于变动成本，占低值易耗品费用的10%，其余为固定成本。包装盒成本按照各城市类别线上销售份数占比分配。

(5) 固定成本费用的分摊方法：先按照各城市类别的收入占公司整体收入的比重分配到各城市类别，再按照各城市类别下线上、线下收入所占的比重分配，归集到线上、线下销售方式。

(6) 计算时假设各城市类别下线下人均消费金额和线上平均每份消费金额保持不变。

(7) 先计算盈亏平衡点销售量，再计算盈亏平衡点销售额。

根据上述资源，完成怡锅宝火锅2022年本量利分析(见表5-14)，盈亏平衡点销售量向上取整填制答案，并以此结果进行后续计算，其余数据以完整小数位引用计算，顾客人数、销售份数四舍五入保留整数作答，单位为%的项目四舍五入保留%前两位小数作答，其余结果四舍五入保留两位小数。

表5-14　怡锅宝火锅2022年本量利分析

项目	单位	一线城市		二线城市		三线及以下城市	
		线下	线上	线下	线上	线下	线上
顾客人数	人						
人均消费金额	元						
销售份数	份						
平均每份消费金额	元						
单位营业成本—线下	元/人	50		44		40.5	
单位营业成本—线上	元/份						
人工成本	元						
业务宣传费	元						
业务招待费	元						
折旧及摊销	元						
租赁、物业及水电费	元						
办公费	元						
平均每份配送费	元						
固定低值易耗品	元						
变动低值易耗品	元/份						
其他	元						
单位变动成本(线下)	元						
单位变动成本(线上)	元						
固定成本	元						
盈亏平衡点销售量	人、份						
盈亏平衡点销售额	元						

(续表)

项目	单位	一线城市		二线城市		三线及以下城市	
		线下	线上	线下	线上	线下	线上
边际贡献率	%						
综合边际贡献率	%						

复习思考

1. 简述本量利分析基本模型的基本假设和潜在概念，探讨其在企业决策中的应用局限性。

2. 结合具体案例，讨论盈亏平衡分析的步骤和方法，以及如何根据分析结果调整经营策略。

3. 简述保利分析如何帮助企业确定实现利润目标所需的销售量或销售额

4. 理解边际分析的概念，思考有哪些指标可以评估企业的经营安全程度。

5. 掌握敏感性分析的基本方法，分析不同因素对利润影响的敏感程度，并为企业决策提供依据。

巩固练习

任务一 本量利分析

一、判断题

1. 本量利分析是以成本性态分析为基础的。 ( )

2. 在进行本量利分析时，不需要任何假设条件。 ( )

3. 边际贡献首先用于补偿固定成本，之后若有余额，才能为企业提供利润。 ( )

4. 本量利分析的各种模型是建立在多种假设的前提条件下的，因而在实际应用时，不能忽视它们的局限性。 ( )

二、单项选择题

1. ( )是本量利分析的基础，也是本量利分析的出发点。

A. 成本性态分析假设　　B. 相关范围及线性假设

C. 产销平衡假设　　D. 品种结构不变假设

2. 在进行本量利分析时，必须假定产品成本的计算基础是( )。

A. 完全成本法　B. 变动成本法　C. 吸收成本法　D. 制造成本法

3. 在进行本量利分析时，必须把企业全部成本区分为固定成本和( )。

A. 税金成本　B. 材料成本　C. 人工成本　D. 变动成本

4. 某产品的边际贡献率为40%，单位变动成本为36元，则该产品的单价为(　　)。

A. 50.4　　B. 90　　C. 60　　D. 72

5. 某产品固定成本为20 000元，目标利润为5 000元，则该产品的边际贡献为(　　)。

A. 25 000　　B. 15 000　　C. 20 000　　D. 30 000

6. 利润=(实际销售量-保本销售量)×(　　)。

A. 边际贡献率　　B. 单位利润　　C. 单位售价　　D. 单位边际贡献

7. 某企业生产甲、乙两种产品，甲产品单价为100元，单位变动成本为80元，乙产品的单价为30元，单位变动成本为18元。甲产品的产量为4 000 件，乙产品的产量为8 000 件。该企业生产甲、乙产品的综合边际贡献率为(　　)。

A. 20%　　B. 40%　　C. 60%　　D. 27.5%

三、多项选择题

1. 下列各式中，计算结果等于固定成本的有(　　)。

A. 边际贡献-利润　　B. 销售额×边际贡献率-利润

C. 单位边际贡献×销售量-利润　　D. 销售额×(1-变动成本率)-利润

2. 下列各式中，可以反映本量利关系的公式包括 (　　)。

A. 营业利润=销售收入-总成本

B. 营业利润=销售收入-变动成本-固定成本

C. 营业利润=单价×销售量-单位变动成本×销售量-固定成本

D. 营业利润=(单价-单位变动成本)×销售量-固定成本

3. 本量利分析主要应用于企业的(　　)等，也可以广泛地应用于投融资决策等。

A. 生产决策　　B. 成本决策　　C. 定价决策　　D. 新产品开发决策

4. 本量利分析方法通常包括(　　)等。

A. 保本点分析　　B. 目标利润分析　　C. 敏感性分析　　D. 边际分析

5. 本量利分析是对(　　)因素相互间内部联系的分析。

A. 成本　　B. 业务量　　C. 利润　　D. 边际贡献率

任务二　盈亏平衡分析

一、判断题

1. 不论计算保本量还是保利量，均以单位边际贡献为分母。(　　)

2. 企业处于保本状态时，边际贡献一定等于固定成本。(　　)

3. 在有多种产品的条件下，若整个企业的利润为零，则说明各产品均已达到保本点状态。

(　　)

4. 企业同时生产多种产品，保本点既可以用实物量表示，也可以用金额表示。(　　)

5. 企业若要获得利润，作业率就必须降至达到保本点时的作业率以下。(　　)

6. 在基本的本量利关系图中，总收入线与变动成本线的交点为保本点。(　　)

7. 在保本点不变的情况下，如果产品销售超过保本点一个单位的业务量，即可获得一个单位边际贡献的盈利。

(　　)

二、单项选择题

1. 生产多种产品的企业，其综合保本销售额=固定成本总额÷(　　)。

A. 单位边际贡献　　B. 边际贡献率

C. 单价−单位变动成本　　D. 综合边际贡献率

2. 已知企业本年目标利润为2 000万元，产品单价为800元，变动成本率为30%，固定成本总额为800万元，则企业的保利量为(　　)件。

A. 61 905　　B. 14 286　　C. 50 000　　D. 54 000

3. 生产单一品种产品的企业，其保本销售额=(　　)。

A. 保本销售量×单位利润　　B. 固定成本总额÷边际贡献率

C. 固定成本总额÷综合边际贡献率　　C. 固定成本总额÷综合边际贡献率

4. 从本量利关系图中得知，对单一产品进行分析时，(　　)。

A. 单位变动成本越大，总成本线斜率越大，保本点越高

B. 单位变动成本越大，总成本线斜率越小，保本点越高

C. 单位变动成本越小，总成本线斜率越小，保本点越低

D. 单位变动成本越小，总成本线斜率越大，保本点越低

5. 下列各项中，叙述错误的是(　　)。

A. 保本点不变，销量越大，盈利越多

B. 销量不变，保本点越低，盈利越多

C. 销售收入不变，固定成本越大，保本点越高

D. 销售收入不变，单位变动成本越大，保本点越低

6. 企业的销售利润率等于 (　　)。

A. 边际贡献率与安全边际率之积　　B. 边际贡献率与安全边际率之差

C. 边际贡献率与安全边际率之和　　D. 边际贡献率与安全边际率之商

7. 某企业固定成本为5 000元，目标利润为3 000元，单位边际贡献为10元，单位变动成本为10 元，则目标销售量为(　　)件。

A. 800　　B. 400　　C. 500　　D. 300

三、多项选择题

1. 判定企业处于保本状态的标志有(　　)。

A. 收支相等　　B. 边际贡献等于固定成本

C. 安全边际销售量为0　　D. 保本点作业率为100%

2. 影响保利点的因素包括(　　)。

A. 单价　　B. 单位变动成本　　C. 固定成本　　D. 目标利润

3. 引起保本点变动的因素有(　　)。

A. 单价　　B. 单位变动成本　　C. 固定成本　　D. 目标利润

4. 单一品种保本点的确定方法有 (　　)。

A. 图示法　　B. 基本公式法　　C. 边际贡献法　　D. 顺序法

5. 综合边际贡献率=(　　)。

A. ∑(各产品边际贡献率×该产品的销售收入)

B. ∑(各产品边际贡献率×该产品的销售比重)

C. 各产品边际贡献之和÷各产品销售收入之和

D. 各产品销售收入之和÷各产品边际贡献之和

6. 下列条件中，能使保本点提高的有(　　)。

A. 单价降低　　B. 单位变动成本降低

C. 销售量提高　　D. 固定成本提高

任务三　边际分析

一、判断题

1. 安全边际所提供的边际贡献额就是利润。(　　)

2. 在边际贡献率一定的条件下，安全边际率越高，销售利润率就越低。(　　)

3. 其他条件不变，销售量变动将使安全边际反方向变动。(　　)

4. 当其他条件不变时，单价降低将使保本点提高。(　　)

5. 边际贡献率与变动成本率之间存在着密切的关系，边际贡献率越大，变动成本率也就越大。(　　)

6. 安全边际率与保本点作业率都是评价企业经营安全程度的指标，安全边际率与保本点作业率越大，企业的经营安全程度就越好。(　　)

7. 销售利润率只与边际贡献率有关，不受安全边际率的影响。(　　)

8. 销售利润率可以通过边际贡献率乘以安全边际率求得。(　　)

9. 企业在营运管理中，在进行本量利分析时不能同时运用边际分析工具方法。(　　)

10. 通过边际分析，能直观地反映企业营运风险，促进企业提高营运效益。(　　)

11. 安全边际或安全边际率的数值越小，企业发生亏损的可能性就越小。(　　)

二、单项选择题

1. 当单位变动成本单独变动时，会使(　　)。

A. 保本点同方向变动　　B. 安全边际同方向变动

C. 利润同方向变动　　D. 保利点反方向变动

2. 当销售量单独变动时，会使(　　)。

A. 保本点同方向变动　　B. 保利点同方向变动

C. 安全边际同方向变动　　D. 利润反方向变动

3. 当单价单独变动时，安全边际 (　　)。

A. 不会随之变动　　B. 不一定随之变动

C. 将随之发生同方向变动　　D. 将随之发生反方向变动

4. 某产品的变动成本率为70%，固定成本为4 000元，目标净利润为1 500元，所得税税率为25%，则实现目标净利润的销售额为(　　)元。

A. 8 571　　B. 17 800　　C. 20 000　　D. 26 869

5. 某产品边际贡献率为50%，保本点作业率为70%，则销售利润率为(　　)。

A. 35%　　B. 140%　　C. 15%　　D. 40%

6. 边际贡献率与变动成本率之间的关系是(　　)。

A. 变动成本率高，则边际贡献率也高

B. 变动成本率高，则边际贡献率低

C. 变动成本率与边际贡献率之间没有关系

D. 变动成本率是边际贡献率的倒数

7. 下列说法正确的是(　　)。

A. 安全边际销售量与安全边际率都是正指标，其值越大，说明企业经营的安全程度越高

B. 安全边际率是保本点作业率的倒数

C. 安全边际率是越小越好，保本点作业率是越大越好

D. 安全边际率与保本点作业率都越大越好

8. 根据本量利分析原理，只提高安全边际而不会降低保本点的措施是(　　)。

A. 提高单价　　B. 压缩固定成本

C. 增加销售量压缩固定成本　　D. 降低单位变动成本

9. 某企业只产销一种产品，单位变动成本为 36元，固定成本总额为4 000元，单位售价为56元，要使安全边际率达到50%，该企业的销售量应达到(　　)件。

A. 400　　B. 222　　C. 143　　D. 500

10. 已知产品销售单价为 24 元，保本销售量为150件，实际销售额为4 800元，则安全边际率为(　　)。

A. 33.3%　　B. 25%　　C. 50%　　D. 20%

11. 保本点作业率和安全边际率之间的关系是(　　)。

A. 两者相等　　B. 前者一般大于后者

C. 后者一般大于前者　　D. 两者之和等于 1

三、多项选择题

1.下列说法中正确的是 (　　)。

A. 安全边际与单价同方向变动　　B. 安全边际与单位变动成本同方向变动

C. 安全边际与固定成本同方向变动　　D. 安全边际与销售量同方向变动

2. 在销售量不变的情况下，如果保本点提高，则(　　)。

A. 盈利区的三角形面积有所扩大　　B. 盈利区的三角形面积有所缩小

C. 亏损区的三角形面积有所扩大　　D. 亏损区的三角形面积有所缩小

3. 盈利条件下本量利分析的保利公式包括(　　)。

A. 实现目标利润的销售量=(固定成本+目标利润)÷(单价−单位变动成本)

B. 实现目标利润的销售量=(固定成本+目标利润)÷ 单位边际贡献

C. 实现目标利润的销售额=(固定成本+目标利润)÷ 单位边际贡献

D. 实现目标利润的销售量=[固定成本+目标净利润÷(1−所得税税率)]÷ 单位边际贡献

4. 下列各式中，计算结果等于边际贡献率的有(　　)。

A. 边际贡献÷销售收入　　B. 单位边际贡献÷单价

C. 1−变动成本率　　D. 销售利润率÷安全边际率

5. 下列两个对应的指标中，属于互补关系的有(　　)。

A. 安全边际率与保本点作业率　　B. 安全边际率与边际贡献率

C. 保本点作业率与变动成本率　　D. 边际贡献率与保本点作业率

6. 企业经营安全程度的评价指标包括(　　)。

A. 保本销售量　B. 安全边际销售量　C. 保本点作业率　D. 安全边际率

7. 若企业处于保本状态，则(　　)。

A. 保本点作业率为0　　B. 保本点作业率为100%

C. 安全边际率为100%　　D. 安全边际率为0

8. 关于安全边际及安全边际率的说法中，正确的有(　　)。

A. 安全边际是正常销售额超过保本点销售额的部分

B. 安全边际率是安全边际销售量与正常销售量之比

C. 安全边际率和保本点作业率之和为1

D. 安全边际率数值越大，企业发生亏损的可能性越大

9. 在其他因素不变的情况下，产品单价上升带来的结果有(　　)。

A. 单位边际贡献上升　　B. 变动成本率上升

C. 安全边际率下降　　D. 保本点作业率下降

10. 下列措施中，可以提高销售利润率的有(　　)。

A. 提高安全边际率　　B. 提高边际贡献率

C. 降低变动成本率　　D. 降低保本点作业率

任务四　敏感性分析

一、判断题

1. 敏感性分析是指对影响目标实现的因素进行量化分析，以确定各因素的变化对目标实现的影响及其敏感程度。(　　)

2. 敏感性分析只能用于短期经营决策。(　　)

3. 敏感性分析可以广泛应用于规划企业经济活动和营运决策等方面，简便易行、通俗易懂且容易掌握。(　　)

4. 某企业只生产一种产品，单价为2元，单位变动成本为1.8元，固定成本为40 000元，销量为100 000件，当前亏损达20 000元，若企业拟采取提高单价的方法扭转亏损，在其他参数不变的情况下，单价的最小值应为2.2元。(　　)

5. 某因素敏感系数=因素值变动百分比÷目标值变动百分比。(　　)

6. 敏感系数越大，说明该因素越敏感。(　　)

二、单项选择题

1. 短期经营决策中的敏感性分析主要应用于(　　)。

A. 保本点预测　B. 目标利润规划　C. 计算安全边际　D. 本量利分析

2. 下列各项中，属于敏感系数所具有的性质的是(　　)。

A. 敏感系数为正数，因素值与目标值发生同方向变化

B. 敏感系数为负数，因素值与目标值发生同方向变化

C. 只有敏感系数大于1的因素才是敏感因素

D. 只有敏感系数小于 1的因素才是敏感因素

3. 下列公式中，错误的是(　　)。

A. 销售量的最小允许值=固定成本÷(单价-单位变动成本)

B. 单价的最小允许值=(单位变动成本×销售量+固定成本)÷销售量

C. 单位变动成本的最大允许值=(单价×销售量-固定成本)×销售量

D. 固定成本的最大允许值=(单价-单位变成成本)×销售量

4. 以内含报酬率为基准值进行敏感性分析，可以计算投资期内的(　　)和有效使用年限变动对内含报酬率的影响程度。

A. 年现金流入　　B. 年现金净流量　　C. 年现金流出　　D. 年投资收益

三、多项选择题

1. 下列各项中，属于短期经营决策中敏感性分析的程序的有(　　)。

A. 确定短期经营决策的目标　　B. 确定目标利润的基准值

C. 分析确定影响利润基准值的各种因素　D. 计算敏感系数

2. 关于敏感系数，下列说法中，正确的有(　　)。

A. 敏感系数为正值时，表明它与利润同方向增减

B. 敏感系数能直接显示变化后的利润的值

C. 利润对单价的敏感程度超过对单位变动成本的敏感程度

D. 若单价的敏感系数为4，则说明每降价1%，企业利润将降低4%

3. 某公司产品的单位变动成本为8元，单价为12元，固定成本总额为2 000元，销售量为1 000件，欲实现利润3 000元，该公司可采取的措施有(　　)

A. 售价提高1元　　B. 提高销量 250 件

C. 单位变动成本降低 1元　　D. 固定成本降低500元

实训演练

实训一

(一) 实训目的

掌握本量利分析法的应用。

(二) 实训资料

甲、乙、丙三个公司2024年的产销资料如表5-15所示。假定每个公司只产销一种产品，均产销平衡。

表5-15 甲、乙、丙三个公司2024年的产销资料

公 司	销售数量/件	销售收入总额/元	边际贡献/元	单位边际贡献/元	变动成本总额/元	变动成本率
甲公司	10 000	100 000			60 000	
乙公司	5 000		40 000			80%
丙公司	50 000	250 000		4		

(三) 实训要求

根据本量利分析的基本概念及其计算公式，将上表甲、乙、丙三个公司的单位边际贡献、边际贡献、边际贡献率、变动成本率等数据补充完整。

实训二

(一) 实训目的

掌握盈亏平衡分析法的应用。

(二) 实训资料

某企业本年产销甲产品25 000件，销售单价为50元，单位变动成本为30元，固定成本总额为320 000元。经调查，如果下年度降价8%，销售量可增加15%，假定下年度的单位变动成本和固定成本总额保持不变。

(三) 实训要求

(1) 预测下年度的保本销售量和保本销售额。

(2) 预测下年度的可实现利润。

(3) 如果下年度的目标利润为780 000元，降价后的销售量要达到多少才能保证目标利润的实现？

实训三

(一) 实训目的

掌握对多产品进行盈亏平衡分析的方法。

(二) 实训资料

某家具制造公司为满足市场需求，计划推出三款新型家具：A款书桌、B款沙发和C款床。为了评估这些新家具的盈利能力，公司收集了有关这三款家具的销售数据、售价及单位变动成本。具体数据如下。

A款书桌：每月销售300张，销售单价为800元，单位变动成本为650元。

B款沙发：每月销售150套，销售单价为3 000元，单位变动成本为2 200元。

C款床：每月销售400张，销售单价为1 500元，单位变动成本为1 000元。

此外，公司每月还有固定的工厂租金40 000元和固定的人工费用25 000元。

(三) 实训要求

试计算三款家具的综合保本销售额，以及各款家具的保本销售额和保本销售量。

实训四

(一) 实训目的

掌握边际分析法的应用

(二) 实训资料

智电科技有限公司生产一种便携式风扇，单价为51元，2023年4月份的产销量为2 000件，相关成本资料如表5-16所示。

表5-16　成本资料表

成本项目	金额/元
直接材料	20 000
直接人工	10 000
制造费用	30 000
其中：变动制造费用	8 000
固定制造费用	22 000
销售及管理费用(全部为固定费用)	26 000

(三) 实训要求

(1) 计算2023年4月该公司的保本销售量和保本销售额。

(2) 计算2023年12月该公司的安全边际销售量和安全边际率，并判断该公司的经营安全程度。

(3) 假定该公司2024年1月增加广告费12 800元，那么销售量达到多少时才能保本？

实训五

(一) 实训目的

掌握边际分析法的应用。

(二) 实训资料

某电动自行车制造公司2023年的成本资料如表5-17所示。

表5-17　成本资料

单位：元

项目	总成本	单位成本
电动自行车零部件	160 000	2
直接人工	320 000	4
变动制造费用	80 000	1
固定制造费用	400 000	5
销售费用(全部为变动费用)	240 000	3
管理费用(全部为固定费用)	600 000	7.5
合计	1 800 000	22.5

(三) 实训要求

(1) 当电动自行车的售价调整为22元时，公司需要销售多少辆电动自行车才能达到盈亏平衡点。

(2) 假设公司预计销售100 000辆电动自行车，请计算使得税后销售利润率达到12%的电动自行车售价，并确定此时的安全边际率。

实训六

(一) 实训目的

掌握对各因素进行敏感性分析的方法。

(二) 实训资料

某企业2023年只生产A产品，单价为20元，单位变动成本为12元，预计2023年固定成本为400 000元，产销量计划达到100 000件。

(三) 实训要求

(1) 根据提供的资料，分析单价、单位变动成本、固定成本、销售量等因素发生多大变化，将使企业由盈利转为亏损。

(2) 根据提供的资料，分析单价、单位变动成本、固定成本、销售量等因素的变化(提高20%)对利润的敏感程度。

项目六 营运管理——预测分析

项目目标

【知识目标】

- 了解预测分析的概念、意义和方法；
- 熟悉预测分析的程序和原则；
- 掌握销售预测、成本预测、利润预测与资金需要量预测等所运用的方法。

【能力目标】

- 通过学习预测分析的有关知识，提高运用理论知识分析、解决问题的能力；
- 能够运用所学知识为企业规划流程提供各种信息，并对企业未来的经营状况进行关键洞察；
- 通过学习营运管理预测的分析方法，能够进行假设情况分析，创建和评估即时场景。

【素养目标】

- 培养学生的职业道德和社会责任感；
- 培养良好的职业习惯，运用正确的预测分析方法为企业的发展保驾护航；
- 提高学生的创新意识和自主学习能力，提升个人素质和综合能力。

项目任务

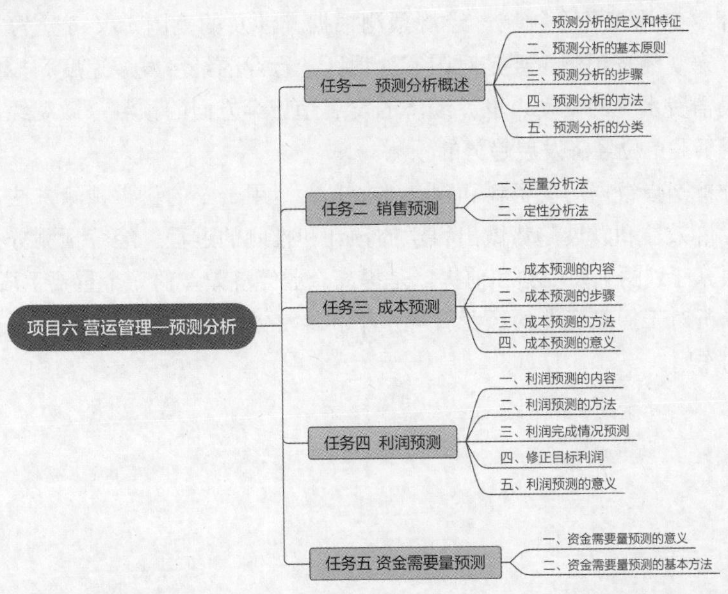

零售行业的购物篮分析

案例背景：

在零售行业中，购物篮分析是一种重要的预测分析技术，用于发现商品之间的关联性，为关联商品推荐和货架陈列提供依据。近年来，随着市场竞争的加剧和消费者需求的不断变化，零售行业面临着巨大的挑战和机遇。为了应对这些挑战并抓住机遇，零售行业决定加强营运管理预测分析，以提升公司的运营效率和市场竞争力。

通过收集消费者的购物数据，包括购买的商品种类、数量和购买时间等。利用数据分析技术，分析购物篮中商品之间的关联性。根据分析结果，调整货架陈列，将关联性强的商品放在一起，同时为电商平台的关联商品推荐提供依据。

通过购物篮分析，零售商能够更准确地了解消费者的购物习惯和需求，提高销售额和客户满意度。例如，某超市将啤酒和尿布放在一起销售后，两种商品的销售额都增长了35%，证明了购物篮分析在零售行业中的实用价值。

提出问题：

1. 公司营运能力分析有哪些方法？在应用中应当注意什么？
2. 高额的营销费用如何影响企业的经营预测？
3. 如何评估预测结果的正确性？

案例讨论：

让我们一起思考，企业可以通过哪些方法在预测未来的销售趋势和市场变化的同时还可以帮助企业优化生产计划和库存管理，提高运营效率和市场竞争力。

任务一　预测分析概述

预测分析(forecasting analysis)，是指根据已有的资料，运用现有的知识、经验和科学的方法，对事物的未来发展趋势进行估计和测算的行为。预测分析的应用范围非常广泛，涉及社会、经济、技术、政治等各个领域。经济预测根据其涉及的范围，又可分为宏观经济预测和微观经济预测。宏观经济预测主要是对国家、地区、行业的经济发展速度和投资规模、经济结构的变动、居民消费水平的变动、世界经济的发展趋势等方面的预测；微观经济预测是局部性的，主要是对企事业单位经济发展趋势的预测。

经营预测分析是指根据历史资料和现在的信息，运用一定的科学预测方法，对未来经济活动可能产生的经济效益和发展趋势做出科学的预计和推测的过程。经营预测分析是企业进行经营决策和编制预算计划的重要依据和前提，是提高企业经济效益的一个重要手段。

经营预测分析对于提高企业的经营管理水平和经济效益，以及促进企业的未来发展都起到了积极、重要的作用。

一、预测分析的定义和特征

在激烈的市场竞争中，企业为了提高竞争能力和应变能力，必须在事前就对企业经营活动中可能涉及的问题进行预判，这就是一般意义上的预测。预测就是以过去的历史资料和现在所能取得的信息为基础，运用人们所能掌握的科学知识和管理人员多年来的实践经验，来预计、推测事物发展的必然性与可能性的过程。

管理会计中的预测分析，是指按照一定的原理和程序，运用专门的方法进行经营预测的过程。经营预测是指企业根据现有的经济条件和掌握的历史资料，对生产经营活动的未来发展趋势和状况进行的预计和预算。

预测分析具有以下特征。

(1) 依据的客观性。预测分析是以客观准确的历史资料和合乎实际的经验为依据进行的分析，不是毫无根据的主观臆断。

(2) 时间的相对性。预测分析应事先明确规定某项预测对象的时间期限范围。预测分析的时间越短，受到不确定因素的影响越小，预测结果越准确。反之，预测结果的准确性就差一些。

(3) 结论的可检验性。预测分析应考虑到可能发生的误差，并且能够通过对误差的检验进行反馈，调整预测分析的程序和方法，尽可能地减少误差。

(4) 方法的灵活性。预测分析可灵活采用多种方法，在选择预测方法时，应事先进行试点，选择简便易行、成本低、效率高的预测方法。

预测分析的内容包括销售预测、成本预测、利润预测、资金需要量预测等。

二、预测分析的基本原则

在企业的经营活动当中，各经济因素之间的相互关系存在一定的客观必然规律，这些规律是可以被人们认识和掌握的。预测分析的基本原则如下。

(一) 延续性原则

延续性原则，是指企业在经营管理活动当中，过去和现在的某种发展规律将会延续下去，并且假定过去和现在的条件同样适用于未来。基于此项原则认为未来是历史的延续，可以据以进行预测分析。预测未来首先需要了解过去和现在。

(二) 相关性原则

相关性原则，是指企业在经营管理活动当中，某些经济变量之间存在相互依存、相互制约的关系。通过研究和分析其中的某些经济变量，找出与其相互影响的其他经济变量之间关系的规律性，就可以根据某一变量的变化预测受其影响的相关变量的变化趋势。因果预测分析法就是由此建立的。

(三) 规律性原则

规律性原则，是指对企业经营管理活动当中某个经济变量所进行的一次观测的结果可能是随机的，但是多次观测的结果就会出现某种统计规律性。这种规律性可以应用概率论与数理统计的方法进行经济预测。

(四) 可控性原则

在内因和外因的共同作用下，预测对象的未来发展变化仍然具有自身的发展规律。可控性原则是指在掌握其发展规律性的前提下，发挥人的主观能动作用，使它朝着符合人需要的方向发展。

三、预测分析的步骤

预测分析的步骤一般如下。

(一) 确定预测目标

确定预测目标即确定预测分析的内容、范围、目的和要求，有针对性地做好各阶段的预测工作。首先必须明确预测的对象和内容，这是进行预测分析的首要工作。预测目标是根据企业经营的总体目标来设计和确定的。确定预测目标是做好预测分析的前提，也是制订预测分析计划、确定信息资料来源、选择预测方法及组织预测人员的依据。在确定预测目标的同时，还应根据预测的具体对象和内容，确定预测的时间及范围。

(二) 搜集、整理资料

要收集尽可能多的相关经济信息，并对所收集的资料进行整理、归纳，找出与预测目标有关的各因素之间的相互依存关系。所收集的资料既包括过去及现在的资料，还包括企业内部与外部的资料。在资料的收集和整理过程中，要注意资料的完整性和前后一致性。只有拥有真实准确的资料，才可能得到准确的结果。

(三) 选择预测方法

针对不同的预测对象和内容，选择不同的预测方法对资料进行处理、计算，以便进行定量和定性分析。不同的预测对象和内容，都有分别适用于它们的预测方法。我们应当根据预测目标、要求，以及所掌握的资料，选择适当的预测方法。

(四) 分析判断

运用选定的预测分析方法对预测目标进行实际预测，根据建立的数学模型和掌握的信息资料分别进行定量分析和定性分析，得出实事求是的预测结果。

(五) 检查验证，修正预测值

将本期实际发生数与预测数相比较，计算并分析差异，以便在本期预测中加以改进。一些定量分析的数学模型可能没有将非计量因素考虑进去，这就需要对其进行修正和补充，使其更接近实际。计算过去预测中产生的误差，检验预测结论与实际数据是否相符，并分析差异产生的原因，验证所选用的预测分析方法是否科学有效，以便在预测过程中及时修正预测方法，使预测结果更加准确。

(六) 报告预测结论

以一定形式通过一定程序将修正后的预测结果进行报告，得出最后的预测结论。

四、预测分析的方法

随着预测科学的发展，预测方法也越来越多。在当前的经济预测当中，经常使用的预测分析方法就有十几种。按其性质不同大体可分为两类：定量分析法和定性分析法。

(一) 定量分析法

定量分析法又称为数量分析法，是指运用数学方法对有关的数据资料进行加工处理，据以建立能够反映有关变量之间规律性联系的各类预测模型的方法。在历史资料比较完备、事物发展变化的环境和条件比较稳定的情况下，一般采用这种方法。根据具体做法的不同，它又可分为趋势预测分析法和因果预测分析法。

1. 趋势预测分析法

趋势预测分析法，是指根据某项指标过去的、按时间排列的历史数据，运用一定的数学方法进行计算，借以预测未来发展趋势的方法。该分析法包括算术平均法、加权移动平均法、指数平滑法和修正的时间序列回归法等。

2. 因果预测分析法

因果预测分析法，是指从某项指标与其他指标的相互联系中进行分析，将它们之间的规律性联系作为预测依据的方法。该分析法包括本量利分析法、回归分析法、经济计量法等。

(二) 定性分析法

定性分析法，又称为非数量分析法，是指先由熟悉情况和业务的专家根据个人的经验进行分析判断，提出初步预测意见，再通过一定形式进行综合分析，最后将其作为预测未来状况和发展趋势的主要依据的方法。一般在缺少完备的历史资料、有关因素之间缺乏明确的数量关系、难以进行数量分析时采用。

定量分析法与定性分析法之间并不是相互排斥的，而是相辅相成的。两类方法分别有它们各自的特点，在实际预测当中往往互为验证和补充。定量分析法相对比较准确，在掌握比较完备的历史资料的情况下，应先采用定量分析法，找到有关经济变量之间的规律性联系，将其作为预测的重要依据。但是现代经济现象十分复杂，经济变量受许多不同因素的影响，如国家宏观经济政策、市场的供需变动、未来经济发展趋势、竞争对手的情况等，其中有些因素无法量化，无法用数学公式来表示，也就不具备用数学方法进行预测的条件。只有把定量分析法和定性分析法正确地结合起来，相互补充，才能得出更准确的预测结论。

五、预测分析的分类

按照不同的标准划分，预测分析分为不同的类型。

(1) 按照预测分析的范围划分，可以分为宏观预测分析和微观预测分析。宏观预测分析是对宏观主体(如一个国家、地区等)进行的预测。微观预测分析是指对一个个经济实体进行的预测。

(2) 按照预测时间的长短划分，可以分为短期预测、近期预测、中期预测、长期预测。短期预测一般在一个月以内；近期预测在一个月以上，一年以内；中期预测一般为1～3年；长期预测在3年以上。

(3) 按内容划分，可以分为销售预测、成本预测、利润预测、资金需要量预测。

(4) 按预测分析方法划分，可以分为定量分析和定性分析。

任务二　销售预测

在现在的市场经济下，企业不能盲目地进行生产经营，必须先考虑销售情况，然后才能确定企业计划期的各项生产经营活动。在整个预测系统中，销售预测是起点，它对于利润预测、成本预测、资金需要量预测等具有重要的作用。

销售预测，是根据企业已有的销售资料和市场对产品需求的变化等情况，对未来一定时期内该产品的销售量(额)及销售发展变化趋势进行预计和推测的一种行为。通常情况下，企业生产经营的最终目的都是获利。销售产品并取得销售收入是企业获利的首要前提，因此销售是企业整个生产经营过程中的重要环节。销售预测主要是对未来一定时期内企业销售量(额)的估计和预算。

企业所做的预测和决策，较多都以销售预测作为前提或基础。因此做好销售预测工作，对于加强企业的经营管理、提高企业的经济效益具有非常重要的意义。

销售预测的方法中，定量分析法主要有趋势预测分析法、因果预测分析法、市场调查法等，定性分析法主要有主观判断法、德尔菲法、专家小组法等。

一、定量分析法

(一) 趋势预测分析法

趋势预测分析法在销售预测中经常用到，它是根据历史销售资料，用一定的计算方法来预测企业未来的销售变动趋势的方法。趋势预测分析法主要包括算术平均法、加权移动平均法、指数平滑法和时间序列分析法。

1. 算术平均法

算术平均法是根据过去若干期的销售量(额)的算术平均数，来预测未来销售量(额)的一种预测分析方法，其计算公式如下。

$$\text{计划期预测销售量(额)}=\frac{\text{各期销售量(额)之和}}{\text{期数}}$$

【例6-1】某企业2024年1—6月实际销售额如表6-1所示。

表6-1　某企业2024年1—6月实际销售额

月份	1	2	3	4	5	6
实际销售额/万元	138	136	140	136	140	138

要求：用算术平均法预测该企业2024年7月的销售额。

解析：

$$\text{7月份预测销售额}=\frac{138+136+140+136+140+138}{6}=138(\text{万元})$$

这种方法的优点是计算简单；缺点是它使各个月份的销售差异平均化，没有考虑近期的变动趋势。如果时间序列存在时间变动趋势，得出的预计数量与实际数量就会存在一定的误差。它一般适用于各期销售量比较稳定的产品销售预测。

2. 加权移动平均法

加权移动平均法，是将过去若干期的销售量(额)，按照距离未来预测期的远近，根据近大远小的原则确定各期权数后，计算出加权平均数，将其作为未来预测期的销售预测值的一种预测方法。所谓移动，是指在预测当中随着时间不断向后推移，计算的加权平均值也不断向后顺延，预测值会随着时间的推移而顺延下去。

在这种预测方法下，距离未来预测期越近的实际销售量(额)对预测值的影响往往较大，因此其权数应当较大；而距离未来预测期较远的实际销售量(额)对预测值的影响一般相对较小，因此其权数也应当较小。

加权移动平均法的计算公式如下。

$$移动平均值=\frac{各期销售量(额)\times 其权数之和}{各期权数之和}$$

3. 指数平滑法

指数平滑法是市场预测中常用的方法，它是移动平均法的发展，实际上是一种特殊的加权移动平均法，一般用于观察期有长期趋势变动和季节变动的预测。指数平滑法是根据前期销售量的实际数和预测数，以事先确定的平滑指数为权数，进行加权平均来预测企业下一期销售量(额)的一种方法，其计算公式如下。

计划期预测销售量(额)=平滑指数×前期实际销售量+(1−平滑指数)×前期预测销售量

即：

$$M = x_{实}\alpha + x_{预}(1-\alpha)$$

其中，α代表平滑指数，$x_{实}$代表前期实际销售量，$x_{预}$代表前期预测销售量。

平滑指数α的取值为0～1，一般取值为0.3～07。平滑指数越大，则近期实际数对预测结果的影响越大；平滑指数越小，则近期实际数对预测结果的影响越小。一般情况下，如果销售量波动较大或要求进行短期销量预测，则可选择较大的平滑指数；如果销售量波动较小或要求进行长期销量预测，则可选择较小的平滑指数。

【例6-2】某企业5月份的实际销售额为530万元，预测数为540万元，$\alpha = 0.6$。

要求：预测该企业6月份的销售额。

解析：

6月份的预测销售额=530 × 0.6+540 × (1 − 0.6)=534(万元)

4. 时间序列分析法

时间序列分析法是指通过分析一段时期内销售量与时间的函数关系，来建立回归模型并据此进行预测的方法。

用y表示销售量(额)，用t表示时间，则计算公式如下。

$$y_c = a + bt$$

式中，a和b为待定参数，y_c为因变量y的趋势值或预测值。

$$a=\frac{\sum y-b\sum t}{n}$$

$$b=\frac{n\sum ty-\sum t\sum y}{n\sum t^2-(\sum t)^2}$$

由于时间变量具有单调递增和间隔均匀的特点，因此在选择时间数值时，可以使$\sum t=0$，则

$$a=\frac{\sum y}{n}$$

$$b=\frac{\sum ty}{\sum t^2}$$

若n为奇数，则将预测期的中间值设为0，以1为间隔确定时间值；若n为偶数，则将预测期的中间值设为-1和1，以2为间隔确定时间值。

【例6-3】某企业1—6月的实际销售额如表6-2所示。

表6-2 某企业1—6月的实际销售额

月份	1	2	3	4	5	6
实际销售额/万元	280	300	290	310	320	330

要求：预测该企业7月份的销售额。

解析：根据资料可知，期数$n=6$为偶数，所以t的取值分别为-5、-3、-1、1、3、5，有关数据计算如表6-3所示。

表6-3 相关数据计算

月份	t	y	ty	t^2
1	-5	280	-1 400	25
2	-3	300	-900	9
3	-1	290	-290	1
4	1	310	310	1
5	3	320	960	9
6	5	330	1 650	25
合计	0	1 830	330	70

$$a=\frac{\sum y}{n}=\frac{1\,830}{6}=305$$

$$b=\frac{\sum ty}{\sum t^2}=\frac{330}{70}=4.71$$

$$y_c=305+4.71t$$

所以$y_c=305+4.71\times 7=337.97(万元)$

(二) 因果预测分析法

因果预测分析法一般是根据历史资料，建立相应的因果关系的数学模型，用来描述预测对象的变量与相关变量之间的依存关系，然后通过数学模型来计算预测对象在计划期的销售量(额)的方法。因果预测分析法正是利用了事物发展的因果关系来推测所预测事物发展的变化规律。

因果预测分析法包括本量利分析、回归分析法等。下面主要介绍回归分析法。这种方法的

特点是相对简便，成本较低。

用y表示销售量(额)，用x表示相关变量，则回归分析法的计算公式如下。

$$y_c = a + bx$$

式中，a和b为待定参数，y_c为因变量y的趋势值或预测值。

按最小平方法求得a和b如下。

$$a = \frac{\sum y - b\sum x}{n}$$

$$b = \frac{n\sum ty - \sum t\sum x}{n\sum t^2 - (\sum t)^2}$$

(三) 市场调查法

市场调查法是利用统计的方法对市场进行抽样调查，结合产品的寿命周期，来推断企业产品的销售趋势的方法。

市场调查的内容

二、定性分析法

定性分析法又称为判断分析法，是一种直观性的预测方法，主要依靠人的主观判断来确定事物的未来状况和发展趋势。定性分析法主要包括主观判断法、德尔菲法、专家小组法等。

(一) 主观判断法

主观判断法是指企业的每一个(组)销售人员根据他(们)的经验，对他(们)所负责的产品的市场现状和发展前景，以及企业在市场竞争中所处的地位等情况做出判断。

(二) 德尔菲法

德尔菲法是指首先通过函询的方式向若干专家分别征求意见，使各专家在互不通气的情况下，按照自己的观点和方法进行预测；其次把意见汇集在一起；然后采用不记名的方式将结果反馈给各位专家，请他们参考别人的意见修正自己原来的判断；如此反复数次，最终确定预测结果。

(三) 专家小组法

专家小组法是由企业将各有关方面的专家组成小组，运用专家的集体智慧进行判断的方法。小组中的专家可以相互启发，全面深入地分析、研究问题。但是，这种方法的预测结果很容易受少数特别权威人士的意见左右。采用这一方法，应要求每一位专家从企业的整体利益出发，充分表达自己的观点，不要受不同意见的约束和影响。

任务三　成本预测

成本是衡量一家企业经营状况的重要指标。成本预测就是根据企业目前的经营状况和发展目标，利用专门的方法对企业未来的成本水平及变动趋势进行推测。

一、成本预测的内容

成本预测的内容包括以下几个方面。

(1) 确定目标成本。目标成本是指在企业未来经营的条件下，为确保实现合理的目标利润，在成本方面需达到的理想目标。企业确定目标成本通常有以下两种方法。

① 按目标利润进行确定。这种方法是先确定目标利润，然后从产品的销售收入中扣减目标利润，其余额就是目标成本。计算公式如下。

目标成本=预计单价×预计销售量−目标利润=预计销售收入−目标利润

② 以先进的成本水平作为目标成本。这种方法以本企业历史最好的成本水平或国内外同类品牌的先进成本水平为目标成本；也可以以标准成本或计划成本为目标成本。

(2) 预测成本的发展趋势。确定目标成本后，运用各种专门的方法，预测企业在现有条件下能达到的成本水平。

(3) 修正目标成本。将预测出的成本水平与目标成本进行比较分析，以制定切实可行的基本措施。若两者差距较大，则应适当修正目标成本。

二、成本预测的步骤

成本预测的步骤一般如下。

(一) 提出初步的目标成本

目标成本，是指在一定时期内产品成本应该达到的标准。它通常要比企业当前的实际成本稍低，一般是根据该产品的设备生产能力、标准产量、企业人员的技术能力等多方面因素制定的。企业要生存和发展，只有通过降低成本，才能确保有一定的目标利润。因此，目前很多企业采用的都是“倒推成本”的方法来预测成本。在价格和目标利润设定的情况下，倒推出目标成本，然后逐层分解，使汇总后的产品成本达到或低于目标成本。

(二) 对比差异，综合分析

根据当前实际情况下可能达到的成本水平进行测算，对比预测成本与目标成本之间的具体差距。从多角度进行分析，寻找降低成本的最有效的主体方案。

(三) 分解指标，制定具体方案

根据已经确定的降低成本的主体方案，找出缩小预测成本与目标成本之间差距的途径和方法，然后逐层进行分解实施，制定出各个层次降低成本的具体方案。

(四) 确定最后的目标成本

对降低成本的各种具体方案进行技术、经济分析，从中选出切实有效的、可行的、最佳的方案，据以确定最终的目标成本。

三、成本预测的方法

成本预测方法包括目标成本预测法、历史成本预测法和因素变动预测法。历史成本预测法又包括高低点法、直线回归法、加权平均法等。其中，高低点法和直线回归法前面已经有所介绍，在此只介绍加权平均法和因素变动预测法。

(一) 加权平均法

加权平均法是根据过去若干时期的固定成本总额和单位变动成本的历史资料，按其距离预测期的远近分别确定不同的权数，再用加权平均计算的方法来确定预测期的产品成本的一种预测方法。计算公式如下。

$$预测计划期的总成本=\frac{\sum aw}{\sum w}+\frac{\sum bw}{\sum w}$$

式中，w为权数。

(二) 因素变动预测法

因素变动预测法是通过对影响成本的各项因素的具体分析，预测计划期成本水平的方法。

四、成本预测的意义

成本是衡量企业经济效益的重要指标，有效地降低成本是企业增加利润的一个重要途径。成本预测对于企业经营管理工作具有极为重要的意义。

成本预测的意义

任务四　利润预测

一、利润预测的内容

利润预测是根据企业未来的发展目标和其他相关资料，对企业未来应达到的和可实现的利润水平及其变动趋势进行推测。

每家企业在计划期开始前，都要预测本企业的目标利润。目标利润是指企业在未来时间内，通过努力应该达到的最优化利润控制目标。它是企业未来经营必须考虑的一个重要战略目标。

利润预测的内容如下。

(1) 测算目标利润。利润预测的核心是测算目标利润。目标利润的确定方法既要先进又要合理，确保全体员工经过努力能够实现。

(2) 测算利润水平。在初步确定目标利润的基础上，根据销售预测，结合成本预测，并考虑市场的价格水平，来测算可能实现的利润。

(3) 修正目标利润。将可能实现的利润与目标利润相比较，若差距比较大，就应修正目标利润。

二、利润预测的方法

(一) 利润率指标法

利润率指标法是以利润率指标为基础，考虑企业的市场销售情况等有关因素，来预测目标利润的一种方法。

相关的利润率指标主要包括销售利润率(销售利润÷销售收入总额)、产值利润率(销售利润÷工业总产值)、资金利润率(销售利润÷资金平均占用额)、成本利润率(销售利润÷销售成本总额)。

目标利润预测数的计算公式如下。

目标利润预测数=预计销售收入总额×销售利润率

=预计工业总产值×产值利润率

=预计资金平均占用额×资金利润率

=预计销售成本总额×成本利润率

【例6-4】某企业下属的三个分厂的相关资料如表6-4所示。

表6-4 某企业下属的三个分厂的相关资料

单位：万元

分厂	销售收入	总产值	销售成本	利润总额
甲	5 000	5 500	4 000	800
乙	2 000	2 100	1 200	400
丙	2 500	2 000	2 000	500

甲分厂预计收入6 000万元，乙分厂预计产值为2 500万元，丙分厂预计销售成本为2 400万元。

要求：用利润率指标法预测各分厂计划期利润。

解析：

甲分厂目标利润=6 000×(800÷5 000)=960(万元)

乙分厂目标利润=2 500×(400÷2 100)=476(万元)

丙分厂目标利润=2 400×(500÷2 000)=600(万元)

(二) 本量利分析法

根据本量利分析的原理，目标利润的计算公式如下。

目标利润=销售收入-销售成本

=销售量×单价-销售量×单位变动成本-固定成本

=边际贡献总额-固定成本总额

【例6-5】某企业生产甲产品，计划期预计销售量为8 000件，单价为5元，单位变动成本为3元，固定成本为10 000元。

要求：计算企业计划期可实现的利润。

解析：企业计划期可实现的利润=(5-3)×8 000-10 000=6 000(元)

三、利润完成情况预测

利润完成情况预测是指在目标利润既定的情况下看企业完成的利润水平。一般来说，企业完成的利润越多越好。

【例6-6】某企业2024年预计下年度的资金平均占用额为1 000 000元，同行业的资金利润率为14%。该企业生产并销售A产品，其单价为70元，单位变动成本为50元，全年生产销售A产品20 000件，固定成本为200 000元。

要求：判断该企业能否完成目标利润。

解析：目标利润=1 000 000×14%=140 000(元)

计划完成的利润=20 000×(70−50)−200 000=200 000(元)

所以，该企业能超额完成目标利润。

四、修正目标利润

对于测算出的目标利润，要根据条件的变化，随时进行修正。将预测的目标利润与企业可能实现的利润水平进行比较，两者常常出现差异。解决这个问题一般从两个方面入手。第一，检查目标利润的制定是否科学合理；第二，尽力挖掘利润潜力，增加获取利润的途径。总之，目标利润与可能实现的利润之间应尽可能一致，差距不能太大。如果差距过大，就应调整有关因素，反复测算，直到各项因素的期望值均能实现。

五、利润预测的意义

利润预测是企业提高经济效益的重要手段。利润既是反映企业经营成果的综合指标，也是衡量企业经济效益的重要标准。在生产经营过程中，企业只有增加产品销量，节约成本费用支出，不断完善自身管理水平，才能在竞争中获胜。同时，制定和实现预测的目标利润，可以把企业各方面的积极性调动起来，充分挖掘企业在生产经营各个环节中的潜力。因此，企业实现目标利润的过程，也是企业不断进行自我完善的过程。由于企业在不同时期有不同的经营目标，因此在进行利润预测时，要合理地确定企业在未来一定期间的利润目标。过高或过低的未来发展目标都会给企业的经营带来不利的影响。明确企业未来的发展方向，准确定位，才能使整个企业平稳有序地向前发展。

任务五 资金需要量预测

一、资金需要量预测的意义

保证资金供应，合理使用资金，提高资金利用的经济效果，是企业生产经营的重要前提。资金需要量预测的目的在于以最少的资金占用量取得最佳的经济效益。因此，资金需要量预测对于加强企业经营管理和提高企业经济效益具有十分重要的意义。

企业的一切生产经营活动都离不开必要的资金，企业的生产经营活动日益错综复杂，很多因素都可能对资金需要量的增减变动产生影响。在通常情况下，导致资金发生增减变动的直接原因主要是相关产品销售量(额)的增减变动。当销售量(额)增长或处于较高水平时，资金需要量较多；当销售量(额)减少或处于较低水平时，资金需要量较少。因此，进行准确、有效的销售预测是进行资金需要量预测的重要依据。利用销售量(额)与资金需要量之间相互关系的基本模式，可以推算出销售量(额)在某一特定水平所需要的资金量。

二、资金需要量预测的基本方法

资金需要量预测是指在销售预测、利润预测和成本预测的基础上，根据企业未来的经营发展目标并考虑影响资金的各项因素，运用一定的方法预计、推测企业未来一定时期内或一定项目所需要的资金数额及扩展业务所需追加的资金。资金需要量的预测方法很多，在此主要介绍资金占用预测法和销售百分比法。

(一) 资金占用预测法

资金占用预测法是根据以往的资金占用率指标来预测流动资金需要量的一种方法，其计算公式如下。

资金需要量=预测的本期销售额×上年同期平均资金占用率

(二) 销售百分比法

销售百分比法是根据资产和负债各个项目与销售额之间的依存关系，假定这些保持不变，按照未来预测期销售额的增长情况来预测需要追加的资金的一种方法。

销售百分比法一般按下列步骤进行预测。

(1) 分析基期资产负债表中随销售量变动而变动的项目，并分别将这些项目除以基期的销售额，将基期资产负债表中的各项目用销售百分比的形式另行编表。

① 流动资产。一般情况下，周转中的货币资金、正常的应收账款、存货等项目会随着销售收入的增长而增长。

② 长期资产。长期资产中的固定资产需根据情况判断是否要增加。若基期的固定资产已被充分利用，增加销售额就需增加固定资产投资，否则就不必追加。

③ 流动负债。流动负债中的应付账款、应交税金、其他应付款等项目会因销售额的增长而增长。

④ 长期负债和所有者权益一般不随销售额的增长而增长。

(2) 将资产以销售百分比表示的合计数减去负债以销售百分比表示的合计数，求出每增加一元销售额需要追加的资金，即：

每增加一元销售额需要追加的资金=(基期流动资产－基期流动负债)÷基期销售额

(3) 用预测年度的销售额扣除基期的销售额，乘以每增加一元销售额需要追加的资金，就是计划期因销售额的增加而需要追加的资金量，即：

计划期因销售额的增加而需要追加的资金量=(计划期销售额－基期销售额)×每增加一元销售额需要追加的资金

(4) 考虑企业内部的资金来源和零星资金需要量，计算企业计划期需要追加的资金数量，其计算公式如下。

$$\text{计划期需要追加的资金数量}=\left(\frac{A}{S_0}-\frac{L}{S_0}\right)\times(S_1-S_0)-D_1-(1-d_1)\times S_1\times R_0+M_1$$

式中，$\frac{A}{S_0}$为基期随着销售额增加而自动增加的资产项目占销售额的百分比；$\frac{L}{S_0}$为基期随着销售额增加而自动增加的负债项目占销售额的百分比；$\left(\frac{A}{S_0}-\frac{L}{S_0}\right)$为销售额每增加一元所需追加资金的百分比；$D_1$为计划期折旧基金的提取数减去用于更新改造的金额；$R_0$为基期的税后销售利润率；$d_1$为计划期的股利发放率；$M_1$为计划期的零星资金需要量；$S_0$为基期的销售收入总额；$S_1$为计划期的销售收入总额。

【例6-7】恒通公司2023年的销售额为400 000元，获得税后净利润40 000元，该公司发放现金股利20 000元。该公司2023年的固定资产利用率均已达到饱和状态。该公司2023年末的简略资产负债表如表6-5所示。

表6-5 恒通公司简略资产负债表

2023年12月31日

单位：元

资产	期末余额	负债及所有者权益	期末余额
库存现金	20 000	应付账款	30 000
应收账款	60 000	应交税费	20 000
存货	80 000	长期借款	110 000
固定资产	120 000	实收资本	80 000
无形资产	20 000	留存收益	60 000
资产总计	300 000	负债及所有者权益合计	300 000

若该公司预测2024年度的销售额将达到600 000元，年折旧减值额为20 000元，其中的70%用于更新改造现有设备。2024年的零星资金需要量为25 000元。假定该公司2024年的税后销售净利率和利润分配政策与2023年保持一致。该公司基期简略资产负债表(用销售额的百分比反映)如表6-6所示。

表6-6 恒通公司基期简略资产负债表

2023年12月31日

资产	占销售额的百分比	负债及所有者权益	占销售额的百分比
库存现金	5%	应付账款	7.5%
应收账款	15%	应交税费	5%
存货	20%	长期借款	—
固定资产	30%	实收资本	—
无形资产	—	留存收益	—
总计	70%	合计	12.5%

要求：预测该公司需要的资金总量。

解析：

(1) 计算由于销售额增加而需要追加的资金量。

$$\frac{A}{S_0}-\frac{L}{S_0}=70\%-12.5\%=57.5\%$$

表示该公司每增加100元的销售额就需要增加资金57.5元。

$$\text{销售额增加所追加的资金量}=\left(\frac{A}{S_0}-\frac{L}{S_0}\right)\times(S_1-S_0)=57.5\%\times(600\,000-400\,000)=115\,000(\text{元})$$

(2) 计算预测期的留存收益。

基期的税后销售利润率$R_0 = 40\,000 \div 400\,000 \times 100\% = 10\%$

预测期的股利发放率$d_1 = 20\,000 \div 40\,000 \times 100\% = 50\%$

预测期留存收益$= S_1 \times R_0 \times (1-d_1) = 600\,000 \times 10\% \times (1-50\%) = 30\,000$(元)

(3) 计算预测期需要追加的资金总量。

提取的折旧减值扣除用于固定资产更新改造后的余额$D_1 = 20\,000 \times (1-70\%) = 6\,000$(元)

预测期的零星资金需要量$M_1 = 25\,000$(元)

则预测期需要追加的资金总量如下。

$$需要追加的资金总量 = \left(\frac{A}{S_0} - \frac{L}{S_0}\right) \times (S_1 - S_0) - D_1 - (1-d_1) \times S_1 \times R_0 \times M_1$$

$$= 115\,000 - 6\,000 - 30\,000 + 25\,000 = 104\,000(元)$$

资金需要量预测方法还有回归分析预测法等。在预测资金需要量时需要注意，在实际生产经营活动中，企业产品的销售收入尤其是现金收入，很可能会受生产、销售或外界因素的影响而偏离所做的预测。当出现较大偏差时，若企业的资金供应不足，就会对整个企业的生产经营带来影响。因此，很多企业通常都会要求有一定量的现金储备。在进行资金需要量预测时，需要进行综合分析，既要考虑用更少的资金创造更大的价值，也必须考虑经营的安全性。

思悟启迪　见微知著，未雨绸缪

预测分析的核心价值与蒙牛乳业的实践

一、预测分析的重要性与应用领域

预测分析在当今社会的重要性日益凸显，其应用领域横跨零售业、金融业、医疗健康、汽车制造等多个行业。这一技术通过对大数据的深入挖掘和分析，使企业能够洞察市场趋势、客户需求，以及竞争对手的动态，进而做出更加精准的预测和决策。

二、蒙牛乳业的预测分析实践

蒙牛乳业通过精准的策略定位和创新的营运管理，成功打造了新质生产力引领的高质量发展模式。在这一过程中，预测分析起到了至关重要的作用。蒙牛利用大数据和人工智能技术，对消费者的行为进行深入分析，精准把握市场需求，为产品开发和营销策略的制定提供了有力支持。这种基于数据的决策制定方式，不仅提升了蒙牛的市场掌控力，还为其带来了显著的竞争优势。

三、蒙牛乳业通过预测分析优化运营效率

蒙牛乳业还通过预测分析优化了自身的运营效率。通过对生产、销售等各个环节的数据进行实时监控和分析，蒙牛能够及时发现并解决潜在的问题，从而确保生产流程的顺畅和运营成本的控制。这种数据驱动的管理方式，不仅提升了蒙牛的生产效率和市场响应速度，还为其实现可持续发展奠定了坚实的基础。

四、蒙牛乳业案例的启示

蒙牛乳业的实践充分证明了预测分析在不同行业中的广泛应用和显著效果。通过收集和分析大数据，企业可以更好地了解市场和客户需求，做出更准确的预测和决策，从而优化运营效率、降低成本。这一技术的应用不仅提升了企业的竞争力，还为行业的可持续发展注入了新的活力。因此，对于现代企业而言，掌握和运用预测分析技术已经成为提升核心竞争力和实现高质量发展的必由之路。

复习思考

1. 简述预测分析的概念。
2. 预测分析的方法包括哪些？
3. 成本预测的步骤是什么？
4. 资金需要量预测的基本方法有哪些？
5. 利润预测方法有哪些？
6. 在预测分析中，如何评估预测结果的准确性？
7. 如何选择合适的预测模型？
8. 预测分析中的常见错误有哪些？
9. 如何处理预测分析中出现的异常值？
10. 销售预测的方法有哪些？

任务一　预测分析概述

一、判断题

1. 预测分析方法按照性质不同主要分为两大类：定性分析法和定量分析法。（　　）
2. 趋势预测分析法中预测最准确的方法是加权移动平均法。（　　）
3. 销售预测中常用的专家判断法属于定量分析法。（　　）
4. 预测分析必须充分估计可能发生的误差。（　　）
5. 预测分析选用的方法应先进行测试。（　　）

二、单项选择题

1. 下列选项中，属于定性分析法的是(　　)。

   A. 经验分析法　　B. 简单平均法　　C. 加权移动平均法　　D. 指数平滑法

2. 下列选项中，可用于预测追加资金需要量的方法是(　　)。

   A. 平均法　　B. 回归分析法　　C. 指数平滑法　　D. 销售百分比法

3. 运用高低点法与直线回归分析法进行成本预测的差异体现在(　　)。

   A. 成本性质区分　　B. 是否考虑历史资料时间范围

   C. 成本预测假设　　D. 选用历史数据的标准

4. 企业在制订营运计划时，应开展(　　)，将其作为营运计划制订的基础和依据。

A. 营运预测　　B. 营运分析　　C. 营运预算　　D. 营运决策

5. (　　)是指通过收集、整理历史信息和实时信息，恰当运用科学预测方法，对未来经济活动可能产生的经济效益和发展趋势做出科学合理的预计和推测的过程。

A. 销售预测　　B. 销售计划　　C. 生产预测　　D. 经营预测

三、多项选择题

1. 下列选项中，(　　)最准确地描述了预测分析的有关内容。

A. 预测分析是一种用于对历史数据进行回顾和总结的方法

B. 预测分析是通过收集和分析数据来预测未来趋势或结果的过程

C. 预测分析只适用于大型企业，因为需要大量的数据和资源

D. 预测分析只能用于金融行业，以预测股票价格和市场走势

2. 测分析法中的定量分析法主要包括(　　)。

A. 判断分析法　　B. 趋势预测分析法

C. 数量分析法　　D. 因果预测分析法

3. 预测分析的步骤包括(　　)等。

A. 分析误差，修正预测结果　　B. 实施预测分析

C. 选择预测方法　　D. 收集分析资料

4. 下列选项中，对预测分析的描述最恰当的是(　　)。

A. 预测分析仅基于实时数据进行未来趋势的预测

B. 预测分析是一种利用统计和机器学习技术从历史数据中提取有价值信息以预测未来事件的方法

C. 预测分析只适用于大规模数据集，对于小型数据集无效

D. 预测分析是一种完全自动化的过程，无须人工干预

5. 预测分析的核心目的是(　　)。

A. 描述数据特征　　B. 预测未来事件

C. 发现数据中的异常值　　D. 优化业务流程

任务二　销售预测

一、判断题

1. 德尔菲法又称专家调查法，通常通过多次向经验丰富的有关专家函询，收集专家的意见，然后把各专家的意见进行综合、整理和归纳，最后进行预测判断。(　　)

2. 销售预测是企业制订营销计划和预算的重要依据。(　　)

3. 销售预测中常用的市场调查分析法属于定量分析法。(　　)

4. 销售预测方法主要包括算术平均法和指数平滑法。(　　)

二、单项选择题

1. 下列选项中，不属于趋势预测分析法的是(　　)。

A. 算术平均法　　B. 指数平滑法

C. 加权移动平均法　　D. 调查分析法

2. 某企业在进行成本性态分析时，需要对混合成本进行分解。据此可以断定该企业应用的成本分析法是(　　)。

A. 高低点法　　B. 直线回归分析法

C. 加权移动平均法　　D. 多步分析程序

3. 已知企业上一年的利润为200 000元，下一年的经营杠杆系数为1.8，预计销售量变动率为20%，则下一年的利润预测额为(　　)元。

A. 200 000　　B. 240 000　　C. 272 000　　D. 360 000

4. 在进行销售预测时，(　　)常用于分析影响产品销售量的相关因素及其之间的函数关系。

A. 加权平均法　　B. 移动平均法　　C. 指数平滑法　　D. 回归直线法

5. 下列关于销售预测的说法中，正确的是(　　)。

A. 销售预测只能基于历史销售数据进行

B. 销售预测的结果总是准确无误的

C. 销售预测是企业制订营销计划和决策的重要依据

D. 销售预测不需要考虑市场环境和竞争态势

三、多项选择题

1. 销售预测通常基于(　　)等因素进行。

A. 历史销售数据　　B. 市场需求分析

C. 竞争对手动态　　D. 经济环境趋势

2. 销售预测在企业的运营管理中用于(　　)。

A. 制订生产计划　　B. 优化库存管理

C. 确定销售价格　　D. 评估市场潜力

3. 以下方法中，(　　)可以用于进行销售预测。

A. 趋势预测分析法　　B. 因果预测分析法

C. 决策树分析法　　D. 判断预测分析法

4. 关于销售预测，以下说法正确的有(　　)。

A. 销售预测的主要方法包括定性分析法和定量分析法

B. 定性分析法主要依赖历史销售数据，通过数学模型进行预测

C. 因果预测分析法是定量分析法的一种，常用于分析影响销售的相关因素

D. 产品寿命周期分析法是销售预测的一种定性分析方法

5. 客观的销售预测方法有(　　)。

A. 市场试验　　B. 时间序列分析　　C. 销售团队合成　　D. 德尔菲法

任务三　成本预测

一、判断题

1. 预测分析选用的方法应先进行测试。（　　）
2. 在实际工作中，定量分析法与定性分析法需结合起来使用，两者取长补短。（　　）
3. 成本预测的准确性完全取决于所使用的预测方法和模型。（　　）
4. 成本预测只能基于历史数据进行。（　　）
5. 成本预测的结果总是准确无误的。（　　）

二、单项选择题

1. 成本预测主要依据的是(　　)。

A. 历史成本数据　　B. 未来市场趋势

C. 竞争对手的成本结构　　D. 员工的个人经验

2. 以下方法中，不属于成本预测方法的是(　　)。

A. 定性预测法　　B. 定量预测法

C. 趋势预测法　　D. 因果预测法

3. 在成本预测中，如果预测结果与实际成本有较大偏差，可能的原因是(　　)。

A. 预测方法不准确　　B. 数据收集不完整

C. 未来市场环境变化　　D. 以上都可能是

4. 按成本预测的性质分类，成本预测可以分为(　　)。

A. 长期预测和短期预测　　B. 运输成本预测和仓储成本预测

C. 包装成本预测和配送成本预测　　D. 定性预测和定量预测

5. 下列关于成本预测方法的说法，正确的是(　　)。

A. 定量预测法只包括历史数据法

B. 定性预测法主要基于数学模型

C. 因果预测分析法是定量预测法的一种

D. 德尔菲法属于定量预测法

三、多项选择题

1. 成本预测的主要内容包括(　　)。

A. 产品总成本　　B. 单位产品成本

C. 期间费用　　D. 利润总额

2. 成本预测的基本步骤包括(　　)。

A. 确定预测目标　　B. 收集和分析资料

C. 选择预测方法　　D. 进行实际预测并修正

3. 在进行成本预测时，需要考虑的因素包括(　　)。

A. 历史成本数据　　B. 市场价格变动

C. 生产技术和工艺的改进　　D. 企业经营策略的变化

4. 成本预测的作用包括( )。

A. 可以为成本决策提供依据 B. 有利于制订成本计划

C. 有利于加强成本控制 D. 有利于提高经济效益

5. 成本预测方法可分为的大类是( )。

A. 定量预测法 B. 移动平均法 C. 指数平滑法 D. 定性预测法

任务四 利润预测

一、判断题

1. 利润预测是基于历史财务数据对未来利润进行的估计。 ( )
2. 利润预测可以帮助企业制定更合理的定价策略。 ( )
3. 利润预测的结果是绝对准确的，可以作为企业决策的唯一依据。 ( )
4. 利润预测可以帮助企业评估投资项目的可行性。 ( )
5. 利润预测只适用于大型企业，对中小企业来说并不重要。 ( )

二、单项选择题

1. 利润预测主要基于( )进行。

A. 历史财务数据 B. 未来市场预测

C. 股东期望收益 D. 行业平均水平

2. 下列选项中，不是利润预测的常见方法的是( )。

A. 百分比增长法 B. 本量利分析法

C. 利润率指标法 D. 现金流量预测法

3. 在进行利润预测时，( )因素通常不考虑。

A. 销售价格变动 B. 生产成本变动

C. 自然灾害影响 D. 市场需求变化

4. 企业在进行利润预测时，最关注的指标是( )。

A. 营业收入 B. 净利润

C. 毛利率 D. 营业利润率

5. 下列选项中，( )不是利润预测在企业决策中的重要作用。

A. 制定定价策略 B. 评估投资项目可行性

C. 确定融资需求 D. 管理员工绩效

三、多项选择题

1. 在进行利润预测时，需要考虑的因素包括( )。

A. 销售价格和销售量 B. 生产成本和费用

C. 税收政策变动 D. 市场需求和竞争状况

2. 利润预测的方法有( )。

A. 趋势分析法 B. 量本利分析法

C. 回归分析法 D. 敏感性分析法

3. 在进行利润预测时，(　　)是重要的参考依据。

A. 历史财务数据　　B. 行业发展趋势

C. 企业经营策略　　D. 宏观经济环境

4. 利润预测在企业决策中的应用包括(　　)。

A. 制定产品定价策略　　B. 评估投资项目的可行性

C. 确定企业的融资需求　　D. 优化企业的资源配置

5. 下列选项中，(　　)因素可能会影响利润预测的准确性。

A. 数据的质量和完整性　　B. 预测模型的适用性

C. 经济环境的变化　　D. 企业内部管理的有效性

任务五　资金需要量预测

一、判断题

1. 资金需要量预测是企业财务管理的重要环节，它有助于企业合理安排资金，确保经营活动的顺利进行。(　　)

2. 资金需要量预测可以完全依赖历史数据，因为历史数据能够准确反映企业未来的资金需求。(　　)

3. 在进行资金需要量预测时，企业不需要考虑自身的经营状况和发展战略。(　　)

二、单项选择题

1. 资金需要量预测的主要目的是(　　)。

A. 确定企业的融资规模　　B. 提高企业的盈利能力

C. 优化企业的资本结构　　D. 评估企业的投资风险

2. 下列选项中，最有可能导致企业资金需要量增加的情况是(　　)。

A. 企业提高了生产效率　　B. 企业降低了产品成本

C. 企业扩大了生产规模　　D. 企业减少了应收账款

3. 在进行资金需要量预测时，下列步骤中通常不是必需的是(　　)。

A. 收集和分析历史数据　　B. 确定预测模型和方法

C. 预测未来市场走势　　D. 评估预测结果的准确性并调整预测

三、多项选择题

1. 资金需要量预测的依据可以是(　　)。

A. 企业的销售计划　　B. 企业的生产计划

C. 企业的成本预算　　D. 企业的利润目标

2. 在进行资金需要量预测时，需要考虑的因素包括(　　)。

A. 企业的信用政策　　B. 企业的融资能力

C. 企业的税收政策　　D. 企业的市场环境

3. 以下属于资金需要量预测的步骤的是(　　)。

A. 收集和分析历史数据　　B. 确定预测模型和方法

C. 预测未来销售和市场趋势　　D. 制订资金预算和融资计划

实训演练

实训一

(一) 实训目的

掌握销售百分比法的应用。

(二) 实训资料

某公司本年度的生产能力只利用了55%，实际销售收入总额为1 000 000元，获得税后净利40 000元，并以13 000元发放了股利，该公司今年年末的简略资产负债表如表6-7所示。

表6-7 简略资产负债表

单位：元

资产		负债与所有者权益	
现金	30 000	应付账款	110 000
应收账款	160 000	应交税金	40 000
存货	180 000	长期负债	230 000
固定资产(净额)	320 000	股本	360 000
长期投资	100 000	留存收益	50 000
资产合计	790 000	负债与所有者权益合计	790 000

若该公司明年预计销售收入总额将增至1 200 000元，并仍按今年的股利发放率支付股利，明年拟提取固定资产折旧80 000元，其中70%用于更新改造。又假定明年零星资金需要量为35 000元。

(三) 实训要求

试用销售百分比法预测该公司计划年度需要增加多少资金。

实训二

(一) 实训目的

掌握销售预测的计算与应用。

(二) 实训资料

某公司专门生产彩色电视机显像管，而决定显像管销售量的主要因素是彩色电视机的销售量。假设近五年全国彩色电视机的实际销售量和某公司彩色电视机显像管的实际销售量的统计资料如表6-8所示。

表6-8 电视机销售量与显像管销售量的统计资料

年度	第1年	第2年	第3年	第4年	第5年
显像管销售量/万只	25	30	36	40	50
电视机销售量/万台	120	140	150	165	180

(三) 实训要求

(1) 用算术平均法预测第6年该公司彩色电视机显像管的销售量。

(2) 假设各年的权数依次是0.1、0.1、0.2、0.2、0.4，用加权平均法预测第6年该公司彩色电视机显像管的销售量。

项目七 营运管理——短期经营决策

项目目标

【知识目标】

- 理解决策分析的概念；
- 理解决策的一般程序和分类；
- 掌握产品的生产决策方法；
- 掌握存货决策过程中有关成本的计算；
- 了解经济订货批量的基本模型。

【能力目标】

- 能够运用决策分析理论解决实际问题；
- 能够独立运用生产决策方法进行实际决策；
- 能够利用经济订货批量模型优化存货管理。

【素养目标】

- 提升学生商业敏感度，快速洞察市场动态并捕捉商机，做出合理决策；
- 强化职业操守，恪守道德，勇于承担社会责任；
- 激发学生学习新知识、新技能的兴趣，引领业财融合新趋势；
- 培养学生秉承工匠精神，追求卓越，适应商业环境变化。

项目任务

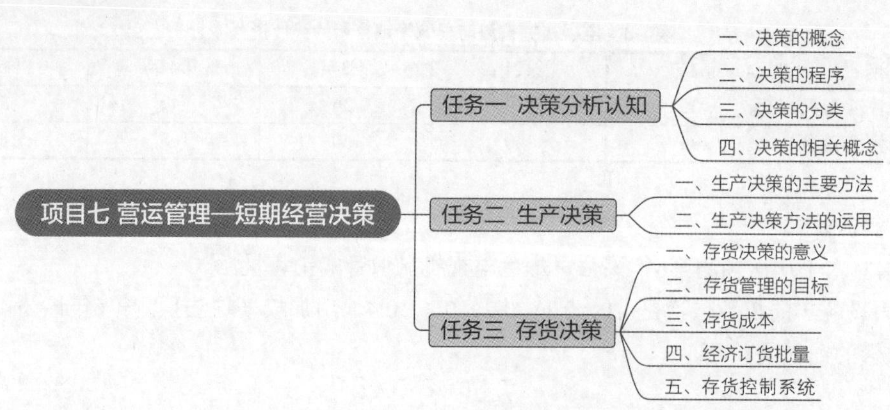

“绿盈未来”：环保转型与经营策略优化项目

案例背景：

某玩具制造企业面临市场需求波动和原材料价格上升的挑战，决定调整其产品线，投入绿色环保材料的玩具生产。这项决策需要综合考虑成本控制、市场需求预测和供应链管理等多方面因素。企业的管理团队需要评估这一决策的经济可行性及其对企业社会责任形象的影响。

企业的管理会计师领导一支跨部门团队，全方位评估各种生产方案、存货管理策略，以明确它们对企业短期内的财务成果和市场份额的潜在影响。管理会计师的主要任务包括收集核心数据、进行深入分析，并建立决策支持模型，最终为企业提出具有前瞻性的建议。

工作实施步骤包括：整理并分析市场需求、原材料成本等关键数据；利用财务软件进行成本—收益模拟，评估不同生产方案的经济效益；运用经济订货量模型等，确定最佳的存货持有量，确保成本和客户服务之间的完美平衡；在确保成本覆盖的同时，充分考虑市场的接受度和竞品情况，为产品制定合理的售价。

提出问题：

1. 在评估不同生产方案时，哪些成本因素是比较关键的？
2. 如何科学地设定存货水平，以确保在控制成本和满足客户需求之间找到最佳点？
3. 管理会计师在这一系列决策中起到了怎样的关键作用？

案例讨论：

本案例旨在展现管理会计知识和相关分析工具在实际企业决策中的核心价值。从数据驱动的决策流程到跨部门的协同合作，每个环节都至关重要。此外，决策的正确与否将直接影响企业的整体运营成果。

任务一　决策分析认知

一、决策的概念

决策(decision)是指为了实现特定目标，在具备一定信息和经验的基础上，借助一定的工具和方法，对影响目标实现的诸多因素进行分析和判断，选优后对各种备选方案可能导致的结果进行测算和对比分析，最后选出最优方案的过程。

在管理会计领域，决策分析(decision analysis)是指企业对于未来经营活动所面临的问题，在各层级管理人员基于科学预测的基础上，结合企业内部条件和外部环境，对未来的经营战略、方针、措施与方法进行决策的过程。

二、决策的程序

决策程序应根据决策对象的不同而有所调整，但科学的决策流程大致可以归纳为以下几个步骤。

(一) 明确决策问题与目标

首先，需要明确决策要解决的核心问题和期望达成的目标。这是决策的起点和终点。在清楚问题和目标之后，有针对性地设定具体的决策目标。如果目标存在限制条件，应全面披露，便于后续进行监督和信息反馈。

(二) 收集并分析相关信息

该步骤是决策分析的基础。根据决策目标，广泛搜集各种可能对目标产生影响的可计量和不可计量的因素，尤其是与预期收入和成本相关的数据。同时，对于收集到的各类信息，需要进行真伪鉴别、质量评估和进一步的加工，以确保信息的决策有用性。

(三) 提出可行的备选方案

在明确了决策目标之后，需要采用适当的方法，提出技术上合理、经济上可行的多个备选方案。这是整个决策分析过程的关键步骤，为科学决策提供了基础和保障。在确定每个备选方案时，必须确保企业现有的资源(人力、物力、财力)能够得到最优配置和高效利用。

(四) 选择最佳方案

在所有备选方案中，进行定性和定量的综合分析，全面考虑各种影响因素，经过仔细比较和筛选，最终选出最佳方案。这是整个决策过程中最关键的步骤。

(五) 组织实施与监督反馈

一旦选定最佳方案，就需要将其纳入计划并具体实施。在实施过程中，要进行严格的监督，将实施结果与最初设定的决策目标进行对比，分析差异及原因。同时，根据反馈的信息采取相应的措施，必要时对原方案目标进行适当调整，以确保其更加符合实际情况。这样，整个决策过程就形成了一个动态的良性循环，为下一轮决策提供了有益的参考。

三、决策的分类

决策通常按决策期限的长短、决策条件的确定程度、决策的重要程度进行分类。

(一) 按决策期限的长短划分

1. 短期经营决策

短期经营决策是指对1年以内的生产经营活动进行的决策。该类决策涉及的方案影响期一般在1年以内，一般情况下，虽不涉及大量资金投入，但涉及面极广，主要包括生产决策、定价决策和存货决策等。短期经营决策能够促使企业合理、充分地利用现有的人力、物力和财力资源，提高企业的经济效益。

2. 长期投资决策

长期投资决策是指对1年以上的重大投资活动进行的决策。该类决策涉及的方案影响期较长，发生次数少，资金投入大，主要包括固定资产等长期资产的决策。长期投资决策是企业保持良好财务状况、资金周转及持续盈利能力的关键，对改善企业综合生产能力、降低经营风险具有重要作用。

(二) 按决策条件的确定程度划分

1. 确定型决策

确定型决策是指决策所涉及的各种备选方案的各项条件都是已知和确定的，且每个方案只有一个确定结果的决策。这类决策问题比较明显，决策比较容易。

2. 风险型决策

风险型决策是指决策所涉及的各种备选方案的各项条件虽然是已知的，但却是不完全确定的，每个方案的执行都可能会出现两种或两种以上的结果，每种结果出现的概率是可以事先估测的决策。这类决策由于结果不唯一，决策存在一定风险。

3. 不确定型决策

不确定型决策与风险型决策所知悉的条件基本相同，但不确定型决策中各项条件的客观概率无法确定，只能以决策者凭经验判断确定的主观概率为依据，因此这类决策比风险型决策难度要大。

(三) 按决策的重要程度划分

1. 战略决策

战略决策是指对关系到企业未来发展方向、全局性重大问题所进行的决策，如企业的营销战略、品牌战略、人才战略等决策。这类决策取决于企业的长远发展规划及外部市场环境对企业的影响，其决策正确与否对企业成败具有决定性意义。

2. 战术决策

战术决策是指企业具体部门在未来较短时期内，对局部性日常管理活动所进行的经营决策，如零部件外购与自制决策、半成品是否深加工决策等。这类决策主要考虑如何使现有的人力、物力、财力资源得到充分地利用，并产生较大的经济效益。

四、决策的相关概念

在企业管理决策中，为了更准确地评估各种可能方案的优劣，需要关注几个核心概念：相关成本、无关成本、相关收入、无关收入，以及相关业务量。这些要素共同构成了决策分析的基础，帮助企业领导者在复杂的经营环境中做出明智的选择。了解这些相关概念，有助于企业更全面地审视决策的经济影响，从而实现资源的最优配置和企业价值的最大化。

(一) 相关成本

在进行决策之前，需要将会计资料进行整理、筛选，以备决策之需。对于成本资料，首先应区分相关成本与无关成本两类。相关成本是与未来决策有关联的成本，也就是在进行决策时必须认真考虑的各种形式的未来成本。机会成本、付现成本、重置成本、差量成本、边际成本、可避免成本、可延缓成本、专属成本等都属于相关成本。

1. 机会成本

机会成本是一个经济学概念，它体现了资源的稀缺性和选择的多样性。由于资源有限，做决策时决策主体必须在多个方案中选择。每个选择都意味着某种资源的投入，同时也代表放弃了其他可能的选择和收益。

机会成本衡量了企业为获得特定收益而必须放弃的其他潜在收益。在选择最优方案时，也要认识到放弃次优方案的潜在损失。这种损失即机会成本，代表做出选择时所放弃的最大价值。理解和计算机会成本有助于企业做出科学、合理的决策。

2. 付现成本

付现成本是指因某项决策而需要立即或在未来用现金支付的成本。在短期经营决策中，若企业资金紧张且筹措困难，付现成本就显得尤为重要。与总成本不同，付现成本更关注当前和未来的现金流支出，直接影响企业的现金流和短期经营。因此，企业在决策时应充分考虑付现成本，以确保决策的合理性。

3. 重置成本

重置成本是一个重要的经济概念，是指如果现在从市场上重新购买一项与之前已有的相同或类似的资产所需要支付的成本。重置成本又称为“现行成本”或“现实成本”。在企业的决策过程中，特别是在进行定价决策时，重置成本具有非常关键的作用。了解重置成本可以帮助企业更准确地评估其资产的实际价值，从而做出更明智的决策。

4. 差量成本

差量成本，也称为差别成本，描述的是两个可供选择的备选方案之间存在的成本差异。简单来说，它就是两个方案在成本上的差额。与差量成本相对应的是差量收入，这一概念反映的是两个不同方案在预期收入上的差异。将差量成本和差量收入结合起来考虑，能够帮助企业全面评估各种决策方案的经济效益，从而做出更明智的决策。

5. 边际成本

边际成本是经济学中的一个重要概念，它描述的是当生产或销售的数量发生微小变化时，成本的变动情况。从理论的角度来看，边际成本是成本对于产量无限小变化的变动部分。但在现实生活和实际工作中，很难观察到产量的“无限小”变化，因为它不具备实际操作性。

在实际应用中，通常会将“无限小”的变化量化到最小的实际单位，如一件产品。这是因为，如果变化量小于一个单位，那么在实际操作中就没有意义了。因此，从实际应用的角度出发，边际成本可以被理解为当产量增加或减少一个单位时，所带来的成本变动。

6. 可避免成本

可避免成本直接关联于特定的备选方案，其实际发生取决于该方案是否被实施。若方案被选用，则产生相关成本；若方案未被选用，则不产生相关成本。这类成本随决策的改变而改变，对企业评估各方案的效益及做出明智的决策至关重要。

7. 可延缓成本

可延缓成本是指在企业进行生产经营决策时，如果决定暂缓其开支，不会对企业的长期运营或未来发展产生显著负面影响的成本。这类成本通常不是企业经营活动中不可或缺的部分，因此在资金紧张或需要进行成本控制时，企业可能会考虑暂缓这部分成本的支出。

8. 专属成本

专属成本是指可以清晰地追溯到某个具体的方案、产品、批次或部门的成本。这些成本是与特定活动或产品直接相关的，因此，它们对于评估某个方案或产品的经济效益至关重要。

(二) 无关成本

无关成本是指无论方案采用与否都注定要发生或已经发生的成本。由于无关成本对有关备选方案的取舍不存在影响，因此在短期经营决策中可以不予考虑，否则可能会导致决策失误。无关成本主要包括沉没成本、共同成本、不可延缓成本、不可避免成本。

1. 沉没成本

沉没成本，实际上就是历史成本，是指过去已经发生并不能由现在或将来的任何决策加以改变的成本。也就是说，沉没成本是由于过去决策所引起并已经实际支付过款项的成本。一般情况下，大多数固定成本(如固定资产折旧、无形资产的摊销等)都属于沉没成本。

2. 共同成本

共同成本是与专属成本相对立的成本，是指应当由多个方案共同负担的注定要发生的固定成本，如企业管理部门固定资产的折旧费、管理人员的工资等。

沉没成本与相关成本的区别

3. 不可延缓成本

不可延缓成本是相对于可延缓成本而言的，指的是那些一旦暂缓支付，就会对企业未来的生产产生重大不利影响的成本。这类成本在时间上具有刚性，即使企业资金紧张，也必须及时支付。例如，企业的电费、水费和员工的基本工资等就属于不可延缓成本。

4. 不可避免成本

不可避免成本是与可避免成本相对立的成本，是指在企业经营过程中必然发生的，企业决策行为不能改变其发生金额的成本。由于不可避免成本的发生具有必然性，注定要发生，只能保证对其顺利支付，因此在短期经营决策中可以不予考虑。企业现有固定资产的折旧费、管理人员的工资等约束性固定成本，都属于不可避免成本。

(三) 相关收入

相关收入是与具体决策方案紧密相连的，且能对决策结果产生显著影响的收入。在短期经营策略的制定中，这类收入是决策者必须慎重考虑的，因此也被称为“有关收入”。

(四) 无关收入

与相关收入形成鲜明对比的是无关收入。这类收入的特点是，不论企业是否采纳或实施某一经营决策，该收入都会稳定产生，与决策无直接关联。当判断某项收入是否受某一决策方案影响时，若答案是否定的，则该收入可被视为该方案的无关收入。

(五) 相关业务量

相关业务量是指与特定决策方案直接相关联的产量或销量。这一指标在企业经营决策中具有至关重要的作用，因为它通过影响相关收入和成本，进而对决策方案的最终效果产生显著影响。在短期经营决策中，只有对相关业务量进行细致考虑，企业才能更准确地评估不同决策方案对企业经营成果的潜在影响。

任务二　生产决策

生产决策是企业短期经营决策的重要组成部分，对企业的稳定运营和持续发展有着关键作用。在构建生产决策框架时，企业需要着重考虑以下三个方面。

(1) 产品决策。这是确定企业应生产哪些产品或提供哪些服务的基础。这包括新产品的研究与开发、半成品和副产品的进一步加工，以及如何处理可能亏损的产品线。产品决策不仅要求企业对市场有深入的了解，还需要对自身的生产能力和技术优势有清晰的定位。

(2) 数量决策。确定生产或提供服务的数量是生产决策中的另一重要环节。例如，企业可能需要权衡是否接受某个特殊订货，或者如何确定一个最优的生产批量，以实现成本效益最大化。数量决策直接影响着企业的库存管理、成本控制和市场供应能力。

(3) 生产组织决策。如何高效、有序地组织和安排生产活动，是确保生产顺利进行的关键。这涉及零部件是自制还是外购的决策、生产工艺的选择，以及生产设备的合理配置等问题。生产组织决策的优化，能够显著提高生产效率，减少浪费，并增强企业对市场变化的应对能力。

一、生产决策的主要方法

生产决策的核心在于选择最佳的资源配置和生产策略，以实现企业的短期和长期目标。在短期单目标确定型的生产决策中，常用的分析方法主要有三种：差量分析法、边际贡献分析法和本量利分析法。这些方法均基于科学、系统的分析原理，通过数据支持和经济评估，帮助企业决策者从多个方案中挑选出最符合企业利益和生产目标的策略，确保生产决策能够为企业带来最大的经济效益和市场竞争优势。

(一) 差量分析法

企业进行生产决策时，实质上是在多个互斥的备选方案中，通过比较它们的预期收入和预期成本，来寻找能带来最大收益的方案。此时，管理会计人员常常会采用差量分析法进行决策分析。

这种方法的核心在于量化分析各方案之间的差异，从而为企业提供决策依据。差量分析法在生产决策中被广泛应用。它可以帮助企业在多个经营决策中做出选择。例如，确定生产哪些产品；半成品、联产品或副产品是否需要进一步加工；亏损产品是否应该停产或转产；零部件是自制还是外购；是否接受追加的特殊订货；等等。通过差量分析法，企业能够更清晰地了解各方案之间的经济差异，从而做出更符合企业利益的决策。

以下是差量分析法涉及的一些相关概念。

(1) 差量：是指两个互斥的备选方案之间同类指标的数量差异。这种差异为企业提供了对比的基础。

(2) 差量收入：是指两个互斥的备选方案之间预期收入的数量差异。通过比较这些差异，企业可以了解不同方案带来的潜在收益。

(3) 差量成本：是指两个互斥的备选方案之间预期成本的数量差异。了解这些差异，有助于企业在考虑成本效益时做出决策。

(4) 差量损益：是指差量收入与差量成本之间的数量差异，实质上反映了两个互斥的备选方案之间预期收益的差额。

差量分析法正是以差量损益作为选择方案的标准，其基本原理如表7-1所示。

表7-1 差量分析法的基本原理表

项目	方案甲	方案乙	差量
相关收入R	R_1	R_2	R_1-R_2=差量收入
相关成本C	C_1	C_2	C_1-C_2=差量成本
决策指标	差量损益=差量收入-差量成本		
决策选择	差量损益＞0，选方案甲； 差量损益＜0，选方案乙； 差量损益=0，方案甲和方案乙均可		

运用差量分析法进行决策时，需遵循以下原则：可分步骤计算或编制差量损益分析表来直观展示数据；关注与决策直接相关的成本和收入，决策者需要关注那些随特定决策或活动的变化而变化的成本和收入；两个备选方案间无严格主次之分，但需要在计算过程中遵循相同的处理原则；对于涉及多个方案的决策问题，需要逐一进行两个方案之间的差量分析，通过逐步比较和淘汰来确定最优方案。遵循以上原则，差量分析法能够为决策者提供一个清晰、量化的决策框架，帮助决策者在不同方案之间做出明智的选择。

差量分析法主要包括差量损益分析法、相关损益分析法和相关成本分析法。

1. *差量损益分析法*

差量损益分析法是指在充分分析不同备选方案的差量收入、差量成本的基础上，得出差量损益，并从中选择最优方案的方法。差量损益分析法是一种有效的决策方法，它可以帮助决策者在不同方案之间做出最优选择。应用差量损益分析法一般分为四个步骤：① 计算备选方案的差量收入；②计算备选方案的差量成本；③计算备选方案的差量损益，差量损益反映了从一个方案转向另一个方案可能带来的经济利益的增减；④通过比较确定最优方案。如果差量损益大于零，说明前一方案比后一方案更优；如果差量损益小于零，则后一方案更优。

【例7-1】某制造商拥有一条高效的生产线，每年有2 000机时的剩余生产能力。这条生产线既可以生产甲产品，也可以生产乙产品。表7-2是两种产品的相关生产数据。

表7-2 两种产品的相关生产数据

项目	甲产品	乙产品
单位产品定额工时/机时	20	25
单位售价/元	50	48
单位变动成本/元	28	24

要求：如何利用剩余生产能力来实现最大的经济效益。

解析：该企业是利用剩余生产能力来加工甲产品或乙产品的，故维持原有生产能力的固定成本是无关成本。用差量分析法进行如下计算。

(1) 计算生产甲产品和乙产品的差量收入。

差量收入=甲产品收入-乙产品收入=50×(2 000÷20)-48×(2 000÷25)=1 160(元)

(2) 计算两种产品的差量成本。

差量成本=甲产品成本-乙产品成本=28×(2 000÷20)-24×(2 000÷25)=880(元)

(3) 计算备选方案的差量损益。

差量损益=差量收入-差量成本=1 160-880=280(元)

根据差量损益分析，生产甲产品比生产乙产品可以额外获得280元的利润。因此，从经济效益的角度考虑，企业应选择生产甲产品。

上述计算也可以通过编制差量损益分析表来反映，差量损益分析表如表7-3所示。

表7-3　差量损益分析表

单位：元

项目	甲产品	乙产品	差量
相关收入	5 000=50×(2 000÷20)	3 840=48×(2 000÷25)	1 160
相关成本	2 800=28×(2 000÷20)	1 920=24×(2 000÷25)	880
差量损益			280

2. 相关损益分析法

差量损益分析法通常只适用于单一方案或只有两个备选方案的决策，当有两个以上的方案时，就必须逐次进行筛选，比较麻烦。因此，可以采用相关损益分析法来进行确定。

相关损益分析法是指在短期经营决策中，以相关损益指标作为决策评价指标的一种方法。相关损益是指相关收入与相关成本之间的差额。相关损益是一个正指标，相关损益越大，说明方案越优。

【例7-2】沿用【例7-1】的资料，假设利用剩余生产能力还可以生产丙产品，丙产品的单位产品定额工时为40机时，单位售价为100元，单位变动成本为60元。

要求：分析该企业生产哪种产品更有利。

解析：由于利用剩余生产能力可以生产甲、乙、丙三种产品，面临的决策方案有三个，因此采用相关损益分析法进行分析更简单。

甲产品的相关损益=50×(2 000÷20)−28×(2 000÷20)=2 200(元)

乙产品的相关损益=48×(2 000÷25)−24×(2 000÷25)=1 920(元)

丙产品的相关损益=100×(2 000÷40)−60×(2 000÷40)=2 000(元)

结果表明，甲产品的相关损益最大，获利最多，所以选择生产甲产品。

上述计算也可以通过编制相关损益分析表来反映，相关损益分析表如表7-4所示。

表7-4　相关损益分析表

单位：元

项目	甲产品	乙产品	丙产品
相关收入	50×(2 000÷20)	48×(2 000÷25)	100×(2 000÷40)
相关成本	28×(2 000÷20)	24×(2 000÷25)	60×(2 000÷40)
相关损益	2 200	1 920	2 000

3. 相关成本分析法

相关成本分析法是指在短期经营决策中，当各备选方案的相关收入均为零时，只需要比较各方案的相关成本指标的一种方法。相关成本是一个反指标，相关成本最低的方案为最优方案。在零部件的需求量确定的情况下，判断零部件自制还是外购多采用此方法。

【例7-3】某企业生产某产品需要某种零件25 000个，该零件既可以自制，也可以从外部购买，购买单价为12元，现该企业有不能移作他用的剩余生产能力可生产此种零件。经分析，生产每个零件的单位变动成本为8元，但每年需要为此增加专属固定成本80 000元。

要求：做出该零件应该自制还是外购的决策。

解析：可采用相关成本分析法来进行决策。

自制的相关成本=25 000×8+80 000=280 000(元)

外购的相关成本=25 000×12=300 000(元)

结果表明，自制该零件比外购可节约成本20 000元，因此选择自制。

上述计算也可以通过编制相关成本分析表来反映，相关成本分析表如表7-5所示。

表 7-5　相关成本分析表

单位：元

项目	自制方案	外购方案	差量
相关成本			
变动成本	25 000×8=200 000	25 000×12=300 000	
专属成本	80 000		
合计	280 000	300 000	−20 000

(二) 边际贡献分析法

边际贡献分析法是一种基于成本性态分析的方法，是在相关成本全部表现为变动成本时，通过对比各个备选方案的边际贡献额的大小来确定最优方案的决策方法。在不改变生产能力的情况下，固定成本总额通常稳定不变，因此可以直接比较各备选方案的边际贡献大小，哪个方案的边际贡献最大，哪个方案就被认为是最优的。

使用边际贡献分析法时，需注意以下几点。

(1) 边际贡献的定义：它指的是各产品提供的边际贡献总额，或者每人工小时、每机器小时所提供的边际贡献。在评价方案时，应以单位工时边际贡献或边际贡献总额为依据，而非仅依赖单位边际贡献。因为单位边际贡献大并不意味着总边际贡献也大，这还与产品销量相关。

(2) 专属成本：当不存在专属成本时，可直接通过比较边际贡献总额来决策。但当存在专属成本时，需要使用相关损益分析法(剩余边际贡献分析法)先计算剩余边际贡献(即边际贡献减去专属成本)，并以此为基础进行决策。

相关损益=相关收入−相关成本=相关收入−(变动成本+专属成本)

(3) 资源受限时的决策：当企业的某项资源(如原材料、人工或机器工时)受限时，应通过比较不同方案的单位边际贡献来做出决策。

(4) 与差量分析法的结合：边际贡献分析法有时应与差量分析法结合使用，以确保决策的准确性。

边际贡献法的基本原理如表7-6所示。

表7-6　边际贡献法的基本原理

决策原则	选择边际贡献总额最大的方案
适用条件	生产能力不变、固定成本总额稳定不变
适用决策场景	亏损产品是否停产或转产的决策； 开发新产品的决策； 是否接受追加特殊订货的决策； 等等

边际贡献分析法的优点是可以清晰地看到各项活动对总利润的贡献，从而更好地进行决策。然而，它也有一些缺点，例如，需要详细的成本和收入数据，而这些数据可能不容易获得。

【例7-4】某制造企业拥有一批高效能的生产设备，这些设备在完成日常生产任务后，每年仍有2 000小时的剩余生产能力。企业现在考虑利用这些剩余生产能力来生产甲产品或乙产品，以增加企业的经济效益。甲产品和乙产品的生产数据如下：甲产品的单位定额工时为20小时，单位售价为50元，单位变动成本为28元；乙产品的单位定额工时为25小时，单位售价为48元，单位变动成本为24元。

要求：企业需要决定如何利用这部分剩余生产能力使经济效益最大化。试用边际贡献分析法分析生产哪种产品更为有利。

解析：由于该企业是利用剩余的生产能力来加工甲产品或乙产品的，维持原有生产能力的固定成本是无关成本，因此需要比较两种产品的边际贡献总额。企业应选择生产边际贡献总额较高的产品。边际贡献分析表如表7-7所示。

表7-7　边际贡献分析表

项目	甲产品	乙产品
剩余生产工时/小时	2 000	
单位产品定额工时/小时	20	25
最大产量/件	100	80
单位售价/元	50	48
单位变动成本/元	28	24
单位边际贡献/元	22	24
边际贡献总额/元	2 200	1 920

从边际贡献分析表可以直观看出，生产甲产品较为有利。

(三) 本量利分析法

本量利分析法是根据产品的产销数量、销售价格、变动成本和固定成本等因素，通过分析计量来确定企业目标利润的一种方法。它将成本划分为固定成本和变动成本，并假定产销量一致，根据成本、业务量和利润之间的关系进行预测和决策。

本量利分析法的应用步骤如下。

(1) 确定分析对象：明确需要分析的产品或服务，收集相关的成本、业务量和利润数据。

(2) 划分成本：将成本划分为固定成本和变动成本，固定成本是指在一定时期内不随业务量的变化而变化的成本，如租金、折旧费等；变动成本是指随业务量的变化而变化的成本，如原材料成本、人工成本等。

(3) 建立模型：根据收集到的数据和成本划分结果，建立本量利分析模型，计算不同方案下的利润水平。

(4) 分析结果：比较不同方案下的利润水平，结合企业的战略目标和实际情况，选择最优方案。

(5) 制定措施：根据分析结果，制定相应的生产、销售和成本控制措施，确保实现目标利润。

本量利分析法的基本原理如表7-8所示。

表7-8　本量利分析法的基本原理

决策指标	息税前利润
计算公式	息税前利润=销售收入−变动成本−固定成本 =(单价−单位变动成本)×销售量−固定成本
决策原则	选择息税前利润高的方案
适用条件	采用该方法进行决策时，要求变动成本与固定成本均为相关成本

【例7-5】某企业专注生产一种特定产品，该产品拥有固定的生产成本8万元，而每生产一件该产品会产生额外的5元变动成本。在常规市场中，这款产品的售价定为15元/件。基于市场分析和预测，企业原计划销售1万件产品。近期，企业收到一个特殊订单咨询，要求定制生产2 000件该产品。不过，由于订单量相对较大，客户提出每件产品的购买价格只能为8元。

要求：做出是否应接受这一额外订单的决策。

解析：为了做出明智的决策，企业应运用本量利分析法，详细对比不接受订单和接受订单两种情况下的预期利润。

不接受额外订单时的利润计算如下。

利润=(售价−单位变动成本)×销售量−固定成本=(15元−5元)×1万件−8万元=2万元

接受额外订单时的利润计算如下。

利润=(正常售价−变动成本)×正常销售量+(额外订单售价−变动成本)×额外订单量−固定成本=(15元−5元)×1万件+(8元−5元)×0.2万件−8万元=3万元

通过比较可以发现，接受额外订单可以提高企业的利润水平，因此该企业应该接受这个额外的订单。

本量利分析法是一种有效的生产决策方法，它可以帮助企业明确成本、业务量和利润之间的关系，预测不同方案下的利润水平，为企业决策提供依据。然而，在应用过程中需要注意数据的准确性和市场变化等因素对企业利润的影响。

拓展阅读

二、生产决策方法的运用

(一) 生产何种新产品的决策

当企业面临生产何种新产品的决策时，尤其是在具备剩余生产能力或通过放弃过时产品腾出生产能力的情况下，合理利用这些能力开发新产品是至关重要的。在进行此类决策时，可以遵循以下逻辑清晰的分析步骤。

(1) 评估生产能力。企业需要全面评估现有的生产能力，包括剩余生产能力和通过放弃过时产品所腾出的生产能力。这一步骤是为了确定可用于生产新产品的总生产能力。

(2) 备选方案筛选。企业应该基于市场需求、技术可行性、预期利润等因素对多个方案进行初步筛选。在筛选过程中，应该排除那些需要追加专属成本(如专用设备成本、特定技术成本等)的方案，因为这些方案不适合运用边际贡献分析法进行决策。

(3) 运用边际贡献分析法进行决策。接下来，企业可以运用边际贡献分析法对备选方案进行决策。在分析时，需要计算每个备选方案的预期边际贡献总额，并将其与预期的生产能力相结合。通过比较不同方案的边际贡献总额，企业应选择边际贡献总额最高的方案。

(4) 决策实施与监控。决策后，企业需要制订详细的实施计划，包括生产安排、资源配置、市场推广等。同时，建立有效的监控机制，定期对生产过程中的关键指标进行监控和评估，以确保决策的有效实施和预期目标的实现。

【例7-6】某企业当前主要生产A、B两种产品，并计划引入新产品来扩大产品线。考虑到企业现有的生产能力有限，只能在C和D两种新产品中选择一种进行投产。企业的固定成本稳定在2 000元，不会因新产品的投产而发生变化。各产品的主要数据如表7-9所示。

表7-9　各产品的主要数据

产品名称	销售量/件	单价/元	单位变动成本/元
A产品	250	12	5
B产品	300	10	6
C产品	200	8	4
D产品	220	11	7

要求：做出投产C产品还是投产D产品对企业更有利的决策。

解析：为确定投产C产品和D产品哪个对企业更有利，需要对比两者的边际贡献总额。

C产品的边际贡献总额=(单价−单位变动成本)×销售量=(8−4)×200=800(元)

D产品的边际贡献总额=(11−7)×220=880(元)

从上面的计算可以看出，D产品的边际贡献总额高于C产品，因此，在不考虑其他额外成本的情况下，选择投产D产品对企业更有利，具体可多获利80元。

【例7-7】如果投产新产品的决策中还需要追加专属成本，那么决策方式将转变为比较各产品的剩余边际贡献总额。沿用【例7-6】的资料，假设C产品有专属成本250元，D产品有专属成本500元。

要求：做出投产C产品还是投产D产品对企业更有利的决策。

解析：投产C产品和D产品的剩余边际贡献总额分别如下。

C产品的剩余边际贡献总额=800−250=550(元)

D产品的剩余边际贡献总额=880−500=380(元)

在这种情况下，选择投产C产品更有利，因为它比投产D产品多获利170元。在不涉及追加专属成本的情况下，投产D产品对企业更有利。当涉及追加专属成本时，应根据剩余边际贡献总额来决策，即投产C产品更有利。

(二) 亏损产品是否停产的决策

在企业经营多种产品的情况下，存在亏损产品并不罕见。面对这种情况，需要综合考虑企业的整体经营状况、生产能力的利用情况，以及其他相关因素，通过深入地比较分析，才能做出最优的决策。当企业面临亏损产品是否停产的决策时，是否停产取决于对多个因素的综合分析。以下是具体的决策逻辑。

亏损产品是否停产的决策例题

1. 企业剩余生产能力无法转移

如果亏损产品能够提供正的边际贡献(即销售收入减去变动成本)，即使产品目前亏损，只要继续生产该产品仍然可以为企业带来一定的经济效益。这是因为正的边际贡献至少能够补偿部分固定成本，从而增加企业的整体利润。

在这种情况下，不应立即停产，虽然产品暂时亏损，但其对固定成本的补偿作用使得继续生产成为更明智的选择。

【例7-8】某企业进行多品种经营，其中包括甲产品。在2023年，甲产品的产销量达到了1 000件，单位变动成本为80元。然而，该产品在过去一年中发生了10 000元的亏损，其完全成本总计为110 000元。进入2024年，该企业预测甲产品的市场容量、销售价格，以及成本结构都将保持稳定，不会发生变化。如果停止生产甲产品，其相关的生产能力并不能转移到其他产品上。

要求：基于以上信息，分析并决定企业在2024年是否应继续生产甲产品。

解析：首先计算甲产品在2023年的边际贡献。

销售收入计算：因甲产品亏损10 000元，而完全成本为110 000元，因此销售收入=110 000-10 000=100 000(元)。

变动成本=单位变动成本×产销量=80×1 000=80 000(元)

边际贡献=销售收入-变动成本=100 000-80 000=20 000(元)

考虑到甲产品在2024年的市场条件不会发生变化，其边际贡献也将保持稳定。如果停止生产甲产品，企业将失去这20 000元的边际贡献，导致整体利润下降。此外，甲产品目前承担了30 000(110 000-80 000)元的固定成本，其中用20 000元的边际贡献补偿后，仍产生了10 000元的亏损。但若停产甲产品，这30 000元的固定成本将由其他产品来承担，从而进一步压缩企业的利润空间。因此，该企业在2024年应该继续生产甲产品，避免利润进一步下降。

当亏损产品停产之后，其原本占用的生产经营能力可以转用于其他用途，如承揽零星的加工业务或是将相关设备出租。此时，如果选择继续生产这款亏损产品，企业会面临一个机会成本的问题。这个机会成本是指，将这部分生产能力投向其他活动(如承揽加工业务或将设备出租)可能获得的收益。在这种情况下，需要权衡的是亏损产品所能提供的边际贡献与这个机会成本的大小关系。只要该亏损产品的边际贡献高于这个机会成本，那么继续生产就是合理的。反之，如果停止生产这款亏损产品，企业会损失掉相当于边际贡献与机会成本之差的利润。因此，在做出停产决策之前，必须充分考虑这部分潜在的利润损失。

2. 企业剩余生产能力可以转移

如果亏损产品提供的边际贡献大于剩余生产能力转移带来的相关利润，这就意味着继续生产亏损产品所带来的经济效益超过了将生产能力转移至其他产品所带来的潜在利润。在这种情况下，也不应立即停产。

综上所述，企业在决策是否停止生产亏损产品时，需要综合考虑剩余生产能力的转移情况、亏损产品的边际贡献，以及转移生产能力可能带来的相关利润。只有当亏损产品的边际贡献为负，并且转移生产能力能够带来更高的利润时，才考虑停止生产亏损产品。

亏损产品是否停产的决策原则如表7-10所示。

表7-10 亏损产品是否停产的决策原则

剩余生产能力情况	亏损产品边际贡献	决策建议
无法转移	正	不应立即停产
可转移	正但小于转移利润	应考虑停产
可转移	正且大于转移利润	不应立即停产

【例7-9】沿用【例7-8】的资料，假定停产后生产亏损产品的生产能力可用于设备出租，预计可获得25 000元的边际贡献。

要求：做出是否继续生产甲产品的决策。

解析：根据【例7-8】的资料和计算过程可知，继续生产甲产品获得的边际贡献为20 000元。如果继续生产甲产品就会丧失设备出租可获得的25 000元边际贡献，所以设备出租可获得的25 000元边际贡献就是继续生产甲产品这一方案的机会成本。它小于该方案的机会成本25 000元。如果继续生产甲产品，企业将多损失5 000元的利润。因此，应做出停止生产甲产品的决策。

(三) 零部件自制还是外购的决策

制造业企业常常面临零部件是自制还是外购的决策。零部件数量固定，不涉及收入因素，因此在决策时主要基于成本进行考虑即可，成本较低的方案通常被视为最优选择。以下是详细的决策逻辑。

1. 零部件需求量已确定的情况

自制方案的成本：当企业具备自制能力且该能力无法转移时，自制方案的成本主要包括与自制零部件相关的变动成本。

外购方案的成本：将零部件需求量乘以购买单价即可得到外购零部件的成本。

决策方法：在此情况下，企业只需要将自制零部件相关的单位变动成本与外购时的单价进行比较即可。

如果自制时的单位变动成本高于外购时的单价，则应选择外购。

如果自制时的单位变动成本低于外购时的单价，则应选择自制。

如果两者相等，两种方案均可选择。

需求量确定的情况下零部件自制还是外购的决策原则如表7-11所示。

表7-11　需求量确定的情况下零部件自制还是外购的决策原则

自制时的单位变动成本	外购时的单价	选择方案
低	高	自制
相等	相等	均可
高	低	外购

1) 自制的生产能力无法转移

【例7-10】某公司生产甲产品每年需要使用A零件4 000个。如果从市场购买，每个零件的采购价加上运费为30元。目前公司有未利用的生产能力，可以自行生产这种零件。经过会计部门与技术部门的联合评估，预计每个零件的成本如下。直接材料：15元/件；直接人工：6元/件；变动制造费用：5元/件；固定制造费用：3元/件。如果公司选择不生产这种零件，那么这部分生产能力将闲置。

要求：做出A零件是自制还是外购的决策。

解析：由于公司有未利用的生产能力，因此固定制造费用属于沉没成本，在此决策中不予考虑。采用相关成本分析法编制的相关成本分析表如表7-12所示。

表7-12 相关成本分析表(一)

项目	自制方案	外购方案	差量
变动成本/元	(15+6+5)×4 000	30×4 000	
合计/元	104 000	120 000	16 000

在此决策过程中，考虑了变动生产成本。经过计算，自制A零件的总成本比外购要低16 000元。因此，从成本角度考虑，公司应选择自制A零件。这样不仅可以节约成本，还能有效利用公司现有的未利用的生产能力。

2) 自制的生产能力可以转移

【例7-11】沿用【例7-10】的资料，假定该公司的生产设备不用于自制零部件，而是选择对外出租，每月可收取租金1 200元。

要求：做出A零件是自制还是外购的决策。

解析：如果该公司决定自制A零件，就相当于放弃了剩余生产能力的对外出租。在进行决策时，相关成本就发生了变化，除了变动的生产成本，还产生了机会成本。采用相关成本分析法编制的相关成本分析表如表7-13所示。

表7-13 相关成本分析表(二)

项目	自制方案	外购方案	差量
变动成本/元	(15+6+5)×4 000		104 000
机会成本/元	1 200×12=14 400		14 400
相关成本合计/元	118 400	120 000	1 600

在此例题中，如果公司选择自制A零件，那么它将放弃每年通过出租设备获得的14 400元的租金收入。这部分放弃的收入构成了自制方案的机会成本。将这个机会成本加到自制方案的变动生产成本上，得到自制方案的总相关成本(118 400元)。与外购方案的总成本120 000元相比，自制方案的成本仍然较低，但差距已经缩小到1 600元。因此，在生产设备可以出租的情况下，公司仍然应该选择自制A零件，因为这样可以花费较少的总成本。

然而，这个决策应该考虑到其他非成本因素，如公司的战略目标、市场竞争环境、生产能力的灵活性等。如果这些因素对公司的成功至关重要，那么公司可能需要重新做出零部件自制还是外购的决策。尽管自制方案的总成本略低，但决策并不总是仅仅基于成本考虑。公司需要综合考虑各种因素，以做出对其长期发展最有利的决策。

2. 零部件需求量不确定的情况

当企业不具备自制能力或零部件需求量不确定时，不能直接通过比较成本来做出决策。此时，应采用成本无差别点分析法。

成本无差别点
分析法

成本无差别点分析法用于评估在不同业务量水平下，各个成本方案的优劣，以便做出最经济的选择。这种方法的核心在于比较不同备选方案的总成本，并确定一个特定的业务量点，即成本无差别点，在这个点上，两个或多个方案的总成本相等。

1) 外购成本唯一

【例7-12】某公司需要A零部件，可以从市场上购买，也可以自行生产。市场上的单位售价为8元。如果自制，单个零部件的成本构成如下：直接材料3元，直接人工1元，变动制造费用2元。此外，需要增加专属固定成本1 000元。

要求：做出A零件自制还是外购的决策。

解析：

确定单位变动成本：外购方案的单位变动成本为8元(即市场售价)；自制方案的单位变动成本=直接材料3元+直接人工1元+变动制造费用2元=6元。

确定固定成本：外购方案无额外的固定成本，因此固定成本为0元；自制方案需要增加专属固定成本1 000元。

运用成本无差别点分析法进行计算：成本无差别点的业务量是两个方案成本相等时的点，即(1 000−0)÷(8−6)=500(件)。

当该公司的年需求量大于500件时，选择自制方案，虽然自制有额外的固定成本，但随着产量的增加，单位产品的总成本会降低，使得自制成为更经济的选择。当该公司的年需求量正好是500件时，两个方案的成本相同，因此都是可行方案，可以根据公司的其他战略考虑或偏好来选择。当该公司的年需求量小于500件时，选择外购方案，此时外购的单位成本低于自制的单位成本，且没有额外的固定成本负担。

2) 外购成本不唯一

【例7-13】沿用【例7-12】的资料，若该公司外购A零件时，600件以内单位售价为8元，600件以上单位售价为7元。

要求：该公司A零件全年需求量在什么情况下采用自制方案，什么情况下采用外购方案。

解析：

(1) 当需求量在600件以内时。

计算600件以内的成本无差别点业务量。

成本无差别点的业务量=(1 000−0)÷(8−6)=500(件)

结论：当年需求量大于500件且小于等于600件时，由于此时外购单价仍为8元，自制成本更低，因此选择自制方案；当年需求量小于500件时，选择外购方案，因为此时外购的总成本更低。

(2) 当需求量超过600件时。

计算600件以上的成本无差别点业务量。

成本无差别点的业务量=(1 000−0)÷(7−6)=1 000(件)

结论：当年需求量大于1 000件时，由于此时外购单价降为7元，但仍然高于自制成本，因此选择自制方案更为经济；当年需求量在600～1 000件时，由于未达到新的成本无差别点，外购成本相对较低，所以选择外购方案。

当该公司的年需求量小于500件时，应选择外购方案。当需求量在500～600件时，由于此时的外购单价较高，选择自制方案更为划算。当需求量在600～1 000件时，尽管需求量增加，但由于外购单价降低，选择外购方案更为经济。当需求量大于1 000件时，自制的成本优势再次显现，因此应选择自制方案。

需求量不确定的情况下零部件自制还是外购的决策原则如表7-14所示。

表7-14 需求量不确定的情况下零部件自制还是外购的决策原则

方案	相关成本	决策原则
外购	外购成本	因相关收入为零，故选择相关成本少的方案即可
自制	需要分情况分析，相关成本包括自制的变动成本、转产的机会成本、专属成本，以及租金等	

企业在面临零部件自制还是外购的决策时，应根据零部件需求量的确定性和自身的制造能力，选择合适的决策方法。在需求量确定的情况下，主要比较自制时的单位变动成本和外购时的单价；在需求量不确定的情况下，则采用成本无差别点分析法来辅助决策。

(四) 特殊订货决策

特殊订货决策是指企业在正常经营过程中，是否利用暂时闲置的生产能力接受临时订货的决策。

不同情况下的决策分析

特殊订货的决策通常面临两种选择：接受追加订货和拒绝追加订货。如果拒绝追加订货，则相关收入和相关成本均为零。如果接受追加订货，那么相关收入等于追加订货的价格与追加订货量的乘积，相关成本则需要考虑变动成本、机会成本和专属成本。特殊订货决策的决策指标是，相关损益=订单所提供的边际贡献-该订单所增加的相关成本。决策原则是，相关损益大于0才可接受订单。

不同情形下特殊订货的决策标准如表7-15所示。

表7-15 不同情境下特殊订货的决策标准

情境	相关成本	机会成本	决策标准
不妨碍正常生产，剩余生产能力无法转移	仅考虑变动成本		特殊订货方案的相关损益>0
妨碍正常生产	变动成本+正常生产减少的边际贡献	正常生产减少的边际贡献	考虑机会成本后，特殊订货方案的相关损益>0
剩余生产能力可以转移	变动成本+转移剩余生产能力的潜在收益损失	转移剩余生产能力的潜在收益损失	考虑机会成本后，特殊订货方案的相关损益>0
有特殊要求，需追加专属成本	变动成本+专属成本		考虑专属成本后，特殊订货方案的相关损益>0

特殊订货决策涉及多个因素，包括变动成本、机会成本和专属成本。在决策时，企业应综合考虑这些因素。此外，企业还需考虑其他潜在因素，如客户关系、品牌形象等。决策时应全面评估各种情境下的成本和收益，使企业利润最大化。

1. 不妨碍正常生产，剩余生产能力无法转移

【例7-14】某企业只生产一种产品，每年最大生产能力为15 000件。本年已与其他企业签订了12 000件的供货合同，单位价格为1 500元，单位完全成本为1 200元，单位变动生产成本为1 000元。假定该企业剩余生产能力无法转移。现有客户要求以1 100元的单价向该企业订货2 000件产品，追加订货无特殊要求。

要求：做出是否接受特殊订货的决策。

解析：根据题意，企业接受特殊订货后的有关指标计算如下。

相关收入=1 100×2 000=2 200 000(元)

变动成本=1 000×2 000=2 000 000(元)

边际贡献=2 200 000－2 000 000=200 000(元)

边际贡献为正，所以应当接受此项特殊订货。另外，在这种情况下，也可以通过比较特殊订货的单价与该产品的单位变动生产成本做出决策。

2. 妨碍正常生产

【例7-15】某企业只生产一种产品，每年最大生产能力为18 000件。本年已与其他企业签订了16 000件的供货合同，单位价格为1 600元，单位完全成本为1 300元，单位变动生产成本为1 100元。假定该企业剩余生产能力无法转移。现有一客户要求以1 350元的单价向该企业订货4 000件产品，追加订货无特殊要求。

要求：做出是否接受特殊订货的决策。

解析：根据题意，可用差量分析法进行决策。相关指标的计算如下。

相关收入=1 350×4 000=5 400 000(元)

变动成本=1 100×4 000=4 400 000(元)

机会成本=1 600×2 000=3 200 000(元)

已知企业已签订16 000件的供货合同，且年最大产能为18 000件。如果接受4 000件的特殊订货，那么企业能完成的正常生产量就只剩下14 000(18 000－4 000)件，这意味着有2 000件(16 000－14 000)已签订合同的供货无法完成。因此，机会成本应该是这2 000件供货所能带来的收入，即单位售价乘以放弃的数量。

相关损益=5 400 000－4 400 000－3 200 000=－2 200 000(元)

结论：考虑机会成本后，相关损益为负，不应接受此项特殊订货。

差量分析过程如表7-16所示。

表7-16　差量分析过程

单位：元

项目	接受特殊订货(4 000件)	不接受特殊订货	差量
相关收入	5 400 000	0	5 400 000
相关成本	−7 600 000	0	−7 600 000
变动成本	−4 400 000	0	−4 400 000
机会成本	−3 200 000	0	−3 200 000
相关损益	−2 200 000	0	−2 200 000

3. 剩余生产能力可以转移

【例7-16】某企业只生产一种产品，年最大产能为15 000件，已签订10 000件的供货合同，单价为1 400元，单位变动成本为1 000元。剩余生产能力可以出租，租金收入为200 000元。现有客户欲以1 150元的单价订购3 000件产品。追加订货无特殊要求。

要求：做出是否接受特殊订货的决策。

解析：根据题意，接受特殊订货后的有关指标计算如下。

相关收入=1 150 × 3 000=3 450 000(元)

变动成本=1 000 × 3 000=3 000 000(元)

机会成本(租金)=200 000(元)

相关损益=3 450 000-3 000 000-200 000=250 000(元)

结论：应接受此项特殊订货，因为考虑了机会成本后，相关损益仍然为正。

4. 有特殊要求，需追加专属成本

【例7-17】某企业只生产一种产品，年最大产能为14 000件，已签订10 000件的供货合同，单价为1 300元，单位变动成本为900元。现有一客户欲以1 050元的单价订购2 500件产品，追加订货有特殊的工艺要求，需要投入250 000元购置专用设备。

要求：做出是否接受特殊订货的决策。

解析：根据题意，接受特殊订货后的有关指标计算如下。

相关收入=1 050 × 2 500=2 625 000(元)

变动成本=900 × 2 500=2 250 000(元)

专属成本=250 000(元)

相关损益=2 625 000−2 250 000−250 000=125 000(元)

尽管需要追加专属成本，但相关损益仍然为正，因此应接受此项特殊订货。

(五) 半成品是否进行深加工的决策

半成品深加工决策是针对那些既可以直接出售，又可以通过深加工将其转化为产成品再出售的半成品。该决策涉及以下两个核心方案。

1. 将半成品深加工为产成品

将半成品深加工为产成品的相关成本包括深加工为产成品的变动成本、为形成深加工能力而追加的专属成本、与可转移深加工能力相关的机会成本。

2. 直接出售半成品

直接出售半成品的相关成本为0。因为半成品的成本(无论是固定成本还是变动成本)是与决策无关的沉没成本，故不计入。

两个方案的相关收入需将产成品和半成品的单价分别乘以相关业务量来计算。

当进行半成品是否深加工的决策时，适合使用差量分析法，相关计算公式如下。

差额利润=深加工的相关收入−深加工的相关成本

相关收入=加工后出售的收入−直接出售的收入

相关成本=进一步深加工追加的成本

比较两个方案的相关收入与相关成本，选择净收益(即相关收入减去相关成本)更高的方案。

综上所述，在进行半成品是否深加工的决策时应综合考虑深加工与直接出售这两个方案的成本和收入。利用差量分析法，选择能带来更高净收益的决策方案。在此过程中，沉没成本不应纳入考虑范围，因为它们与当前决策无关。

【例7-18】某企业每年生产和销售甲产品1 000件。甲产品的单位变动成本为60元，单位固定成本为20元，单位售价为100元。企业现在考虑将甲产品进一步加工成乙产品。乙产品的单位售价可达到200元，但单位变动成本需增加80元，还需要购置一台21 000元的专用设备。

要求：做出是否进行深加工的决策。

解析：(1) 直接出售甲产品的方案相关计算如下。

相关收入=100 × 1000=100 000(元)

变动成本=60 × 1 000=60 000(元)

利润=100 000−60 000=40 000(元)

固定成本在决策分析中通常不考虑，因为它是沉没成本，无论如何决策都不会改变。

(2) 将甲产品深加工为乙产品的方案相关计算如下。

相关收入=200×1 000=200 000(元)

变动成本=140×1 000=140 000(元)

专属成本=21 000元

利润=200 000-140 000-21 000=39 000(元)

比较两种方案的利润，可以看到“直接出售甲产品”方案的利润为40 000元，而“将甲产品深加工为乙产品”方案的利润为39 000元。因此，从经济效益的角度来看，企业应该选择“直接出售甲产品”的方案，因为它提供了更高的利润。根据计算结果编制的决策分析表如表7-17所示。

表7-17　决策分析表

单位：元

项目	直接出售	深加工	差量
相关收入	100 000	200 000	100 000
相关成本	60 000	161 000	101 000
其中：变动成本	60 000	140 000	80 000
专属成本	0	21 000	21 000
相关损益	40 000	39 000	-1 000

(六) 不同生产工艺的决策

生产工艺是加工制造产品或零件时所使用的机器、设备及加工方法的总称。不同的生产工艺会导致不同的成本结构。固定成本与单位变动成本在生产工艺中相互影响，有的工艺固定成本高昂，但单位变动成本相对较低；而有的工艺则相反，固定成本较低，单位变动成本偏高。此外，生产工艺的先进性与成本密切相关，工艺越先进，其所需的固定成本往往越高，单位变动成本则相对较低；反之，落后的工艺往往固定成本较低，单位变动成本较高。

为了确定不同生产工艺的成本分界点，即总成本相等时的产量，可以使用成本无差别点分析法。通过这种方法，可以根据预期的产量来选择经济划算的生产工艺。

在选择生产工艺时，应综合考虑固定成本和单位变动成本，并通过成本无差别点分析法来确定最优的生产工艺，以实现总成本最低的目标。

【例7-19】某公司计划生产一款高端的茶具，为了提高生产效率并控制成本，公司考虑采用甲、乙、丙三种不同的生产工艺方案。每种方案都有其独特的专属固定成本和单位变动成本。相关数据如表7-18所示。

表7-18　相关数据

方案	专属固定成本/元	单位变动成本/元
甲	7 000	50
乙	6 000	60
丙	8 000	20

要求：确定该公司采用哪种方案生产甲产品更有利。

解析：甲方案可能适合中等规模的生产，因为它在初期投入相对较低，但每套茶具的变动成本相对较高。乙方案对于小批量生产可能更为经济，因为其专属固定成本是三种方案中最低的，但每套茶具的变动成本略高于方案甲。丙方案对于大规模生产可能最为有利。虽然其专属固定成本最高，但每套茶具的变动成本非常低，这意味着随着生产量的增加，平均成本将迅速下降。采用成本无差别点分析法进行分析，可得到三种方案下的成本表达式。

$y_{甲}=7\,000+50x$

$y_{乙}=6\,000+60x$

$y_{丙}=8\,000+20x$

绘制的成本无差别点分析图如图7-1所示。

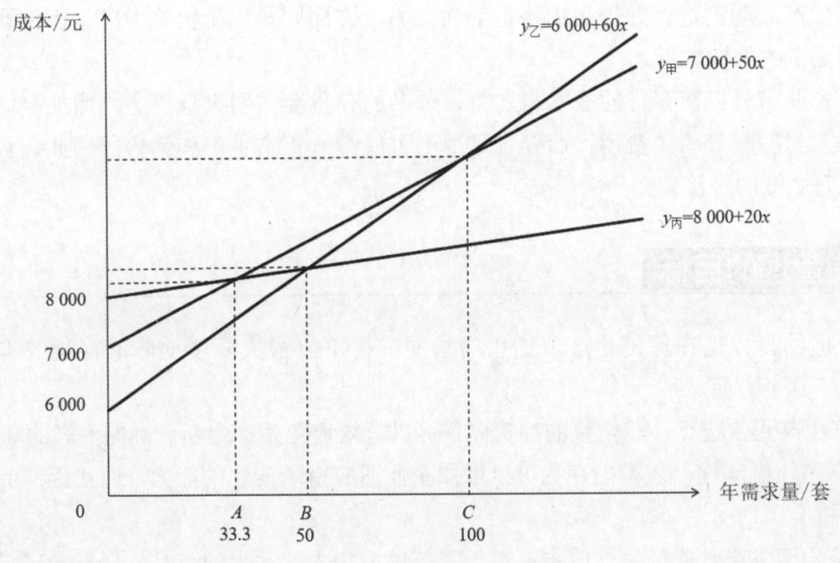

图 7-1　成本无差别点分析图

由图可知，三种方案可以得到三个成本无差别点。根据成本无差别点的计算公式，则有：

$$x_A=\frac{8\,000-6\,000}{50-20}=33.33(套)$$

$$x_B=\frac{8\,000-6\,000}{60-20}=50(套)$$

$$x_C=\frac{7\,000-6\,000}{60-50}=100(套)$$

从图中可以看出，整个需求量被划分为两个区域：0～50套、50套以上。进而可以得知，产量在50套以下时乙方案为最优方案；产量大于50套时，丙方案为最优方案。

拓展例题

成本无差别点分析法为企业提供了一种灵活性，使得在一定条件下可以调整生产计划以适应不同的产量需求。在产量已经确定的情况下，企业可以直接计算并比较两种方案下的总成本，从而做出更明确的选择。

任务三　存货决策

一、存货决策的意义

存货是指企业在日常经营活动中所持有的、用于销售的制成品或商品，以及仍处于生产过程中的产品和生产或提供服务所需的各种材料和物料。这些存货不仅包括制成品和商品，还包括企业在生产经营过程中为销售或耗用而储备的各类物资，如原材料、燃料、低值易耗品等。

存货决策的核心在于，通过详尽的存货信息管理，进行深入的分析与决策，以实现对存货的有效控制，进而提升企业的经济效益。企业持有存货，一方面是为了保障生产或销售的经营需求，确保生产的顺利进行并提高销售机动性；另一方面则是出于价格考虑，因为通常批量采购能享受到更多的价格优惠。

然而，企业需要权衡存货的成本与效益。过多的存货会占用大量资金，增加仓储、保险、维护及管理人员薪酬等相关费用，而存货过少则可能影响正常生产和销售。因此，科学的存货决策对于提升企业的经济效益至关重要。

二、存货管理的目标

存货管理的目标是在保证生产或销售需求的前提下，最大限度地降低存货成本。具体来说，包括以下几个方面。

(1) 保证生产正常进行：一定量的存货储备可以有效避免生产中断，确保生产的顺利进行。

(2) 提高销售机动性：适量的存货可以增加企业适应市场变化的能力，防止因产品储备不足而错失销售机会。

(3) 维持均衡生产，降低生产成本：对于季节性或需求波动大的产品，保持一定量的原材料和产成品储备，有助于稳定生产，降低生产成本。

(4) 降低存货取得成本：通过大批量集中进货，企业可以享受价格折扣，从而降低购置成本和订货成本。

(5) 防止意外事件发生：保持必要的存货保险储备，可以减少意外事件带来的损失。

三、存货成本

存货成本是指存货所耗费的总成本，是企业为存货所发生的一切支出，主要包括取得成本、储存成本和缺货成本等。

(一) 取得成本

取得成本是指为取得某种存货而支出的成本，通常用TC_a来表示，其又分为订货成本和购置成本。

1. 订货成本

订货成本涵盖了从发出订单到最终收到存货过程中产生的所有费用，这包括订单处理成本(如办公和文书工作的费用)、运输费、保险费和装卸费等。订货成本的具体计算公式如下。

$$订货成本=F_1+\frac{D}{Q}\times K$$

上式中，F_1代表固定性订货成本(fixed ordering cost)，是与订货次数无关的固定费用；K代表每次订货的变动成本(variable ordering cost per order)，包括与订货次数紧密相关的费用，如差旅费、邮资等；D代表存货的年需求量(demand per year)；Q代表每次的进货量；$\frac{D}{Q}$代表订货次数。

2. 购置成本

购置成本又称为采购成本，指的是货物本身的价值，包括购买价款、相关税费、运输费、装卸费、保险费，以及其他可以计入采购成本的费用。在特定时间段内，如果采购数量是确定的，那么无论采购是分批进行还是一次性完成，存货的采购成本通常都保持相对稳定。因此，在采购批量的决策过程中，存货的采购成本一般被视为无关成本。然而，当进行大批量采购且供应商提供数量折扣时，采购成本就成为需要重点考虑的相关成本。

另外，购置成本也特指为了购买存货而直接产生的费用，这实际上就是存货的自身价值。这一价值通常由所需购买的存货数量D与其单价U共同决定。

把订货成本和购置成本加在一起，就得到了存货的总取得成本，其计算公式如下。

取得成本＝订货成本＋购置成本

　　　　＝订货固定成本＋订货变动成本＋购置成本

$$TC_a=F_1+\frac{D}{Q}\times K+D\times U$$

上式中，TC_a代表取得成本，包括订货成本和购置成本；U代表存货购置单价；$D\times U$即为购置成本。

(二) 储存成本

储存成本是指为维持存货而发生的各项费用，包括仓库及其他储存设备的折旧费和修理费、保管人员的工资、保险费、存货占用资金的利息，以及存货损坏、被窃的损失等。

储存成本可以根据是否随储存数额的变化而变化，分为变动性储存成本和固定性储存成本。

变动性储存成本与存货的数量成正比例关系。变动性储存成本包括存货占用资金的利息、存货的破损和变质的损失、存货的保险费用等。变动性储存成本等于单位存货年变动储存成本与平均存货量的乘积，与决策紧密相关。

固定性储存成本则与存货储的数量没有直接关系。固定性储存成本主要包括仓库折旧费、仓库管理人员的固定工资等，这类成本属于与存货决策无关的成本，不受存货数量变化的影响。

因此，在进行存货管理决策时，需要综合考虑这两类成本，以实现储存成本的最优化。

为了更直观地了解储存成本，可以用以下计算公式来表达。

储存成本=固定性储存成本+变动性储存成本

$$\mathrm{TC_c} = F_2 + K_c \times \frac{Q}{2}$$

上式中，$\mathrm{TC_c}$代表总储存成本(total carrying cost)；F_2代表固定性储存成本(fixed carrying cost)，其不随存货数量的变化而变化；K_c是单位变动储存成本(variable carrying cost per unit)；$\frac{Q}{2}$代表平均存货量，即为最高(或预设)库存量的一半。

此公式可以帮助企业计算当平均存货量为最高(或预设)库存量的一半时的总储存成本。这种计算方式适用于库存量波动较大，但长期平均下来维持在一定水平的企业。通过这个公式，企业可以更精确地预测和控制储存成本，从而做出更有效的存货管理决策。同时，该公式还提供了储存成本的详细构成，为企业的存货管理决策提供了有利的依据，使企业能够更清晰地了解并优化其成本结构。

(三) 缺货成本

缺货成本又称为亏空成本，常用$\mathrm{TC_s}$表示。缺货成本指的是由于存货供应中断而给企业带来的损失。这种中断可能源于外部短缺或内部短缺，缺货成本不仅包括销售利润的损失，还可能包括因材料供应中断导致的停工损失、因库存缺货造成的延迟发货或丧失销售机会的损失，以及因此带来的商誉损失等。不同物品的缺货成本会因用户或组织内部策略的差异而有所不同。

缺货成本是否与决策相关，取决于企业是否允许存货短缺的情况发生。如果企业允许存货短缺，那么缺货成本与存货数量成反向关系，因此它属于与决策相关的成本。然而，如果企业不允许存货短缺，那么缺货成本为零，也就不需要考虑，此时它属于与决策无关的成本。

如果生产企业在库存材料中断时选择紧急采购代用材料，那么缺货成本将表现为紧急额外购入成本。

若以TC(total cost)代表储备存货的总成本，则其计算公式如下。

$$\mathrm{TC} = \mathrm{TC_a} + \mathrm{TC_c} + \mathrm{TC_s} = (F_1 + \frac{D}{Q} \times K + D \times U) + (F_2 + K_c \times \frac{Q}{2}) + \mathrm{TC_s}$$

此公式用于计算储备存货的总成本，包括存货的取得成本、储存成本和缺货成本。企业可以通过调整这些参数来优化存货管理，降低总成本。企业存货管理的最优目标就是使TC值达到最小，即实现存货总成本的最低化。

四、经济订货批量

(一) 经济订货批量认知

存货管理在企业运营中占据着至关重要的地位，它涉及多个决策环节，这些决策环节共同影响着企业的成本控制和运营效率。具体来说，存货决策主要包括以下四项核心内容。

1. 决定进货项目

企业需要基于市场需求、消费者偏好、销售数据，以及产品生命周期等因素来确定进货项目。需求分析是关键，预测哪些产品会受到消费者欢迎，哪些产品可能面临淘汰。考虑到产品的多样性，企业也需要评估是否引入新产品或淘汰不受欢迎的产品。

2. 选择供应单位

选择供应单位时，企业应考虑供应商的信誉、产品质量、交货时间、价格，以及售后服务等因素。对供应商进行严格的筛选和评估，确保其能够提供稳定且高质量的产品。与供应商建立良好的合作关系，确保供应链的稳定性，减少因供应商问题带来的风险。

3. 确定进货时间

在确定进货时间时，需要综合考虑销售预测、库存周转速度、季节性需求变化，以及供应链的稳定性。合理的进货时间能够避免库存积压，减少资金占用，同时也能防止因缺货带来的销售损失。企业需要建立有效的库存监控系统，实时跟踪库存状况，以便及时调整进货时间。

4. 确定经济订货批量

经济订货批量的决策对存货的总成本(包括订货成本、储存成本和缺货成本)有直接影响。为了使存货的总成本最低，企业需采用经济订货批量模型来计算最优进货批量。经济订货批量平衡了订货成本和储存成本，是存货管理的重要目标。经济订货批量模型综合考量各项成本因素，运用数学方法确定经济订货批量。企业应根据自身情况调整模型参数，以适应市场变化和发展需求。订货批量与订货次数成反比例关系。订货批量越大，订货次数越少，订货成本降低，但储存成本增加；反之亦然。为找到成本最低的平衡点，企业需权衡订货批量与各项成本之间的关系，确定最优订货次数和订货量。总之，存货管理的核心在于找到订货量、订货次数和订货批量的最优组合，以最小化总成本。

(二) 经济订货批量的基本模型

经济订货批量的基本模型是建立在一系列严格假设基础上的，这些假设如下。

(1) 存货的总需求量是一个已知的固定数值。

(2) 货物可以随时补充，不存在订货的提前时间。

(3) 所有货物都是一次性入库的。

(4) 每种货物的单位成本是固定的，不会因购买数量而给予折扣。

(5) 库存的储存成本与库存的数量是线性关联的。

(6) 每种货物的需求都是独立的，不受其他货物的影响。

(7) 没有缺货成本，因为不允许存在缺货的情况，即TC_s为0，因此总成本TC的计算公式可以进行如下表示。

$$\mathrm{TC}=F_1+\frac{D}{Q}\times K+D\times U+F_2+K_c\times\frac{Q}{2}$$

年储存成本、年订货成本与年成本合计的关系图如图7-2所示。

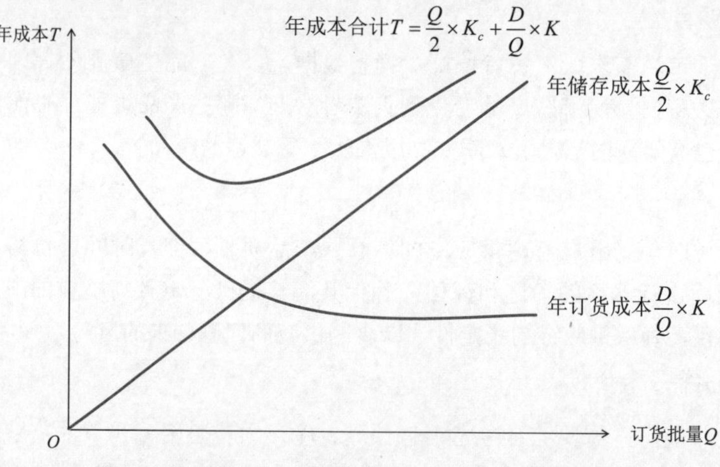

图 7-2　年储存成本、年订货成本与年成本合计的关系图

在不考虑缺货成本的情况下，总成本TC由取得成本TC_a和储存成本TC_c组成。求TC的极小值就是求TC关于Q的导数。由于F_1、K、D、U、F_2、K_c都是与Q无关的常数，因此它们的导数为0，TC的大小取决于Q，只需要对与Q相关的部分求导即可。

对$\frac{D}{Q}\times K$求导：

$$\frac{d}{dQ}(\frac{D\times K}{Q})=\frac{D\times K}{Q^2}$$

对$K_c\times\frac{Q}{2}$求导：

$$\frac{d}{dQ}(K_c\times\frac{Q}{2})=\frac{K_c}{2}$$

将上述两部分合并，得到TC关于Q的导数：

$$\frac{d}{dQ}(K_c\times\frac{Q}{2})=\frac{K_c}{2}$$

为找到使TC最小化的Q，令$\frac{dTC}{dQ}=0$：

$$-\frac{D\times K}{Q^2}+\frac{K_c}{2}=0$$

由此得到：

$$Q=\sqrt{\frac{2DK}{K_c}}$$

EOQ(economic order quantity，经济订货批量)的基本模型如下。

$$\text{EOQ}=\sqrt{\frac{2DK}{K_c}}$$

上式中，D是年需求量；K是每次订货的变动成本；K_c是单位变动储存成本。

在库存管理中，经济订货批量(EOQ)模型用于确定最优的订货数量，以最小化订货成本和库存持有成本的总和。一旦确定了经济订货批量(EOQ)，就可以计算出每年的最佳订货次数和最佳订货周期。

每年最佳订货次数的计算公式如下。

每年最佳订货次数=存货年需求总量(D)÷经济订货批量(EOQ)

这个公式表示，在给定年需求量的情况下，为了达到总成本最低，每年应该按照计算出的最佳订货次数进行订货。

最佳订货周期(以年为单位)的计算公式如下。

最佳订货周期(年)=1÷每年最佳订货次数

此公式给出了每次订货之间的时间间隔，以便保持库存水平并实现成本最小化。

由于存货是陆续耗用时，意味着存货不是一次性用完，而是在一段时间内逐渐被消耗。在这种情况下，企业不会一次性将所有订购的存货全部投入使用，而是会随着生产和销售的需要逐渐使用这些存货，因此库存中的存货量大约是经济订货量的一半。

经济订货量平均占用资金=经济订货量÷2×存货单价

“经济订货量÷2”代表的是在陆续耗用的情况下，平均在库的存货数量。

与经济订货批量相关的存货总成本=变动订货成本+变动储存成本=$\frac{D}{Q}\times K+\frac{Q}{2}\times K_c$

讨论与经济订货批量相关的存货总成本时，主要关注的是变动成本部分，因为这部分成本会随着订货策略和存货数量的变化而变化。固定成本虽然存在，但在进行EOQ计算时通常被视作沉没成本，不影响最优订货批量的决策。

变动订货成本是指每次订货时产生的变动成本，包括订单处理费、运输费等与订货次数直接相关的费用。这些费用会随着订货次数的增加而增加。当订货批量(Q)较小时，订货次数会增加(因为年需求量D是固定的)，从而导致变动订货成本上升。

经济订货批量
拓展阅读

变动储存成本则是由于存货在库中储存所产生的成本，包括资金占用成本、仓库租金、保险费用、存货损耗等，这些成本会随着存货数量的增加而增加。由于存货是逐渐被消耗的，库存中的平均存货量大约是经济订货量的一半。当订货批量(Q)增加时，储存的存货量也会增加，储存成本随之上升。

为找到经济订货批量，需要对总成本公式进行微分，并找到使总成本最小化的Q值。

把$\mathrm{EOQ}=\sqrt{\frac{2DK}{K_c}}$代入$\frac{D}{Q}\times K+\frac{Q}{2}\times K_c$，可以得到$\mathrm{TC}=(\frac{D}{\mathrm{EOQ}})\times K+(\frac{\mathrm{EOQ}}{2}\times K_c)$

【例7-20】某企业全年需要甲材料3 200千克，为了有效地管理库存和降低成本，企业利用经济订货批量模型来确定甲材料的经济订货量和订货批次。每次订货的费用是100元，每千克甲材料的储存成本是4元。

要求： 计算甲材料的经济订货量及相应的订货批次。

解析： $Q=\sqrt{\frac{2DK}{K_c}}=\sqrt{2\times 3\,200\times 100\div 4}=400$(千克)

$$最佳订货次数=\frac{D}{Q}=\frac{3200}{400}=8(次)$$

(三) 经济订货批量模型拓展

放宽经济订货批量模型的相关假设，就可以扩展经济订货批量模型，以扩大其适用范围。

1. 再订货点决策

再订货点是库存管理中的一个关键概念。在实际操作中，企业通常不能等到存货完全用尽再进行补货，因为这可能导致生产中断或销售损失。因此，企业需要在存货用完之前提前订货。再订货点就是在提前订货的情况下，为确保存货用完时订货刚好到达，企业再次发出订货单时应保持的存货库存量。它的数量等于平均交货时间和每日平均需用量的乘积，用公式表示如下。

$$R=L\times d$$

上式中，R是再订货点，即当库存量降至此点时，企业应发出订货单；L是平均交货时间，即从发出订货单到货物到达的平均时间；d是每日平均需用量，即企业每天消耗的存货数量。

例如，订货日至到货日的时间为10天，每日存货需用量为20千克，就会有：$R=L\times d=10\times 20=200$(千克)。企业在尚存200千克存货时，就应当再次订货，等到下批订货到达时(再次发出订货单10天后)，原有库存刚好用完。此时，订货提前期的情形如图7-3所示。这就是说，订货提前期对经济订货量并无影响，每次的订货批量、订货次数、订货间隔时间等与瞬时补充相同。

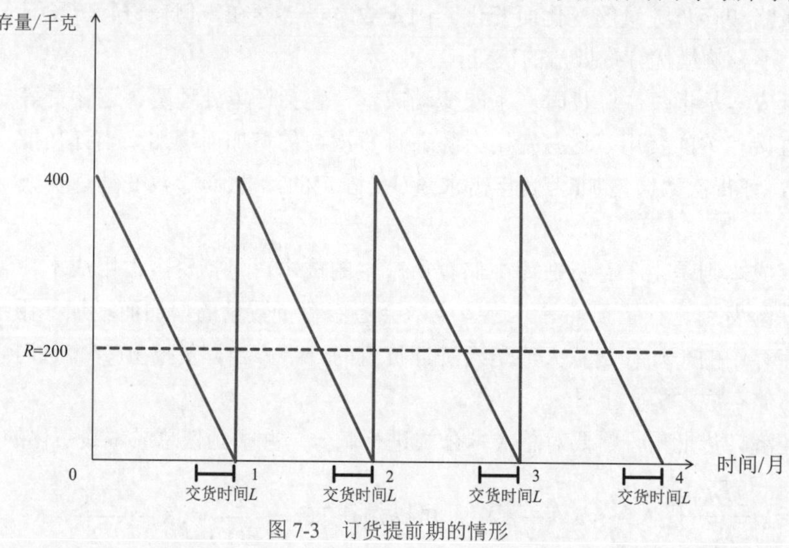

图 7-3　订货提前期的情形

2. 存货陆续供应和使用模型

经济订货批量模型通常假设存货是一次性全部入库的。然而，在实际情况中，存货往往是分批入库的，库存量会陆续增加。特别是在生产环境中，原材料、半成品和产成品通常都是陆续供应和使用的。在存货陆续供应和使用模型中，需要考虑以下几个因素。

每日送货量p：即供应商每天能提供的货物数量。

每日耗用量d：即企业每天消耗的存货数量。

每批订货量Q：在此模型下，经济订货量的计算公式会有所调整，以反映存货陆续供应和使用的实际情况。

则该批货全部送达所需日数(送货期)为$\frac{Q}{p}$，送货期内的全部耗用量为$\frac{Q}{p}\times d$。

由于零件边送边用，因此每批送完时，送货期内平均库存量为$\frac{1}{2}(Q-\frac{Q}{p}\times d)$。

与批量有关的总成本的计算公式如下。

$$\mathrm{TC}(Q)=\frac{D}{Q}\times K+\frac{1}{2}\times(Q-\frac{Q}{p}\times d)\times K_c=\frac{D}{Q}\times K+\frac{Q}{2}\times(1-\frac{d}{p})\times K_c$$

上式中，D为存货年需用量；K为每次订货费用；K_c为单位变动储存成本。

当订货变动成本与储存变动成本相等时，TC(Q)有最小值。因为在这个点上，增加或减少订货量都不会再使总成本降低。故存货陆续供应和使用的经济订货量公式如下。

$$\frac{D}{Q}\times K=\frac{Q}{2}\times(1-\frac{d}{p})\times K_c$$

$$\mathrm{EOQ}=\sqrt{\frac{2KD}{K_c}\times\frac{p}{p-d}}$$

将这一公式代入上述TC(Q)公式，可得出如下存货陆续供应和使用的经济订货量相关总成本公式。

$$\mathrm{TC(EOQ)}=\sqrt{2KDK_c\times(1-\frac{d}{p})}$$

修正公式考虑了存货陆续供应和使用的实际情况，从而更准确地反映了企业的库存管理需求。通过这个公式，企业可以确定一个更合理的经济订货批量，以优化库存成本和服务水平。

五、存货控制系统

存货管理不仅依赖于模型来确定适当的存货水平，还需要健全的存货控制系统。传统的控制系统包括定量和定时两种，它们简单易行但精度有限。随着计算机技术的发展，大型企业已广泛采用计算机存货控制系统，该系统能实时追踪存货变化，并在存货降至订货点时自动下单，从而维持适当的存货水平。

随着业务流程的重组和计算机技术的进步，存货管理系统也在不断进化。从MRP到MRPⅡ，再到ERP，以及后续的柔性制造、供应链管理和外包等方法，都显著提升了存货管理的效率。

(一) ABC分类控制

ABC分类控制是一种存货管理方法，它根据存货的重要程度将其分为A、B、C三类。分类主要依据金额和品种数量，其中金额是基本标准。通常，A类存货价值高、数量少，一般占存货品种的10%～15%，但金额占比高达50%～70%，需重点管理，科学确定经济订货批量和订货时间，及时调整管理中的问题。B类存货品种和价值占比均约20%～25%，需在订货数量和时间上加强控制。C类存货品种多、价值低，占存货品种的60%～70%，但价值仅占10%～35%，管理较简单，可通过增加每批订货量来减少订货次数。这种方法有助于企业精确管理存货，优化资源配置，提高运营效率。

ABC分类控制方法进一步根据金额和品种数量两个标准明确了管理策略：A类存货，虽然数量少但价值占比高，需要科学确定经济订货批量和订货时间，并密切关注日常管理中的问题；B类存货在数量和价值上居中，需对订货数量和时间进行适当的控制；C类存货由于数量多且成本低，价值占比较低，因此可以通过增加每批订货量来减少订货频率。

(二) 适时制库存控制系统

适时制库存控制系统又称为零库存管理或看板管理，由丰田公司首创并实践，其核心思想是，在生产需要时，供应商才提供原料或零件，产品一旦生产出来即被客户取走。这一系统要求稳定的生产程序和可信赖的供应商，任何环节的失误都可能导致生产线停滞。目前，越来越多的企业(如沃尔玛、海尔等)正采用这一系统来减少或消除存货需求，实现零库存管理。该系统已进一步应用于整个生产管理过程，显著提升了企业的运营管理效率。

思悟启迪 当机立断，决策千里

娃哈哈集团的跨界经营与短期决策

在中国的饮品市场中，娃哈哈集团(以下简称娃哈哈)无疑是一个家喻户晓的品牌。然而，娃哈哈的商业版图远不止于此，它还涉及童装、商场、白酒，甚至智能机器人等多个领域，展现了其不俗的跨界经营能力。在这些多元化的经营活动中，娃哈哈如何进行短期经营决策，特别是生产决策及存货控制，成为人们探讨的重点。

一、生产决策：灵活调整，满足市场需求

面对市场的多变需求，娃哈哈不断调整其生产线。例如，在进军童装市场时，娃哈哈不仅将经典的logo和AD钙奶等图案融入设计中，还根据市场反馈灵活调整生产策略。当某一款式受欢迎时，娃哈哈会迅速增加产量，以满足市场需求，反之则会减少产量，避免库存积压。这种灵活的生产决策不仅展现了娃哈哈对市场变化的敏锐洞察力，也启示其他企业在面对变化时要勇于调整策略，不拘泥于固有模式。

二、存货控制：精细化管理，避免浪费

存货控制是企业管理中的重要一环。娃哈哈在这方面也做得相当出色。通过精确的市场预测和精细化的库存管理，娃哈哈能够确保产品的供应与市场需求相匹配，既避免了库存积压带来的成本增加，也防止了因缺货而导致的销售损失。这种精细化的存货管理不仅提升了企业的运营效率，同时也提醒了其他企业在工作中要注重细节，追求精细化管理。

在生产决策和存货控制等方面，娃哈哈都展现出了其敏锐的市场洞察力和高效的管理能力。这些经验不仅对企业具有指导意义，也对个人的职业发展和生活管理有着深刻的启示。通过学习娃哈哈的案例，大家可以学会如何在变化中寻找机遇，在决策中追求平衡，在管理中注重细节，从而不断提升自己的综合素质和决策能力。

岗赛课证

一、营运管理岗位的核心能力

营运管理岗位的核心能力包括：能够利用营运管理方法对企业营运活动进行管控，完成本量利分析、敏感性分析、边际贡献分析、盈亏平衡分析、安全边际分析，并进行短期经营决策及营运数据分析。

二、营运管理岗位的任务

(1) 营运管理：本量利分析、敏感性分析、边际贡献分析、盈亏平衡分析、安全边际分析、经济订货批量计算。

(2) 短期经营决策：利用差量分析法、边际贡献分析法和本量利分析法等对企业日常经营活动过程中的生产和定价进行决策。

(3) 大数据风控：费用风险管控、应收账款风险管控、采购风险管控、存货风险管控等。

(4) 营运数据分析：利用大数据工具对成本、销售费用、财务费用等数据进行分析；设计不同产品的成本占比及变化、销售费用各个子项目占比及变化、财务费用各个子项目占比及变化等看板，并进行销售分析与预测、费用分析与洞察。

三、营运管理岗位实践案例

截至2022年12月31日，怡锅宝火锅有限公司在全国范围内共设有87家火锅门店，各门店食材的采购方法如下：每周由各门店上报采购需求，由公司总部采购管理中心统一负责联系供应商，由供应商直接送货至各火锅门店。这种采购方法下，供应商由公司总部整体把关，可以保证食材的质量，但也增加了采购的其他成本。2023年，公司采购管理中心为了提升采购效率、降低采购成本，拟采用经济订货批量方法确定生鲜类食材(包括蔬菜类和肉类)进货采购的订货批量，以便更好地控制订货总成本。具体地，以每个城市为单位订货，现以杭州市内的火锅门店为例，对经济订货批量相关成本进行测算。

(一) 经济订货批量测算基本信息

1. 线上线下销售预测

杭州市内现有5家火锅门店。预计2022年和2023年无新增门店。预计各门店2023年平均线下就餐人数可达12万人，平均线上销售份数可达2.2万份。

2. 各品类食材销售量预测

蔬菜类和肉类的销售量预测如表7-19所示。

表7-19 蔬菜类和肉类的销售量预测

类别		线下平均每桌销售量/份	线上平均每份销售量/份	每份重量/克
蔬菜类	叶子青菜类	2	1	200
	花菜类	1	1	300
	黄瓜果类	1	1	250
	土豆淀粉类	1	1	300
	其他类	1	1	230
肉类	羊肉	1.5	2	250
	牛肉	1.5	1	250
	鸡肉	1	0.5	250
	鱼肉	1	1	200
	虾	1	1	200
	其他类	1	1	220

对于生鲜类食材，公司按照预测的销售量确定订货量，年销售量即为年订货量。

3. 各品类商品订货、储存等成本费用

订货运输费用：肉类为200元/次，蔬菜类为150元/次。不考虑其他订货变动成本。单个门店商品单位储存费用情况明细表如表7-20所示。

表7-20 单个门店商品单位储存费用情况明细表

品类	固定储存成本		变动储存成本/(元/千克)	储存损失/(元/千克)
	单位成本/元每平方米	占用面积/平方米		
肉类	200	50	3	1
蔬菜类	150	80	1	1

4. 注意事项

(1) 线下平均每桌按4人计算。

(2) 由于生鲜类商品保质期极短，要求供应商陆续供货，肉类食材每日到货量为1 200千克，蔬菜类食材每日到货量为1 050千克。

(3) 各类食材每日需求量按照每日平均需求量计算，一年按360天计算。

(二) 保险储备计算说明

以羊肉为例计算其保险储备量，假定羊肉的经济订货批量为7 300千克，每日送货量为350千克，预计单位缺货成本为20元。

2023年羊肉在平均交货期内的需求量及其概率分布如表7-21所示。

表7-21 2023年羊肉在平均交货期内的需求量及其概率分布

需求量/千克	6 300	6 510	6 720	6 930	7 350
概率	0.1	0.2	0.4	0.12	0.18

任务一：经济订货批量计算

根据上述资料，计算生鲜类食材经济订货批量(见表7-22)，订货次数向上取整填制答案，并以此结果进行后续计算，其余数据以完整小数位引用计算，结果四舍五入保留两位小数作答。

表7-22 生鲜类食材经济订货批量

项目	单位	肉类	蔬菜类
年订货量	千克		
每次订货成本	元/次		
单位储存成本	元/千克		
经济订货批量	千克		
订货次数	次		
年订货变动成本	元		
年储存变动成本	元		
与批量有关的存货总成本	元		

任务二：保险储备量计算

根据上述资料，计算羊肉最佳保险储备量(见表7-23)，平均交货时间及订货次数以向上取整后的结果进行后续计算，其余数据以完整小数位引用计算，结果四舍五入保留两位小数作答。

表7-23 羊肉最佳保险储备量

项目	计算结果				
保险储备量/千克	0	50	100	200	300
再订货点/千克					
缺货成本/元					
储存成本/元					
总成本/元					
最佳保险储备量/千克					

复习思考

1. 简述决策的概念、分类和程序。
2. 决策的相关概念有哪些？具体内容是什么？
3. 在生产决策中，常用的分析方法有哪些？

巩固练习

任务一 决策分析认知

一、判断题

1. 简单地说，决策分析就是领导拍板做出决定的瞬间行为。 ( )
2. 固定资产折旧费属于沉没成本，因此在决策中不予考虑。 ( )
3. 在短期经营决策中，所有的固定成本或折旧费都属于沉没成本。 ( )
4. 历史成本和沉没成本都是指过去发生的成本，与企业未来的决策无关，均属于无关成本。 ( )
5. 机会成本并没有实际支出，不计入会计账簿，因此在决策中也不必考虑。 ( )

二、单项选择题

1. 将决策分为确定型决策、风险型决策和不确定型决策是按( )进行的分类。
   A. 决策本身的重要程度 B. 决策条件的确定程度
   C. 决策规划时期的长短 D. 决策解决问题的内容
2. 将决策按决策期限的长短划分，可分为( )。
   A. 短期经营决策和长期经营决策 B. 战略决策和战术决策
   C. 确定型决策和风险型决策 D. 风险型决策和不确定型决策
3. 下列属于无关成本的是( )。
   A. 重置成本 B. 差量成本 C. 沉没成本 D. 专属成本
4. 下列属于相关成本的有( )。
   A. 估算成本 B. 沉没成本 C. 不可递延成本 D. 共同成本
5. 在经济决策中，应由中选的最优方案负担的、按所放弃的次优方案潜在收益计算的资源损失为( )。
   A. 增量成本 B. 加工成本 C. 机会成本 D. 专属成本

三、多项选择题

1. 下列属于无关成本的是( )。
   A. 沉没成本 B. 历史成本 C. 专属成本 D. 不可避免成本

2. (　　)一般属于无关成本的范围。

A. 历史成本　　B. 机会成本　　C. 联合成本

D. 专属成本　　E. 沉没成本

3. 下列属于相关成本的是(　　)。

A. 历史成本　　B. 机会成本　　C. 付现成本　　D. 边际成本

任务二　生产决策

一、判断题

1. 在生产经营决策中，确定决策方案必须通盘考虑相关业务量、相关收入、相关成本等因素。(　　)

2. 在多种新产品的生产决策中，一般将单位产品边际贡献额作为比较标准。(　　)

3. 一般用边际贡献分析法进行半成品是否深加工的决策。(　　)

4. 半成品深加工的决策主要是研究深加工后所得的收入是否超过深加工时所追加的成本。(　　)

5. 对于那些应当停止生产的亏损产品来说，不存在是否应当增产的问题。(　　)

6. 只要亏损产品的边际贡献大于零，该产品就应该继续生产。(　　)

7. 在追加订货的决策中，接受特殊订货需要追加的固定成本为无关成本。(　　)

8. 按管理会计的理论，即使追加订货的价格低于正常订货的单位完全生产成本，也不能轻易做出拒绝接受该项订货的决定。(　　)

9. 在是否接受低价追加订货的决策中，如果追加订货量大于剩余生产能力，必然会出现与冲击正常生产任务相联系的机会成本。(　　)

10. 由于先进的生产工艺可以提高劳动生产率，降低劳动强度，减少材料消耗，降低产品的单位变动成本，因此在不同生产工艺方案的决策中，应无条件选择先进的生产工艺。(　　)

二、单项选择题

1. 在运用边际贡献分析法进行短期经营决策时，必须以(　　)作为判断最优方案的指标。

A. 边际贡献总额　　B. 单位边际贡献

C. 单位资源边际贡献　　D. 机器小时边际贡献

2. 成本无差别点业务量是指能使两个方案(　　)的业务量。

A. 标准成本相等　　B. 变动成本相等

C. 固定成本相等　　D. 总成本相等

3. 某企业同时生产甲、乙、丙三种产品，它们的边际贡献分别为200元、120元和130元。现在，这三种产品的年利润分别为5 000 元、5 200元和-800元，此时有以下方案可供选择，其中最优方案为(　　)。

A. 继续生产丙产品

B. 停止生产丙产品，利用其生产能力生产乙产品

C. 将亏损800元的丙产品停产

D. 停止生产丙产品，利用其生产能力生产甲产品

4. 在零件自制还是外购的决策中，如果零件的年需求量尚不确定，应当采取的决策方法是(　　)。

A. 差量损益分析法　　B. 相关损益分析法

C. 成本无差别点分析法　　D. 相关成本分析法

5. 在企业是否应该利用剩余生产能力开发新产品的决策分析中，不能作为决策标准的是(　　)。

A. 单位资源边际贡献　　B. 边际贡献总额

C. 单位边际贡献　　D. 销售收入

6. 根据企业目前的生产状况，生产能力有一定的剩余，现有一客户前来要求追加订货，当(　　)时，即可接受。

A. 对方出价不低于该产品的市场价格

B. 对方出价大于产品的单位变动成本

C. 对方追加生产的产品不需要再增加固定成本

D. 对方出价大于产品的单位变动成本，并能补偿因此而新增加的固定成本

7. 某生产电子器件的企业为满足客户追加订货的需要，增加了一些成本开支，以下选项中属于专属固定成本的是(　　)。

A. 为及时完成该批产品的生产，需要购入一台新设备

B. 为及时完成该批追加订货，需要支付职工加班费

C. 生产该批产品机器设备增加的耗电量

D. 企业为该批产品及以后产品的生产，租赁一间新的厂房

8. 在短期经营决策中，企业不接受特殊订货的原因是买方出价低于(　　)。

A. 正常价格　　B. 单位产品成本

C. 单位变动生产成本　　D. 单位固定成本

9. 当企业现有生产能力尚有剩余时，以获利为目的确定追加订货价格的最低要求是(　　)。

A. 单位产品售价大于单位产品完全成本

B. 单位产品售价大于单位产品变动成本

C. 单位产品售价大于单位产品固定成本

D. 单位产品售价大于单位产品平均成本

10. 在有关产品是否进行深加工的决策中，深加工前的产品成本属于(　　)。

A. 估算成本　　B. 重置成本

C. 机会成本　　D. 沉没成本

11. 亏损产品在(　　)的情况下，应停止生产。

A. 单价大于其单位变动成本　　B. 单位边际贡献大于零

C. 边际贡献总额小于零　　D. 边际贡献总额大于零

12. 企业去年生产某亏损产品的边际贡献为3 000元，固定成本为1 000元，假定今年其他条件不变，但生产该产品的设备可对外出租，一年增加收入为(　　)元时，应停止生产该产品。

A. 2 001　　B. 3 100

C. 1 999　　D. 2 900

13. 下列表述中，不正确的是（　　）。
A. 只要亏损产品能够提供边际贡献就不应停产
B. 在多种产品决策中，边际贡献总额大的产品必为最优产品
C. 在材料有限的条件下，单位材料提供边际贡献大的产品必为最优产品
D. 在多种产品决策中，单位边际贡献大的产品必为最优产品

14. 当生产能力无法转移时，亏损产品在（　　）情况下应当停产。
A. 该亏损产品的单价大于其单位变动成本
B. 该亏损产品的单位边际贡献小于零
C. 该亏损产品的边际贡献总额大于零
D. 该亏损产品的变动成本大于其单价

三、多项选择题

1. 下列属于短期经营决策内容的有（　　）。
A. 半成品是否深加工的决策　B. 亏损产品是否停产的决策
C. 新产品开发的决策　D. 设备更新改造的决策
E. 零部件取得方式的决策

2. 下列各种决策分析中，可以利用成本无差别点分析法得出决策结论的有（　　）。
A. 亏损产品是否停产的决策　B. 追加订货的决策
C. 是否深加工的决策　D. 零部件自制还是外购的决策
E. 生产工艺的决策

3. 下列各项中，属于接受追加订货的机会成本的有（　　）。
A. 剩余生产能力对外出租的租金收入
B. 减少正常销量计算的边际贡献
C. 增加的专属固定成本
D. 减少正常销售量而无法履行合同需缴纳的赔偿金

4. 某企业生产甲产品，其单位成本包括直接材料、直接人工、变动制造费用和固定制造费用。现可以将甲产品深加工为乙产品后再出售，那么在决策中应该考虑的项目有（　　）。
A. 深加工增加的收入　B. 深加工追加的成本
C. 半成品本身的成本　D. 机会成本

5. 当剩余生产能力无法转移时，亏损产品不应停产的条件有（　　）。
A. 该亏损产品的变动成本率大于1　B. 该亏损产品的变动成本率小于1
C. 该亏损产品的边际贡献率大于0　D. 该亏损产品的单位边际贡献率大于0
E. 该亏损产品的边际贡献率大于0

6. 在进行零部件外购还是自制的决策分析时，（　　）。
A. 自制成本包括变动成本
B. 自制成本包括变动成本和不可避免的固定成本
C. 外购成本包括买价、运杂费、保险费等
D. 将自制与外购中的非相关成本进行对比
E. 自制与外购中的非相关成本不予考虑

任务三　存货决策

一、判断题

1. 能够使企业的取得成本、储存成本和缺货成本之和最低的进货批量，便是经济订货批量。（　）

2. 最佳的保险储备应该是使缺货损失达到最低的保险储备量。（　）

3. 固定订货成本和固定储存成本，属于存货决策中的相关成本。（　）

4. 缺货成本大多属于机会成本，由于单位缺货成本计算困难，因此在进行决策时，不用估算单位缺货成本。（　）

二、单项选择题

1. 通过确定一个适当的生产批量，从而使其生产准备成本与储存成本之和达到最小的决策为(　　)。

A. 存货决策　　B. 产品最优组合决策

C. 接受追加订货决策　　D. 最优生产批量决策

2. 以下各项与存货有关的成本费用中，不影响经济订货批量的是(　　)。

A. 专设采购机构的基本开支　　B. 采购员的差旅费

C. 存货资金占用费　　D. 存货的保险费

3. 根据经济订货批量的基本模型，下列各项中，可能导致经济订货批量提高的是(　　)。

A. 每期对存货的总需求降低　　B. 每次订货费用降低

C. 每期单位存货储存费降低　　D. 存货的采购单价降低

4. 某公司生产所需的零件全部通过外购取得，公司根据扩展的经济订货批量模型确定进货批量。下列情形中，能够使零件经济订货批量增加的是(　　)。

A. 供货单位需要的订货提前期延长

B. 每次订货的变动成本增加

C. 供货单位每天的送货量增加

D. 供货单位延迟交货的概率增加

5. 某零件年需求量为16 200件，单位购置成本为10元，日供应量为60件，一次订货成本为25元，单位储存成本为1元/年。假设一年为360天。需求是均匀的，不设置保险库存并且按照经济订货量进货，则下列各项计算结果中错误的是(　　)。

A. 经济订货量为1 800件

B. 最高库存量为450件

C. 平均库存量为225件

D. 存货相关总成本为900元

6. 某公司全年需用X材料18 000件，计划开工360天。该材料订货日至到货日的时间为5天，保险储备量为100件。该材料的再订货点是(　　)件。

A. 100　　B. 150　　C. 250　　D. 350

三、多项选择题

1. 下列各项因素中，对存货的经济订货批量没有影响的有(　　)。
   A. 订货提前期　　B. 每日送货量　　C. 每日耗用量　　D. 保险储备量
2. 在最优生产批量的决策分析中，主要考虑的因素有 (　　)。
   A. 订货成本　　B. 采购成本　　C. 生产准备成本
   D. 储存成本　　E.存货成本
3. 储存成本包括(　　)。
   A. 仓库折旧费　　B. 到货验收费
   C. 仓库管理费　　D. 存货占用资金利息
   E. 因物资陈旧变质、损坏、折耗所发生的费用
4. 下列说法中，正确的有(　　)。
   A. 最优生产批量决策应考虑生产准备成本和储存成本两个因素
   B. 生产准备成本与批量无关，但与批次成正比
   C. 储存成本与生产批量成正比
   D. 生产准备成本与储存成本之和最小时的生产批量为最优生产批量
   E. 生产准备成本与储存成本相互消长

实训演练

实训一

(一) 实训目的

掌握生产何种新产品的决策。

(二) 实训资料

某企业生产A产品，产品单位变动成本为24元，单价为32元，现企业有剩余的生产能力可以生产B产品或C产品。现有两个方案可供选择。

方案一：生产B产品，预计销售量为5 000件，单价为20元，单位变动成本15元，若生产B产品会使原有的A产品减产200件。

方案二：生产C产品，预计销售量为7 200件，单价为18元，单位变动成本12元，并需每年增加固定成本3 000元。

(三) 实训要求

做出生产何种产品的决策。

实训二

(一) 实训目的

掌握亏损产品是否停产的决策。

(二) 实训资料

华兴公司生产甲、乙、丙三种产品，其中甲、乙两种产品是盈利产品，丙产品是亏损产品，固定成本总额为10 000元(按销售收入百分比分配)。有关的资料如表7-24所示。

表7-24　甲、乙、丙三种产品的资料

单位：元

项目	甲产品	乙产品	丙产品	合计
销售收入	5 000	6 000	4 000	15 000
减：变动成本	2 800	3 100	3 600	9 500
边际贡献	2 200	2 900	400	5 500
减：固定成本	1 600	1 200	1 200	4 000
利润/元	600	1 700	−800	1 500

(三) 实训要求

(1) 假设丙产品停产后，剩余的生产能力不能移作他用，做出丙产品是否停产的决策。

(2) 假设丙产品停产后，剩余的生产能力可以对外出租，每年获得租金收入1 000元，做出丙产品是否停产的决策。

实训三

(一) 实训目的

掌握零部件自制还是外购的决策。

(二) 实训资料

某企业每年需用一种零部件10 000个，如果外购，其市场价格为32元。目前，该公司尚有剩余的生产能力可以生产该种零件。预计的成本如下：直接材料12元，直接人工8元，变动制造费用6元，固定制造费用9元，共计35元。

(三) 实训要求

(1) 做出零件自制还是外购的决策。

(2) 假设该企业销售部门此时接到一份特殊的订单，可以利用剩余的生产能力生产甲产品4 000件，甲产品的单价为40元，单位变动成本为24元，做出零件自制还是外购的决策。

实训四

(一) 实训目的

掌握是否接受特殊订货的决策。

(二) 实训资料

某企业A产品的售价为45元/件，单位生产成本为35元，其中，直接材料20元，直接人工8元，变动制造费用2元，固定制造费用5元。企业还有剩余生产能力3 000件。现有一客户要以33元的单价追加订货2 000件，而且追加该批订货需租入一台设备，租金2 000元。

(三) 实训要求

做出是否接受追加订货的决策。

实训五

(一) 实训目的

掌握半成品是否进行深加工的决策。

(二) 实训资料

某炼油厂从原油中提炼出来的煤油，既可以作为煤油出售，也可以进一步通过裂化加工为汽油和柴油后再行出售。煤油经过裂化后的回收率如下：汽油85%，柴油5%，损失10%。假定裂化加工的加工费为每升1.2元，三种油每升的销售价格为煤油1.6元，汽油3.2元，柴油1.5元。目前该厂有10 000升的煤油。

(三) 实训要求

做出煤油是否需要深加工的决策。

实训六

(一) 实训目的

掌握半成品是否进行深加工的决策。

(二) 实训资料

某厂生产甲种产品200件，若完成A工序出售，单价为100元，单位成本为40元，若继续加工完成B工序再出售，单价可提高到150元，但要追加变动成本4 000元，倘若再继续加工完成C工序再出售，单价能提高到200元，除追加变动成本6 000元外，还要增加专属成本5 000元。

(三) 实训要求

做出将该产品加工到什么程度出售合适的决策。

实训七

(一) 实训目的

掌握经济订货批量的计算方法。

(二) 实训资料

假设某公司预计全年需耗用甲零件5 000件。该零件的单位采购成本为20元，单位年储存成本为单位采购成本的10%，平均每次订货成本为50元。假设该零件不存在缺货的情况。

(三) 实训要求

求出经济订货批量，并计算储存成本、订货成本和订货批次。

实训八

(一) 实训目的

掌握存货再订货点的计算方法。

(二) 实训资料

甲公司是一家制造类企业，全年平均开工250天。为生产产品，全年需要购买A材料250 000件，该材料进货价格为150元，每次订货需支付运费、订单处理费等变动费用500元，材料的单位变动年储存成本为10元/件。A材料平均交货时间为4天。该公司A材料满足经济订货批量基本模型的各项前提条件。

(三) 实训要求

(1) 利用经济订货批量的基本模型，计算A材料的经济订货批量和全年订货次数。

(2) 计算按经济订货批量采购A材料的年存货相关总成本。

(3) 计算A材料每日平均需用量和再订货点。

项目八　绩效管理

项目目标

【知识目标】

- 对“绩效管理”的含义有一个全面的认识；
- 掌握企业进行绩效管理应遵循的原则和应用环境；
- 熟悉关键绩效指标法的概念；
- 掌握企业应用关键绩效指标法进行绩效评估的应用前提；
- 熟悉经济增加值法的概念；
- 掌握企业应用经济增加值法进行绩效评估的应用前提；
- 熟悉平衡计分卡的概念；
- 掌握企业应用平衡计分卡进行绩效评估的应用前提。

【能力目标】

- 通过对绩效管理的学习，充分认识到绩效管理对企业发展的重要意义；
- 学习绩效计划与激励计划的制订方法，并能将其运用于企业绩效评价工作当中；
- 通过对关键绩效指标法的学习，为适合使用这种方法的企业提供必要的绩效评定方法；
- 通过学习经济增加值的计算方法，熟悉计算调整项目及方式；
- 通过对平衡计分卡的学习，为适合使用这种方法的企业提供必要的绩效评定方法；
- 通过学习平衡计分卡的指标体系及指标选择，学会找到企业绩效的目标值。

【素养目标】

- 通过对绩效管理的学习，树立全局观念；
- 能够运用绩效管理方法，确定绩效目标，并达成广泛共识，帮助和激励员工取得优异绩效，从而实现企业目标，为社会创造财富。

项目任务

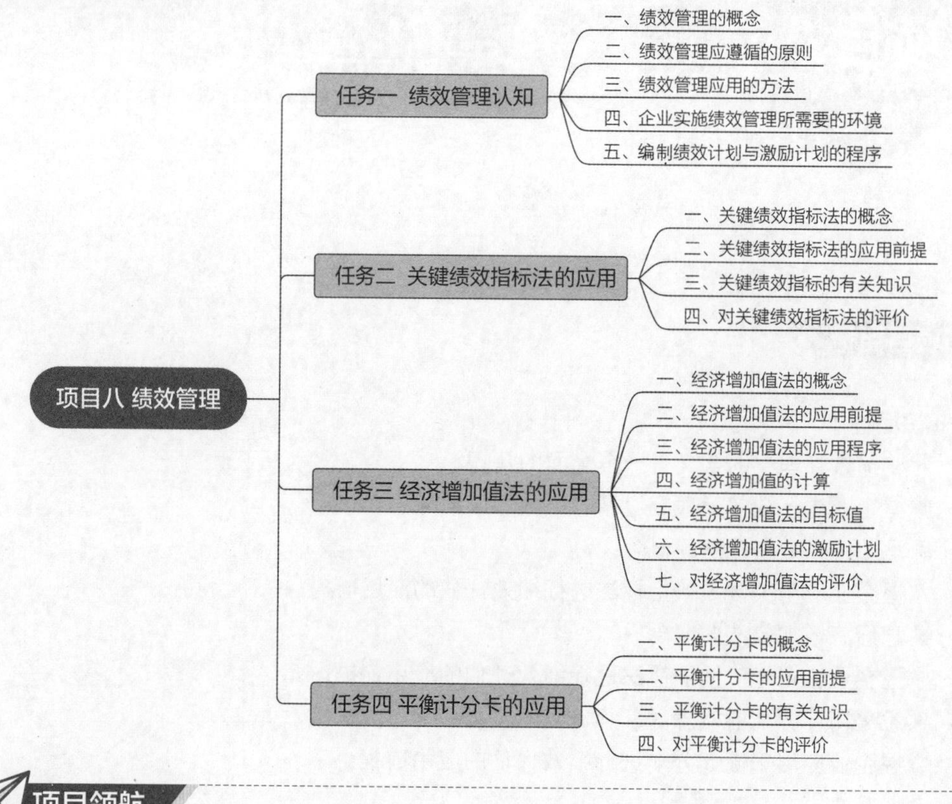

项目领航

智能电器集团公司月度绩效考核方法案例

案例背景：

随着科技的飞速发展，智能电器行业日新月异，市场竞争日益激烈。为了保持和提升公司的竞争力，智能电器集团公司必须拥有一支高效、专业、富有创新精神的团队。为了实现这一目标，公司制定了月度绩效考核方法，以激励员工积极工作，提高整体业绩。

(一) 考核原则

公平、公正、公开：确保所有员工在相同的标准下进行考核。

目标导向：以公司月度目标和个人工作目标为考核依据。

定量与定性相结合：既关注工作成果的数量，也注重工作质量和创新性。

(二) 考核内容

工作业绩(60%)：根据员工月度工作计划的完成情况、工作效率、工作质量、创新性等进行评价。同时，考虑不同岗位的特性，确保评价指标的针对性和合理性。

工作态度(20%)：评估员工的责任心、团队合作精神、积极主动性等。特别关注员工在团队中的角色和贡献，以及处理团队内部冲突和合作的能力。

学习能力与成长(10%)：评价员工的学习态度、学习成果、个人成长等。鼓励员工持续学习，提升自我。

其他(10%)：包括客户满意度、同事评价、领导评价等。多方面了解员工的工作表现和影响力。

(三) 考核流程

月初制订工作计划：员工与上级共同制订月度工作计划，明确工作目标和任务。确保计划的可行性和挑战性。

月中跟踪与辅导：上级对员工的工作进度进行跟踪，提供必要的指导和支持。及时发现问题，协助员工解决困难。

月末自评与互评：员工进行自我评价，同事之间进行互评，上级对员工进行评价。多角度、全面地了解员工的工作表现。

汇总与审核：人力资源部汇总所有员工的考核结果，报请公司领导审核。确保考核结果的公正性和准确性。

反馈与沟通：上级将考核结果反馈给员工，与员工进行面对面沟通，共同制订改进计划。鼓励员工积极参与，提升工作绩效。

提出问题：

1. 考核指标的设置是否存在过于烦琐或过于简化的问题？是否充分反映了公司的核心价值观和战略目标？

2. 考核过程中是否充分考虑了员工之间的互助与支持、领导力，以及团队氛围等人际互动因素？

3. 在团队工作中，哪些因素是比较重要的，并且如何在绩效考核中加以强化？

4. 绩效考核方法可能面临哪些挑战和限制，如何克服这些问题以确保考核的公正性和有效性？

任务一　绩效管理认知

一、绩效管理的概念

绩效管理，是指通过设定目标、评估绩效、提供反馈和奖励来管理和提升员工绩效的过程。绩效管理的核心是绩效评价和激励管理。

绩效评价，是指对员工在工作中的表现进行评估和判断，通常包括定期地评估、反馈和记录，以便确定员工在工作中的表现水平。

激励管理，是指通过奖励和激励措施来激发员工的工作动力和积极性，以达到组织的绩效目标。这些激励可以是金钱奖励、晋升机会、培训发展等形式。

二、绩效管理应遵循的原则

(一) 公平性原则

评价标准和程序应公平合理，避免歧视和偏见，确保每个员工都有公平的机会和待遇。

(二) 透明原则

绩效评价的标准、过程和结果应该对员工透明可见，员工应清楚了解如何被评价，以及评价结果对其职业发展的影响。

(三) 反馈原则

及时给予员工关于其绩效的反馈和指导，帮助他们了解自己的优势和改进空间，促进个人成长和发展。

(四) 目标导向原则

设定明确的绩效目标和标准，确保员工的工作目标与组织的战略目标保持一致，以便评估员工的绩效。

(五) 持续性原则

绩效管理不应该只是一次性的活动，应是一个持续的过程，包括定期地评估、反馈和调整，以确保员工绩效的持续提升。

(六) 发展导向原则

绩效管理不仅应该评价员工的工作表现，更应该关注员工的发展和成长，为员工提供发展机会和支持。

三、绩效管理应用的方法

绩效管理应用的方法多种多样，包括关键绩效指标法、经济增加值法、平衡计分卡、股权激励、差异分析和绩效奖励等。关键绩效指标是衡量组织或个人绩效的关键指标，与经济增加值一同，帮助组织了解绩效表现并评估创造的经济价值。平衡计分卡则综合考虑组织的多方面指标，全面评估和监控绩效。股权激励通过提供公司股票或股权份额激励员工，促进员工与公司的利益相一致。差异分析关注实际绩效与预期绩效的差异，以实现改进。绩效奖励制度则激励员工实现目标、提升绩效。企业可根据自身情况单独或综合运用适合的绩效管理方法，以实现战略目标和长期发展。

四、企业实施绩效管理所需要的环境

企业在实施绩效管理时，需确保机构层面有领导支持、建立积极的绩效管理文化，并保持有效的沟通机制；体系层面需确立明确的绩效目标和指标体系，建立科学的绩效评价体系和激励机制；系统层面需建立信息化的绩效管理系统，提供绩效管理培训，并建立反馈和改进机制。综合这些要求，确保绩效管理的有效实施和持续改进。

企业实施绩效管理所需要的环境

五、编制绩效计划与激励计划的程序

企业应用绩效管理方法，一般按照制订绩效计划与激励计划、审批绩效计划与激励计划、执行绩效计划与激励计划、实施绩效评价与激励、编制绩效评价与激励管理报告等程序进行。企业应根据战略目标，按照上下结合、分级编制、逐

编制绩效计划与激励计划的程序

级分解的程序，在沟通反馈的基础上，编制各层级的绩效计划与激励计划。

任务二 关键绩效指标法的应用

一、关键绩效指标法的概念

关键绩效指标法(key performance indicator，KPI)是一种绩效考评方法，主要用于评价并促进宏观战略决策的执行效果。该方法通过提炼出一套能衡量、评价、反映组织实际业务运作状况的、可量化的关键性指标，对组织关键流程的工作产出、工作投入及具体工作参数进行取样、计算和分析，以获得相关数据，从而起到监控、协调、监督的目的。关键绩效指标法可单独使用，也可与经济增加值法、平衡计分卡等其他方法结合使用。关键绩效指标法的应用对象可以是企业、所属单位(部门)或员工。

总的来说，关键绩效指标法能够帮助组织明确目标、优化流程、提高绩效，进而实现组织的战略目标。

二、关键绩效指标法的应用前提

关键绩效指标法的应用前提包括：企业需有明确的战略目标，以便细化分解并设立企业级关键绩效指标；需对企业工作流程和业务有深入了解，以准确提取和衡量关键绩效指标；需建立一套有效的绩效管理体系，确保关键绩效指标落地并激励员工、推动企业实现战略目标。总之，明确战略目标、深入了解业务并建立有效的绩效管理体系是应用关键绩效指标法的前提，有助于企业实现中短期战略目标，平衡眼前与长远利益，满足长远发展需要。

三、关键绩效指标的有关知识

企业应用关键绩效指标法，一般按照制订以关键绩效指标为核心的绩效计划、制订激励计划、执行绩效计划与激励计划、实施绩效评价与激励、编制绩效评价与激励管理报告等程序进行。绩效计划包括构建指标体系、分配指标权重、确定绩效目标值、选择计分方法和评价周期、拟定绩效责任书等一系列管理活动。

(一) 一般程序

企业构建关键绩效指标体系，一般按照以下程序进行。

(1) 设定企业级关键绩效指标。企业应根据战略目标，结合价值创造模式，综合考虑内外部环境等因素，设定企业级关键绩效指标。

(2) 设定所属单位(部门)级关键绩效指标。根据企业级关键绩效指标，结合所属单位(部门)的关键业务流程，按照上下结合、分级编制、逐级分解的程序，在沟通反馈的基础上，设定所属单位(部门)级关键绩效指标。

《绩效管理守则》中对部门负责人的部门绩效考核实施流程分解如下。

① 各部门负责人依据部门年度绩效考核表分解、增补形成部门月度工作计划，并于每月28

日前提交到综合部；

② 综合部根据各部门提交的部门月度工作计划，结合公司及部门年度工作计划安排，对各部门工作计划进行初步汇总；

③ 综合部与各部门负责人、分管领导沟通协调、平衡、汇总后，形成各部门每月工作计划初稿；

④ 总经理办公会审议、修订，经总经理签发后作为部门月度团队绩效考核的依据；

⑤ 每月5日之前，由分管领导及执行总经理对各部门上月度绩效完成情况进行评估打分，由总经理办公会审议后确定月度绩效考核成绩；

⑥ 每年1月10日之前，由分管领导及执行总经理对各部门年度绩效完成情况进行评估打分，由总经理办公会审议后确定年度绩效考核成绩。

(3) 设定岗位(员工)级关键绩效指标。根据所属单位(部门)级关键绩效指标，结合员工岗位职责和关键工作价值贡献，设定岗位(员工)级关键绩效指标。

(二) 关键绩效指标的分类

企业的关键绩效指标可以根据不同的标准进行分类，其中结果类和动因类是两种重要的分类方式。

结果类指标主要反映企业绩效的价值，它们关注的是最终的结果或产出。这类指标通常包括投资报酬率、权益净利率、经济增加值、息税前利润和自由现金流量等。这些指标直接体现了企业战略目标的达成情况，有助于衡量企业在一定时期内的经济效益和经营成果。

动因类指标则主要关注影响企业绩效的关键因素或驱动因素。这类指标通常包括资本性支出、单位生产成本、产量、销量、客户满意度和员工满意度等。通过优化这些因素，企业可以改进其运营效率和效果，进而提升整体绩效。

在实际应用中，企业可以根据自身的战略目标和业务需求，结合结果类和动因类指标，构建一套全面、科学的绩效指标体系。通过定期监控和评估这些指标，企业可以及时发现运营过程中存在的问题和瓶颈，并制定相应的改进措施，以实现企业战略目标。

(三) 关键绩效指标的选取方法

关键绩效指标应含义明确、可度量、与战略目标高度相关。指标的数量不宜过多，每一层级的关键绩效指标一般不超过10个。

关键绩效指标的选取方法主要有关键成果领域分析法、组织功能分解法和工作流程分解法。

关键成果领域分析法，是基于对企业价值创造模式的深入分析，确定企业的关键成果领域，并在此基础上进一步识别关键成功要素，确定关键绩效指标的方法。

组织功能分解法，这种方法基于组织的功能定位，按照各所属单位(部门)对企业总目标所承担的职责，逐级分解和确定关键绩效指标。

工作流程分解法，这种方法按照工作流程各环节对企业价值的贡献程度，识别出关键业务流程，并将企业总目标层层分解至关键业务流程相关所属单位(部门)或岗位(员工)，从而确定关键绩效指标。

关键绩效指标的权重分配应以企业战略目标为导向，反映被评价对象对企业价值的贡献或支持的程度，以及各指标之间的重要性水平。单项关键绩效指标权重一般设定在5%～30%，对于特别重要的指标可适当提高权重。对于特别关键、影响企业整体价值的指标可设立“一票否决”制度，即如果某项关键绩效指标未完成，无论其他指标是否完成，均视为未完成绩效目标。

(四) 关键绩效指标目标值

1. 目标值标准

企业确定关键绩效指标目标值，一般参考以下标准。

(1) 国家或行业标准。企业可以参考国家有关部门或权威机构发布的行业标准，如国务院国资委考核分配局编制并每年更新出版的《企业绩效评价标准值》。此外，行业国际标准、行业国家标准、行业省级标准等也是重要的参考依据。

(2) 企业内部标准。这包括企业的战略目标、年度生产经营计划目标、年度预算目标，以及历年指标水平等。通过考虑这些内部因素，企业可以设定与其自身情况和发展方向相符的绩效指标目标值。

(3) 历史数据和经验。企业可以参考近三年的绩效指标平均值、上年值、历史极值等历史数据，以及企业历史经验值来确定绩效指标目标值。

(4) 关键成功因素和挑战性目标。企业可以考虑关键成功因素，并设定具有挑战性的目标值，以激励员工全力以赴实现目标。这些目标值通常被设置为行业领先企业的经营数据或提前实现公司几年规划目标的值。

2. 确定目标值的后续工作

关键绩效指标的目标值确定后，应规定当内外部环境发生重大变化、自然灾害等不可抗力因素对绩效完成结果产生重大影响时，对目标值进行调整的办法和程序。一般情况下，由被评价对象或评价主体测算确定影响额度，向相应的绩效管理工作机构提出调整申请，报薪酬与考核委员会或类似机构审批。

四、对关键绩效指标法的评价

(一) 关键绩效指标法的优点

关键绩效指标法(KPI)是一种常用的绩效管理方法，其优点如下。

(1) 目标明确。KPI能够将企业的战略目标分解为具体的、可衡量的绩效指标，使员工能够清晰地了解自己的工作目标和企业的期望，从而更有针对性地进行工作。

(2) 突出重点。KPI强调关键绩效领域，有助于员工将精力集中在最重要的工作上，提高工作效率。

(3) 客观公正。由于关键绩效指标是具体、可衡量的，因此能够减少主观判断对绩效评价的影响，使评价更加客观公正。

(4) 便于沟通。KPI为企业和员工提供了一个共同的沟通基础，有助于双方就绩效问题进行有效的沟通和反馈。

(二) 关键绩效指标法的缺点

关键绩效指标的缺点如下。

(1) 指标选取有难度。关键绩效指标的选取需要深入理解企业的战略目标和业务流程，如果选取不当，可能导致指标与实际工作脱节，无法真实反映员工的绩效。

(2) 过于关注短期目标。有时，KPI的设计可能过于关注短期目标，而忽视了企业的长期发展，这可能导致员工为了追求短期绩效而忽视企业的长期利益。

(3) 僵化性。关键绩效指标一旦设定，可能会变得相对固定，难以适应外部环境和企业内部条件的变化。当环境发生变化时，可能需要重新调整或设定关键绩效指标。

(4) 可能导致员工的行为偏离企业目标。由于KPI强调关键绩效指标，有时可能会导致员工只关注这些指标，而忽视其他同样重要的工作。这可能导致员工的行为偏离企业的整体战略目标。

任务三　经济增加值法的应用

一、经济增加值法的概念

经济增加值法，是指以经济增加值(economic value added，EVA)为核心，建立绩效指标体系，引导企业注重价值创造，并据此进行绩效管理的方法。

经济增加值，是指税后净营业利润扣除全部投入资本的成本后的剩余收益。经济增加值及其改善值是全面评价经营者有效使用资本和为企业创造价值的重要指标。经济增加值为正，表明经营者在为企业创造价值；经济增加值为负，表明经营者在损毁企业价值。

经济增加值法较少单独应用，一般与关键绩效指标法、平衡计分卡等其他方法结合使用。企业应用经济增加值法进行绩效管理的对象，可以是企业及其所属单位(部门)(可单独计算经济增加值)和高级管理人员。

二、经济增加值法的应用前提

企业应用经济增加值法时，应树立价值管理理念，明确以价值创造为中心的战略目标，并建立以经济增加值为核心的价值管理体系；应综合考虑宏观环境、行业特点及实际情况，识别价值创造模式，确定关键价值驱动因素，构建相应指标体系；应建立清晰的资本资产管理责任体系，确保会计核算体系健全，数据真实可靠，及时获取与经济增加值计算相关的会计数据；应加强融资和投资管理，关注资本成本，把价值增加作为投资决策的主要标准，以保持持续的价值创造能力。

三、经济增加值法的应用程序

企业应用经济增加值法，一般按照制订以经济增加值指标为核心的绩效计划、制订激励计划、执行绩效计划与激励计划、实施绩效评价与激励、编制绩效评价与激励管理报告等程序进行。

构建经济增加值指标体系，一般按照以下程序进行。

(1) 制定企业级经济增加值指标体系。首先应结合行业竞争优势、组织结构、业务特点、会计政策等情况，确定企业级经济增加值指标的计算公式、调整项目、资本成本等，并围绕经济增加值的关键驱动因素，制定企业的经济增加值指标体系。

(2) 制定所属单位(部门)级经济增加值指标体系。根据企业级经济增加值指标体系，结合所属单位(部门)所处行业、业务特点、资产规模等因素，在充分沟通的基础上，设定所属单位(部门)级经济增加值指标的计算公式、调整项目、资本成本等，并围绕所属单位(部门)经济增加值的关键驱动因素，细化制定所属单位(部门)的经济增加值指标体系。

(3) 制定高级管理人员的经济增加值指标体系。根据企业级、所属单位(部门)级经济增加值指标体系，结合高级管理人员的岗位职责，制定高级管理人员的经济增加值指标体系。

四、经济增加值的计算

经济增加值的计算公式如下。

经济增加值=税后净营业利润－平均资本占用×加权平均资本成本

其中，税后净营业利润衡量的是企业的经营盈利情况；平均资本占用反映的是企业持续投入的各种债务资本和股权资本；加权平均资本成本反映的是企业各种资本的平均成本率。

在计算经济增加值时，需要进行相应的会计项目调整，以消除财务报表中不能准确反映企业价值创造的部分。会计调整项目的选择应遵循价值导向性、重要性、可控性、可操作性与行业可比性等原则，根据企业实际情况确定。常用的调整项目如下。

(1) 研究开发费、大型广告费等一次性支出但收益期较长的费用，应予以资本化处理，不计入当期费用。

(2) 反映付息债务成本的利息支出，不作为期间费用扣除，计算税后净营业利润时扣除所得税影响后予以加回。

(3) 营业外收入、营业外支出具有偶发性，将当期发生的营业外收支从税后净营业利润中扣除。

(4) 将当期减值损失扣除所得税影响后予以加回，并在计算资本占用时相应调整资产减值准备发生额。

(5) 递延税金不反映实际支付的税款情况，将递延所得税资产及递延所得税负债变动影响的企业所得税从税后净营业利润中扣除，相应调整资本占用。

(6) 其他非经常性损益调整项目，如股权转让收益等。

税后净营业利润等于会计上的税后净利润加上利息支出等会计调整项目后得到的税后利润。

平均资本占用是所有投资者投入企业经营的全部资本，包括债务资本和股权资本。其中，债务资本包括融资活动产生的各类有息负债，不包括经营活动产生的无息流动负债；股权资本中包含少数股东权益。

资本占用除根据经济业务实质相应调整资产减值损失、递延所得税等，还可根据管理需要调整研发支出、在建工程等项目，引导企业注重长期价值创造。

加权平均资本成本是债务资本成本和股权资本成本的加权平均，反映了投资者所要求的必要报酬率。加权平均资本成本的计算公式如下。

$$K_{\mathrm{WACC}} = K_D \frac{\mathrm{DC}}{\mathrm{TC}}(1-T) + K_s \frac{\mathrm{EC}}{\mathrm{TC}}$$

其中，TC代表资本占用，EC代表股权资本，DC代表债务资本；T代表所得税税率；K_{WACC}代表加权平均资本成本，K_D代表债务资本成本，K_s代表股权资本成本。

债务资本成本是企业实际支付给债权人的税前利率，反映的是企业在资本市场中债务融资的成本率。如果企业存在不同利率的融资来源，债务资本成本应使用加权平均值。

股权资本成本是在不同风险下，所有者对投资者要求的最低回报率。通常根据资本资产定价模型确定，计算公式如下。

$$K_s = R_f + \beta(R_m - R_f)$$

其中，R_f为无风险收益率，R_m为市场预期回报率，$R_m - R_f$为市场风险溢价，β为企业股票相对于整个市场的风险指数。上市企业的β值，可采用回归分析法或单独使用最小二乘法等方法测算确定，也可以直接采用证券机构等提供或发布的β值；非上市企业的β值，可采用类比法，参考同类上市企业的β值确定。

企业级加权平均资本成本确定后，应结合行业情况、不同所属单位(部门)的特点，通过计算(能单独计算的)或指定(不能单独计算的)的方式确定所属单位(部门)的资本成本。

通常情况下，企业对所属单位(部门)所投入资本即股权资本的成本率是相同的，为简化资本成本的计算，所属单位(部门)的加权平均资本成本一般与企业保持一致。

经济增加值法指标体系通常包括经济增加值、经济增加值改善值、经济增加值回报率、资本周转率、产量、销量、单位生产成本等。

应用经济增加值法建立的绩效评价体系，应赋予经济增加值指标较高的权重。

五、经济增加值法的目标值

经济增加值法的目标值是根据经济增加值基准值(简称EVA基准值)和期望的经济增加值改善值(简称期望的ΔEVA)来确定的，计算公式为EVA目标值＝EVA基准值＋期望的ΔEVA。

企业在确定EVA基准值和期望的ΔEVA值时，需要充分考虑企业规模、发展阶段、行业特点等因素。其中，EVA基准值可以参照上年实际完成值、上年实际完成值与目标值的平均值或近几年(如前三年)实际完成值的平均值来确定。期望的ΔEVA值则根据企业的战略目标、年度生产经营计划、年度预算安排、投资者期望等因素，结合价值创造能力改善等要求来综合确定。

六、经济增加值法的激励计划

经济增加值法的激励计划按激励形式可分为薪酬激励计划、能力开发激励计划、职业发展激励计划和其他激励计划。应用经济增加值法建立的激励体系，应以经济增加值的改善值为基础。薪酬激励计划包括目标奖金、奖金库和股票期权，分别针对经济增加值增量、长期增长目标和奖金确定的行权价格与数量。能力开发激励计划主要包括对员工知识、技能等方面的提升计划。职业发展激励计划主要是对员工职业发展做出的规划。其他激励计划涉及工作环境、晋升降职、表扬批评等。企业应循序渐进地应用经济增加值法，试点后总结完善并稳步推开。

七、对经济增加值法的评价

(一) 经济增加值法的优点

经济增加值法的优点如下。

(1) EVA指标是一个综合的财务评价手段。EVA的出现使得整个企业的活动都围绕如何提高EVA来开展，从战略的生成到财务计划的制订，从投资决策到日常的财务控制，从业绩评价到奖惩激励，都始终贯彻着EVA指标。而传统的财务评价体系一般设计不同的财务指标来满足不同的需要。

(2) EVA可以正确引导各部门做出有利于企业整体发展的行为。EVA能有效解决次优化决策问题，部门经理可以通过提高部门现有资产的回报率、增加收益超过资本成本的新资本投入，以及减少收益低于资本成本的资产占用等方法，在增加本部门业绩的同时，增加企业总体的经济增加值。

(3) EVA业绩指标向公司高层较准确地传递了部门业绩信息。相对于传统的财务分析模式，由于EVA是部门经营业绩的综合反映，有利于鼓励部门实施长期投资政策。并且在EVA业绩评价指标下，可以将部门的战略性投资资本化，调整营业净利润，鼓励部门关注企业的发展。

(4) EVA指标可以为多重评价主体服务。它不仅可以作为投资者评价企业及高层管理者业绩的指标，还可以作为高层管理者评价内部各部门及相应管理者业绩的指标。也就是说，经济增加值不但可以作为外部评价指标，也可以作为内部业绩评价指标。

(二) 经济增加值法的缺点

经济增加值法的缺点如下。

(1) EVA作为一种纯财务指标，只是片面地反映了企业经营的最终结果，不能识别财务报表的虚假风险，不能反映企业在客户关系管理、内部运营及创新等视角的具体状况，也不能有效地分析出经营过程当中的问题所在。

(2) EVA作为一种绝对量指标，只能从总量上说明经济效益的有无及多少，不能从质上说明经济效益的高低，更不能反映规模不同的部门和行业之间经济效益的多寡，无法进行企业之间和部门之间业绩的横向比较。

(3) EVA能够有效地反映企业为股东创造的财富，站在股东的角度评价企业的业绩，但无法反映其他利益相关者的要求，难以实现对企业绩效的综合评价。

(4) EVA指标是通过对传统的财务报表数据进行一系列调整计算的，这种调整增加了EVA计算的难度，并且可能削弱了企业向市场传递其成长机会的信息，增加了投资决策的难度。

总之，与传统的企业绩效评价指标相比，EVA能够很好地衡量企业财富的增值。但EVA系统仍属于财务绩效的评价体系，对非财务绩效评价重视不够。在新的经济环境下，将财务评价和非财务评价相结合，才能完成对企业业绩的合理评价。

任务四　平衡计分卡的应用

一、平衡计分卡的概念

平衡计分卡，是指基于企业战略，从财务、客户、内部业务流程、学习与成长四个维度，将战略目标逐层分解转换为具体的、相互平衡的绩效指标体系，并据此进行绩效管理的方法。

平衡计分卡通常与战略地图等其他工具结合使用。平衡计分卡适用于战略目标明确、管理制度比较完善、管理水平相对较高的企业。平衡计分卡的应用对象可以是企业、所属单位(部门)或员工。

二、平衡计分卡的应用前提

企业应用平衡计分卡应有明确的愿景和战略。平衡计分卡应以战略目标为核心，全面描述、衡量和管理战略目标，将战略目标转换为可操作的行动。

平衡计分卡可能涉及组织和流程变革，具有创新精神、变革精神的企业文化有助于成功实施平衡计分卡。

企业应对组织结构和职能进行梳理，消除不同组织职能间的壁垒，实现良好的组织协同，既包括企业内部各级单位(部门)之间的横向与纵向协同，也包括与投资者、客户、供应商等外部利益相关者之间的协同。

企业应注重员工学习与成长能力的提升，以更好地实现平衡计分卡的财务、客户、内部业务流程目标，使战略目标贯彻到每个员工的日常工作中。

平衡计分卡的实施是一项复杂的系统工程。企业一般需要建立由战略管理、人力资源管理、财务管理和外部专家等组成的团队，为平衡计分卡的实施提供机制保障。

企业应建立高效集成的信息系统，实现绩效管理与预算管理、财务管理、生产经营等系统的紧密结合，为平衡计分卡的实施提供信息支持。

三、平衡计分卡的有关知识

(一) 一般程序

企业应用平衡计分卡一般按照制定战略地图、制订以平衡计分卡为核心的绩效计划、制订激励计划、制定战略性行动方案、执行绩效计划与激励计划、实施绩效评价与激励、编制绩效评价与激励管理报告等程序进行。

企业首先应制定战略地图，即基于企业愿景与战略，将战略目标及其因果关系、价值创造路径以图示的形式直观、明确、清晰地呈现。战略地图基于战略主题构建，战略主题反映企业价值创造的关键业务流程，每个战略主题包括相互关联的1～2个目标。

战略地图制定后，应以平衡计分卡为核心制订绩效计划。绩效计划是企业开展绩效评价工作的行动方案，包括构建指标体系、分配指标权重、确定绩效目标值、选择计分方法和评价周期、签订绩效责任书等一系列管理活动。制订绩效计划通常从企业级开始，层层分解到所属单位(部门)，最终落实到具体岗位和员工。

(二) 平衡计分卡的指标体系

平衡计分卡指标体系的构建应围绕战略地图，针对财务、客户、内部业务流程，以及学习与成长四个维度的战略目标，确定相应的评价指标。

构建平衡计分卡指标体系的一般程序如下。

(1) 制定企业级指标体系。根据企业层面的战略地图，为每个战略主题的目标设定指标，每个目标至少应有1个指标。

(2) 制定所属单位(部门)级指标体系。依据企业级战略地图和指标体系，制定所属单位(部门)的战略地图，确定相应的指标体系，协同各所属单位(部门)的行动与战略目标保持一致。

(3) 制定岗位(员工)级指标体系。根据企业、所属单位(部门)级指标体系，按照岗位职责逐级形成岗位(员工)级指标体系。

在构建平衡计分卡指标体系时，应注重短期目标与长期目标的平衡、财务指标与非财务指标的平衡、结果性指标与动因性指标的平衡、企业内部利益与外部利益的平衡。平衡计分卡每个维度的指标通常为4～7个，总数量一般不超过25个。

(三) 平衡计分卡的四个维度

在构建平衡计分卡指标体系时，企业应以财务维度为核心，其他维度的指标都与核心维度的一个或多个指标相联系。通过梳理核心维度目标的实现过程，确定每个维度的关键驱动因素，结合战略主题，选取关键绩效指标。

平衡计分卡的四个维度

1. 财务维度指标体系的构建

财务维度以财务术语描述了战略目标的有形成果。财务绩效指标可以显示企业的战略及其实施和执行是否有助于企业盈利。财务指标通常与获利能力有关。企业常用指标有投资资本回报率、净资产收益率、经济增加值回报率、息税前利润、自由现金流、资产负债率、总资产周转率、资本周转率等。

2. 客户维度指标体系的构建

客户维度界定了目标客户的价值主张。企业常用指标有市场份额、客户获得率、客户保持率、客户获利率、战略客户数量等。

市场份额，是指一个企业的销售量(或销售额)在市场同类产品中所占的比重。

客户获得率，是指企业在争取新客户时获得成功部分的比例。该指标可用客户数量增长率或客户交易额增长率来描述。

客户保持率，是指企业继续保持与老客户交易关系的比例。该指标可用老客户交易额增长率来描述。

客户获利率，是指企业从单一客户得到的净利润与付出的总成本的比率。

战略客户数量，是指对企业战略目标实现有重要作用的客户的数量。

3. 内部业务流程维度指标体系的构建

内部业务流程维度确定了对战略目标产生影响的关键流程。企业常用指标有交货及时率、生产负荷率、产品合格率、存货周转率等。

交货及时率，是指企业在一定会计期间内及时交货的次数占总交货次数的比例。

生产负荷率，是指投产项目在一定会计期间内的产品产量与设计生产能力的比例。

产品合格率，是指合格产品数量占总产品产量的比例。

存货周转率，是指企业营业收入与存货平均余额的比值，反映存货在一定会计期间内周转的次数。

4. 学习与成长维度指标体系的构建

学习与成长维度确定了对战略最重要的无形资产。企业常用指标有员工流失率、员工保持率、员工生产率、培训计划完成率等。

员工流失率，是指企业一定会计期间内离职员工占员工平均人数的比例。

员工生产率，是指员工在一定会计期间内创造的劳动成果与其相应员工数量的比值。该指标可用人均产品生产数量或人均营业收入进行衡量。

培训计划完成率，是指培训计划实际执行的总时数占培训计划总时数的比例。

(四) 平衡计分卡的指标

企业可根据实际情况建立通用类指标库，不同层级单位和部门应结合不同的战略定位、业务特点选择适合的指标体系。

平衡计分卡指标的权重分配应以战略目标为导向，反映被评价对象对企业战略目标的贡献或支持的程度，以及各指标之间的重要性水平。

企业绩效指标权重一般设定在5%～30%，对于特别重要的指标可适当提高权重。对于特别关键、影响企业整体价值的指标可设立“一票否决”制度，即如果某项绩效指标未完成，无论其他指标是否完成，均视为未完成绩效目标。

(五) 平衡计分卡绩效目标值

平衡计分卡绩效目标值应根据战略地图的因果关系分别设置。首先确定战略主题的目标值，其次确定主题内的目标值，最后基于平衡计分卡评价指标与战略目标的对应关系，为每个评价指标设定目标值，通常设计3～5年的目标值。

平衡计分卡绩效目标值确定后，应规定当内外部环境发生重大变化、自然灾害等不可抗力因素对绩效完成结果产生重大影响时，对目标值进行调整的办法和程序。一般情况下，由被评价对象或评价主体测算确定影响程度，向相应的绩效管理工作机构提出调整申请，报薪酬与考核委员会或类似机构审批。

(六) 平衡计分卡绩效计划与激励计划

绩效计划与激励计划制订后，企业应在战略主题的基础上制定战略性行动方案，实现短期行动计划与长期战略目标的协同。战略性行动方案的制定主要包括选择最优行动方案、提供战略性资金支持、明确执行责任方并定期回顾等内容。在执行过程中，企业应推进组织协同，使目标、职责与行动保持一致，创造协同效应。同时，持续开展流程管理，识别并优化关键流程，将流程改进计划与战略目标相协同。平衡计分卡的实施是一项长期的管理改善工作，通常采用先试点后推广的方式，循序渐进，分步实施。

四、对平衡计分卡的评价

(一) 平衡计分卡的优点

平衡计分卡的优点：一是战略目标逐层分解并转换为被评价对象的绩效指标和行动方案，使整个组织行动协调一致；二是从财务、客户、内部业务流程、学习与成长四个维度确定绩效指标，使绩效评价更为全面完整；三是将学习与成长作为一个维度，注重员工的发展要求和组织资本、信息资本等无形资产的开发利用，有利于增强企业可持续发展的动力。

(二) 平衡计分卡的缺点

平衡计分卡的缺点：一是专业技术要求高，工作量比较大，操作难度也较大，需要持续地沟通和反馈，实施比较复杂，实施成本高；二是各指标权重在不同层级及各层级不同指标之间的分配比较困难，且部分非财务指标的量化工作难以落实；三是系统性强、涉及面广，需要专业人员的指导、企业全员的参与，并进行长期持续的修正与完善，对信息系统和管理能力有较高的要求。

思悟启迪 公正无私，赏罚分明

聚焦党的二十大精神 展现绩效管理新作为

南平市财政局在党的二十大精神指引下，积极践行“健全现代预算制度，优化税制结构，完善财政转移支付体系”等理念，将党建工作与业务工作深度融合，全力推动预算绩效管理改革。通过一系列创新举措，南平市多个县市县级财政管理绩效综合评价排名显著提升，并获得了实质性的奖励。

南平市财政局党组充分发挥党组织的组织功能，明确绩效管理工作职责，形成了由局党组亲自抓、分管领导牵头抓、支部书记具体抓的工作机制，并通过多种形式强化组织保障，确保预算绩效管理工作有效推进。同时，财政局党组以创建党建品牌为切入点，加强科室间的联动配合，积极探索政府收支预算绩效管理，构建全方位、全过程、全覆盖的绩效管理格局。此外，财政局还深入开展省市县联创活动，以高质量党建引领绩效工作，加强沟通联系，及时收集并分析县级财政管理指标数据，以良好业绩展现财政部门的新担当和新作为。

南平市财政局的绩效管理改革案例为思政教育提供了宝贵启示：通过党建引领业务，实现党建与业务的深度融合与双赢；强调实践创新，有效培养干部职工的创新能力、实践能力和解决问题的能力；明确职责分工，确保工作有序进行并取得成效；注重团队协作和科室间的联动配合，培养团队意识和协作精神。这一改革不仅提升了财政管理水平，也为思政教育提供了生动的实践案例，展示了党建引领业务发展的强大动力和育人成效。

岗课赛证

一、绩效管理岗位的核心能力

(1) 预算执行情况数据挖掘与分析能力：运用Python技术挖掘预算及预算执行情况数据，计算预算数据与执行数据之间的差额，并进行分析。

(2) 公司层面绩效考核能力：对比公司预算与实际经营数据，进行差异分析，针对关键考核指标进行评价；对平衡计分卡各个维度的相关数据进行深入分析，并完成指标考核评价。

(3) 业务部门绩效考核能力：运用Python技术挖掘业务部门相关数据，计算各部门的关键评价指标，并进行考核评价。

(4) 员工层面绩效考核能力：结合公司绩效考核制度，针对员工的工作完成情况进行业绩评价与考核。

二、绩效管理的岗位任务

(1) 绩效考评：平衡计分卡、关键绩效指标(KPI)、责任中心考核评价等。

(2) 业绩分析：企业盈利能力分析、成本控制与管理能力分析、资金利用效率能力分析、关键业绩指标分析、资产负债结构合理性分析、人均劳动效率分析等。

三、绩效管理岗位实践案例

XX旅游有限公司正式员工实行“13薪”制，其中12薪按月固定发放，剩余1薪作为年底绩效奖金，根据年终业绩考核结果发放。公司年终绩效考评由上到下依次进行，即先对公司整体的业绩进行评价，再对各部门的业绩进行评价，最后对员工个人的业绩进行评价，根据最后的考评结果发放奖金。现市场部已完成了本部门层面的业绩评价，接下来，对市场部营销员的业绩进行考核与评价。每个营销员的绩效奖金计算公式如下。

营销员绩效奖金=营销员月固定工资×公司整体绩效奖金系数×市场部绩效奖金系数×营销员绩效奖金系数

营销员绩效奖金系数=综合评价系数×个人业绩评价系数

(一) 营销员岗位职责及绩效评价体系

1. 岗位职责

公司确定的市场部营销员的岗位职责如下：负责贯彻落实公司的营销策略、政策和计划；负责市场调研和需求分析；开发所负责旅游线路的潜在客户；制订年度个人业务发展计划，完成业务指标。

2. 绩效评价体系。

根据上述岗位职责制定的绩效考核体系如下：市场部营销员的绩效从综合评价和个人业绩评价两个层面进行考评。其中，综合评价采用上级打分制，由各旅行社经理对本旅行社营销员的日常表现进行打分；个人业绩评价从收入目标完成度、团客开发完成度和市场分析报告完成度三个方面进行考评。绩效考核体系如表8-1所示。

表8-1 绩效考核体系

层面	一级指标	一级权重	二级指标	二级权重
综合评价	—	—	—	—
个人业绩评价	收入目标完成度得分	40%	—	—
	团客开发完成度得分	30%	—	—
	市场分析报告完成度得分	30%	市场分析报告数量完成度得分	50%
			市场分析报告质量完成度得分	50%

(二) 指标说明/公式及指标完成度与得分对照表

各指标的说明/公式如表8-2所示。指标完成度及得分如表8-3至表8-5所示。

表8-2 各指标的说明/公式

指标	指标说明/公式
综合评价得分/分	由各旅行社经理进行打分(百分制)
收入目标完成度/%	营销员营业收入实际值/营销员营业收入目标值×100%
团客开发完成度/%	本期实际团客数/本期目标团客数×100%
市场分析报告数量完成度/%	本期实际提交市场分析报告份数/本期应提交市场分析报告份数×100%
市场分析报告质量完成度/分	由各旅行社经理进行打分(百分制)

表8-3 收入目标完成度及得分

收入目标完成度(A)	得分/分
$A \geq 100\%$	100
$90\% \leq A < 100\%$	95
$80\% \leq A < 90\%$	85
$70\% \leq A < 80\%$	75
$60\% \leq A < 70\%$	65
$A < 60\%$	0

表8-4 团客开发完成度及得分

团客开发完成度(*B*)	得分/分
B≥100%	100
95%≤*B*<100%	95
85%≤*B*<95%	85
75%≤*B*<85%	75
60%≤*B*<75%	70
B<60%	0

表8-5 市场分析报告数量完成度及得分

市场分析报告数量完成度(*C*)	得分/分
C≥100%	100
90%≤*C*<100%	95
80%≤*C*<90%	85
60%≤*C*<80%	70
C<60%	0

(三) 营销员绩效奖金系数

得分与系数对照表如表8-6所示。

表8-6 得分与系数对照表

得分(*X*)	系数
95<*X*≤100	1
90<*X*≤95	0.9
80<*X*≤90	0.85
70<*X*≤80	0.75
60≤*X*≤70	0.65
X<60	0.5

(四) 相关数据

XX旅游公司下属的四个旅行社各设一名营销员，2022年四名营销员月固定工资及绩效考核数据如表8-7所示。

表8-7 营销员月固定工资及绩效考核数据

姓名	归属旅行社	2022年月固定工资/元	综合评价得分/分	本期实际团客数/个	本期目标团客数/个	本期实际提交市场分析报告份数/份	本期应提交市场分析报告份数/份	市场分析报告质量完成度得分/分
陈成成	内蒙古旅行社	5 500	91	11	10	7	7	95
谢彦文	张家界旅行社	5 500	94	10	10	7	7	92
林子帆	江苏旅行社	6 200	86	9	10	7	7	90
刘姿婷	杭州旅行社	6 800	91	12	10	6	7	97

各营销员营业收入实际值与目标值即为对应旅行社营业收入实际值与目标值，目标值以预算值参与计算。2022年公司整体绩效奖金系数为1，市场部绩效奖金系数为0.95。

任务一：个人业绩评价系数计算

根据有关资源，完成XX旅游公司2022年市场部营销员个人业绩评价系数计算(见表8-8)，以完整小数位引用计算，结果四舍五入保留两位小数作答。

表8-8　2022年市场部营销员个人业绩评价系数计算

姓名	收入目标完成度得分/分	团客开发完成度得分/分	市场分析报告完成度得分/分	个人业绩评价得分/分	个人业绩评价系数
陈成成					
谢彦文					
林子帆					
刘姿婷					

任务二：营销员绩效奖金计算

根据相关资料，完成XX旅游公司2022年市场部营销员绩效奖金计算(见表8-9)，以完整小数位引用计算，结果四舍五入保留两位小数作答。

表8-9　2022年市场部营销员绩效奖金计算

姓名	月固定工资/元	公司整体绩效奖金系数	市场部绩效奖金系数	营销员绩效奖金系数		绩效奖金/元
				综合评价系数	个人业绩评价系数	
陈成成						
谢彦文						
林子朝						
刘姿婷						

复习思考

1. 请简述绩效管理的起源与发展，并解释“绩效管理”的含义。同时，说明企业进行绩效管理时应遵循的基本原则和应用环境。

2. 关键绩效指标法在绩效管理中的应用越来越广泛，其基本概念是什么？请说明企业应用关键绩效指标法进行绩效评估的应用前提，并讨论如何根据企业的实际情况制定合适的KPI体系。

3. 平衡计分卡作为一种综合性的绩效管理工具，它的核心概念是什么？请说明企业应用平衡计分卡进行绩效评估的应用前提，并探讨如何构建有效的平衡计分卡指标体系以达成企业目标。

4. 经济增加值法作为一种绩效评价方法，其核心概念是什么？请说明经济增加值的计算方法，并讨论其计算调整项目及方式。如何运用经济增加值法进行绩效评估可以更好地反映企业的经济绩效？

5. 绩效管理在现代企业管理中扮演着至关重要的角色。请结合您的学习体会，谈一谈如何通过绩效管理树立全局观念，运用绩效管理工具方法确定绩效目标，并达成广泛共识。同时，说明如何通过绩效管理帮助和激励员工取得优异绩效，以实现企业目标，并为社会创造财富。

巩固练习

任务一 绩效管理认知

一、判断题

1. 绩效管理的核心是绩效评价和激励管理。 ( )

2. 绩效评价是企业实施激励管理的重要依据。 ( )

3. 激励管理是促进企业绩效提升的重要手段。 ( )

4. 企业根据自身战略目标、业务特点和管理需要，结合不同方法的特征及适用范围，只能选择一种适合的绩效管理方法单独使用。 ( )

5. 企业应建立有助于绩效管理实施的信息系统，为绩效管理工作提供信息支持。 ( )

二、单项选择题

1. 下列选项中，不属于绩效管理领域应用的管理会计工具方法的是( )。

A. 关键绩效指标法　　B. 经济增加值法

C. 平衡记分卡　　D. 股票激励

2. 短期薪酬激励计划主要包括对绩效工资、绩效奖金、( )等的计划。

A. 绩效福利　　B. 绩效津贴

C. 绩效补贴　　D. 绩效考核分数

3. 分析报告主要反映绩效计划与激励计划的执行情况及分析结果，其频率可以是( )，也可根据需要确定。

A. 月度　　B. 季度

C. 年度　　D. 以上全选

4. 下列选项中，不属于绩效计划与激励计划执行过程中收集信息的方法的是( )。

A. 观察法　　B. 他人反馈法

C. 工作记录法　　D. 会计核算法

5. 绩效管理的核心是绩效评价和激励( )。

A. 管理　　B. 考核

C. 奖励　　D. 手段

三、多项选择题

1. 企业进行绩效管理时一般应遵循( )。

A. 公平性原则　　B. 目标导向原则

C. 持续性原则　　D. 发展导向原则

2. 绩效管理领域应用的管理会计工具方法，一般包括( )。

A. 关键绩效指标法　　B. 经济增加值法

C. 平衡计分卡　　D. 股权激励法

3. 绩效计划与激励计划执行过程中，企业应建立配套的相关机制，确保绩效计划与激励计划的有效执行，包括(　　)。

A. 监控与记录　　B. 分析与纠偏

C. 编制分析报告　　D. 情况说明

4. 在绩效管理的制度体系中，应明确绩效管理的(　　)。

A. 工作目标　　B. 职责分工

C. 工作程序　　D. 工具方法

5. 绩效评价过程及结果应有完整记录，结果应得到评价主体和被评价对象的确认，并进行公开发布或非公开告知。非公开发布的主要方式有(　　)等。

A. 一对一书面　　B. 企业网站绩效公示

C. 电子邮件函告　　D. 面谈告知

任务二　关键绩效指标法的应用

一、判断题

1. 关键绩效指标法可单独使用，也可与经济增加值法、平衡计分卡等其他方法结合使用。(　　)

2. 战略目标是确定关键绩效指标体系的基础，关键绩效指标反映战略目标，对战略目标实施效果进行衡量和监控。(　　)

3. 企业的关键绩效指标一般可分为结果类和动因类两类指标。(　　)

4. 关键绩效指标的目标值确定后，即使当内外部环境发生重大变化、自然灾害等不可抗力因素对绩效完成结果产生重大影响时，也不能对目标值进行调整。(　　)

5. 组织功能分解法，是基于组织功能定位，按照各所属单位(部门)对企业总目标所承担的职责，逐级分解和确定关键绩效指标的方法。(　　)

二、单项选择题

1. 企业的关键绩效指标一般可分为结果类和(　　)两类指标。

A. 过程类　　B. 动因类　　C. 要素类　　D. 前提类

2. 关键绩效指标应含义明确、可度量、与战略目标高度相关。指标的数量不宜过多，每一层级的关键绩效指标一般不超过(　　)个。

A. 5　　B. 15　　C. 10　　D. 20

3. 关键绩效指标的权重分配应以企业战略目标为导向，反映被评价对象对企业价值的贡献或支持的程度，以及各指标之间的(　　)水平。

A. 重要性　　B. 关联性　　C. 目标性　　D. 分析性

4. 单项关键绩效指标权重一般设定在(　　)，对于特别重要的指标可适当提高权重。

A. 5%～20%　　B. 5%～30%　　C. 10%～20%　　D. 10%～30%

三、多项选择题

1. 企业的关键绩效指标一般可分为结果类和动因类两类指标。结果类指标是反映企业绩效的价值指标，主要包括(　　)等综合指标。

A. 投资回报率　　B. 净资产收益率　　C. 经济增加值　　D. 息税前利润

2. 企业的关键绩效指标一般可分为结果类和动因类两类指标。动因类指标是反映企业价值关键驱动因素的指标，主要包括(　　)等。

A. 资本性支出　　B. 单位生产成本　　C. 产量　　D. 销量

3. 关键绩效指标的选取方法主要有(　　)。

A. 关键成果领域分析法　　B. 组织功能分解法

C. 工作流程分解法　　D. 经济增加值法

4. 关键绩效指标应(　　)。

A. 含义明确　　B. 可度量

C. 与战略目标高度相关　　D. 可计划

5. 企业应用关键绩效指标法，一般按照(　　)等程序进行。

A. 制订以关键绩效指标为核心的绩效计划

B. 制订激励计划

C. 执行绩效计划与激励计划

D. 实施绩效评价与激励

任务三　经济增加值法的应用

一、判断题

1. 经济增加值，是指营业利润扣除全部投入资本的成本后的剩余收益。(　　)

2. 经济增加值为负，表明经营者在损毁企业价值。(　　)

3. 经济增加值法一般都单独应用，很少与关键绩效指标法、平衡计分卡等其他方法结合使用。(　　)

4. 企业应用经济增加值法进行绩效管理的对象，可以是企业及其所属单位(部门)(可单独计算经济增加值)和高级管理人员。(　　)

5. 税后净营业利润等于会计上的税后净利润加上利息支出等会计调整项目后得到的税后利润。(　　)

二、单项选择题

1. 企业应用经济增加值法，一般以(　　)为核心。

A. 利润指标　　B. 财务指标　　C. 关键绩效指标　　D. 经济增加值指标

2. 在计算披露的经济增加值时，需要调整的支出项目是(　　)。

A. 货币资金　　B. 存货　　C. 应收及预付款项　　D. 在建工程

3. 经济增加值法是指税后净营业利润扣除全部投入资本的成本后的(　　)。

A. 利润总额　　B. 净利润　　C. 剩余收益　　D. 净现值

4. 企业应有明确的战略规划。战略规划是确定关键绩效指标体系的基础，关键绩效指标能反映战略规划目标，对战略规划实施效果进行衡量和(　　)。

A. 评价　　B. 监控　　C. 考核　　D. 发展

5.制订绩效计划通常从企业级开始，层层分解到下级单位(部门)，最终落实到具体岗位和(　　)。

A. 员工　　B. 上级　　C. 下级　　D. 组织

三、多项选择题

1. 计算经济增加值时，需要进行相应的会计项目调整，以消除财务报表中不能准确反映企业价值创造的部分。会计调整项目的选择应遵循(　　)等原则，根据企业实际情况确定。

A. 价值导向性　　B. 重要性　　C. 可控性　　D. 可操作性

2. 经济增加值法指标体系通常包括(　　)。

A. 经济增加值　　B. 经济增加值改善值

C. 经济增加值回报率　　D. 资本周转率

3. 经济增加值法的激励计划按激励形式可分为(　　)。

A. 薪酬激励计划　　B. 能力开发激励计划

C. 职业发展激励计划　　D. 其他激励计划

4. 薪酬激励计划主要包括(　　)。

A. 目标奖金　　B. 奖金库

C. 基于经济增加值的股票期权　　D. 绩效奖金

任务四　平衡计分卡的应用

一、判断题

1. 平衡计分卡是注重财务指标和非财务指标综合平衡的战略绩效评价体系，是一种能够推动业绩表现的测量工具。(　　)

2. 平衡计分卡中，个人战略的目标就是要求个人根据部门职能，制定个人发展战略和绩效考核目标。(　　)

3. 企业不仅希望获得更多的顾客，更希望获得有利可图的顾客。提高顾客的盈利能力是保证企业生存和发展的前提条件。(　　)

4. 平衡计分卡具有实施难度小、指标数量少的优势。(　　)

5. 平衡计分卡必须强调经营成果，这关系到企业未来的生存与发展。(　　)

二、单项选择题

1. 战略地图制定后，应以(　　)为核心制订绩效计划。

A. 平衡计分卡　　B. 经济增加值　　C. 关键绩效指标　　D. 绩效奖励

2. 平衡计分卡每个维度的指标通常为4～7个，总数量一般不超过(　　)个。

A. 10　　B. 15　　C. 20　　D. 25

3. (　　)不是企业平衡计分卡中财务视角下重点关注的内容。

A. 收入增长　　B. 成本降低

C. 提高顾客盈利能力　　D. 提高资产利用率

4. 平衡计分卡以(　　)为导向，寻找能够驱动战略成功的关键因素，建立与之密切联系的指标体系来衡量战略实施过程，并采取必要的修改以维持战略的持续成功。

A. 财务报表　　B. 公司战略　　C. 财务预算　　D. 公司决策

5. 当企业处于成熟阶段时，企业面临的最为主要的危机是(　　)。

A. 生存危机　　B. 管理危机　　C. 战略危机　　D. 丧失活力危机

三、多项选择题

1. 在构建平衡计分卡指标体系时，需要考虑的维度有(　　)。

A. 财务维度　　B. 客户维度

C. 内部业务流程维度　　D. 学习与成长维度

2. 平衡计分卡的实施主要包括(　　)。

A. 阐释并诠释愿景与战略　　B. 沟通与联系

C. 计划与制定目标值　　D. 战略反馈与学习

3. 以下选项中属于平衡计分卡特点的是(　　)。

A. 强调以顾客为焦点　　B. 强调以股东为焦点

C. 重视商业运作　　D. 重视组织的学习和成长

4. 下列项目中，属于财务维度的核心指标的有(　　)。

A. 净资产收益率　　B. 经济增加值　　C. 资产负债率　　D. 总资产周转率

5. 下列项目中，属于客户维度的核心指标的有(　　)。

A. 市场份额　　B. 顾客保留率　　C. 顾客获得率　　D. 顾客满意度

6. 下列项目中，属于内部业务流程维度的核心指标的有(　　)。

A. 总资产周转率　　B. 存货周转率　　C. 产品合格率　　D. 单位生产成本

7. 平衡计分卡模型之所以“平衡”，是因为在构建平衡计分卡指标体系时注重(　　)。

A. 短期目标与长期目标的平衡　　B. 财务指标与非财务指标的平衡

C. 结果性指标与动因性指标的平衡　　D. 企业内部利益与外部利益的平衡

8. 下列项目中，属于学习与成长维度的核心指标的有(　　)。

A. 员工生产率　　B. 员工保持率

C. 培训计划完成率　　D. 员工满意度

项目九 管理会计报告与管理会计信息系统

项目目标

【知识目标】

- 熟悉管理会计报告的分类；
- 熟悉战略层管理会计报告的内容及编制要求；
- 熟悉经营层管理会计报告的内容及编制要求；
- 掌握业务层管理会计报告的内容及编制要求；
- 熟悉管理会计报告的出具流程；
- 熟悉管理会计信息系统的概念及应用原则；
- 熟悉管理会计信息系统的建设和应用程序；
- 熟悉管理会计信息系统各模块的功能。

【能力目标】

- 通过学习管理会计报告的基本知识，充分认识管理会计报告的重要性；
- 通过学习管理会计信息系统的有关内容，能建立和应用该系统以提供信息。

【素养目标】

- 通过对管理会计报告和管理会计信息系统的学习，能够运用相关工具方法，为企业管理当局提供便捷、经济、通畅、有用的管理会计信息，为企业未来的发展提供决策支持。

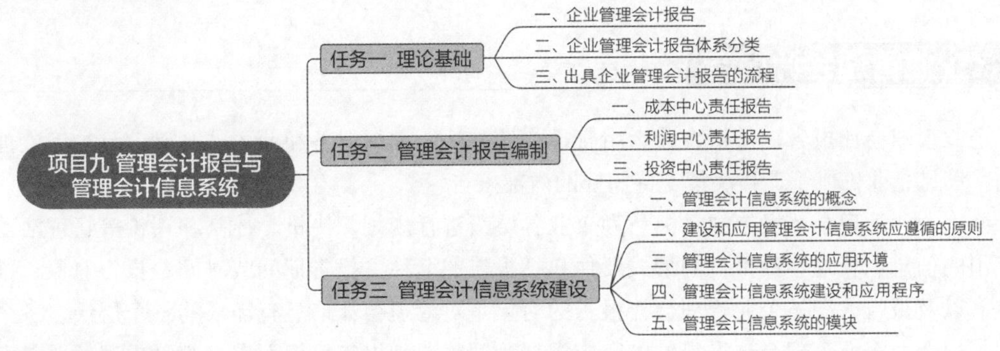

佳悦家居内部管理优化：管理会计报告的应用与实践

案例背景：

佳悦家居，作为一家专注于生产高端家具的制造企业，长期在行业中保持着较高的市场占有率和品牌影响力。然而，近年来，随着市场竞争的加剧，佳悦家居开始感受到来自同行业竞争对手的强烈冲击，价格战和产品同质化竞争日益激烈，导致企业的利润率出现明显下滑。为了应对这一市场挑战，佳悦家居的管理层决定借助管理会计报告和管理会计信息系统来优化成本控制、提升绩效水平，并改善成本效益关系，以增强企业的市场竞争力。

管理会计团队对佳悦家居的成本进行了深入分析，发现原材料成本占比较高，且存在材料浪费和库存积压的问题。为了降低原材料成本，企业实施了精细化管理和供应链优化策略，有效减少了库存积压和材料浪费。佳悦家居制定了科学合理的绩效评价指标体系，对生产效率、产品质量、成本控制等方面进行了全面评估。通过评估，企业发现了生产效率较低和产品质量不稳定的问题，并决定加强技术改进和员工培训，以提升生产效率和产品质量。管理会计团队进行了综合的成本效益分析，找出了企业成本与效益之间的矛盾和瓶颈。分析结果显示，佳悦家居在产品定价和市场推广方面存在问题。为了改善这一状况，企业进行了市场调研，并制定了科学合理的定价策略，以提高产品的市场竞争力。

提出问题：

1. 什么是管理会计报告？
2. 战略层、经营层和业务层管理会计报告各自的服务对象是什么？
3. 管理会计信息系统由哪些模块组成？

案例讨论：

通过本案例的管理会计分析，我们发现该制造企业在成本控制、绩效评价和成本效益方面存在显著问题。通过管理会计报告的应用与实践，佳悦家居成功应对了市场挑战，优化了成本控制，提升了绩效水平，并改善了成本效益关系。

任务一　理论基础

一、企业管理会计报告

企业管理会计报告，是指企业运用管理会计方法，根据财务和业务的基础信息加工整理形成的，满足企业价值管理和决策支持需要的内部报告。

编制企业管理会计报告的目标是为企业各层级进行规划、决策、控制和评价等管理活动提供有用的信息。管理会计报告的形式要件包括报告的名称、报告期间或时间、报告对象、报告内容，以及报告人等。企业管理会计报告的对象是对管理会计信息有需求的各个层级、各个环节的管理者。企业管理会计报告的内容应根据管理需要和报告目标而定，应易于理解并具有一定灵活性。

企业可根据管理的需要和管理会计活动的性质设定报告期间。一般应以日历期间(月度、季度、年度)作为企业管理会计报告期间，也可根据特定需要设定企业管理会计报告期间。

二、企业管理会计报告体系分类

(一) 按照企业管理会计报告使用者所处的管理层次分类

按照企业管理会计报告使用者所处的管理层级划分，可分为战略层管理会计报告、经营层管理会计报告和业务层管理会计报告。

1. 战略层管理会计报告

战略层管理会计报告是为战略层开展战略规划、决策、控制和评价，以及其他方面的管理活动提供相关信息的对内报告。战略层管理会计报告的报告对象是企业的战略层，包括股东大会、董事会和监事会等。战略层管理会计报告包括但不限于战略管理报告、综合业绩报告、价值创造报告、经营分析报告、风险分析报告、重大事项报告、例外事项报告等。

战略层管理会计报告

总之，战略层管理会计报告应精练、简洁、易于理解，报告主要结果、主要原因，并提出具体的建议。

2. 经营层管理会计报告

经营层管理会计报告是为经营管理层开展与经营管理目标相关的管理活动提供相关信息的对内报告。经营层管理会计报告的报告对象是经营管理层。

经营层管理会计报告

经营层管理会计报告主要包括全面预算管理报告、投资分析报告、项目可行性报告、融资分析报告、盈利分析报告、资金管理报告、成本管理报告、绩效评价报告等。

值得注意的是，经营层管理会计报告应做到内容完整、分析深入。

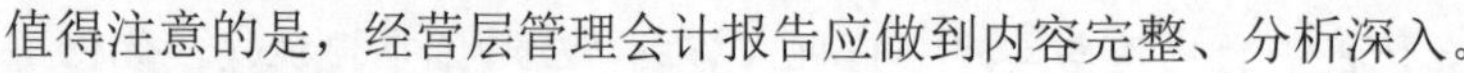

3. 业务层管理会计报告

业务层管理会计报告

业务层管理会计报告是为企业开展日常业务或作业活动提供相关信息的对内报告。业务层管理会计报告的报告对象是企业的业务部门、职能部门，以及车间、班组等。

业务层管理会计报告应根据企业内部各部门、车间或班组的核心职能或经营目标进行设计，主要包括研究开发报告、采购业务报告、生产业务报告、配送业务报告、销售业务报告、售后服务业务报告、人力资源报告等。

一般来说，业务层管理会计报告应做到内容具体，数据充分。

(二) 按照企业管理会计报告的内容分类

按照企业管理会计报告的内容划分，可分为综合企业管理会计报告和专项企业管理会计报告。

(三) 按照企业管理会计报告的功能分类

按照企业管理会计报告的功能划分，可分为管理规划报告、管理决策报告、管理控制报告和管理评价报告。

(四) 按照责任中心分类

按照责任中心划分，可分为投资中心报告、利润中心报告和成本中心报告。

(五) 按照报告主体整体性程度分类

按照报告主体整体性程度划分，可分为整体报告和分部报告。

三、出具企业管理会计报告的流程

企业管理会计报告出具流程包括报告的编制、审查、报送、使用、评价等环节。管理会计报告由企业管理会计信息归集、处理并报送的责任部门编制。企业应根据报告的内容、重要性和报告对象等，确定不同的审批流程，经审批后的报告方可报出。

企业要合理设计报告报送路径，确保企业管理会计报告及时、有效地送达报告对象。企业管理会计报告可以根据报告性质、管理需要进行逐级报送或直接报送。

企业应对管理会计报告的质量、传递的及时性、保密情况等进行评价，并将评价结果与绩效考核挂钩；应充分利用信息技术，强化管理会计报告及相关信息集成和共享，将管理会计报告的编制、审批、报送和使用等纳入企业统一信息平台；应定期根据管理会计报告使用效果及内外部环境变化对管理会计报告体系、内容，以及编制、审批、报送、使用等进行优化。

企业应建立管理会计报告使用的授权制度，报告使用人应在权限范围内使用企业管理会计报告。管理会计报告属于内部报告，应在允许的范围内传递和使用，相关人员应遵守保密规定。

任务二　管理会计报告编制

管理会计报告通常针对企业内部责任中心，其业绩评价应当通过编制责任报告来完成。责任报告(responsibility report)，也称为业绩报告或绩效报告，是指根据责任会计记录编制的反映责任预算实际执行情况，揭示责任预算与实际执行差异的内部管理会计报告。由于责任中心是逐级设置的，因此责任报告也应当逐级编制，但通常只采用自下而上的程序逐级编报。

责任报告主要有报表、数据分析和文字说明等形式。将实际业绩、预期业绩，以及实际业绩与预期业绩之间的差异用报表予以列示是责任报告的基本形式。在揭示差异时，还必须对重大差异予以定量分析和定性分析。定量分析旨在确定差异的发生程度，定性分析旨在分析差异产生的原因，并根据这些原因提出改进建议。在实务中，往往将报表、数据分析和文字说明等形式结合起来使用。

一、成本中心责任报告

成本中心的责任报告应以该成本中心的可控成本为重点，以便使管理人员了解与其有关的责任成本全貌。

【例9-1】诚益公司甲分公司的制造部是一个成本中心，下属两个车间。

要求：编制诚益公司甲分公司制造部的成本中心责任报告。

解析：现编制该分公司制造部的成本中心责任报告，如表9-1所示。

表9-1 成本中心责任报告

编制单位：诚益公司甲分公司制造部　　2022年9月　　单位：万元

项目	本月			本年累计		
	实际	预算	差异	实际	预算	差异
第一车间可控成本：						
变动成本						
直接材料	113	100	13(U)	1 017	900	117(U)
直接人工	54	60	−6 (F)	486	540	−54 (F)
变动制造费用	22	20	2(U)	198	180	18(U)
变动成本合计	189	180	9(U)	1 701	1 620	81(U)
固定成本						
固定制造费用	18	20	−2 (F)	162	180	−18 (F)
第一车间可控成本合计	207	200	7(U)	1 863	1 800	63(U)
制造部可控成本：						
变动成本						
第一车间变动成本	189	180	9(U)	1 701	1 620	81(U)
第二车间变动成本	149	150	−1(F)	1 341	1 350	−9(F)
变动成本合计	338	330	8(U)	3 042	2 970	72(U)
固定成本						
第一车间固定成本	18	20	−2(F)	162	180	−18(F)
第二车间固定成本	18	20	−2(F)	162	180	−18(F)
固定成本合计	36	40	−4(F)	324	360	−36(F)
管理费用	10	10	0	90	90	0
第一车间可控成本合计	384	380	4(U)	3 456	3 420	36(U)

从表9-1可知，诚益公司甲分公司制造部的可控成本产生了不利差异，且其不利差异主要是第一车间可控变动成本引起的。从第一车间看，引起不利差异的主要原因是其原材料(直接材料)和制造费用成本超支了，且原材料成本超支远大于制造费用成本超支。成本中心的各级经理人应就其权责范围编制业绩报告并对其负责部门的成本差异负责，寻找原因对症下药，以便对成本费用实施有效的管理控制，从而提高业绩水平。

二、利润中心责任报告

为明确各利润中心的责任，既可编制各利润中心的责任报告，也可根据企业的组织结构加以设置，以反映各责任层次的责任和业绩。通过实际与预算的对比，分别计算差异，据此调查、分析产生差异的原因。

【例9-2】沿用【例9-1】的资料。诚益公司甲分公司是一个利润中心，下属制造部、行政部和销售部三个部门。

要求：编制诚益公司甲分公司的利润中心责任报告。

解析：现编制该分公司的利润中心责任报告，如表9-2所示。

表9-2　利润中心责任报告

编制单位：诚益公司甲分公司　　2022年9月　　单位：万元

项目	本月			本年累计		
	实际	预算	差异	实际	预算	差异
销售收入						
东北地区销售收入	190	170	20(F)	1 710	1 530	180 (F)
华北地区销售收入	250	227	23(F)	2 250	2 043	207 (F)
华东地区销售收入	210	221	−11(U)	1 890	1 989	−99(U)
中南地区销售收入	158	150	8 (F)	1 422	1 350	72 (F)
西南地区销售收入	100	110	−10(U)	900	990	−90(U)
西北地区销售收入	98	102	−4(U)	882	918	−36(U)
出口销售收入	120	100	20(F)	1 080	900	180(F)
销售收入合计	1 126	1 080	46(F)	10 134	9 720	414(F)
减：变动成本	384	380	4(U)	3 456	3 420	36(U)
边际贡献	742	700	42(F)	6 678	6 300	378(F)
减：经理人员可控的可追溯固定成本						
制造部固定成本	50	50	0	450	450	0
销售部固定成本	90	80	10(U)	810	720	90(U)
行政部固定成本	56	60	−4(F)	504	540	−36(F)
经理人员可控的可追溯固定成本合计	196	190	6(U)	1 764	1 710	54(U)
甲分公司经理边际贡献	546	510	36(F)	4 914	4 590	324(F)
甲分公司经理不可控但公司管理部门可控的可追溯固定成本	100	110	−10(F)	900	990	−90(F)
甲分公司部门边际贡献	446	400	46(F)	4 014	3 600	414(F)

从表9-2可知，无论从边际贡献、分公司经理边际贡献，还是分公司部门边际贡献来看都是有利差异，都超额完成了预算指标。

三、投资中心责任报告

以投资报酬率、剩余收益等作为投资中心的业绩评价指标，在实践中被广泛应用。因此，据此编制责任报告，将有助于企业高层管理部门进行财务评价。

【例9-3】沿用【例9-1】和【例9-2】的资料。诚益公司是一个投资中心，该公司规定的最低报酬率为13%。

要求：编制诚益公司的投资中心责任报告。

解析：现编制该公司的投资中心责任报告，如表9-3所示。

表9-3　投资中心责任报告

编制单位：诚益公司　　2022年9月　　单位：万元

项目	本月			本年累计		
	实际	预算	差异	实际	预算	差异
公司边际贡献						
甲分公司部门边际贡献	446	400	46(F)	4 014	3 600	414(F)
乙分公司部门边际贡献	520	480	40(F)	4 680	4 320	360(F)
公司部门边际贡献合计	966	880	86(F)	8 694	7 920	774(F)
减：公司所得税(所得税税率为25%)	241.5	220	21.5(U)	2 173.5	1 980	193.5(U)
公司经营净利润	724.5	660	64.5(F)	6 520.5	5 940	580(F)
公司净经营资产平均占用额	2 898	2 750	148(U)	26 082	24 750	1 332(F)
投资报酬率	25%	24%	1%(F)	25%	24%	1%(F)
要求的最低报酬率	13%	13%	—	13%	13%	—
要求的最低投资收益	376.74	357.5	19.24(F)	3 390.66	3 217.5	173.16(F)
剩余收益	347.76	302.5	45.26(F)	3 129.84	2 722.5	407.34(F)

从表9-3可知，该公司实际的投资报酬率和剩余收益均超过了预算数，说明该投资中心的经营业绩较好。

任务三　管理会计信息系统建设

一、管理会计信息系统的概念

管理会计信息系统，是指以财务和业务信息为基础，借助计算机、网络通信等现代信息技术手段，对管理会计信息进行收集、整理、加工、分析和报告等操作处理，为企业有效开展管理会计活动提供全面、及时、准确信息支持的各功能模块的有机集合。

二、建设和应用管理会计信息系统应遵循的原则

企业建设和应用管理会计信息系统，一般应遵循以下原则。

(一) 系统集成原则

管理会计信息系统各功能模块应集成在企业整体信息系统中，与财务和业务信息系统紧密结合，实现信息的集中统一管理及财务和业务信息到管理会计信息的自动生成。

(二) 数据共享原则

企业建设管理会计信息系统应实现系统间的无缝对接，通过统一的规则和标准，实现数据的一次采集，全程共享，避免产生“信息孤岛”。

(三) 规则可配原则

管理会计信息系统各功能模块应提供规则配置功能，实现其他信息系统与管理会计信息系统相关内容的映射和自定义配置。

(四) 灵活扩展原则

管理会计信息系统应具备灵活扩展性，通过及时补充有关参数或功能模块，对环境、业务、产品、组织和流程等的变化及时作出响应，满足企业内部管理需要。

(五) 安全可靠原则

企业应充分保障管理会计信息系统的设备、网络、应用及数据安全，严格控制授权，做好数据灾备建设，具备良好的抵御外部攻击的能力，保证系统的正常运行并确保信息的安全、保密、完整。

三、管理会计信息系统的应用环境

企业建设管理会计信息系统，一般应具备以下条件。

(1) 对企业战略、组织结构、业务流程、责任中心等有清晰的定义。

(2) 设有具备管理会计职能的相关部门或岗位，具有一定的管理会计工具方法的应用基础及相对清晰的管理会计应用流程。

(3) 具备一定的财务和业务信息系统应用基础，包括已经实现了相对成熟的财务会计系统的应用，并在一定程度上实现了经营计划管理、采购管理、销售管理、库存管理等基础业务管理职能的信息化。

四、管理会计信息系统建设和应用程序

管理会计信息系统的建设和应用程序既包括系统的规划和建设过程，也包括系统的应用过程，即输入、处理和输出过程。

(一) 管理会计信息系统建设

管理会计信息系统的规划和建设过程一般包括系统规划、系统实施和系统维护等环节。

(1) 系统规划环节。在管理会计信息系统的规划环节，企业应将管理会计信息系统规划纳入企业信息系统建设的整体规划中，遵循整体规划、分步实施的原则，根据企业的战略目标和管理会计应用目标，形成清晰的管理会计应用需求，因地制宜逐步推进。

(2) 系统实施环节。在管理会计信息系统的实施环节，企业应制订详尽的实施计划，清晰划分实施的主要阶段、有关活动和详细任务的时间进度。实施阶段一般包括项目准备、系统设计、系统实现、测试和上线、运维及支持等过程。

(3) 系统维护环节。在管理会计信息系统的维护环节，企业应做好管理会计信息系统的运维和支持，实现日常运行维护支持及上线后持续培训和系统优化。

(二) 管理会计信息系统的应用程序

管理会计信息系统的应用程序一般包括输入、处理和输出三个环节。

(1) 输入环节。输入环节是指管理会计信息系统采集或输入数据的过程。管理会计信息系统需提供已定义清楚数据规则的数据接口，以自动采集财务和业务数据。同时，系统还应支持本系统其他数据的手工录入，以利于相关业务调整和补充信息的需要。

(2) 处理环节。处理环节是指借助管理会计工具模型进行数据加工处理的过程。管理会计信息系统可以充分利用数据挖掘、在线分析处理等商业智能技术，借助相关工具对数据进行综合查询、分析统计，挖掘出有助于企业管理活动的信息。

(3) 输出环节。输出环节是指提供丰富的人机交互工具、集成通用的办公软件等成熟工具，自动生成或导出数据报告的过程。数据报告的展示形式应注重易读性和可视性。

最终的系统输出结果不仅可以采用独立报表或报告的形式展示给用户，也可以输出或嵌入其他信息系统中，为各级管理部门提供管理所需的相关、及时的信息。

五、管理会计信息系统的模块

管理会计信息系统的模块包括成本管理、预算管理、绩效管理、投资管理、管理会计报告，以及其他功能模块。管理会计信息系统的框架如图9-1所示。

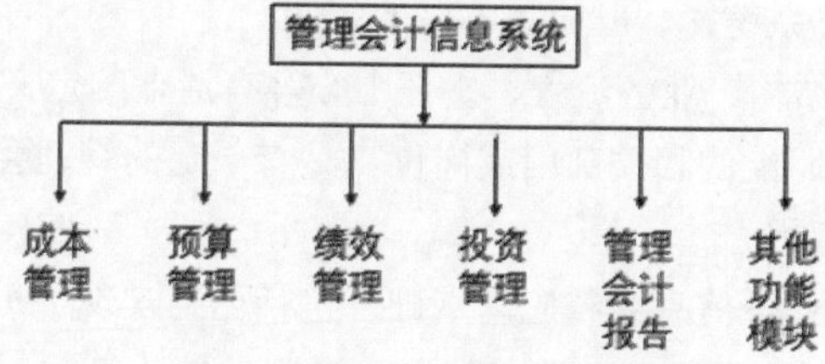

图 9-1 管理会计信息系统的框架

(一) 成本管理模块

成本管理模块

成本管理模块应实现成本管理的各项主要功能，包括对成本要素、成本中心、成本对象等参数的设置，以及成本核算方法的配置，从财务会计核算模块、业务处理模块和人力资源模块等抽取所需数据，进行精细化成本核算，生成分产品、分批次(订单)、分环节、分区域等多维度的成本信息，以及基于成本信息进行成本分析，实现成本的有效控制，为全面成本管理的事前计划、事中控制、事后分析提供有效的支持。

成本管理模块应提供基于指标分摊、基于作业分摊等多种成本分摊方法，利用预定义的规则，按要素、期间、作业等进行分摊。

成本控制的输入信息一般包括成本费用目标和政策、成本分析报告、预算控制等。企业应建立工作流程审批授权机制，以实现费用控制过程，通过成本预警机制实现成本控制的处理过程，输出费用支付清单、成本控制报告等。

(二) 预算管理模块

预算管理模块

预算管理模块应实现的主要功能包括对企业预算参数设置、预算管理模型搭建、预算目标制定、预算编制、预算执行控制、预算调整、预算分析和评价等全过程的信息化管理。预算管理模块应能提供给企业根据业务需要编制多期间、多情景、多版本、多维度预算计划的功能，以满足预算编制的要求。

(三) 绩效管理模块

绩效管理模块

绩效管理模块主要实现业绩评价和激励管理过程中各要素的管理功能，一般包括业绩计划和激励计划的制订、业绩计划和激励计划的执行控制、业绩评价与激励实施管理等，为企业的绩效管理提供支持。

绩效管理模块应提供企业各项关键绩效指标的定义和配置功能，并可从其他模块中自动获取各业务单元或责任中心相应的实际绩效数据，进行计算处理，形成绩效执行情况报告及差异分析报告。

(四) 投资管理模块

投资管理模块

投资管理模块主要实现对企业投资项目进行计划和控制的系统支持过程，一般包括投资计划的制订和对每个投资项目进行的及时管控等。

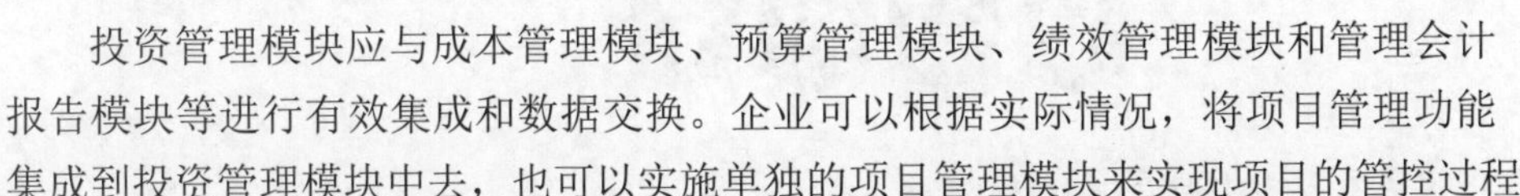

投资管理模块应与成本管理模块、预算管理模块、绩效管理模块和管理会计报告模块等进行有效集成和数据交换。企业可以根据实际情况，将项目管理功能集成到投资管理模块中去，也可以实施单独的项目管理模块来实现项目的管控过程。

项目管理模块主要实现对投资项目的系统化管理过程，一般包括项目设置、项目计划与预算、项目执行、项目结算与关闭、项目报告，以及项目后审计等功能。

(五) 管理会计报告模块

管理会计报告模块应实现基于信息系统中的财务数据、业务数据自动生成管理会计报告，支持企业有效实现各项管理会计活动。管理会计报告模块应具备以下功能。

(1) 管理会计报告模块应为用户生成报告提供足够丰富、高效、及时的数据源，必要时应建立数据仓库和数据集市，形成统一规范的数据集，并在此基础上，借助数据挖掘等商务智能工具方法，自动生成多维度报表。

(2) 管理会计报告模块应为企业战略层、经营层和业务层提供丰富的通用报告模板。

(3) 管理会计报告模块应为企业提供灵活的自定义报告功能。企业可以借助报表工具自定义管理会计报表的报告主体、期间(定期或不定期)、结构、数据源、计算公式，以及报表展现形式等。系统可以根据企业自定义报表的模板自动获取数据进行计算加工，并以预先定义的展现形式输出。

(4) 管理会计报告模块应提供用户追溯数据源的功能。用户可以在系统中对报告的最终结果数据进行追溯，可以层层追溯其数据来源和计算方法，直至业务活动。

(5) 管理会计模块可以以独立的模块形式存在于信息系统中，从其他管理会计模块中获取数据生成报告；也可内嵌到其他管理会计模块中，作为其他管理会计模块重要的输出环节。

(6) 管理会计报告模块应与财务报告系统相关联，既能有效生成企业整体报告，也能生成分部报告，并实现整体报告和分部报告的联查。

思悟启迪　诚实守信，言行一致

管理会计报告与信息系统的重要性及诚信实践

在当今竞争激烈的汽车制造行业中，某汽车制造企业深知管理会计报告与信息系统的重要性。这些工具不仅为企业提供了精准的财务和经营数据，还支持着企业的战略决策和日常运营。在该汽车制造企业中，管理会计报告是管理层决策的重要依据。报告中的每一项数据都需经过严格核实，确保其真实性和可靠性。企业深知，虚假的数据将导致错误的决策，进而损害企业的长远利益。因此，企业始终坚守诚实守信的原则，要求所有员工在编制和管理会计报告时，必须保持高度的诚信意识，确保数据的准确无误。

同时，该汽车制造企业还充分利用管理会计信息系统来提升管理效率。信息系统能够实时收集、处理和分析企业运营数据，为管理层提供及时、准确的经营信息。然而，信息系统的有效运行也离不开员工的诚信和信息道德。企业强调，员工在使用信息系统时，必须遵守相关规定，保护企业信息安全，不得泄露或篡改数据。这一要求体现了企业对员工言行一致的期望，即员工不仅要在言语上承诺遵守诚信原则，更要在行动中践行这一原则。

复习思考

1. 责任中心的基本形式主要有哪几种？
2. 什么是管理会计报告？其有何特征？有何优缺点？
3. 简述管理会计报告的分类。
4. 简述企业管理会计报告的编制要求。
5. 成本中心、利润中心和投资中心的业绩报告的内容包括哪些？

任务一　理论基础

一、判断题

1. 同财务报告一样，管理会计报告的形式、内容等，全部由会计准则来确定。（　）
2. 企业管理会计报告按照报告主体整体性程度划分，可分为整体报告和分部报告。（　）
3. 企业管理会计报告由财务会计信息归集、处理并报送的责任部门编制。（　）

二、单项选择题

1. 下列选项中，不属于战略层管理会计报告的报告对象的是(　　)。

   A. 股东大会　　B. 董事会　　C. 监事会　　D. 总经理

2. 下列选项中，不属于经营层管理会计报告的是(　　)。

   A. 采购业务报告　　B. 全面预算管理报告

   C. 融资分析报告　　D. 盈利分析报告

3. 下列选项中，属于业务层管理会计报告的是(　　)。

   A. 资金管理报告　　B. 投资分析报告　　C. 成本管理报告　　D. 人力资源报告

三、多项选择题

1. 全面预算管理报告的内容有(　　)。

A. 预算目标制定　　B. 预算目标的分解

C. 预算执行差异分析　　D. 预算考评

2. 下列属于企业管理会计报告的工作环节的有(　　)。

A. 编制　　B. 审批　　C. 报送　　D. 使用与评价

3. 按报告的内容划分，管理会计报告可分为(　　)。

A. 综合报告　　B. 专项报告　　C. 整体报告　　D. 分部报告

任务二　管理会计报告编制

某电子仪器公司是一家主要生产迷你型电风扇的企业。2023年发生的销售收入为8 640万元。作为质量改进的第一步，该企业收集了2023年的成本项目数据，如表9-4所示。

表 9-4　成本项目数据

成本项目	金额/万元
生产线检查	55
质量培训	120
退货	100
保修	68
预防性设备维修	20
回收已售产品	157
质量标准制定与激励	67
废弃产品	30
作业中断	40
产品检测设备	88
产品责任赔偿	20
供应商评估	15
返工	35
到货原材料检测	25
因缺陷产品而发生诉讼费用	240

要求：

根据以上资料，编制一份质量成本报告(见表9-5)。

表9-5　质量成本报告

质量成本项目	实际成本支出/万元	占质量成本总额比例	占销售比例
预防成本：	—	—	—
预防成本合计			
鉴定成本：	—	—	—
鉴定成本合计			
内部失败成本：	—	—	—

(续表)

质量成本项目	实际成本支出/万元	占质量成本总额比例	占销售比例
内部失败成本合计			
外部失败成本：	—	—	—
外部失败成本合计			
质量成本合计			

任务三　管理会计信息系统建设

一、判断题

1. 系统集成原则要求企业各信息功能模块集成于单位的整体管理信息系统中，以保证财务信息系统和业务信息系统紧密结合。（　）

2. 管理会计信息系统的建设和应用程序既包括系统的规划和建设过程，也包括系统的应用过程。（　）

3. 管理会计信息系统的应用程序一般包括输入、处理和输出三个环节。（　）

4. 投资管理模块与成本管理模块、预算管理模块、绩效管理模块、管理会计报告模块等不存在数据交换问题。（　）

5. 成本管理模块可以生成分产品、分批次(订单)、分环节、分区域等多维度的成本信息。（　）

6. 成本分析的输入信息一般包括成本标准或计划数据、成本核算子模块生成的成本实际数据等。（　）

7. 预算管理模块应能提供给企业根据业务需要编制多期间、多场景、多版本、多维度预算计划的功能，以满足预算编制的要求。（　）

8. 投资管理模块应实现对企业具体投资项目的管控过程。（　）

9. 管理会计报告模块应为企业战略层、经营层和业务层提供丰富的通用报告模板。（　）

10. 管理会计报告模块应实现基于信息系统中的财务数据、业务数据自动生成管理会计报告。（　）

二、单项选择题

1. 下列属于管理会计信息系统安全性原则的是(　　)。

A. 授权　　B. 设置功能模块　　C. 补充参数　　D. 统一标准

2. 下列不属于管理会计信息系统的规划与建立子系统的要素是(　　)。

A. 输入　　B. 处理　　C. 实施　　D. 输出

3. 管理会计信息系统，是指以(　　)为基础，借助计算机、网络通信等现代信息技术手段，对管理会计信息进行收集、整理、加工、分析和报告等操作处理，为企业有效开展管理会计活动提供全面、及时、准确信息支持的各功能模块的有机集合。

A. 财务信息　　B. 业务信息　　C. 财务和业务信息　　D. 会计信息

4. 在管理会计信息系统的规划环节应遵循的原则是(　　)。

A. 整体规划　　B. 分步实施

C. 整体规划、分步实施　　D. 因地制宜、逐步推进

5. 下列选项中，不属于项目管理模块的功能的是(　　)。

A. 项目计划与预算　B. 项目核算　C. 项目结算与关闭　D. 项目后审计

6. 下列关于管理会计报告模块表述不正确的是(　　)。

A. 管理会计报告模块应为用户生成报告提供足够丰富、高效、及时的数据源

B. 管理会计报告模块应为企业战略层、经营层和业务层提供丰富的专用报告模板

C. 管理会计报告模块应为企业提供灵活的自定义报告功能

D. 管理会计报告模块应提供用户追溯数据源的功能

三、多项选择题

1. 从信息论的角度看，下列属于管理会计信息系统信息模块的有(　　)。

A. 成本模块　B. 预算模块　C. 绩效模块　D. 报告模块

2. 企业在构建管理会计信息系统时应描述的内容有(　　)。

A. 企业战略　B. 组织结构　C. 业务流程　D. 责任中心

3. 从信息的电子处理角度看，组织管理会计报告应用子系统的方式有(　　)。

A. 输入　B. 输出　C. 处理　D. 建设

4. 企业建设和应用管理会计信息系统，一般应遵循的原则有(　　)。

A. 系统集成原则　B. 数据共享原则　C. 规则可配原则　D. 灵活扩展原则

5. 企业建设管理会计信息系统，一般应具备的条件有(　　)。

A. 对企业战略、组织结构、业务流程、责任中心等有清晰的定义

B. 具有一定的管理会计工具方法的应用基础

C. 具有相对清晰的管理会计应用流程

D. 具备一定的财务和业务信息系统应用基础

6. 管理会计信息系统规划和建设过程一般包括(　　)等环节。

A. 系统规划　B. 系统实施　C. 系统维护　D. 系统升级

7. 管理会计信息系统实施环节一般包括(　　)。

A. 项目准备　B. 系统设计　C. 系统实现　D. 测试和上线

8. 预算管理模块应实现的主要功能包括(　　)。

A. 预算参数设置　　B. 预算管理模型搭建

C. 预算目标制定　　D. 预算执行控制

附　　录

附表一　复利终值系数表

期数	1%	2%	3%	4%	5%	6%	7%	8%	9%	10%	11%	12%	13%	14%	15%
1	1.01	1.02	1.03	1.04	1.05	1.06	1.07	1.08	1.09	1.1	1.11	1.12	1.13	1.14	1.15
2	1.020 1	1.040 4	1.060 9	1.081 6	1.102 5	1.123 6	1.144 9	1.165 4	1.188 1	1.21	1.232 1	1.254 4	1.276 9	1.299 6	1.322 5
3	1.030 3	1.061 2	1.092 7	1.124 9	1.157 6	1.191	1.225	1.259 7	1.295	1.331	1.367 6	1.404 9	1.442 9	1.481 5	1.520 9
4	1.040 6	1.082 4	1.125 5	1.169 9	1.215 5	1.262 5	1.310 8	1.360 5	1.411 6	1.464 1	1.518 1	1.573 5	1.630 5	1.689	1.749
5	1.051	1.104 1	1.159 3	1.216 7	1.276 3	1.338 2	1.402 6	1.469 3	1.538 6	1.610 5	1.685 1	1.762 3	1.842 4	1.925 4	2.011 4
6	1.061 5	1.126 2	1.194 1	1.265 3	1.340 1	1.418 5	1.500 7	1.586 9	1.677 1	1.771 6	1.870 4	1.973 8	2.082	2.195	2.313 1
7	1.072 1	1.148 7	1.229 9	1.315 9	1.407 1	1.503 6	1.605 8	1.713 8	1.828	1.948 7	2.076 2	2.210 7	2.352 6	2.502 3	2.55
8	1.082 9	1.171 7	1.266 8	1.368 6	1.477 5	1.593 8	1.718 2	1.850 9	1.992 6	2.143 6	2.304 5	2.476	2.658 4	2.852 6	3.059
9	1.093 7	1.195 1	1.304 8	1.423 3	1.551 3	1.689 5	1.838 5	1.999	2.171 9	2.357 9	2.558	2.773 1	3.004	3.251 9	3.517 9
10	1.104 6	1.219	1.343 9	1.480 2	1.628 9	1.790 8	1.967 2	2.158 9	2.367 4	2.593 7	2.839 4	3.105 8	3.394 6	3.707 2	4.045 6
11	1.115 7	1.243 4	1.384 2	1.539 5	1.710 3	1.898 3	2.104 9	2.331 6	2.580 4	2.853 1	3.151 8	3.478 6	3.835 9	4.226 2	4.652 4
12	1.126 8	1.268 2	1.425 8	1.601	1.795 9	2.012 2	2.252 2	2.518 2	2.812 7	3.138 4	3.498 5	3.896	4.334 5	4.817 9	5.350 3
13	1.138 1	1.293 6	1.468 5	1.665 1	1.885 6	2.132 9	2.409 8	2.719 6	3.065 8	3.452 3	3.883 3	4.363 5	4.898	5.492 4	6.152 8
14	1.149 5	1.319 5	1.512 6	1.731 7	1.979 9	2.260 9	2.578 5	2.937 2	3.341 7	3.797 5	4.310 4	4.887 1	5.534 8	6.261 3	7.075 7
15	1.161	1.345 9	1.558	1.800 9	2.078 9	2.396 6	2.759	3.172 2	3.642 5	4.177 2	4.784 6	5.473 6	6.254 3	7.137 9	8.137 1
16	1.172 6	1.372 8	1.604 7	1.873	2.182 9	2.540 4	2.952 2	3.425 9	3.970 3	4.595	5.310 9	6.130 4	7.067 3	8.137 2	9.357 6
17	1.184 3	1.400 2	1.652 8	1.947 9	2.292	2.692 8	3.158 8	3.7	4.327 6	5.054 5	5.895 1	6.866	7.986 1	9.276 5	10.761 3
18	1.196 1	1.428 2	1.702 4	2.025 8	2.406 6	2.854 3	3.379 9	3.996	4.717 1	5.559 9	6.543 6	7.69	9.024 3	10.575 2	12.375 5
19	1.208 1	1.456 8	1.753 5	2.106 8	2.527	3.025 6	3.616 5	4.315 7	5.141 7	6.115 9	7.263 3	8.612 8	10.197 4	12.055 7	14.231 8
20	1.220 2	1.485 9	1.806 1	2.191 1	2.653 3	3.207 1	3.869 7	4.661	5.604 4	6.727 5	8.062 3	9.646 3	11.523 1	13.743 5	16.366 5
21	1.232 4	1.515 7	1.860 3	2.278 8	2.786	3.399 6	4.140 6	5.033 8	6.108 8	7.400 2	8.949 2	10.803 8	13.021 1	15.667 6	18.821 5
22	1.244 7	1.546	1.916 1	2.369 9	2.925 3	3.603 5	4.430 4	5.436 5	6.658 6	8.140 3	9.933 6	12.100 3	14.713 8	17.861	21.644 7
23	1.257 2	1.576 9	1.973 6	2.464 7	3.071 5	3.819 7	4.740 5	5.871 5	7.257 9	8.954 3	11.026 3	13.552 3	16.626 6	20.361 6	24.891 5
24	1.269 7	1.608 4	2.032 8	2.563 3	3.225 1	4.048 9	5.072 4	6.341 2	7.911 1	9.849 7	12.239 2	15.178 6	18.788 1	23.212 2	28.625 2
25	1.282 4	1.640 6	2.093 8	2.665 8	3.386 4	4.291 9	5.427 4	6.848 5	8.623 1	10.834 7	13.585 5	17.000 1	21.230 5	26.461 9	32.919
26	1.295 3	1.673 4	2.156 6	2.772 5	3.555 7	4.549 4	5.807 4	7.396 4	9.399 2	11.918 2	15.079 9	19.040 1	23.990 5	30.166 6	37.856 8
27	1.308 2	1.706 9	2.221 3	2.883 4	3.733 5	4.822 3	6.213 9	7.988 1	10.245 1	13.11	16.738 7	21.324 9	27.109 3	34.389 9	43.535 3
28	1.321 3	1.741	2.287 9	2.998 7	3.920 1	5.111 7	6.648 8	8.627 1	11.167 1	14.421	18.579 9	23.883 9	30.633 5	39.204 5	50.065 6
29	1.334 5	1.775 8	2.356 6	3.118 7	4.116 1	5.418 4	7.114 3	9.317 3	12.172 2	15.863 1	20.623 7	26.749 9	34.615 8	44.693 1	57.575 5
30	1.347 8	1.811 4	2.427 3	3.243 4	4.321.9	5.743.5	7.612 3	10.062 7	13.267 7	17.449 4	22.892 3	29.959 9	39.115 9	50.950 2	66.211 8

(续表)

期数	16%	17%	18%	19%	20%	21%	22%	23%	24%	25%	26%	27%	28%	29%	30%
1	1.16	1.17	1.18	1.19	1.2	1.21	1.22	1.23	1.24	1.25	1.26	1.27	1.28	1.29	1.3
2	1.345 6	1.368 9	1.392 4	1.416 1	1.44	1.464 1	1.488 4	1.512 9	1.537 6	1.562 5	1.587 6	1.612 9	1.638 4	1.664 1	1.69
3	1.560 9	1.601 6	1.643	1.685 2	1.728	1.771 6	1.815 8	1.860 9	1.906 6	1.953 1	2.000 4	2.048 4	2.097 2	2.146 7	2.197
4	1.810 6	1.873 9	1.938 8	2.005 3	2.073 6	2.143 6	2.215 3	2.288 9	2.364 2	2.441 4	2.520 5	2.601 4	2.684 4	2.769 2	2.856 1
5	2.100 3	2.192 4	2.287 8	2.386 4	2.488 3	2.593 7	2.702 7	2.815 3	2.931 6	3.051 8	3.175 8	3.303 8	3.436	3.572 3	3.712 9
6	2.436 4	2.565 2	2.699 6	2.839 8	2.986	3.138 4	3.297 3	3.462 8	3.635 2	3.814 7	4.001 5	4.195 9	4.398	4.608 3	4.826 8
7	2.826 2	3.001 2	3.185 5	3.379 3	3.583 2	3.797 5	4.022 7	4.259 3	4.507 7	4.768 4	5.041 9	5.328 8	5.629 5	5.944 7	6.274 9
8	3.278 4	3.511 5	3.758 9	4.021 4	4.299 8	4.595	4.907 7	5.238 9	5.589 5	5.960 5	6.352 8	6.767 5	7.205 8	7.668 6	8.157 3
9	3.803	4.108 4	4.435 5	4.785 4	5.159 8	5.559 9	5.987 4	6.443 9	6.931	7.450 6	8.004 5	8.594 8	9.223 4	9.892 5	10.604 5
10	4.411 4	4.806 8	5.233 8	5.694 7	6.191 7	6.727 5	7.304 6	7.925 9	8.594 4	9.313 2	10.085 7	10.915 3	11.805 9	12.761 4	13.785 8
11	5.117 3	5.624	6.175 9	6.776 7	7.430 1	8.140 3	8.911 7	9.748 9	10.657 1	11.641 5	12.708	13.862 5	15.111 6	16.462 2	17.921 6
12	5.936	6.580 1	7.287 6	8.064 2	8.916 1	9.849 7	10.872 2	11.991 2	13.214 8	14.551 9	16.012	17.605 3	19.342 8	21.236 2	23.298 1
13	6.885 8	7.698 7	8.099 4	9.596 4	10.699 3	11.918 2	13.264 1	14.749 1	16.386 3	18.189 9	20.175 2	22.358 8	24.758 8	27.394 7	30.287 5
14	7.987 5	9.007 5	10.147 2	11.419 8	12.839 2	14.421	16.182 2	18.141 4	20.319 1	22.737 4	25.420 7	28.395 7	31.691 3	35.339 1	39.373 8
15	9.265 5	10.538 7	11.973 7	13.589 5	15.407	17.449 4	19.742 3	22.314	25.195 6	28.421 7	32.030 1	36.062 5	40.564 8	45.587 5	51.185 9
16	10.748	12.330 3	14.129	16.171 5	18.488 4	21.113 8	24.085 6	27.446 2	31.242 6	35.527 1	40.357 9	45.799 4	51.923	58.807 9	66.541 7
17	12.467 7	14.426 5	16.672 2	19.244 1	22.186 1	25.547 7	29.384 4	33.758 8	38.740 8	44.408 9	50.851	58.165 2	66.461 4	75.862 1	86.504 2
18	14.462 5	16.879	19.673 3	22.900 5	26.623 3	30.912 7	35.849	41.523 3	48.038 6	55.511 2	64.072 2	73.869 8	85.070 6	97.862 2	112.455 4
19	16.776 5	19.748 4	23.214 4	27.251 6	31.948	37.404 3	43.735 8	51.073 7	59.567 9	69.388 9	80.731	93.814 7	108.890 4	126.242 2	146.192
20	19.460 8	23.105 6	27.393	32.429 4	38.337 6	45.259 3	53.357 6	62.820 6	73.864 1	86.736 2	101.721 1	119.144 6	139.379 7	162.852 4	190.049 6
21	22.574 5	27.033 6	32.323 8	38.591	46.005 1	54.763 7	65.096 3	77.269 4	91.591 5	108.420 2	128.168 5	151.313 7	178.406	210.079 6	247.064 5
22	26.186 4	31.629 3	38.142 1	45.923 3	55.206 1	66.264 1	79.417 5	95.041 3	113.573 5	135.525 3	161.492 4	192.168 3	228.359 6	271.002 7	321.183 9
23	30.376 2	37.006 2	45.007 6	54.648 7	66.247 4	80.179 5	96.889 4	116.900 8	140.831 2	169.406 6	203.480 4	244.053 8	292.300 3	349.593 5	417.539 1
24	35.236 4	43.297 3	53.109	65.032	79.496 8	97.017 2	118.205	143.788	174.630 6	211.758 2	256.385 3	309.948 3	374.144 4	450.975 6	542.800 8
25	40.874 2	50.657 8	62.668 6	77.388 1	95.396 2	117.390 9	144.210 1	176.859 3	216.542	264.697 8	323.045 4	393.634 4	478.904 9	581.758 5	705.641
26	47.414 1	59.269 7	73.949	92.091 8	114.475 5	142.042 9	175.936 4	217.536 9	268.512 1	330.872 2	407.037 3	499.915 7	612.998 2	750.468 5	917.333 3
27	55.000 4	69.345 5	87.259 8	109.589	137.370 6	171.871 9	214.642 4	267.570 4	332.955	413.590 3	512.867	634.892 9	784.637 7	968.104 4	1 192.533 3
28	63.800 4	81.134 2	102.966 6	130.411 2	164.844 7	207.965 1	261.863 7	329.111 5	412.864 2	516.987 9	646.212 4	806.314	1 004.336 3	1 248.854 6	1 550.293 3
29	74.008 5	94.927 1	121.500 5	155.189 3	197.813 6	251.637 7	319.473 7	404.807 2	511.951 6	646.234 9	814.227 6	1 024.018 7	1 285.550 4	1 611.022 5	2 015.381 3
30	85.849 9	111.064 7	143.370 6	184.675 3	237.376 3	304.481 6	389.757 9	497.912 9	634.819 9	807.793 6	1 025.926 7	1 300.503 8	1 645.504 6	2 078.219	2 619.995 6

附表二　复利现值系数表

期数	1%	2%	3%	4%	5%	6%	7%	8%	9%	10%	11%	12%	13%	14%	15%
1	0.990 1	0.980 4	0.970 9	0.961 5	0.952 4	0.943 4	0.934 6	0.925 9	0.917 4	0.909 1	0.900 9	0.892 9	0.885	0.877 2	0.869 6
2	0.980 3	0.961 2	0.942 6	0.924 6	0.907	0.89	0.873 4	0.857 3	0.841 7	0.826 4	0.811 6	0.797 2	0.783 1	0.769 5	0.756 1
3	0.970 6	0.942 3	0.915 1	0.889	0.863 8	0.839 6	0.816 3	0.793 8	0.772 2	0.751 3	0.731 2	0.711 8	0.693 1	0.675	0.657 5
4	0.961	0.923 8	0.888 5	0.854 8	0.822 7	0.792 1	0.762 9	0.735	0.708 4	0.683	0.658 7	0.635 5	0.613 3	0.592 1	0.571 8
5	0.951 5	0.905 7	0.862 6	0.821 9	0.783 5	0.747 3	0.713	0.680 6	0.649 9	0.620 9	0.593 5	0.567 4	0.542 8	0.519 4	0.497 2
6	0.942	0.888	0.837 5	0.790 3	0.746 2	0.705	0.666 3	0.630 2	0.596 3	0.564 5	0.534 6	0.506 6	0.480 3	0.455 6	0.432 3
7	0.932 7	0.870 6	0.813 1	0.759 9	0.710 7	0.665 1	0.622 7	0.583 5	0.547	0.513 2	0.481 7	0.452 3	0.425 1	0.399 6	0.375 9
8	0.923 5	0.853 5	0.789 4	0.730 7	0.676 8	0.627 4	0.582	0.540 3	0.501 9	0.466 5	0.433 9	0.403 9	0.376 2	0.350 6	0.326 9
9	0.914 3	0.836 8	0.766 4	0.702 6	0.644 6	0.591 9	0.543 9	0.500 2	0.460 4	0.424 1	0.390 9	0.360 6	0.332 9	0.307 5	0.284 3
10	0.905 3	0.820 3	0.744 1	0.675 6	0.613 9	0.558 4	0.508 3	0.463 2	0.422 4	0.385 5	0.352 2	0.322	0.294 6	0.269 7	0.247 2
11	0.896 3	0.804 3	0.722 4	0.649 6	0.584 7	0.526 8	0.475 1	0.428 9	0.387 5	0.350 5	0.317 3	0.287 5	0.260 7	0.236 6	0.214 9
12	0.887 4	0.788 5	0.701 4	0.624 6	0.556 8	0.497	0.444	0.397 1	0.355 5	0.318 6	0.285 8	0.256 7	0.230 7	0.207 6	0.186 9
13	0.878 7	0.773	0.681	0.600 6	0.530 3	0.468 8	0.415	0.367 7	0.326 2	0.289 7	0.257 5	0.229 2	0.204 2	0.182 1	0.162 5
14	0.87	0.757 9	0.661 1	0.577 5	0.505 1	0.442 3	0.387 8	0.340 5	0.299 2	0.263 3	0.232	0.204 6	0.180 7	0.159 7	0.141 3
15	0.861 3	0.743	0.641 9	0.555 3	0.481	0.417 3	0.362 4	0.315 2	0.274 5	0.239 4	0.209	0.182 7	0.159 9	0.140 1	0.122 9
16	0.852 8	0.728 4	0.623 2	0.533 9	0.458 1	0.393 6	0.338 7	0.291 9	0.251 9	0.217 6	0.188 3	0.163 1	0.141 5	0.122 9	0.106 9
17	0.844 4	0.714 2	0.605	0.513 4	0.436 3	0.371 4	0.316 6	0.270 3	0.231 1	0.197 8	0.169 6	0.145 6	0.125 2	0.107 8	0.092 9
18	0.836	0.700 2	0.587 4	0.493 6	0.415 5	0.350 3	0.295 9	0.250 2	0.212	0.179 9	0.152 8	0.13	0.110 8	0.094 6	0.080 8
19	0.827 7	0.686 4	0.570 3	0.474 6	0.395 7	0.330 5	0.276 5	0.231 7	0.194 5	0.163 5	0.137 7	0.116 1	0.098 1	0.082 9	0.070 3
20	0.819 5	0.673	0.553 7	0.456 4	0.376 9	0.311 8	0.258 4	0.214 5	0.178 4	0.148 6	0.124	0.103 7	0.086 8	0.072 8	0.061 1
21	0.811 4	0.659 8	0.537 5	0.438 8	0.358 9	0.294 2	0.241 5	0.198 7	0.163 7	0.135 1	0.111 7	0.092 6	0.076 8	0.063 8	0.053 1
22	0.803 4	0.646 8	0.521 9	0.422	0.341 8	0.277 5	0.225 7	0.183 9	0.150 2	0.122 8	0.100 7	0.082 6	0.068	0.056	0.046 2
23	0.795 4	0.634 2	0.506 7	0.405 7	0.325 6	0.261 8	0.210 9	0.170 3	0.137 8	0.111 7	0.090 7	0.073 8	0.060 1	0.049 1	0.040 2
24	0.787 6	0.621 7	0.491 9	0.390 1	0.310 1	0.247	0.197 1	0.157 7	0.126 4	0.101 5	0.081 7	0.065 9	0.053 2	0.043 1	0.034 9
25	0.779 8	0.609 5	0.477 6	0.375 1	0.295 3	0.233	0.184 2	0.146	0.116	0.092 3	0.073 6	0.058 8	0.047 1	0.037 8	0.030 4
26	0.772	0.597 6	0.463 7	0.360 7	0.281 2	0.219 8	0.172 2	0.135 2	0.106 4	0.083 9	0.066 3	0.052 5	0.041 7	0.033 1	0.026 4
27	0.764 4	0.585 9	0.450 2	0.346 8	0.267 8	0.207 4	0.160 9	0.125 2	0.097 6	0.076 3	0.059 7	0.046 9	0.036 9	0.029 1	0.023
28	0.756 8	0.574 4	0.437 1	0.333 5	0.255 1	0.195 6	0.150 4	0.115 9	0.089 5	0.069 3	0.053 8	0.041 9	0.032 6	0.025 5	0.02
29	0.749 3	0.563 1	0.424 3	0.320 7	0.242 9	0.184 6	0.140 6	0.107 3	0.082 2	0.063	0.048 5	0.037 4	0.028 9	0.022 4	0.017 4
30	0.741 9	0.552 1	0.412	0.308 3	0.231 4	0.174 1	0.131 4	0.099 4	0.075 4	0.057 3	0.043 7	0.033 4	0.025 6	0.019 6	0.015 1

(续表)

期数	16%	17%	18%	19%	20%	21%	22%	23%	24%	25%	26%	27%	28%	29%	30%
1	0.862 1	0.854 7	0.847 5	0.840 3	0.833 3	0.826 4	0.819 7	0.813	0.806 5	0.8	0.793 7	0.787 4	0.781 3	0.775 2	0.769 2
2	0.743 2	0.730 5	0.718 2	0.706 2	0.694 4	0.683	0.671 9	0.661	0.650 4	0.64	0.629 9	0.62	0.610 4	0.600 9	0.591 7
3	0.640 7	0.624 4	0.608 6	0.593 4	0.578 7	0.564 5	0.550 7	0.537 4	0.524 5	0.512	0.499 9	0.488 2	0.476 8	0.465 8	0.455 2
4	0.552 3	0.533 7	0.515 8	0.498 7	0.482 3	0.466 5	0.451 4	0.436 9	0.423	0.409 6	0.396 8	0.384 4	0.372 5	0.361 1	0.350 1
5	0.476 1	0.456 1	0.437 1	0.419	0.401 9	0.385 5	0.37	0.355 2	0.341 1	0.327 7	0.314 9	0.302 7	0.291	0.279 9	0.269 3
6	0.410 4	0.389 8	0.370 4	0.352 1	0.334 9	0.318 6	0.303 3	0.288 8	0.275 1	0.262 1	0.249 9	0.238 3	0.227 4	0.217	0.207 2
7	0.353 8	0.333 2	0.313 9	0.295 9	0.279 1	0.263 3	0.248 6	0.234 8	0.221 8	0.209 7	0.198 3	0.187 7	0.177 6	0.168 2	0.159 4
8	0.305	0.284 8	0.266	0.248 7	0.232 6	0.217 6	0.203 8	0.190 9	0.178 9	0.167 8	0.157 4	0.147 8	0.138 8	0.130 4	0.122 6
9	0.263	0.243 4	0.225 5	0.209	0.193 8	0.179 9	0.167	0.155 2	0.144 3	0.134 2	0.124 9	0.116 4	0.108 4	0.101 1	0.094 3
10	0.226 7	0.208	0.191 1	0.175 6	0.161 5	0.148 6	0.136 9	0.126 2	0.116 4	0.107 4	0.099 2	0.091 6	0.084 7	0.078 4	0.072 5
11	0.195 4	0.177 8	0.161 9	0.147 6	0.134 6	0.122 8	0.112 2	0.102 6	0.093 8	0.085 9	0.078 7	0.072 1	0.066 2	0.060 7	0.055 8
12	0.168 5	0.152	0.137 2	0.124	0.112 2	0.101 5	0.092	0.083 4	0.075 7	0.068 7	0.062 5	0.056 8	0.051 7	0.047 1	0.042 9
13	0.145 2	0.129 9	0.116 3	0.104 2	0.093 5	0.083 9	0.075 4	0.067 8	0.061	0.055	0.049 6	0.044 7	0.040 4	0.036 5	0.033
14	0.125 2	0.111	0.098 5	0.087 6	0.077 9	0.069 3	0.061 8	0.055 1	0.049 2	0.044	0.039 3	0.035 2	0.031 6	0.028 3	0.025 4
15	0.107 9	0.094 9	0.083 5	0.073 6	0.064 9	0.057 3	0.050 7	0.044 8	0.039 7	0.035 2	0.031 2	0.027 7	0.024 7	0.021 9	0.019 5
16	0.093	0.081 1	0.070 8	0.061 8	0.054 1	0.047 4	0.041 5	0.036 4	0.032	0.028 1	0.024 8	0.021 8	0.019 3	0.017	0.015
17	0.080 2	0.069 3	0.06	0.052	0.045 1	0.039 1	0.034	0.029 6	0.025 8	0.022 5	0.019 7	0.017 2	0.015	0.013 2	0.011 6
18	0.069 1	0.059 2	0.050 8	0.043 7	0.037 6	0.032 3	0.027 9	0.024 1	0.020 8	0.018	0.015 6	0.013 5	0.011 8	0.010 2	0.008 9
19	0.059 6	0.050 6	0.043 1	0.036 7	0.031 3	0.026 7	0.022 9	0.019 6	0.016 8	0.014 4	0.012 4	0.010 7	0.009 2	0.007 9	0.006 8
20	0.051 4	0.043 3	0.036 5	0.030 8	0.026 1	0.022 1	0.018 7	0.015 9	0.013 5	0.011 5	0.009 8	0.008 4	0.007 2	0.006 1	0.005 3
21	0.044 3	0.037	0.030 9	0.025 9	0.021 7	0.018 3	0.015 4	0.012 9	0.010 9	0.009 2	0.007 8	0.006 6	0.005 6	0.004 8	0.004
22	0.038 2	0.031 6	0.026 2	0.021 8	0.018 1	0.015 1	0.012 6	0.010 5	0.008 8	0.007 4	0.006 2	0.005 2	0.004 4	0.003 7	0.003 1
23	0.032 9	0.027	0.022 2	0.018 3	0.015 1	0.012 5	0.010 3	0.008 6	0.007 1	0.005 9	0.004 9	0.004 1	0.003 4	0.002 9	0.002 4
24	0.028 4	0.023 1	0.018 8	0.015 4	0.012 6	0.010 3	0.008 5	0.007	0.005 7	0.004 7	0.003 9	0.003 2	0.002 7	0.002 2	0.001 8
25	0.024 5	0.019 7	0.016	0.012 9	0.010 5	0.008 5	0.006 9	0.005 7	0.004 6	0.003 8	0.003 1	0.002 5	0.002 1	0.001 7	0.001 4
26	0.021 1	0.016 9	0.013 5	0.010 9	0.008 7	0.007	0.005 7	0.004 6	0.003 7	0.003	0.002 5	0.002	0.001 6	0.001 3	0.001 1
27	0.018 2	0.014 4	0.011 5	0.009 1	0.007 3	0.005 8	0.004 7	0.003 7	0.003	0.002 4	0.001 9	0.001 6	0.001 3	0.001	0.000 8
28	0.015 7	0.012 3	0.009 7	0.007 7	0.006 1	0.004 8	0.003 8	0.003	0.002 4	0.001 9	0.001 5	0.001 2	0.001	0.000 8	0.000 6
29	0.013 5	0.010 5	0.008 2	0.006 4	0.005 1	0.004	0.003 1	0.002 5	0.002	0.001 5	0.001 2	0.001	0.000 8	0.000 6	0.000 5
30	0.011 6	0.009	0.007	0.005 4	0.004 2	0.003 3	0.002 6	0.002	0.001 6	0.001 2	0.001	0.000 8	0.000 6	0.000 5	0.000 4

附表三　年金终值系数表

期数	1%	2%	3%	4%	5%	6%	7%	8%	9%	10%	11%	12%	13%	14%	15%
1	1	1	1	1	1	1	1	1	1	1	1	1	1	1	1
2	2.01	2.02	2.03	2.04	2.05	2.06	2.07	2.08	2.09	2.1	2.11	2.12	2.13	2.14	2.15
3	3.030 1	3.060 4	3.090 9	3.121 6	3.152 5	3.183 6	3.214 9	3.246 4	3.278 1	3.31	3.342 1	3.374 4	3.406 9	3.439 6	3.472 5
4	4.060 4	4.121 6	4.183 6	4.246 5	4.310 1	4.374 6	4.439 9	4.506 1	4.573 1	4.641	4.709 7	4.779 3	4.849 8	4.921 1	4.993 4
5	5.101	5.204	5.309 1	5.416 3	5.525 6	5.637 1	5.750 7	5.866 6	5.984 7	6.105 1	6.227 8	6.352 8	6.480 3	6.610 1	6.742 4
6	6.152	6.308 1	6.468 4	6.633	6.801 9	6.975 3	7.153 3	7.335 9	7.523 3	7.715 6	7.912 9	8.115 2	8.322 7	8.535 5	8.753 7
7	7.213 5	7.434 3	7.662 5	7.898 3	8.142	8.393 8	8.654	8.922 8	9.200 4	9.487 2	9.783 3	10.089	10.404 7	10.730 5	11.066 8
8	8.285 7	8.583	8.892 3	9.214 2	9.549 1	9.897 5	10.259 8	10.636 6	11.028 5	11.435 9	11.859 4	12.299 7	12.757 3	13.232 8	13.726 8
9	9.368 5	9.754 6	10.159 1	10.582 8	11.026 6	11.491 3	11.978	12.487 6	13.021	13.579 5	14.164	14.775 7	15.415 7	16.085 3	16.785 8
10	10.462 2	10.949 7	11.463 9	12.006 1	12.577 9	13.180 8	13.816 4	14.486 6	15.192 9	15.937 4	16.722	17.548 7	18.419 7	19.337 3	20.303 7
11	11.566 8	12.168 7	12.807 8	13.486 4	14.206 8	14.971 6	15.783 6	16.645 5	17.560 3	18.531 2	19.561 4	20.654 6	21.814 3	23.044 5	24.349 3
12	12.682 5	13.412 1	14.192	15.025 8	15.917 1	16.869 9	17.888 5	18.977 1	20.140 7	21.384 3	22.713 2	24.133 1	25.650 2	27.270 7	29.001 7
13	13.809 3	14.680 3	15.617 8	16.626 8	17.713	18.882 1	20.140 6	21.495 3	22.953 4	24.522 7	26.211 6	28.029 1	29.984 7	32.088 7	34.351 9
14	14.947 4	15.973 9	17.086 3	18.291 9	19.598 6	21.015 1	22.550 5	24.214 9	26.019 2	27.975	30.094 9	32.392 6	34.882 7	37.581 1	40.504 7
15	16.096 9	17.293 4	18.598 9	20.023 6	21.578 6	23.276	25.129	27.152 1	29.360 9	31.772 5	34.405 4	37.279 7	40.417 5	43.842 4	47.580 4
16	17.257 9	18.639 3	20.156 9	21.824 5	23.657 5	25.672 5	27.888 1	30.324 3	33.003 4	35.949 7	39.189 9	42.753 3	46.671 7	50.980 4	55.717 5
17	18.430 4	20.012 1	21.761 6	23.697 5	25.840 4	28.212 9	30.840 2	33.750 2	36.973 7	40.544 7	44.500 8	48.883 7	53.739 1	59.117 6	65.075 1
18	19.614 7	21.412 3	23.414 4	25.645 4	28.132 4	30.905 7	33.999	37.450 2	41.313	45.599 2	50.395 9	55.749 7	61.725 1	68.394 1	75.836 4
19	20.810 9	22.840 6	25.116 9	27.671 2	30.539	33.76	37.379	41.446 3	46.018 5	51.159 1	56.939 5	63.439 7	70.749 4	78.969 2	88.211 8
20	22.019	24.297 4	26.870 4	29.778 1	33.066	36.785 6	40.995 5	45.762	51.160 1	57.275	64.202 8	72.052 4	80.946 8	91.024 9	102.443 6
21	23.239 2	25.783 3	28.676 5	31.969 2	35.719 3	39.992 7	44.865 2	50.422 9	56.764 5	64.002 5	72.265 1	81.698 7	92.469 9	104.768 4	118.810 1
22	24.471 6	27.299	30.536 8	34.248	38.505 2	43.392 3	49.005 7	55.456 8	62.873 3	71.402 7	81.214 3	92.502 6	105.491	120.436	137.631 6
23	25.716 3	28.845	32.452 9	36.617 9	41.430 5	46.995.8	53.436 1	60.893 3	69.531 9	79.543	91.147 9	104.602 9	120.204 8	138.297	159.276 4
24	26.973 5	30.421 9	34.426 5	39.082 6	44.502	50.815 6	58.176 7	66.764 8	76.789 8	88.497 3	102.174 2	118.155 2	136.831 5	158.658 6	184.167 8
25	28.243 2	32.030 3	36.459 3	41.645 9	47.727 1	54.864 5	63.249	73.105 9	84.700 9	98.347 1	114.413 3	133.333 9	155.619 6	181.870 8	212.793
26	29.525 6	33.670 9	38.553	44.311 7	51.113 5	59.156 4	68.676 5	79.954 4	93.324	109.181 8	127.998 8	150.333 9	176.850 1	208.332 7	245.712
27	30.820 9	35.344 3	40.709 6	47.084 2	54.669 1	63.705 8	74.483 8	87.350 8	102.723 1	121.099 9	143.078 6	169.374	200.840 6	238.499 3	283.568 8
28	32.129 1	37.051 2	42.930 9	49.967 6	58.402 6	68.528 1	80.697 7	95.338 8	112.968 2	134.209 9	159.817 3	190.698 9	227.949 9	272.889 2	327.104 1
29	33.450 4	38.792 2	45.218 9	52.966 3	62.322 7	73.639 8	87.346 5	103.965 9	124.135 4	148.630 9	178.397 2	214.582 8	258.583 4	312.093 7	377.169 7
30	34.784 9	40.568 1	47.575 4	56.084 9	66.438 8	79.058 2	94.460 8	113.283 2	136.307 5	164.494	199.020 9	241.332 7	293.199 2	356.786 8	434.745 1

(续表)

期数	16%	17%	18%	19%	20%	21%	22%	23%	24%	25%	26%	27%	28%	29%	30%
1	1	1	1	1	1	1	1	1	1	1	1	1	1	1	1
2	2.16	2.17	2.18	2.19	2.2	2.21	2.22	2.23	2.24	2.25	2.26	2.27	2.28	2.29	2.3
3	3.505 6	3.538 9	3.572 4	3.606 1	3.64	3.674 1	3.708 4	3.742 9	3.777 6	3.812 5	3.847 6	3.882 9	3.918 4	3.954 1	3.99
4	5.066 5	5.140 5	5.215 4	5.291 3	5.368	5.445 7	5.524 2	5.603 8	5.684 2	5.765 6	5.848	5.931 3	6.015 6	6.100 8	6.187
5	6.877 1	7.014 4	7.154 2	7.296 6	7.441 6	7.589 2	7.739 6	7.892 6	8.048 4	8.207	8.368 4	8.532 7	8.699 9	8.87	9.043 1
6	8.977 5	9.206 8	9.442	9 683	9.929 9	10.183	10.442 3	10.707 9	10.980 1	11.258 8	11.544 2	11.836 6	12.135 9	12.442 3	12.756
7	11.413 9	11.772	12.141 5	12.522 7	12.915 9	13.321 4	13.739 6	14.170 8	14.615 3	15.073 5	15.545 8	16.032 4	16.533 9	17.050 6	17.582 8
8	14.240 1	14.773 3	15.327	15.902	16.499 1	17.118 9	17.762 3	18.43	19.122 9	19.841 9	20.587 6	21.361 2	22.163 4	22.995 3	23.857 7
9	17.518 5	18.284 7	19.085 9	19.923 4	20.798 9	21.713 9	22.67	23.669	24.712 5	25.802 3	26.940 4	28.128 7	29.369 2	30.663 9	32.015
10	21.321 5	22.393 1	23.521 3	24.708 9	25.958 7	27.273 8	28.657 4	30.112 8	31.643 4	33.252 9	34.944 9	36.723 5	38.592 6	40.556 4	42.619 5
11	25.732 9	27.199 9	28.755 1	30.403 5	32.150 4	34.001 3	35.962	38.038 8	40.237 9	42.566 1	45.030 6	47.638 8	50.398 5	53.317 8	56.405 3
12	30.850 2	32.823 9	34.931 1	37.180 2	39.580 5	42.141 6	44.873 7	47.787 7	50.895	54.207 7	57.738 6	61.501 3	65.51	69.78	74.327
13	36.786 2	39.404	42.218 7	45.244 5	48.496 6	51.991 3	55.745 9	59.778 8	64.109 7	68.759 6	73.750 6	79.106 6	84.852 9	91.016 1	97.625
14	43.672	47.102 7	50.818	54.840 9	59.195 9	63.909 5	69.01	74.528	80.496 1	86.949 5	93.925 8	101.465 4	109.611 7	118.410 8	127.912 5
15	51.659 5	56.110 1	60.965 3	66.260 7	72.035 1	78.330 5	85.192 2	92.669 4	100.815 1	109.686 8	119.346 5	129.861 1	141.302 9	153.75	167.286 3
16	60.925	66.648 8	72.939	79.850 2	87.442 1	95.779 9	104.934 5	114.983 4	126.010 8	138.108 5	151.376 6	165.923 6	181.867 7	199.337 4	218.472 2
17	71.673	78.979 2	87.068	96.021 8	105.930 6	116.893 7	129.020 1	142.429 5	157.253 4	173.635 7	191.734 5	211.723	233.790 7	258.145 3	285.013 9
18	84.140 7	93.405 6	103.740 3	115.265 9	128.116 7	142.441 3	158.404 5	176.188 3	195.994 2	218.044 6	242.585 5	269.888 2	300.252 1	334.007 4	371.518
19	98.603 2	110.284 6	123.413 5	138.166 4	154.74	173.354	194.253 5	217.711 6	244.032 8	273.555 8	306.657 7	343.758	385.322 7	431.869 6	483.973 4
20	115.379 7	130.032 9	146.628	165.418	186.688	210.758 4	237.989 3	268.785 3	303.600 6	342.944 7	387.388 7	437.572 6	494.213 1	558.111 8	630.165 5
21	134.840 5	153.138 5	174.021	197.847 4	225.025 6	256.017 6	291.346 9	331.605 9	377.464 8	429.680 9	489.109 8	556.717 3	633.592 7	720.964 2	820.215 1
22	157.415	180.172 1	206.344 8	236.438 5	271.030 7	310.781 3	356.443 2	408.875 3	469.056 3	538.101 1	617.278 3	708.030 9	811.998 7	931.043 8	1 067.279 6
23	183.601 4	211.801 3	244.486 8	282.361 8	326.236 9	377.045 4	435.860 7	503.916 6	582.629 8	673.626 4	778.770 7	900.199 3	1 040.358 3	1 202.046 5	1 388.463 5
24	213.977 6	248.807 6	289.494 5	337.010 5	392.484 2	457.224 9	532.750 1	620.817 4	723.461	843.032 9	982.251 1	1 144.253 1	1 332.658 6	1 551.64	1 806.002 6
25	249.214	292.104 9	342.603 5	402.042 5	471.981 1	554.242 2	650.955 1	764.605 4	898.091 6	1 054.791 2	1 238.636 3	1 454.201 4	1 706.803 1	2 002.615 6	2 348.803 3
26	290.088 3	342.762 7	405.272 1	479.430 6	567.377 3	671.633	795.165 3	941.464 7	1 114.633 6	1 319.489	1 561.681 8	1 847.835 8	2 185.707 9	2 584.374 1	3 054.444 3
27	337.502 4	402.032 3	479.221 1	571.522 4	681.852 8	813.675 9	971.101 6	1 159.001 6	1 383.145 7	1 650.361 2	1 968.719 1	2 347.751 5	2 798.706 1	3 334.842 6	3 971.777 6
28	392.502 8	471.377 8	566.480 9	681.111 6	819.223 3	985.547 9	1 185.744	1 426.571 9	1 716.100 7	2 063.951 5	2 481.586	2 982.644 4	3 583.343 8	4 302.947	5 164.310 9
29	456.303 2	552.512 1	669.447 5	811.522 8	984.068	1 193.512 9	1 447.607 7	1 755.683 5	2 128.964 8	2 580.939 4	3 127.798 4	3 788.958 3	4 587.680 1	5 551.801 6	6 714.604 2
30	530.311 7	647.439 1	790.948	966.712 2	1 181.881 6	1 445.150 7	1 767.081 3	2 160.490 7	2 640.916 4	3 227.174 3	3 942.026	4 812.977 1	5 873.230 6	7 162.824 1	8 729.985 5

附表四 年金现值系数表

期数	1%	2%	3%	4%	5%	6%	7%	8%	9%	10%	11%	12%	13%	14%	15%
1	0.990 1	0.980 4	0.970 9	0.961 5	0.952 4	0.943 4	0.934 6	0.925 9	0.917 4	0.909 1	0.900 9	0.892 9	0.885	0.877 2	0.869 6
2	1.970 4	1.941 6	1.913 5	1.886 1	1.859 4	1.833 4	1.808	1.783 3	1.759 1	1.735 5	1.712 5	1.690 1	1.668 1	1.646 7	1.625 7
3	2.941	2.883 9	2.828 6	2.775 1	2.723 2	2.673	2.624 3	2.577 1	2.531 3	2.486 9	2.443 7	2.401 8	2.361 2	2.321 6	2.283 2
4	3.902	3.807 7	3.717 1	3.629 9	3.546	3.465 1	3.387 2	3.312 1	3.239 7	3.169 9	3.102 4	3.037 3	2.974 5	2.913 7	2.855
5	4.853 4	4.713 5	4.579 7	4.451 8	4.329 5	4.212 4	4.100 2	3.992 7	3.889 7	3.790 8	3.695 9	3.604 8	3.517 2	3.433 1	3.352 2
6	5.795 5	5.601 4	5.417 2	5.242 1	5.075 7	4.917 3	4.766 5	4.622 9	4.485 9	4.355 3	4.230 5	4.111 4	3.997 5	3.888 7	3.784 5
7	6.728 2	6.472	6.230 3	6.002 1	5.786 4	5.582 4	5.389 3	5.206 4	5.033	4.868 4	4.712 2	4.563 8	4.422 6	4.288 3	4.160 4
8	7.651 7	7.325 5	7.019 7	6.732 7	6.463 2	6.209 8	5.971 3	5.746 6	5.534 8	5.334 9	5.146 1	4.967 6	4.798 8	4.638 9	4.487 3
9	8.566	8.162 2	7.786 1	7.435 3	7.107 8	6.801 7	6.515 2	6.246 9	5.995 2	5.759	5.537	5.328 2	5.131 7	4.946 4	4.771 6
10	9.471 3	8.982 6	8.530 2	8.110 9	7.721 7	7.360 1	7.023 6	6.710 1	6.417 7	6.144 6	5.889 2	5.650 2	5.426 2	5.216 1	5.018 8
11	10.367 6	9.786 8	9.252 6	8.760 5	8.306 4	7.886 9	7.498 7	7.139	6.805 2	6.495 1	6.206 5	5.937 7	5.686 9	5.452 7	5.233 7
12	11.255 1	10.575 3	9.954	9.385 1	8.863 3	8.383 8	7.942 7	7.536 1	7.160.7	6.813 7	6.492 4	6.194 4	5.917 6	5.660 3	5.420 6
13	12.133 7	11.348 4	10.635	9.985 6	9.393 6	8.852 7	8.357 7	7.903 8	7.486 9	7.103 4	6.749 9	6.423 5	6.121 8	5.842 4	5.583 1
14	13.003 7	12.106 2	11.296 1	10.563 1	9.898 6	9.295	8.745 5	8.244 2	7.786 2	7.366 7	6.981 9	6.628 2	6.302 5	6.002 1	5.724 5
15	13.865 1	12.849 3	11.937 9	11.118 4	10.379 7	9.712 2	9.107 9	8.559 5	8.060 7	7.606 1	7.190 9	6.810 9	6.462 4	6.142 2	5.847 4
16	4.717 9	13.577 7	12.561 1	11.652 3	10.837 8	10.105 9	9.446 6	8.851 4	8.312 6	7.823 7	7.379 2	6.974	6.603 9	6.265 1	5.954 2
17	15.562 3	14.291 9	13.166 1	12.165 7	11.274 1	10.477 3	9.763 2	9.121 6	8.543 6	8.021 6	7.548 8	7.119 6	6.729 1	6.372 9	6.047 2
18	16.398 3	14.992	13.753 5	12.659 3	11.689 6	10.827 6	10.059 1	9.371 9	8.755 6	8.201 4	7.701 6	7.249 7	6.839 9	6.467 4	6.128
19	17.226	15.678 5	14.323 8	13.133 9	12.085 3	11.158 1	10.335 6	9.603 6	8.950 1	8.364 9	7.839 3	7.365 8	6.938	6.550 4	6.198 2
20	18.045 6	16.351 4	14.877 5	13.590 3	12.462 2	11.469 9	10.594	9.818 1	9.128 5	8.513 6	7.963 3	7.469 4	7.024 8	6.623 1	6.259 3
21	18.857	17.011 2	15.415	14.029 2	12.821 2	11.764 1	10.835 5	10.016 8	9.292 2	8.648 7	8.075 1	7.562	7.101 6	6.687	6.312 5
22	19.660 4	17.658	15.936 9	14.451 1	13.163	12.041 6	11.061 2	10.200 7	9.442 4	8.771 5	8.175 7	7.644 6	7.169 5	6.742 9	6.358 7
23	20.455 8	18.292 2	16.443 6	14.856 8	13.488 6	12.303 4	11.272 2	10.371 1	9.580 2	8.883 2	8.266 4	7.718 4	7.229 7	6.792 1	6.398 8
24	21.243 4	18.913 9	16.935 5	15.247	13.798 6	12.550 4	11.469 3	10.528 8	9.706 6	8.984 7	8.348 1	7.784 3	7.282 9	6.835 1	6.433 8
25	22.023 2	19.523 5	17.413 1	15.622 1	14.093 9	12.783 4	11.653 6	10.674 8	9.822 6	9.077	8.421 7	7.843 1	7.33	6.872 9	6.464 1
26	22.795 2	20.121	17.876 8	15.982 8	14.375 2	13.003 2	11.825 8	10.81	9.929	9.160 9	8.488 1	7.895 7	7.371 7	6.906 1	6.490 6
27	23.559 6	20.706 9	18.327	16.329 6	14.643	13.210 5	11.986 7	10.935 2	10.026 6	9.237 2	8.547 8	7.942 6	7.408 6	6.935 2	6.513 5
28	24.316 4	21.281 3	18.764 1	16.663 1	14.898 1	13.406 2	12.137 1	11.051 1	10.116 1	9.306 6	8.601 6	7.984 4	7.441 2	6.960 7	6.533 5
29	25.065 8	21.844 4	19.188 5	16.983 7	15.141 1	13.590 7	12.277 7	11.158 4	10.198 3	9.369 6	8.650 1	8.021 8	7.470 1	6.983	6.550 9
30	25.807 7	22.396 5	19.600 4	17.292	15.372 5	13.764 8	12.409	11.257 8	10.273 7	9.426 9	8.693 8	8.055 2	7.495 7	7.002 7	6.566

(续表)

期数	16%	17%	18%	19%	20%	21%	22%	23%	24%	25%	?6%	27%	28%	29%	30%
1	0.862 1	0.854 7	0.847 5	0.840 3	0.833 3	0.826 4	0.819 7	0.813	0.806 5	0.8	0.793 7	0.787 4	0.781 3	0.775 2	0.769 2
2	1.605 2	1.585 2	1.565 6	1.546 5	1.527 8	1.509 5	1.491 5	1.474	1.456 8	1.44	1.423 5	1.407 4	1.391 6	1.376 1	1.360 9
3	2.245 9	2.209 6	2.174 3	2.139 9	2.106 5	2.073 9	2.042 2	2.011 4	1.981 3	1.952	1.923 4	1.895 6	1.868 4	1.842	1.816 1
4	2.798 2	2.743 2	2.690 1	2.638 6	2.588 7	2.540 4	2.493 6	2.448 3	2.404 3	2.361 6	2.320 2	2.28	2.241	2.203 1	2.166 2
5	3.274 3	3.199 3	3.127 2	3.057 6	2.990 6	2.926	2.863 6	2.803 5	2.745 4	2.689 3	2.635 1	2.582 7	2.532	2.483	2.435 6
6	3.684 7	3.589 2	3.497 6	3.409 8	3.325 5	3.244 6	3.166 9	3.092 3	3.020 5	2.951 4	2.885	2.821	2.759 4	2.7	2.642 7
7	4.038 6	3.922 4	3.811 5	3.705 7	3.604 6	3.507 9	3.415 5	3.327	3.242 3	3.161 1	3.083 3	3.008 7	2.937	2.868 2	2.802 1
8	4.343 6	4.207 2	4.077 6	3.954 4	3.837 2	3.725 6	3.619 3	3.517 9	3.421 2	3.328 9	3.240 7	3.156 4	3.075 8	2.998 6	2.924 7
9	4.606 5	4.450 6	4.303	4.163 3	4.031	3.905 4	3.786 3	3.673 1	3.565 5	3.463 1	3.365 7	3.272 8	3.184 2	3.099 7	3.019